2020 形势与对策（上）

——中国对外经济贸易前沿问题探讨

主　　编：金　旭

副 主 编：边振瑚　李　钢

执行主编：郝宝生

CCTP 中国商务出版社
CHINA COMMERCE AND TRADE PRESS

图书在版编目 (CIP) 数据

2020 形势与对策 . 上 / 金旭主编 . —— 北京 : 中国
商务出版社 , 2020.6
（中国对外经济贸易前沿问题探讨）
ISBN 978–7–5103–3359–0

Ⅰ . ① 2… Ⅱ . ① 金… Ⅲ . ① 对外贸易—中国—文集
Ⅳ . ① F752–53

中国版本图书馆 CIP 数据核字 (2020) 第 084960 号

2020 形势与对策（上）
——中国对外经济贸易前沿问题探讨
SITUATION VS SOLUTION: PAPERS ON HOT ISSUES OF CHINA'S FOREIGN TRADE AND ECONOMICS

主 编 金 旭　　副主编 边振瑚 李 钢　　执行主编 郝宝生

出　　版：中国商务出版社
地　　址：北京市东城区安定门外大街东后巷 28 号　邮编：100710
责任部门：商务事业部（010–64243016　gmxhksb@163.com ）
责任编辑：刘姝辰
总 发 行：中国商务出版社发行部（010–64208388 64515150 ）
网购零售：中国商务出版社考培部（010–64286917 ）
网　　址：http://www.cctpress.com
网　　店：https://shop162373850.taobao.com/
邮　　箱：cctp6@cctpress.com
开　　本：710 毫米 ×1000 毫米　1/16
印　　张：30.5　　　　　　字　数：450 千字
版　　次：2020 年 6 月第 1 版　 2020 年 6 月第 1 次印刷
书　　号：ISBN 978–7–5103–3359–0
定　　价：85.00 元

PREFACE | 前　言

2019 年适逢中华人民共和国成立 70 周年。习近平总书记在庆祝中华人民共和国成立周年大会上的讲话中指出，70 年前的今天，毛泽东同志在这里向世界庄严宣告了中华人民共和国的成立，中国人民从此站起来了。70 年来，全国各族人民同心同德、艰苦奋斗，取得了令世界刮目相看的伟大成就。今天，社会主义中国巍然屹立在世界东方，没有任何力量能够撼动我们伟大祖国的地位，没有任何力量能够阻挡中国人民和中华民族的前进步伐。

70 年来，我国已经成长为世界第二大经济体，实现了从封闭型经济弱国向开放型全球经济大国的转变。在隆重庆祝新中国成立 70 周年之际，中国国际贸易学会举办了第 33 届"中国外经贸发展与改革"专题征文活动，2019 年度征文活动主题是：大变局中的外经贸稳定发展。呈现在读者面前的这本《形势与对策（2020 上）》就是本届征文的主要获奖作品以及在《国际贸易论坛》（内刊）上发表的相关文章。

开篇是"大变局中我国外经贸稳定发展——中国国际贸易学会年会暨国际贸易发展论坛会议综述"。

第一部分是新中国成立后 70 年来外经贸发展经验总结与前瞻。包括"新中国对外贸易发展 70 年：历程、成就、贡献与经验"，"七十年中国对外投资历史回顾与展望"等文章。

第二部分是提升国际竞争力和全球价值链跃升。包括"口岸营商环境对制造业企业出口的影响——来自全球 84 个国家企业调查数据的经验分析"，"构建服务贸易高质量发展评价指标体系"，"加工贸易转型升级中的统计遗漏：困境与对策"，"服务贸易限制对制造业出口的影响研究"，"外资研发嵌入促进了对外直接投资吗？——技术创新表现的作用"，"实现我国外贸高质量发展的动力分析——基于 ICT 产品出口边际增长的证据"，"全球价值链视角下我国生产性服务贸易国际竞争力提升路径研究"，"全球价值链分工对全球失衡的影响研究——基于全球生产分解模型下 GVC 参与方式的视角"，"海外华侨华人网络、组织学习与企业对外直接投资逆向技术创新效应"，"跨境电商、华商网络与 OFDI"等文章。

第三部分是中美经贸摩擦与应对。包括"基于动态 CGE 模型的中美贸易战经济效应分析"，"跨国企业对中美贸易额统计的影响——基于所有权视角的研究"等文章。

第四部分是加快自由贸易试验区和自由贸易港建设。包括"中国自贸试验区金融负面清单发展沿革及启示——对比 TPP、USMCA 和 KORUS 协定"，"我国自贸港外资准入负面清单设计思路"等文章。

第五部分是推动"一带一路"建设高质量发展。包括"'一带一路'沿线国家外资政策协调对我国 OFDI 的影响——基于双边、多边政策协调的分析视角"，"'一带一路'贸易便利化评估及其影响因素研究"，"对外援助、政治关系与中国的对外直接投资"等文章。

第六部分是全球经济治理及多双边合作。包括"数字贸易的国际法规制探究——以 CPTPP 为中心的分析"，"欧日 EPA 生效对制造业发展格局影响研究——基于 GTAP 模型分析方法"，"WTO 改革将如何影响中国经济？"，"WTO 争端解决机制的改革进路——以条约解释方法为中心展开"等文章。

值此本论文集付梓之际，我向多年来支持中国国际贸易学会的各位同仁表示衷心的感谢。希望与大家一起，继续为我国外经贸事业的发展积极出谋划策，资政建言，为经贸强国的建设添砖加瓦，做出不懈的努力。

最后，对中国商务出版社的大力支持和帮助表示感谢。

中国国际贸易学会会长

2020 年 5 月 28 日

CONTENTS | 目 录

大变局中我国外经贸稳定发展

大变局中我国外经贸稳定发展

——2019 中国国际贸易学会年会暨国际贸易发展论坛会议综述

中国国际贸易学会秘书处

由中国国际贸易学会和上海对外经贸大学主办，上海对外经贸大学国际经贸学院、上海国际贸易学会、上海世经学会国际贸易专委会联合《国际贸易问题》《南开经济研究》《上海对外贸易大学学报》《国际商务研究》等杂志社共同承办的"2019 中国国际贸易学会年会暨国际贸易发展论坛"于 2019 年 11 月 16–17 日在上海举行。本次年会主题是"大变局中的外经贸稳定发展"，设有主旨演讲、专家论坛和六个不同主题的分论坛。与会学者和专家围绕会议主题，就大变局中的外经贸稳定发展、70 年经贸发展经验总结与前瞻、中国自由贸易试验区建设、外贸高质量发展、中美贸易摩擦和 WTO 改革、国际发展与合作等多个议题展开深入探讨和交流。

一、大变局中中国外经贸发展

当前世界经济正处于百年未有的大变局中，新一轮信息技术和产业革命正在发生，大国博弈全面升级，国际规则和秩序面临深度调整。如何在大变局中稳定我国经贸发展并寻找新的增长契机是当前我国外贸政策的重要方向。而这就需要结合我国外经贸发展历史对当前国际经贸格局有更准确和更清晰的认识。

外经贸部原副部长沈觉人应邀作了题为"新中国 70 年来外经贸的巨大成就和在世界大变局中开放前行"的专题报告。他回顾了新中国成立 70 年来我国在对外经贸方面的成就并指出党的正确领导、有利的国际环境以及全面开放的对外贸易政策等是我国快速发展的主要原因；系统性地论述了习总书记关于进一步对外开放的思想并对如何在全球大变局中寻求经贸进一步发展提出建议。

WTO 事务中心理事长、上海市政协原副主席、全国工商联副主席王新奎教授就"数字经济全球化与 WTO 电子商务谈判"作了演讲，指出在经济全球化收缩背景下数字经济是未来经济的增长力量之一，如何填补数字经济发展鸿沟和监管裂痕是数字经济全球化的重大挑战。

商务部政策研究室副主任李莉作了关于"贸易高质量发展背景下值得研究的若干问题"报告，探讨了经济高质量发展的空间、路径、意义以及规则问题等重要议题。李莉主任认为，全球价值链正从高速发展转向收缩期，本土化和区域化特征显著，经济高质量的发展在立足现有经济特征背景下需要进行政府理念、手段和基础理论的转变。

对外经济贸易大学原副校长，对外经济贸易大学对外开放研究院院长林桂军教授作了"对我国推进 WTO 投资便利化的建议"的演讲。随着世界对外投资的高速增长，各国对投资规则提出更高的要求。林桂军教授探讨了在 WTO 框架下加入投资便利化议题的重要性并就如何推动中国投资变化提出建议。认为中国的对外投资便利化应该采取温和态度，使用"低调－低起点－渐近"策略。

清华大学经管学院陆毅教授认为，自由贸易试验区是中国推动新一轮全面开放格局的重要战略举措，对中国出口与经济发展有重要影响。根据 2007—2018 年间中国海关数据，以各省是否有自贸区作为政策冲击，研究发现，有自贸区的城市显著促进了出口的集约和扩展边际以及出口贸易方式的转变。

南开大学经济学院李坤望教授从代际之间职业流动角度考察全球化对机会平等的影响。研究发现，对外贸易加剧了中国代际间职业向下的流动性，社会固化现象严重。

商务部政研室原副主任张国庆回顾了我国自贸试验区发展历程并对自贸区的经济影响进行了总结。他认为，目前我国自贸区在多个地区和多个领域已经全面开放且贸易投资便利化程度大幅提高，经济效应明显，在未来应当进一步扩大投资贸易自由化、通关效率、市场化和国际化程度。

上海对外经贸大学国际经贸学院院长黄建忠教授从全球价值链和产业链角度分析了当前国际经贸格局中生产链和价值链相互嵌入的特征和成因。黄建忠教授认为，随着新兴大国的工业化进程加快以及产业链向两端的快速延伸，发达国家和后起国家在产业链和价值链的竞争不断加剧，这种竞争也将在全球化浪潮中进一步深度融合。

二、70 年外经贸发展经验总结与前瞻

改革开放 70 周年以来，我国对外贸易取得了巨大成就。与此同时，我国对外贸易的国际环境和制度条件也发生了巨大变化。70 年来，我国始终坚持市场经济、持续扩大对外开放水平，不断探索中国特色的外贸发展道路。面对当前日益复杂的国内外形势，总结对外开放理论和经验，对于我国下一个百年具有重要意义。

中央财经大学经济与贸易学院唐宜红教授认为，在世界经济格局深刻变革和建设开放型经济体制的大背景下，中国应该根据现有形势的变化构建新的对外贸易政策体系，积极参与 WTO 和区域贸易组织的规则构建，高度重视全球价值链和全球贸易伙伴关系。

河北大学管理学院成新轩教授系统阐述了 20 世纪 80 年代之后东亚地区产业链的变化特点以及中国对东亚价值链参与的影响。指出当前中国与东亚地区的产业融合程度提升在某种程度上带动了东亚地区的产业链深化，今后中国要加强东亚区域经济合作的融合程度和制度化水平，推进区域生产网络建设。

广东外语外贸经济贸易学院陈万灵教授回顾了我国外贸体制改革 40 年的历程。认为中国外贸体制改革即是一个决策权和经营权不断下放的市场化过程。从统购统销计划经济、外贸承包经营、市场化改革到金融危机之后对标国际规则，特别是自由贸易试验区的成立。在未来一方面要进一步加大制度和体制的开放水平，另一方面要防范开放带来的风险。

三、中国自由贸易试验区建设

建设自贸试验区，是以习近平同志为核心的党中央统筹国内国际两个大局，统筹全面深化改革和扩大对外开放做出的一项重大战略举措。当前我国自贸试验区的成果如何、存在的问题以及机制体制应该朝向哪个方向发展？与会学者从不同角度给出自己的观点。

天津财经大学自由贸易区研究院刘恩专教授认为，自贸区（港）是深层次改革、高水平开放的关键路径与重要载体，"双区协同"是制度型开放的战略路径，产业开放是自贸区制度型开放的现实路径。此外，考虑到我国自贸区（港）的制度试验性、"双边协同"的战略需要、区域发展的多样性与不平衡性，以及自贸区（港）的开放属性，各个自贸区（港）应实现差异性开放。

上海对外经贸大学自由贸易港研究院文娟副教授利用数据实证检验了自贸试验区对我国企业营商环境的影响。研究发现，自贸试验区的建立显著改善了当地城市企业营商环境，并指出未来自贸试验区制度创新和试验重点应放在企业税收和融资环境方面。

上海大学经济学院龙飞扬博士回顾了中国自贸试验区金融负面清单的发展沿革并进行了国际比较，从外资准入、服务贸易、区域贸易协定等多方面给出许多具有建设性的启示。

北京师范大学经管学院任福耀硕士使用 2009—2016 年中国 31 个省区市样本，发现自贸区政策通过产业分工和经济互联机制对于区域经济增长起到显著促进作用，对长三角经济增长的影响要大于京津冀和泛珠三角地区。

辽宁对外经贸大学国际经贸学院常虹副教授讨论了"一带一路"背景下，辽宁省制造业的国际产能合作现状以及存在的主要问题，并从产业布局、融资模式、组织模式、文化环保、海外形象等方面给出推进辽宁省制造业国际产能合作的政策建议。

四、中美贸易摩擦和 WTO 改革

自 2018 年 3 月由美国发起的贸易摩擦引发了全球贸易格局变动，对中国

5

进出口贸易和投资产生了不利的冲击。如何应对中美贸易摩擦、构建新时代的大国关系对于中国和全球经济发展至关重要。同时以互联网为核心的信息技术发展、全球价值链分工等贸易格局变化使得原来 WTO 框架的适用性降低，WTO 的改革势在必行。如何改革并继续发挥 WTO 在全球贸易和投资问题中磋商和争端解决的重要性是当前的重要议题。

南开大学经济学院盛斌教授回顾了近年来世界逆全球化思潮的演变及成因，指出贸易自由化加剧收入分配恶化与贸易自由化之间的逻辑和经验关系，从理念变化、红利共享、风险抵御、劳动力市场等角度，围绕国际贸易和包容性增长，给出中国未来在全球价值链参与经济贸易发展目标的政策启示。

中国人民大学重阳金融研究院何伟文教授通过回顾中美贸易战的演进历程，分析了贸易战对于中美经济的影响，并从国内政治、战略、历史、理论和纲领根源廓清了贸易战的本质，最后对中美之间战略格局进行前瞻性预判，并从斗争合作和改革开放两个角度提出中国应对贸易战应当保持的战略定力。

浙江工商大学国际商务研究院刘文革教授分析了传统国际贸易理论在解释中美贸易摩擦的不足，进而基于动态比较优势、要素价格和收入分配、产业结构调整，从新贸易冲突理论视角解释中美贸易摩擦，认为中美贸易摩擦根本的冲突根源是美国市场经济模式造成的固有缺陷。

日本神户大学赵来勋教授从产品质量角度考察中国企业遭遇反倾销调查的原因。研究发现，如果提高产品质量的边际成本很高或该企业的产品质量声誉很差，企业更倾向于生产低质量的产品，从而遭遇反倾销的概率会提高。

复旦大学世界经济研究所罗长远教授利用美 1989—2017 年的上市公司作为实证研究样本，研究来自中国的进口竞争对于美国企业融资约束的影响，结果表明，来自中国的进口竞争使得美国企业的经营变得更有效率，从而缓解了美国企业的融资约束，这为分析中美贸易对于两国经济福利和长期发展的影响提供了一个新的视角。

广东外语外贸大学广东国际战略研究院孙楚仁教授从中国对外贸易开放是否改善各国收入不平等这一角度出发，考察中国对外开放与"人类命运共同体"构建的关系，发现中国的贸易自由化进程有利于降低各国收入不平等。

上海对外经贸大学国际经贸学院代中强教授深入分析了美国发起知识产权调查的背后原因，并指出由美国发起的知识产权调查完全偏离其所宣称的"公平贸易"目标，实质上构成贸易壁垒。代中强教授就中国如何应对美国愈演愈烈的知识产权调查提出自己的观点。

五、国际合作与发展

2013 年，以习近平为中心的党中央提出一带一路战略，进一步扩大对外合作，构建高水平的开放格局，以开放促发展。不仅如此，我国还在国内通过增设自贸区、区域一体化战略进一步提高国内开放水平。

上海市社科联权衡研究员回顾了上海自贸区建设六年及其改革创新的成就和经验，分析了新一轮改革开放面临的新挑战与自贸区建设面临的新问题，进而从整体定位和发展目标指出上海自由贸易试验区新片区未来的创新与突破点，同时阐述了上海自贸区临港新片区发展的八大创新，给出上海自贸区临港新片区建设发展的思路与举措。

南京大学商学院于津平教授利用主成分分析法测算了"一带一路"沿线国家的投资便利化程度，并根据合成控制法检验"一带一路"倡议对于各国投资便利化的影响，研究发现，西亚和东南亚地区是"一带一路"沿线最为理想的投资地区，同时就推进"一带一路"沿线国家投资便利化的政策提出一系列政策建议。

华中科技大学经济学院陈波教授介绍了一带一路的背景、目标和目前概况，并利用 2011-2017 年中国 A 股上市公司数据分析"一带一路"倡议对于中国企业绩效的影响，研究发现，中国企业加入"一带一路"减少了本国就业。

复旦大学世界经济研究所沈国兵教授系统回顾了中美经贸摩擦的源头和中国为何成为美国经贸摩擦主要对象的原因。指出长三角地区应当以中美经贸摩擦为契机，提升区域经济一体化的发展动力，大力提升营商环境，积极应对中美贸易摩擦。

厦门大学经济学院陈勇兵教授以中国对进口中间品反倾销为典型案例，研究反倾销对于国内下游企业出口国内增加值率的影响，研究结果表明，反倾销会通过贸易转移效应、要素替代效应、规模结构效应、技术创新效应显著减低国内下游企业出口国内增加值率。为理解贸易救济政策对于下游企业绩效的影响提供了新的视角。

上海对外经贸大学张晓莉教授利用中国工业企业数据和专利数据，研究中间品进口对于企业创新的影响，研究表明，中间品进口数量的增加并不能提高企业研发创新，而需要与自身生产效率结合才会正向促进企业创新，同时市场集中度和产业类型对于该影响具有重要的调节作用，张晓莉教授从促进进口贸易转型、优化营商环境、提升产品国际竞争力等方面给出政策建议。

六、推动外贸高质量发展

毋庸置疑，我国已经成为贸易大国，贸易强国的基本特征越来越明显。然而，就外贸的出口质量、在贸易分工中的利得仍然有较大的空间。

中国人民大学国家发展与战略研究院刘青教授以 2002 年《外商投资产业指导目录》调整为政策冲击，考察外资开放程度扩大对国内企业出口产品质量的影响。研究发现，外资进入通过低端锁定效应显著降低了国内本土企业的出口产品质量。

山东财经大学财政税务学院谢申祥教授同样以 2002 年《外商投资产业指导目录》变化为政策冲击，考察外资进入对国内企业就业的影响。研究发现，外资准入政策扩大主要通过促进企业退出和提高劳动密集型企业就业这两个渠道提高了本土企业的就业。

大连理工大学管理与经济学部苏振东副教授构建了一个衡量各国对中国国家形象的指数并考察国家形象对中国出口的影响。研究发现，对中国国家形象打分较高的国家其进口中国的数量也越多。对发展中国家这一影响更大。

对外经贸大学 WTO 学院吕越副教授使用 2003-2016 年中国绿地投资数据，考察"一带一路"倡议对中国企业走出去的影响。认为倡议的实施显著促进了企业对外直接投资，其中设施联通、政策沟通、资金融通、贸易畅通和民心相同是影响这一效应的有效机制。

上海对外经贸大学国际经贸学院赵瑞丽讲师从理论和实证视角，考察存在集聚和互联网交互作用下互联网对企业出口行为的影响。研究发现，在准确剥离集聚的影响之后，互联网对企业出口数量并不显著，然而互联网发达程度提高会通过降低企业出口固定成本，从而提高企业的出口概率和出口持续时间。

厦门大学经济学院彭水军教授考察了贸易开放是否有利于缓解企业的融资约束。认为服务贸易自由化会有利于增加企业的融资渠道，并通过产业关联和技术溢出效应缓解企业的融资约束特别是商业信贷和内源融资。

上海对外经贸大学国际经贸学院章韬副教授考察了全球供需冲击与企业出口产品转换。研究发现，企业－产品－目的国的转换频率很高，在 EK 模型进行拓展同时加入需求侧和供给侧的冲击，对这一现象进行了解释。

暨南大学经济学院刘啟仁副教授考察了企业进口对企业碳排放效率的影响。研究发现，在控制了选择效应问题的基础上进口显著提高了企业的碳排放效率。

上海大学经济学院何树全教授从国家层面考察了各国制造业参与 GVC 的程度对制造业劳动收入份额的影响。研究发现，发达国家劳动要素 GVC 收入份额无论在国家层面还是产业层面都高于发展中国家。

上海财经大学商学院鲍晓华教授将国内产业关联与全球价值链相结合，考察产业集聚对企业出口 DVA 的影响，并基于对集约边际的分解，比较与宏观结论的差异。研究发现，出口集聚通过广延和集约边际显著提高了出口额和出口国内增加值。

复旦大学经济学院汤倩倩硕士使用 2011 年和 2015 年流动人口数据，发现出口贸易会显著促进高技能人才的流入。

上海对外经贸大学国际经贸学院李茜硕士考察贸易模式变化对多产品出口企业转换的影响，研究发现，企业从一般贸易转向混合贸易提高了企业的出口产品种类。

第一部分

新中国成立后 70 年来外经贸发展经验总结与前瞻

新中国对外贸易发展70年：
历程、成就、贡献与经验

彭 波

内容摘要：新中国70年对外贸易取得了巨大的发展。70年当中，中国对外贸易发展大致经历了建国之后的曲折探索（1949—1977年），改革开放不断扩大（1978—2011年）和深刻变革与创新发展（2012年）三个阶段，每个阶段形势不同，政策有异，但是均取得了突出的成绩。中国的对外贸易在自身发展的同时，对整个国民经济增长和社会发展做出了巨大贡献，同时也极大地推进了经济全球化的发展，提升了世界人民的整体福利水平。中国对外贸易取得的这些成就，既是中国人民努力奋斗，勤于实践的结果，同时也是善于思考总结的结果。新中国70年，提出了很多重要的思想经验成果，在实践当中发挥了重要的作用。

关键词：新中国70年 对外贸易 历程 成就 经验

一、序言

新中国70年，我国对外贸易取得了巨大的发展。这个成绩来之不易，既经历了建国之初的曲折探索阶段，也经历了20世纪70年代末期之后的快速扩张阶段，还有加入WTO以后的迅速成长，最后发展到当前新时代的深刻变革和创新发展阶段。

70年来，中国的对外贸易商品结构、贸易方式和进出口平衡整体上处于不断完善优化的过程当中。中国对外贸易不但自身取得了巨大的成就，也对整个国民经济及社会发展做出了巨大贡献，同时也极大地推进了经济全球化的发

---

*作者简介：彭波，商务部国际贸易经济合作研究院副研究员

展，提升了世界人民的整体福利水平。

中国对外贸易的成就是一代代党和国家领导人和广大外贸工作者及研究者长期努力奋斗、勤于实践、善于总结思考的结果。中国一方面学习前人及国外的经验教训，另一方面也结合新时代的具体情况不断推陈出新，提出了很多新的思想，也摸索出很多行之有效的发展经验，在实践中发挥了重要的作用。

二、新中国 70 年对外贸易改革与发展历程

总体上，新中国 70 年我国的对外贸易经历了一个曲折向上的发展过程。1950 年，货物进出口总额仅为 11.3 亿美元，1978 年货物进出口总额达到 206 亿美元。改革开放以来，特别是正式加入 WTO 之后，中国外贸发展速度加快。党的十八大以来，我国进一步推进改革开放，经贸关系和经济合作全面发展。2018 年，中国货物进出口总额达到 4.62 万亿美元，连续两年居世界第一位，比 1978 年增长 223 倍，年均增长 14.5%；比 1950 年增长 4091 倍，年均增长13.0%。

（一）建国后对外贸易曲折发展阶段（1949-1977 年）

建国之初，在西方国家的封锁禁运下，中国采取向苏东阵营"一边倒"的政策。中苏关系恶化之后，中国一方面寻求独立自主，一方面大力发展对亚非拉发展中国家的贸易关系。70 年代以后，中国与西方国家的外交逐渐改善，对外贸易加速发展。总体上这一时期中国的对外经济贸易取得了重要发展成就。

1. 新民主主义时期的对外贸易 (1949-1956 年)

新中国成立后，我国高度重视对外贸易，建立了以贸易保护为主要特征的贸易政策体系，取得了较好的成果。

（1）对传统的外贸体系进行社会主义改造

新中国成立后，立即废除了帝国主义在华的一切特权，但是允许在外资企业继续经营。由于特权取消和西方对中国实行封锁禁运，外国企业大都申请歇业，或者作价转让给中国政府。从 1950 年到 1955 年年底，中国境内的洋商由 540 多家减少到 28 家，对资本主义市场贸易中的比重由 6.52% 下降为

0.005%。[①]

解放后，国民党官僚资本控制的对外贸易机构，如中央信托局、输出入管理委员会等，以及蒋宋孔陈四大家族的官僚资本外贸企业都由人民政府接管，转变为国有外贸企业。

建国初期，全国各口岸共有私营进出口企业 4600 户，经营额约占全国外贸总额的三分之一（31.6%），其中出口额约占全国出口总额的一半。1956 年，在资本主义工商业社会主义改造的高潮中，私营进出口商也迅速实现了全行业公私合营。[②]

新中国成立前后，陆续建立了新型的社会主义国营对外贸易企业。在山东、东北、华北、华东等解放区对外贸易的基础上逐步建立起由中央人民政府直接领导的新型的国营对外贸易企业。1950 年，国营外贸进出口额占全国进出口总额的 68.4%，到 1955 年上升到 99.2%，占有绝对优势。[③]

表 1　1950–1955 年国营和私人贸易公司进出口额比重

单位：%

	1950 年	1951 年	1952 年	1953 年	1954 年	1955 年
国营	68.4	84.7	92.8	92.7	98.3	99.2
私营	31.6	15.3	7.2	7.3	1.7	0.8

资料来源：《当代中国对外贸易》，当代中国出版社，1992 年版，第 11 页。

（2）中国对外贸易的发展逐渐走上正轨

新中国成立以后，积极扩大内外物资交流，大力组织成套设备和其他重要物资进口，千方百计发展生产扩大出口。1950–1952 年，进出口依存度分别达到 6.53%、9.7% 和 8.1%[④]，对国民经济的恢复与发展起了十分重要的作用。

1950—1956 年间，我国进出口贸易总额由 11.35 亿美元增至 32.08 亿美元，年均增长 18.9%；其中出口增至 16.45 亿美元，年均增长 20%；进口增至

① 石广生主编：《中国对外经济贸易改革和发展史》，人民出版社，2013，第 33 页。

② 沈觉人主编：《当代中国对外贸易》，当代中国出版社 1992 年，第 10–11 页。

③ 石广生主编：《中国对外经济贸易改革和发展史》，人民出版社，2013，第 34 页。

④ 裴长洪主编：《共和国对外贸易 60 年》，人民出版社，2009 年版，第 36 页。

15.63 亿美元，年均增长 17.9%；1956 年还实现了贸易盈余 0.82 亿美元，初步扭转了长期入超的局面。1950–1956 年，我国出口贸易增长速度高出世界出口贸易增速约 10 个百分点。相应地，我国出口占世界出口总额的比重由 1950 年的 0.91% 上升到 1.58%。

在扩大同苏东国家经济交往的同时，中国也没有忽视与西方国家的贸易。1950 年，中国政府同瑞典、丹麦、瑞士、芬兰建立了外交和贸易关系，1952 年又与芬兰签订了政府间贸易协定。

表 2　1950–1956 年我国出口总额占世界出口总额的比重

单位：亿美元，%

年份	世界出口总额	我国出口总额	我国出口占世界的比重
1950	607	5.52	0.91
1951	820	7.57	0.92
1952	809	8.23	1.02
1953	829	10.22	1.23
1954	863	11.46	1.33
1955	940	14.12	1.50
1956	1042	16.45	1.58

资料来源：《中国对外经济贸易年鉴（1984）》，中国对外经济贸易出版社，1984 年 12 月。

2. 社会主义制度建立后计划经济时期的对外贸易 (1957–1966 年)

1958 年的"大跃进"带来的高指标和浮夸风也蔓延到对外贸易部门。为纠正混乱状况，1958 年 8 月中共中央政治局召开扩大会议讨论外贸问题，会议做出《关于对外贸易必须统一对外的决定》，强调必须严格执行统一对外的原则。

这一时期中国对外贸易经历了起伏波动，但总体上保持了增长。1958 年进出口总额为 38.71 亿美元，比 1957 年的 31.03 亿美元增长了 24.8%，1959 年进出口总额又增加至 43.81 亿美元，比 1958 年增长 13.2%。

50 年代后期至 60 年代初，国际政治经济环境发生了剧烈变化。50 年代末期西方对中国的贸易封锁开始放松，同时中苏关系开始逐渐恶化，中苏双边贸易大幅下滑，我国出口占世界出口总额的比重大幅倒退。

这一时期，我国的对外贸易关系继续发展。1954 年同我国建立贸易关系的国家和地区只有 50 多个，其中同我国签订政府间贸易协定的国家有 17 个。到 60 年代中期，我国已经同 125 个国家和地区建立了贸易关系，并且同其中 38 个国家签订了政府间的贸易协定。

表3　中国对外贸易规模统计（1957–1965 年）

单元：万美元，%

年份	对外贸易		出口		进口	
	总额	增速	总额	增速	总额	增速
1957	310342	−3.27	159755	−2.87	150587	−3.68
1958	387155	24.75	198110	24.01	189045	25.54
1959	438134	13.17	226135	14.15	211999	12.14
1960	380920	−13.06	185601	−17.92	195319	−7.87
1961	293599	−22.92	149063	−19.69	144536	−26
1962	266316	−9.29	149023	−0.03	117293	−18.85
1963	291567	9.48	164921	10.67	126646	7.97
1964	346368	18.8	191634	16.2	154734	22.18
1965	424530	22.57	222790	16.26	201740	30.38

资料来源：对外贸易部外贸业务统计（1957-1965）。

3. 从"文化大革命"到改革开放之前的对外贸易（1966-1977 年）

"文化大革命"初期我国外贸领域的工作受到极"左"思想的负面影响。中国对外贸易自 1967 年至 1969 年连续 3 年停滞下降。1969 年进出口总额只有 40.29 亿美元，比 1966 年的 46.14 亿美元下降了 12.7%。

1971 年中华人民共和国恢复了在联合国主要机构的合法地位，不少国家与中华人民共和国建交。这一年开始恢复和有计划地发展了于 1966 年中断的外贸"以进养出"业务。1972 年 2 月，美国总统尼克松访华，国际关系大为改善。

从 1972 年起，中国恢复进口技术和成套设备，对亚非拉广大发展中国家以及东欧、苏联地区的贸易均有所回升。1974 年四届人大会议上提出了"四个现代化"的战略目标，对外贸易实现了大发展。1975 年，进出口总额达到 147.51 亿美元，比 1969 的 40.29 亿美元增长 2.7 倍，平均年递增 24.1%。

表4　1957–1965 年中国出口总额占世界出口总额的比重

单位：亿美元，%

年份	世界出口总额	我国出口总额	我国出口占世界的比重
1957	1123	15.97	1.42
1958	1086	19.81	1.82
1959	1159	22.61	1.95
1960	1283	18.56	1.44
1961	1344	14.91	1.11
1962	1419	14.90	1.05
1963	1545	16.49	1.07
1964	1736	19.16	1.10
1965	1872	22.28	1.19

资料来源：《中国对外经济贸易年鉴（1984）》，中国对外经济贸易出版社，1984 年 12 月。

1966—1976 年，中国对外贸易进出口总额从 46.2 亿美元增加到了 134.3 亿美元，年均增速达到了 11.3%，但要低于世界平均速度（16.9%）5.6 个百分点。1966 年中国进、出口额分别位居世界第 20 位和第 16 位，到 1976 年已经分别下降到第 33 位和第 35 位。

"文革"结束后，中国对外贸易进入了新的发展阶段。1977 年中国对外贸易扭转了 1976 年负增长的状况，比 1976 年增长 10.2%，比 1950 年增长 1204.3%。

表5　1966–1978 年中国对外贸易规模及增速

单位：亿美元，%

年份	进口	增速	出口	增速	总额	增速	进出口差额	GDP 增速
1966	22.5	11.4	23.7	6.3	46.2	8.7	1.2	17.3
1967	20.2	−10.2	21.4	−9.7	41.6	−10	1.2	−9.6
1968	19.5	−3.5	21	−1.9	40.5	−2.6	1.5	−4.2
1969	18.3	−6.2	22	4.8	40.3	−0.5	3.7	23.8
1970	23.3	27.3	22.6	2.7	45.9	13.9	−0.7	25.7
1971	22	−5.6	26.4	16.8	48.4	5.5	4.4	12.2
1972	28.6	30	34.4	30.3	63	30.2	5.8	4.5
1973	51.6	80.4	58.2	69.2	109.8	74.3	6.6	9.2

续　表

年份	进口	增速	出口	增速	总额	增速	进出口差额	GDP 增速
1974	76.2	47.7	69.5	19.4	145.7	32.7	-6.7	1.4
1975	74.9	-1.7	72.6	4.5	147.5	1.2	-2.3	11.9
1976	65.8	-12.2	68.5	-5.7	134.3	-9	1.7	1.7
1977	72.14	9.7	75.9	10.7	148.04	10.2	3.76	10.7
1978	108.93	51	97.45	28.4	206.38	39.4	-11.48	11.7

资料来源：《1984 年中国统计年鉴》。

（二）改革开放不断扩大阶段（1978-2011 年）

1978 年 12 月 20 日，中国共产党第十一届三中全会召开，把对内改革和对外开放作为基本国策，提出社会主义现代化建设要利用两种资源——国内资源和国外资源；要打开两个市场——国内市场和国际市场；要学会两套本领——组织国内建设的本领和发展对外经济关系的本领。十一届三中全会为中国对外贸易的发展打开了全新的局面。1982 年 12 月对外开放政策被正式写入我国宪法。

表 6　1978-1991 年我国对外贸易发展总体情况

单位：亿美元，%

年份	进出口		出口		进口		贸易平衡
	进出口额	增长	出口额	增长	进口额	增长	
1978	206.4	39.4	97.5	28.4	108.9	51.0	-11.4
1979	293.3	42.1	136.6	40.1	156.7	44.0	-20.1
1980	381.4	30.0	181.2	32.7	200.2	27.7	-19.0
1983	436.20	4.83	222.3	-0.4	213.9	10.9	8.4
1985	696.0	29.98	273.50	4.6	422.5	54.15	-149.0
1987	826.5	11.9	394.4	27.5	432.2	0.7	-37.8
1989	1116.8	8.7	525.4	10.6	591.4	7.0	-66.0
1990	1154.4	3.4	620.9	18.2	533.5	-9.8	87.5
1991	1357.0	17.6	718.4	15.8	637.9	19.6	81.2

资料来源：《1992 年中国统计年鉴》；国家统计局 . 新中国统计 60 年 [M]，北京：中国统计出版社，2010。

注：货物进出口差额负数为逆差。

1. 改革开放初步探索阶段（1978-1991 年）

这一时期的中国抓紧时机，对外贸易取得了很大的发展。一系列改革激活了中国各市场主体的潜力，对外贸易迅速发展，为中国的经济发展注入了相当的活力。

（1）改革开放后对外贸易不断发展

这一时期，我国对外贸易发展的主旋律是"简政放权、出口导向、引进外资"。沿海外向型经济发展战略成效突出，加工贸易开始崛起，市场多元化战略和以质取胜的外贸发展战略开始实施，对外贸易行业组织普遍成立。1978 年，中国进出口总额仅为 206.4 亿美元，1988 年，我国对外贸易规模首次突破 1000 亿美元大关，达到了 1027.8 亿美元。1991 增长到 1357 亿美元。1978 年，我国出口总额仅为 97.5 亿美元，1991 年增长至 719.1 亿美元。

表 7　1978-1991 年全球进出口增速与中国进出口增速对比

单位：%

年代	进出口增速		出口增速		进口增速	
	全球	中国	全球	中国	全球	中国
1978	15.7	39.4	15.3	28.4	16.1	51.0
1980	21.5	28.9	21.6	33.8	21.4	24.7
1982	−5.8	−5.5	−6.0	1.4	−5.6	−12.4
1985	1.1	30.0	1.1	4.6	1.0	54.1
1988	13.6	24.4	13.5	20.5	13.8	27.9
1990	12.9	3.4	12.9	18.2	12.8	−9.8
1991	−0.5	17.6	−0.5	15.8	−0.6	19.6

资料来源：《1997 年中国对外经济贸易白皮书》。

这一时期中国在贸易方式方面的重大发展是加工贸易的兴起。1978 年 8 月，广东珠海签订的第一份来料加工合同。1980 年，我国加工贸易进出口总额只有 16.7 亿美元，占我国对外贸易总额比重仅为 4.4%。1984 年占我国对外贸易总额比重超过 10%，1986 年我国加工贸易进出口总额突破 100 亿美元，到 1991 年突破 500 亿美元大关。

表 8　1978–1991 年中国在世界贸易中地位的变化

单位：%

年份	进出口总额	进口	出口
1978	32	38	34
1980	26	22	26
1983	20	19	17
1985	11	11	17
1987	17	10	16
1990	16	18	15
1991	15	15	13

资料来源：历年《商务年鉴》，《中国统计年鉴》。不同资料排名略有出入。

这一时期中国进出口结构得到很大的改善，初级产品占比不断下降，工业制成品比重不断上升。1980 年，初级产品出口超过一半，达到 50.3%，而工业制成品占 49.7%。到 1991 年，初级产品出口已经迅速下降到 22.5%，工业制成品则提升到 77.5%。1980 年中国进口商品当中，初级产品占比达到 34.77%，工业制成品占比为 65.23%。1983 年初级制成品占比下降到 30% 以下，为 27.15%，1984 年降到 19%。这反映了中国产业的升级及参与国际分工的深化。

这一时期中国的对外贸易发展虽然有所波折，但在总体上发展要快于世界平均水平。

相应的，中国在世界贸易中的地位也在不断提升。1980 年，中国进出口总额还在世界上排名第 26 位，到 1991 年已经提升到了第 13 位。

（2）对外贸易在国民经济发展中的地位不断增强

改革开放后，我国对外贸易发展通常都高于同期经济增长速度，进出口占国民经济比重不断提高。1978 年，中国的外贸依存度仅为 9.74%，1979 年就超过了 10%。到 1991 年，这一数字已经达到 33.17%。中国的进口依存度曾经长期高于出口依存度，到 1990 年，中国的出口依存开始高于进口依存度。

表 9　我国 1978-1991 年外贸依存度[①]

单位：%

年份	外贸依存度	出口依存度	进口依存度
1978	9.74	4.6	5.14
1980	12.54	5.97	6.57
1983	14.42	7.35	7.07
1985	22.92	8.97	13.95
1987	25.58	12.2	13.39
1989	24.46	11.51	12.95
1990	29.78	15.99	13.79
1991	33.17	17.57	15.6

资料来源：《中国统计年鉴 2007 年》；《中国对外经济贸易年鉴》2002 年、2006 年（表中绝对数以人民币当年价格和汇率计算）。

2. 改革开放进一步推进阶段（1992-2001 年）

这一时期世界经济贸易格局发生了重大变化：苏联解体，"冷战"格局结束，美国成为唯一的超级大国。1995 年关贸总协定更名为世界贸易组织，经济全球化速度加快，局部金融危机不断出现。

（1）构建扩大对外开放新格局

1992 年邓小平到南方视察，强调指出，计划多一点还是市场多一点，不是社会主义与资本主义的本质区别。1992 年，党的十四大召开，第一次明确提出建立社会主义市场经济体制。我国掀起了新一轮对外开放的浪潮，经济贸易体制不断改革和完善。更加重视运用经济和法律手段进行外贸管理，颁布实施《中华人民共和国对外贸易法》。改革外汇管理体制，促进关税制度与国际接轨。规范加工贸易监管，引导加工贸易快速健康发展。在制造业深化开放的同时，服务业逐渐成为重要的开放领域。开放区域布局加快，重点促进长三角和沿江地区发展，建立浦东新区。开放 13 个边境城市，积极与周边国家开展边境贸易。1999 年完成入世谈判，2001 年加入了世界贸易组织，对外开放步入全新阶段。

[①] 方齐云，方臻旻编著，国际经济学，东北财经大学出版社，2009.03，第 9 页。

表 10　1992-2001 年我国对外贸易规模

单位：亿美元

年份	进出口总额	出口	进口	顺差	外贸占国内生产总值的比重
1992	1655.3	849.4	805.9	43.5	33.4
1995	2808.6	1487.8	1320.8	167.0	43.6
1998	3239.5	1837.1	1402.4	434.7	36.2
2000	4742.9	2492.0	2250.9	241.1	36.4
2001	5096.5	2661.0	2435.5	225.5	43.9

资料来源：《2002 年中国统计年鉴》。

（2）中国对外贸易取得很大发展

这一时期，我国对外贸易规模持续扩大。1992—2001 年间，我国货物进出口总额从 1655.3 亿美元增长到 5096.5 亿美元。外汇储备持续扩大，由 1992 年的 194.4 亿美元，增长到 2001 年的 2121.65 亿美元。

这一时期，中国出口产品技术含量不断提升，逐渐从轻纺产品向机电产品转变。进口产品中，机械及运输设备占据主要地位。

这一时期加工贸易进一步增长。1996 年首次占据我国对外贸易的 50% 以上。

表 11　1991-2000 年中国初级产品和工业制成品比重表

单位：亿美元，%

年份	初级产品		工业制成品	
	金额	比重	金额	比重
1992	170	20	679.4	80
1995	214.9	14.4	1272.8	85.6
1997	239.3	13.1	1588.4	86.9
1999	199.3	10.2	1750	89.8
2000	254.6	10.2	2237.5	89.8

数据来源：中国海关统计，《中国对外贸易三十年》。

（3）中国在世界贸易格局中的地位不断提升

随着我国对外贸易规模的不断增长，我国出口在世界货物贸易出口的比重也不断上升。1992 年，我国货物出口占世界的比重仅为 2.3%，1995 年已为

3%，2001 年达到 4.3%，比 1992 年上升了 2 个百分点。我国货物出口在世界中的位次也不断提升，1992—1996 年一直保持在第 11 位，从 1997 年位次不断攀升，2001 年达到世界第 6 位。

表 12　1992–2001 年中国加工贸易占对外商品贸易的比重

单位：亿美元，%

年份	对外商品贸易总额	加工贸易进出口总额	比重
1992	1655.3	711.6	42.9
1995	2808.6	1320.8	47.0
1996	2898.8	1465.0	50.6
1999	3606.3	1844.6	51.1
2001	5096.5	2414.1	47.4

资料来源：根据各年《中国统计年鉴》和《中国对外贸易统计年鉴》计算。

3. 改革开放全面扩大阶段（2002–2011 年）

这一时期的国际形势总体上是和平、发展、合作成为时代潮流，总体上有利于我国对外贸易发展。同时国际局势仍风云变幻，世界贸易面临诸多不确定性因素。国际金融危机和欧债危机相继爆发以后，世界经济增长速度减缓，各种形式的保护主义抬头。

这一时期中国成功入世，开启了中国全面参与国际竞争与合作的新时期，迎来了中国对外贸易的跨越式发展。虽然也遭遇到 2008 年次贷危机的冲击，但未在根本上影响中国外贸的发展，反而促进了中国在世界贸易格局当中地位的进一步提升。

（1）中国成功入世并完全履行承诺

2001 年 12 月 11 日，经过长达 15 年的艰苦努力，中国成功加入世界贸易组织，标志着对外开放进入新阶段，中国经济融入世界经济体系的程度不断加深，对外贸易实现了突飞猛进的发展，贸易规模持续扩大。

截至 2010 年，中国加入世界贸易组织的所有承诺全部履行完毕。2006 年、2008 年和 2010 年，中国政府先后接受了世界贸易组织的三次贸易政策审议。中国认真履行承诺的实际行动得到世界贸易组织大多数成员的肯定。世界贸易组织所倡导的非歧视、透明度、公平竞争等基本原则已经融入中国的法律、法规和有关制度当中。

表 13　1992—2001 年中国出口在世界货物贸易中的地位

单位：%

年份	中国出口总额占世界比重	位次
1992	2.3	11
1995	3.0	11
1997	3.3	10
1999	3.6	9
2001	4.3	6

资料来源：《2002 年中国统计年鉴》。

（2）中国外贸进一步发展

2008 年爆发的国际金融危机对世界各国的经济发展都产生了较大冲击，但是中国政府结合供给侧结构性改革等新时代要求，以更加积极的态度推进对外贸易制度改革，经受住了金融危机的严峻考验。2008 年进出口总额增长17.9%。2009 年进出口总额虽然下降 13.9%，但我国依然是全球对外贸易表现最好的国家或地区之一，降幅远小于全球贸易降幅。2009 年我国出口总额跃居世界第一位，进口总额上升至世界第二位。

表 14　2002-2011 年中国货物贸易规模

单位：亿美元

年份	进出口总额	出口总额	进口总额	差额
2002	6207.7	3256.0	2951.7	304.3
2005	14219.1	7619.5	6599.5	1020.0
2007	21765.7	12204.6	9561.2	2643.4
2009	22075.4	12016.1	10059.2	1956.9
2011	36420.6	18986.0	17434.6	1551.4

资料来源：《中国统计年鉴 2011》，《中国对外经济贸易年鉴 2012》。

（3）贸易结构状况不断改善

十六大以来，我国不断加大外贸结构调整和转型升级力度，进出口贸易方式发生积极变化。2003—2011 年，一般贸易进出口年均增速达到 24.2%，超过加工贸易 17.7% 的增速。2011 年，一般贸易进出口达 19246 亿美元，比 2002 年增长 6.3 倍，占进出口总额的比重由 2002 年的 42.7% 提高到 52.8%；加工贸易进出口为 13052 亿美元，比 2002 年增长 3.3 倍，占进出口总额的比重由 2002 年的 48.7% 下降到 35.8%。

十六大以来，以电子和信息技术为代表的高新技术产品出口比重不断扩大。2011 年，工业制成品出口占出口总额的比重由 2002 年的 91.2% 提高到 94.7%；机电产品出口占出口总额的比重由 2002 年的 48.2% 提高到 57.2%；高新技术产品出口占出口总额的比重由 2002 年的 20.8% 提高到 28.9%；高耗能和高排放产品出口得到有效控制，汽车、船舶、飞机、铁路装备、通讯产品等大型机电产品和成套设备出口均有新的突破。从进口方面看，先进技术、设备、关键零部件进口持续增长，大宗资源能源产品进口规模不断扩大。非食用原料与矿物燃料、润滑油及有关原料两大类商品进口占进口总额的比重由 2002 年的 14.2% 提高到 2011 年的 32.2%。

表 15 2002—2011 年中国加工贸易占对外商品贸易的比重

单位：亿美元，%

年份	进出口总额	加工贸易额	比重（%）
2002	6207.7	3021.3	48.7
2005	14219.1	6904.8	48
2007	21765.7	9860.4	45.4
2009	22075.4	9093	41.2
2011	36,418.60	13052.1	35.8

资料来源：中国海关统计。

（三）深刻变革和创新发展阶段（2012 年以来）

十八大以来，我国所处的内外部环境发生深刻变化。经历了 2008 年金融危机后的深度调整期，全球贸易一度增速放缓，单边主义和贸易保护主义抬头；局部冲突和动荡频发。全球性问题加剧。

1.外贸发展步入新常态

这一时期，中国发展成为世界第一大进出口贸易大国和第二大经济体。中国共产党十九大报告宣告中国特色社会主义进入了新时代，形成了新时代中国特色社会主义思想。中国对外开放进入了大国开放新的阶段。

这一时期中国传统外贸的两大红利，劳动力和全球化，正在逐渐减弱甚至消失，中国经济由高速增长阶段转向高质量发展阶段，中国外贸发展方式进行战略性转变，步入新常态，进入了增速变化和结构调整的转折期。十八大报告指出坚持出口和进口并重，推动对外贸易平衡发展。十九大报告指出拓展对外贸易，培育贸易新业态、新模式，推进贸易强国建设。

表 16　2002—2011 年中国出口商品结构变化

单位：亿美元，%

年份	初级产品		工业制成品		机电产品		高新技术产品	
	金额	占比	金额	占比	金额	占比	金额	占比
2002	285	8.8	2 971	91.2	1 569	48.2	679	20.8
2005	490	6.4	7 129	93.6	4 267	56.0	2 183	28.6
2007	615	5.0	11 563	94.7	7 012	57.6	3 478	28.6
2009	631	5.3	11 385	94.8	7 131	59.3	3 769	31.4
2011	1 006	5.3	17 980	94.7	10 856	57.2	5 488	28.9

这一时期，我国外贸进出口进入增速换挡期，从高速增长转至中低速增长阶段。2012 年开始，中国进出口增速发生明显转折，由较快速度增长变成个位数中低速增长，2015 年，进出口增速由正变负，同比下降 8%。2017 年之后，随着世界经济温和复苏，进出口呈现稳中向好趋势，增速明显回升。

同时，伴随着综合国力的显著提升，我国进入了大国开放阶段；面向国内，全面深化改革，主动打造开放新高地；面向国际，参与和引领全球经济治理，在国际经济协调和规则制定中的话语权显著增长。开始启动从贸易大国向贸易强国的转变。

表 17　2012—2018 年中国货物贸易的发展

单位：亿美元；%

年份	出口	出口增速	进口	进口增速	进出口	进出口增速
2012	20489.30	7.9	18178.30	4.3	38667.60	6.2
2013	22100.20	7.8	19502.90	7.2	41603.10	7.5

续　表

年份	出口	出口增速	进口	进口增速	进出口	进出口增速
2014	23427.50	6	19602.90	0.4	43030.40	3.4
2015	22749.50	−2.9	16819.50	−14.1	39569.00	−8
2016	20981.50	−7.7	15874.20	−5.5	36855.70	−6.8
2017	22635.20	7.9	18409.80	15.9	41045.00	11.4
2018	24874.00	9.9	21356.40	15.8	46230.40	12.6

数据来源：中国海关统计。

2. 外贸发展探索新思路

按照党的十七大提出的关于加快转变经济发展方式的要求，外贸领域提出要转变外贸发展方式，促进外贸发展由主要依靠增加物质资源消耗向主要依靠科技进步、劳动者素质提高、管理创新转变。2012 年 3 月 1 日，商务部等十部委联合发布《关于加快转变外贸发展方式的指导意见》，对外贸发展提出了总体要求和任务目标。同时，不断加大对外贸发展的政策支持力度，出台一系列促外贸稳增长调结构的政策措施，通过提高贸易便利化水平、清理和规范进出口环节收费、加强融资保险支持等政策降低贸易成本，鼓励发展跨境电子商务等新型商业模式，为外贸发展营造了更加有利的政策环境。

2015 年 2 月 19 日，国务院印发《关于加快培育外贸竞争新优势的若干意见》，《意见》提出我国外贸传统竞争优势明显削弱，新的竞争优势尚未形成，必须适应新形势新要求，努力巩固外贸传统优势，加快培育以技术、标准、品牌、质量、服务为核心的竞争新优势，形成东中西合力、低中高并举、劳动密集、资本密集、技术密集型产业共同创新的发展新格局。

3. 对外贸易的新发展

（1）国际市场份额持续提升

这一时期，在全球贸易增幅下降的情况下，我国全球贸易份额不降反升。2013 年和 2014 年我国国际市场份额分别提高了 0.6 个百分点，2015 年我国出口占国际市场份额升至约 13.8%。2017 年，随着国内和全球经济形势好转，我国进口回升，达到 18409.8 亿美元，同比增长 15.9%，贸易顺差收窄 17.1%。

（2）外贸新动能正在集聚

这一阶段，我国外贸动力转换加快，贸易增长呈现出以下新亮点：

一是民营企业成为外贸增长主力军。2015年，中国民营企业出口1.03万亿美元，同比增长1.8%，比上年提高2.1个百分点，占出口总额的比重为45.2%，占比第一次超过外资企业。2018年，我国民营企业对外贸进出口增长的贡献度超过50%，成为我国外贸发展的一大亮点。

二是外贸新业态成为新动能、新亮点。近年来，我国先后逐批逐次开展13个跨境电子商务综合试验区建设、8个市场采购贸易方式试点和4家综合服务企业试点，为促进外贸回稳向好和创新发展发挥了积极作用。2004年以来，市场采购贸易出口年均增速超过30%。2016年，4家外贸综合服务试点企业服务中小企业超过4万家。2018年，通过海关跨境电子商务管理平台零售进出口总额达到1347亿元，增长50.0%。

三是贸易方式结构继续优化。2018年，中国一般贸易进出口17.6万亿元，增长12.5%，占进出口总额的57.8%，比上年提升1.4个百分点。其中，出口9.2万亿元，增长10.9%，占出口总额的56.3%，比上年提升2.0个百分点；进口8.4万亿元，增长14.3%，占进口总额的59.5%，比上年提升0.7个百分点。加工贸易自身的转型升级步伐加快，自主品牌生产（OBM）、委托设计生产（ODM）比重明显提高。

表18　2013-2017年世界进出口平均年增速对比

单位：%

	出口	进口
中国	2.2	0.8
世界	−0.5	−0.5
发展中经济体	−0.5	−0.2
转型经济体	−6.0	−4.6
发达经济体	−0.1	−0.4

资料来源：根据 UNCTAD 数据计算。

三、新中国 70 年对外贸易发展成就与贡献

建国 70 年，中国对外贸易发展取得的成就是巨大的。具体表现为进出口规模不断扩大，世界排名不断提升。进出口日益趋于平衡，外汇储备充裕。外贸产品结构也不断优化，初级产品比重不断下降，制成品比重提升。外贸经营主体不断壮大，国企、外企和民企三驾马车共同发展；外贸市场也日趋多元化；最后，外贸法律政策体系也在不断发展，营商环境不断完善。

（一）新中国 70 年外贸发展的成就

70 年来，中国始终坚持发展主线，紧抓历史机遇，推进外贸体制改革，外贸持续快速发展，结构不断优化，创造了中国和世界经济发展史的奇迹。

1. 对外贸易取得了巨大的发展

（1）中国进出口规模不断扩大

建国 70 年来，中国的对外贸易取得了巨大的发展。1950 年，中国货物贸易进出口总额仅为 11.3 亿美元，1978 年达到 206.4 亿美元，28 年增长 18 倍。到 2018 年进一步增至 4.62 万亿美元。从 1978 年到 2018 年增长了 224 倍，年均增速达到 14.5%。从 1950 年到 2018 增长 4091 倍，年均增长 13.0%。

表 19　建国 70 年中国货物进出口贸易的发展

单位：美元，%

年份	进出口总额	出口总额	进口总额	差额
1950	11.3	5.5	5.8	−0.3
1956	32.1	16.5	15.6	0.9
1960	38.1	18.6	19.5	−0.9
1967	41.6	21.4	20.2	1.2
1970	45.9	22.6	23.3	−0.7
1976	134.3	68.5	65.8	2.7
1978	206.4	97.5	108.9	−11.4
1985	696	273.5	422.5	−149
1990	1154.4	620.9	533.5	87.4
1995	2808.6	1487.8	1320.8	167

续　表

年份	进出口总额	出口总额	进口总额	差额
2000	4742.9	2492	2250.9	241.1
2004	11545.5	5933.2	5612.3	320.9
2010	29740.0	15777.5	13962.4	1815.1
2015	39569	22749.5	16819.5	5930
2018	46230.4	24874	21356.4	3517.6

资料来源：历年海关资料。

（2）中国进出口世界排名不断提升

建国70年，中国外贸占世界贸易的比重起伏比较大。1966年中国进、出口额分别位居世界第20位和第16位，受"文革"冲击影响，到1976年这两个排名分别下降到第33位和第35位。

改革开放后，中国进出口的世界排名不断提升。1980年中国的出口提升到第26位，1990年提升到第15位，2000年提升到第7位，2009年出口进一步提升到世界第1，2013年中国的进出口总额也提升到世界第1位。从2009年开始，中国的进口连年保持世界第2位。

表20　改革开放40年中国进出口世界排名变化

年份	进出口总额	进口	出口
1978	32	38	34
1980	26	22	26
1985	11	11	17
1990	16	18	15
1995	11	12	11
2000	7	8	7
2005	3	3	3
2010	2	2	1
2015	1	2	1
2018	1	2	1

资料来源：历年《商务年鉴》，《中国统计年鉴》。不同资料排名略有出入。

（3）中国进出口日益趋于平衡

建国之后，为了迅速提升生产力，扩大生产，中国的出口经常少于进口，贸易赤字年份较多，从 1950 年到 1989 年的 40 年当中，刚好 20 年逆差，20 年顺差。而在 1990 年之后，仅有 1993 年出现逆差，其他年份均为顺差。

从 1978 年到 1991 年，我国外贸总体为逆差状态，逆差总额达到 305.9 亿美元。1992 年和 1993 年我国的短期外债占到外汇储备的 55% 以上，全部外汇储备仅能支付三个多月的进口需求[①]。1994 年，中国进行了外贸外汇体系的综合改革，此后中国的对外贸易长期保持盈余，而且盈余规模不断扩大。2015 年，在全球贸易不景气，中国进出口总额也有所下降的情况下，贸易顺差却出现了较大跳升，达到 5930 亿美元。2018 年，中国进出口贸易顺差 3517.6 亿美元，相对 2017 年收窄 16.2%。

2. 外贸经营主体不断壮大

新中国成立后，在全国建立了新型的社会主义国营对外贸易企业，逐步建立起由中央政府直接领导的新型的国营外贸企业。1950 年国营外贸进出口额占全国进出口总额的 68.4%，到 1952 年上升到 92.8%，占有绝对优势。

改革开放之后，内外形势发生了变化。中国打破了单一垄断的对外贸易体制，越来越多的外商投资企业和民营企业加入到对外贸易行列当中，作用日益重要，所占比重逐步上升，逐渐形成了国营、民营与外资多元主体共同开展对外贸易的良好态势。

1984 年对外经济贸易部实施了一系列简政放权的改革措施，外贸公司大量增加。到 1995 年，一些工业部门所属的工贸公司、生产企业、科研院所、物资商业企业等 1 万多家企业和 25.9 万家外商投资企业拥有了外贸经营权。加入世贸后，对外贸易权进一步放开。2004 年新颁布的《对外贸易法》中规定，将外贸企业的经营权由审批制改为备案登记制，意味着我国外贸进出口经营权全部放开，所有在中国境内的进出口经营者均有权从事外贸经营。

---

①Worldbank.Worldbankdatabank[DB/OL].（2018–06–28）[2018–7–11].http：//databank.worldbank.org/data/reports.aspx?source=world–development–indicators#.

3. 外贸市场多元化

新中国成立初期面临的国际环境比较恶劣。美国对新中国实行政治孤立、经济封锁和军事包围的政策，1954 年之后，中美直接贸易完全停止。在这种国际环境下，新中国采取了与苏联结盟，政治上"一边倒"的政策。

中国对外贸易重心转向苏联和东欧社会主义国家的同时，并没有忽视与西方国家的贸易。1949 年 3 月 5 日，毛泽东在七届二中全会开幕式上指出："我们必须尽可能地首先同社会主义国家和人民民主国家做生意，同时也要同资本主义国家做生意。"瑞典、丹麦、瑞士、芬兰于 1950 年即同中国政府建立了外交和贸易关系，芬兰于 1952 年同中国签订了政府间贸易协定。到 1955 年，同我们正式建立大使级外交关系的国家有 21 个国家。此后中国的对外关系进一步发展。

1960 年后，中苏关系恶化，苏联东欧国家在我国对外贸易中所占的比重由 1957 年的 61.3% 下降至 1965 年的 14.3%。这一时期，亚、非、拉发展中国家在我国对外贸易中所占的比重由 1957 年的 14.7% 上升至 1965 年的 33.4%。对西方资本主义国家的贸易也在发展，包括日本、西欧在内的国家在我国对外贸易中所占的比重由 1957 年的 17.5% 上升至 1965 年的 41%。

90 年代初期我国提出"外贸市场多元化战略"，主要内容是在重视发达国家和地区市场的同时，也要重视开拓发展中国家市场，逐步建立起我国出口市场合理的、多元化的总体格局。从 1978 年到 2017 年，我国的贸易伙伴已由 40 多个发展到 231 个国家和地区，成为 120 多个国家的最大贸易伙伴，与新兴市场和发展中国家的贸易持续较快增长。欧盟、美国、东盟、日本、金砖国家等是中国主要贸易伙伴。

4. 外贸产品结构优化升级

新中国成立后，经过几十年的努力，中国出口商品结构大大改善，制成品比重大大提高。

1950 年中国出口总额 5.52 亿美元，其中农副产品 3.18 亿美元，占比 57.5%；农副产品加工品为 1.83 亿美元，比重 33.2%；工矿产品 0.51 亿美元，占比 9.3%。几乎全部是初级产品。1956 年，中国出口总额达到 16.45 亿美元，其中农副产品 7.01 亿美元，占比 42.6%；农副产品加工品为 5.15 亿美元，比重 31.3%；工矿产品 4.29 亿美元，占比 26.1%。1976 年，中国出口商品结构当中，粮油食品占 21.5%，土产畜产 15.3%，工艺品 6.7%，五金矿产 8.7%，纺织品占 21.6%，轻工 7.7%，化工产品 15.9%，机械产品 2.6%。制成品的比重有较大提升。

改革开放之后，我国出口商品结构的改善进一步加快。1980 年出口商品中初级产品还占到 50.3% 的比重，工业制成品只有 49.7%。1986 年工业制成品出口比重达到 63.6%。到 1995 年，工业制成品比重已占到出口总额的 85% 以上。2017 年，我国初级产品出口占比下降至 5.2%，工业制成品的出口占比提升至 94.8%。

21 世纪以来，以电子信息技术为代表的高新技术产品出口占比不断提高，附加值产品出口增长较快。2017 年高新技术产品出口占比提高到 28.8%，2018 年机电产品出口占比超过 58.8%。工业制成品占比已经达到了 94.8%，初级产品占比下降到 5.2%。"中国制造"正向"中国创造"和"中国品牌"升级。

表 21　我国出口商品结构表（1985–2018 年）

单位：%

年份	1985	1990	1995	2000	2005	2007	2018
初级产品出口占出口总额的比重	50.56	25.59	14.44	10.22	6.44	5.1	5.2
工业制成品占出口总额的比重	49.44	74.41	85.56	89.78	93.56	94.9	94.8
机械运输设备出口占出口总额的比重	2.82	9.00	21.11	33.15	46.23	47.39	58.8（机电产品）

资料来源：中华人民共和国商务部网站。

（二）新中国 70 年外贸发展的贡献

70 年来，中国对外贸易的发展无论是对于中国的发展，还是对于世界经济的稳定及人民福利的提高，都做出了突出的贡献。

1.打破帝国主义的封锁

建国初期，中国的工业体系极其落后。为了迅速恢复生产并建设完整高效的产业体系，对外贸易是必不可少的重要条件。1949 年 4 月刘少奇指出："对外贸易对于国计民生影响很大，甚至会起决定的影响。它的任务是发展生产，周转经济，搞不好就会不利于生产，经济也不得周转。"因此，"必须切实地组织好对外贸易 . 这是至关重要的工作，是人民的最大利益之一。"[1]

1949—1956 年间，与新民主主义革命相适应的对外贸易制度逐步建立，到 1957 年，生产资料进口的比重已高达 92%，其中机械设备占比就高达 52.5%[2]。这一时期中国在对外贸易中，最大的成就之一是通过引进苏联 156 个工程，初步建立了完整的工业体系。

70 年代中后期中国政府推动了"四三方案"，这是中国继 50 年代引进苏联援助的"156 项工程"之后，第二次大规模的技术引进。至 1982 年建成了 26 个大型工业项目，总投资约 200 亿元人民币，至 1982 年全部投产，成为 80 年代中国经济发展的重要基础。

1978 年，中国进入改革开放的新时期。30 多年来，中国利用世界经济较长时期繁荣、经济全球化深入发展的机遇，扩大对外开放，吸引利用外商投资，引进先进技术，改造提升国内产业，在全面参与国际分工和竞争中，实现了对外贸易的跨越式发展。

中国的制造业规模在 2009 年超过美国。2014 年，中国国家统计局局长马建堂在《人民日报》撰文指出中国 220 多种工业品产量居世界第一位，制造业净出口居世界第一位。[3]2018 年世界工业增加值 23.5 万亿美元，中国为 5.53 万亿，占比 23.53%。欧盟为 4.18 万亿，占比为 17.78%。美国、日本和德国三国之和为 6.09 万亿美元，占比为 25.91%。中国超过欧盟，与美国、日本、德国三国之和基本上相当。[4]

---

① 霍建国主编；商务部国际贸易经济合作研究院编，中国对外贸易史 下卷 第 2 版，中国商务出版社，2016.07，第 7 页。

② 裴长洪主编：《共和国对外贸易 60 年》，人民出版社，2009 年，第 72 页。

③ 马建堂：《六十五载奋进路砥砺前行谱华章》，《人民日报》（2014 年 09 月 24 日 07 版）。

④ 笔者根据快易网数据计算所得。

无论改革开放前后还是入世与否，美国一直在高科技产品方面对中国进行大规模禁运。2017 年以来，美国第 45 任总统特朗普上任后，对中国发动贸易战，加强贸易禁运，力图遏制中国的发展。中国也正是依靠自己相对独立完整的产业体系和国际贸易联系，得以在美国的技术封锁面前屹立不摇。

2. 保障了国民经济社会的基本平衡

新中国成立后，中国的对外贸易为保障国内生产生活的基本需要和国民经济的基本平衡做出了应有的贡献。1952 年 9 月，对外贸易部部长叶季壮回顾："我们已经由历史上长期入超的国家，转变成为进口和出口平衡的国家，战胜了美帝国主义者对我们国家的禁运和封锁。"①

2008 年国际金融危机爆发，我国出口一度遭遇重创。为保持国内经济的平衡及稳定发展，自 2008 年 8 月起，我国连续 7 次上调出口退税率，加快出口退税进度。同时取消或降低部分产品出口关税，重点支持纺织、轻工和部分高新技术产品出口。这些对于促进出口、对于因出口受阻而导致的失衡起到了一定的缓解作用。

3. 促进了人民生活水平的提高

新中国成立后，对外贸易的发展一直与提高人民生活水平紧密结合在一起。贸易部于 1950 年年初召开了全国进口会议，专门讨论民用品的进口问题。通过工业的发展，中国从外部输入了大量的生活必需品。20 世纪 50 年代，中国与东南亚及南亚国家开展易货贸易，鼓励大米的进口。自 60 年代初期以来到改革前夕，中国年年是粮食净进口国，保障了人民的生活，维持了人口的高速增长。

对外贸易还有效带动了就业。《中国对外贸易报告（2018 年秋季）》显示，改革开放 40 年，对外贸易成为促进中国国民经济和社会发展的重要支撑力量，直接和间接带动的就业人数高达 1.8 亿。中国每百万美元货物出口对中国就业的拉动为 59.0 人次，其中，每百万一般贸易出口能带来 82.7 人次的就业，每百万加工贸易出口能带来 26.5 人次的就业。就业者的收入和生活得到显著改善。

---

① 《人民日报》1952 年 9 月 30 日。

近年来，为满足人民日益增长的美好生活需求，优质消费品进口较快增长，对满足多层次、多样化消费需求发挥了重要作用。

4. 提升了全世界的福利水平

70 年来，中国对外贸易的发展给世界经济及外贸增长做出了突出的贡献。根据世界贸易组织（WTO）公布的数据，改革开放 40 年以来，中国外贸出口额增量对世界贸易出口额增量的贡献率为 13.74%，2012—2017 年，中国进口对世界进口增长的平均贡献率达 22.5%。[①]

中国对外贸易的发展提高了贸易伙伴的国民福利。中国依靠劳动力成本优势、较强的产业配套和加工制造能力、不断提高的劳动生产率，为世界各国和地区提供了物美价廉的商品，满足了国际市场多种多样的需求。中国在全球制造业环节的规模经济优势和加工成本优势，起到了抑制全球通货膨胀、提高贸易伙伴消费者实际购买力的作用。

中国对外贸易的发展也为贸易伙伴提供了广阔市场。2001 年以来，中国货物进口总额扩大了约 5 倍，年均增长约 20%，为贸易伙伴扩大出口创造了巨大市场空间。目前中国已经是日本、韩国、澳大利亚、东盟、巴西、南非等国家第一大出口市场，是欧盟的第二大出口市场，是美国和印度的第三大出口市场。中国工业化、城镇化正在快速推进，内需持续增长，不断扩大和开放的市场将为贸易伙伴提供越来越多的发展机会。

中国是对最不发达国家开放市场程度最大的发展中国家之一。自 2008 年以来，中国一直是最不发达国家第一大出口市场。2010 年，中国从最不发达国家的货物进口总额比上年增长 58%，约占这些国家出口总额的四分之一。

世界贸易组织在对中国进行第三次贸易政策审议时指出，中国在刺激全球需求方面发挥了建设性作用，为世界经济稳定做出了重要贡献。据美中贸易全国委员会估算，仅 2015 年的中美经贸往来就至少支持了美国约 260 万个工作岗位。

---

① 北京师范大学《中国进口发展报告（2018 年）》。

四、新中国 70 年对外贸易重要实践与理论经验

在长期的对外贸易探索中，中国积累了很多重要的实践与理论经验，对于中国外贸的发展起到了重要的推动作用。

（一）新中国 70 年外贸发展的重要实践经验

建国 70 年，中国坚持实事求是，与时俱进的发展方针，勇于探索，不断开拓，总结了若干重要实践经验，取得了较好效果。

1. 外贸管理体制变革与时俱进

建国之后，基于当时的经济发展状况，中国采取了外贸统制政策，通过没收官僚资本，废除帝国主义在华特权和改造私营进出口业，逐步建立了全国统一的国营对外贸易企业体系，直到改革开放。

1978 年第十一届三中全会决定把全国工作的重点转移到经济建设上来，把改革开放作为基本国策。中国的经济体制由严格的计划经济体制逐步转向商品经济体制，对外贸易体制也进行了相应的变革。确立了国家统制下趋向开放的贸易政策，部分还原了企业作为市场主体的属性，加速外贸企业向"自负盈亏、放开经营、工贸结合、推行代理制"转型的步伐。并通过引进国外资金、技术与管理，培育国内企业的制造能力，使得中国日益深入地参与全球经济大循环。激发了市场主体的潜力，对外贸易迅速发展，为中国的经济发展注入了相当的活力。

1992 年，党的十四大明确提出我国经济体制改革的目标是建立社会主义市场经济体制，要进一步扩大对外开放，形成多层次、多渠道、全方位的对外开放格局。2001 年年底，中国正式成为世贸组织（WTO）第 143 个成员国，标志着中国对外开放进入一个新的阶段，各项贸易制度随着中国入世承诺的逐步兑现而出现了较大改变。

党的十八大以来，我国通过深化"放管服"改革，设立自由贸易试验区等方式，不断理顺政府和市场关系，推进政府职能转变，持续优化营商环境，建立并不断完善外贸可持续发展制度体系。根据世界银行发布的全球营商环境报告，2018 年，我国营商环境全球排名较前一年跃升 32 位。

2. 独立自主与积极参与国际交换相结合

新中国成立以来，一直强调自力更生，以我为主。1982 年 1 月，中共中央书记处在北京举行会议，胡耀邦指出：我们的社会主义现代化建设，要利用两种资源——国内资源和国外资源，要打开两个市场——国内市场和国际市场，要学会两套本领——组织国内建设的本领和发展对外经济关系的本领。[1]

1993 年，党的十四届三中全会通过的《关于建立社会主义市场经济体制若干问题的决定》明确指出："发展开放型经济，使国内经济与国际经济实现互接互补。"开放型经济是双向开放，我国对国外开放市场，国外也要对中国开放市场。

十八大以后，习近平总书记也多次强调，"必须统筹考虑和综合运用国际国内两个市场、两种资源"。在上述思想的指导下，中国经济在实现贸易带来的经济利益的同时，提升了自我创新及独立研发的能力，在越来越深地融入经济全球化的同时，保证了产业体系的完备及基本上能够实现独立自主，因而在国际制裁及美国对中国发动贸易战的时候得以保持足够的坚韧性和战略空间。

3. 后发优势与大国优势相结合

中国是一个大国，这是中国在对外开放当中最为本质的特征。邓小平早就指出："中国是一个大的市场，许多国家都想同我们搞点合作，做点买卖，我们要很好利用。这是一个战略问题"[2]。

新中国成立后，以美国为首的西方国家对中国进行贸易封锁，但是中国作为一个大国，有足够的回旋空间。面对美国的贸易封锁，中国通过"一边倒"的政策，从苏联东欧阵营获得了贸易方面的支持。在西方阵营当中，也有很多国家突破美国的限制与中国发生贸易关系。而中国也从世界各国获得自己发展所必要的资源，尤其是"156 个工程"与"四三方案"，更是成体系地移植了西方的成套设备与技术。

改革开放后，中国通过广泛地与世界各国开展外贸活动，尽可能地学习一切先进的东西，用最快的速度发展自己。在改革开放初期，我国主要的比较优

---

① 《中国共产党历史大事记》（1919.5—1987.12），人民出版社 1989 年版，第 368—369 页。
② 《邓小平文选》第 3 卷第 32 页，人民出版社，1993 年 10 月第 1 版。

势实际上就是后发国家的低成本优势，通过参与国际分工，把低成本比较优势转化为参与国际竞争的优势，迅速切入国际价值链分工体系。改革开放 40 年后的今天，我国国内市场规模不断扩大，相对其他国家的吸引力和比较优势更强，更有条件利用大国的市场优势，开展与其他国家的合作，同时消化吸收各种冲击。中国外贸发展 70 年，本质上就是充分发挥后发优势和大国优势，实现赶超式发展的过程。

4. 适度市场保护与不断扩大开放相结合

新中国建立之后，当时在对外贸易中采取的是保护主义的政策。新中国成立前夕，在 1949 年 3 月召开的中共七届二中全会上，毛泽东主席提出："人民共和国的国民经济的恢复和发展，没有对外贸易的统制政策是不可能的"。[①]1949 年 9 月通过的《中国人民政治协商会议共同纲领》规定："实行对外贸易的管制，并采用保护贸易政策。"

与此同时，中国也一直坚持对外开放，认为对外贸易的开展对于中国经济的发展是非常必要的。早在 1947 年 10 月，毛泽东就把"同外国订立平等互惠通商友好条约"，作为我党、我军的八项基本政策之一。[②]1949 年 12 月，周恩来对参加全国农业会议、钢铁会议、航务会议人员阐明了新中国的外贸方针："现在同帝国主义国家也可以在有利条件下做买卖，对此我们不拒绝，也不强求。"[③]

改革开放之后，中国进一步加快了对外开放的步伐。但是与此同时，必要的管理也一直没有放松。到目前为止，我国仍然是一个发展中国家，工业化发展水平总体上还比较低，许多产业还不成熟。适度贸易保护是必要的，在国际经贸谈判当中，一定要把国际竞争限制在我国目前所能承受的范围内。

（二）新中国 70 年外贸发展的重要理论经验

新中国成立后，中国提出了许多具有中国特色的有价值的外贸理论，对于

---

① 《在中国共产党第七届中央委员会第二次全休会议上的报告》，《毛泽东选集》第 4 卷，人民出版社 1991 年版，第 1433 页。

② 《毛泽东文选》一卷本，第 1434 页。

③ 《周恩来经济文选》，中央文献出版社，1993 年版，第 30–31 页。

指导中国外贸的发展起到重要的作用。

1. 国际大循环与市场多元化战略

1987 年中国提出了国际大循环战略，其目的是充分利用国际市场进行全球协作生产，实现产业高效循环。通过大力引进外资，发展"劳动密集型"产品出口，为重工业发展取得必要的资金和技术，再用重工业发展积累的资金返回来支持农业，从而通过国际市场的转换机制，沟通中国农业与重工业的循环关系，加速产业结构的升级。

为扭转我国对外贸易市场过于集中在发达国家和地区的状况，中国于 90 年代初提出市场多元化战略，要求在继续巩固和发展我国外贸出口中的西方发达国家和港澳地区市场的同时，下大气力加快开拓发展中国家以及世界其他国家的市场，以避免对少数国家和地区市场的过度依赖，保持我国对外贸易持续、快速、健康发展。

国际大循环战略与市场多元化战略在本质上都是要尽可能充分利用国际市场的广度和深度，进行全球分工协作生产，降低成本，降低风险，提升效益。

2. 进口替代和出口导向兼用互补

根据对本国经济社会状况及国际环境的全面分析，1988 年，我国提出了进口替代和出口导向兼用互补思想，即在沿海地区发展外向型经济，大力推动"两头在外""大进大出"的产业发展。而对于在国内没有比较优势、更没有竞争优势的重化工业等，仍实行进口替代战略。

在此基础上，1991 年，外经贸部从外贸长远发展出发，提出以质取胜战略。1999 年由外经贸部会同八部门共同组织实施科技兴贸战略，核心是大力促进高新技术产品出口和利用高新技术改造传统产业，优化出口商品结构，提高出口商品的质量、档次和附加值，增强国际竞争力。

3. "大经贸"战略与综合平衡思想

1994 年，外经贸部提出了"大经贸战略"的构想。大经贸战略是指在新形势下进一步拓宽对外经贸的深度和广度，实行以进出口贸易为基础，商品、资金、技术、服务相互渗透、协调发展，外经贸、生产、科研、金融等部门共同参与的对外经贸发展战略。

进入 21 世纪以后，我国贸易顺差膨胀，国际贸易摩擦增多。2006 年政府工作报告提出，要"努力改善进出口不平衡状况"，2007 年提出要"努力缓解外贸顺差过大的矛盾"。党的十七大报告指出要"采取综合措施促进国际收支基本平衡"，构建和谐的对外经济贸易关系。十八大报告指出坚持出口和进口并重，推动对外贸易平衡发展。

大经贸战略强调国内平衡，国际平衡是手段，国内平衡是目的。而综合平衡思想是大经贸战略的升华，由国内平衡进而扩展到追求实现国内国际双重综合平衡。

4. "引进来"与"走出去"相结合战略

2000 年年初，江泽民总书记首次把"走出去"战略上升到"关系我国发展全局和前途的重大战略之举"的高度。2001 年，实施"走出去"战略写入了我国"国民经济和社会发展第十个五年规划纲要"，成为新世纪我国对外开放的一项重要任务。2002 年的十六大报告提出"坚持'走出去'与'引进来'相结合的方针，全面提高对外开放水平。

当前，我国实施外商投资负面清单管理模式同样具有"引进来"与"走出去"相结合的内涵，一方面是通过扩大市场开放，创新外商投资管理制度，促进各级政府与社会大众对外商管理理念的转变，从以管为主向以服务为主转变，为外商投资营造稳定、透明、可预期的市场环境，带动引资引智引技，全面提升利用外资水平，服务于我国创新型国家的建设。另一方面，外商投资负面清单管理模式实施能够提升我国外资自由化水平，促进国内外资规则与新一代国际投资规则接轨。同时通过我国市场的进一步开放来换取缔约方对我国的对等开放，为我国企业走出去创造更加公平和安全有利的海外环境，推进我国企业在国际上的投资。

五、结语

新中国 70 年的外贸发展清楚地告诉世人：中国的发展必然受益于世界的发展，同时也有益于世界。在未来的发展当中，对内，中国应该进一步加快转变对外贸易结构、发展模式和转变政府职能，降低外贸整体社会成本，提升外贸整体社会效益，实现新时期对外贸易更高质量的发展；对外，中国应该更多地关注国际经济价值循环，完善国际价值链、供应链和产业链体系的打造，推动经济全球化进一步深入发展，促进世界政治经济秩序的稳定与和谐发展。

七十年中国对外投资历史回顾与展望

摘要：建国 70 年以来，中国对外投资经历了建国初的空白期后，在和平发展的国际环境与改革开放的背景下，经历了探索期、起步期、发展期、深化期的变迁，中国已经逐渐成为全世界最重要的对外直接投资来源国之一。在新的历史时期，中国对外投资发展面临国际国内环境变化带来的新挑战，中国应抓住美欧等国在经济全球化进程中态度摇摆的契机，坚持全面对外开放，积极发展多边投资关系，为中国企业对外投资创造良好环境。

关 键 词：建国 70 年；对外投资；改革开放；回顾与展望

中图分类号：F125　　文献标识码：A　文章编号：

根据 2018 年 10 月发布的《2017 年度对外直接投资统计公报》，2017 年，中国对外直接投资达 1582.9 亿美元，投资流量居于世界第三，与最早记录的 1979 年中国对外直接投资 53 万美元相比，中国对外直接投资实现了巨大增长[①]。2019 年是中华人民共和国诞生 70 周年，1949 年至今，中国逐步从一个资本极度短缺、经济不发达的贫困国家，成长为世界第一大贸易国、世界第二大经济体，在对外投资方面也发展成世界上极具影响力的大国。在新中国成立 70 周年之际，全面回顾中国对外投资的发展历程，不仅有利于探索中国对外投资的内在原因，而且有利于分析当今中国对外直接投资过程中遇到的挑战，在此基础上提出应对策略并进行未来展望，具有重要的理论和现实意义。

---

*作者简介：杨波，中南财经政法大学教授博导；柯佳明，中南财经政法大学研究生。

① 1979 年中国对外投资数据来源于商务部下属的"商务历史"网站 http://history.mofcom.gov.cn/，2017 年数据来源于《2017 年度中国对外直接投资公报》。

一、中国对外直接投资各阶段的主要特征

1949–1978 年期间，中国对外投资很少且基本都是政府行为，没有较明确的统计数据。从 1979 年开始，企业自主权不断扩大，同年国务院颁布《关于经济改革的 15 项措施》，明确规定允许"出国办企业"。1979 年，北京市友谊商业服务公司投资 22 万美元与日本东京丸一商事株式会社合资在东京开办"京和股份有限公司"，这是中国改革开放以来第一起对外直接投资[①]。

1979–2017 年，中国对外直接投资流量变化趋势如图 1 和图 2 所示，本文主要依据中国对外直接投资的规模，将中国对外投资的发展历史划分为空白期、探索期、起步期、发展期、深化期五个时期。其中，空白期是 1949–1978年，期间中国对外直接投资的数据较为缺乏；探索期是 1979–1991 年，期间中国对外直接投资流量均在 10 亿美元以下；起步期是 1992–2004 年，期间中国对外直接投资流量在 10 亿–100 亿美元之间；发展期是 2005–2012 年，期间中国对外直接投资流量在 100 亿–1000 亿美元之间；2013 年至今，为中国对外直接投资的深化期，这一时期中国对外投资流量均超过 1000 亿美元。

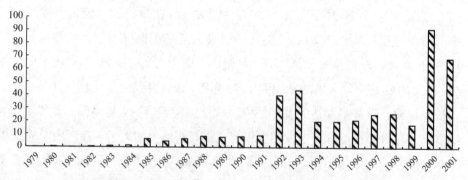

图 1　1979–2001 年中国对外直接投资流量（单位：亿美元）

资料来源：1979-1981 年数据来源于中华人民共和国商务部，1982-2001 年数据根据联合国贸发数据库整理而得。

[①] 资料来源于商务部下属的"商务历史"网站 http://history.mofcom.gov.cn/。

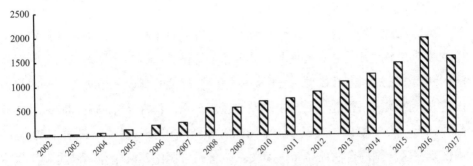

图 2 2002-2017 年中国对外直接投资流量（单位：亿美元）

资料来源：根据 2003-2017 年度"中国对外直接投资统计公报"整理而得。

新中国成立以来，中国各个时期的宏观经济运行、汇率制度、投资体系等方面存在差异。过去的研究表明，GDP 对中国对外直接投资规模有较大影响[1]，此外汇率变动也会影响中国对外直接投资的规模和区位选择[2][3]。1949-1978 年期间，由于中国对外投资受国际关系的影响较大，规模较小且数据较欠缺，因此本文主要结合中国对外经济整体形势的变化，对该时期中国的对外投资行为进行分析。鉴于 1979-2017 年已有对外投资具体数据，因此在探索期、起步期、发展期、深化期的分析中，本文将结合各个时期 GDP、汇率的变化趋势，回顾中国对外投资的发展历程，并总结各阶段的不同特征。

（一）对外直接投资的空白期

新中国建国之初，港澳地区一些原属于国民政府的公司回归祖国，这成为新中国首批境外企业[①]。新中国诞生于美苏争霸的两极格局之中，在成立初期，由于美国等西方国家对中国实行经济封锁，因此在这一时期，中国主要同苏联、东欧国家发展经贸关系。新中国成立之初，在战争的废墟中进行经济建设，面临资金短缺、技术落后、工业不发达的困境，中国在对外经济上更多的是出口农产品及原材料，引进大型成套设备。同时，中国利用苏联和东欧国家援助的重点项目，建立了一批大型重工企业，这为中国工业化发展奠定了基础（石广生，2013）。但由于生产能力仍处于较低水平且外汇稀缺，这一时期中国

---

① 资料来源于商务部下属的"商务历史"网站 http://history.mofcom.gov.cn/。

没有经济条件进行对外投资。

20 世纪 60 年代初，中苏关系恶化后，中国同苏联、东欧国家的经贸往来急剧减少，中国开始寻求发展与其他国家的经济关系，与此同时，随着欧洲经济的恢复，欧洲国家开始摆脱美国对中国经济封锁的制约。1964 年，法国与中国建交，西欧国家相继开始与中国发展经贸关系。但在十年动乱期间，对外贸易被扣上"卖国主义"的帽子，中国的对外经济几乎中止 [4]。随着 1971 年中国恢复在联合国的合法席位、中美关系改善，中国的国际地位不断提高，与中国建交的国家逐渐增多。此外，由于生产力逐步提高，中国对外出口能力不断增强，对外投资促进出口的需求逐渐增加。因此，中国各专业外贸总公司先后分别在巴黎、伦敦、汉堡、东京、纽约、香港、新加坡等国际大都市设立海外分支机构，建立了一批贸易企业[1]。

（二）对外直接投资的探索期

1979-1991 年，由于受到宏观经济及外汇制约，这一时期的中国对外投资规模总体较小，是中国对外直接投资的探索期。从图 3 可以看出，随着中国 GDP 的增长，对外直接投资的规模从 1979 年的 53 万美元增长到 1991 年的 9.1 亿美元[2]。1979-1991 年，中国 GDP 年均增长率为 7.2%，这个增长速度与中国入世之后超过 10% 的年均增长速度相比存在较大差距，总体上看处于较低水平[3]。可见，在改革开放之初，经济发展不足的现状在一定程度上制约了中国对外投资的增长。

其次，人民币汇率也成为制约中国对外直接投资增长的重要因素。中国对外投资与汇率的变化趋势如图 4 所示，1979-1991 年期间，人民币汇率由于汇率制度的变化而贬值242.4%[4]。人民币汇率的持续大幅贬值，使中国企业对外投资的购买力下降，且缺少稳定的汇率环境。

---

① 资料来源于商务部下属的"商务历史"网站 http://history.mofcom.gov.cn/。
② 1979 年对外投资数据来源于商务部"商务历史"网站，1991 年数据来源于联合国贸发数据库。
③ GDP 相关数据根据世界银行数据库整理而得。
④ 人民币相关数据根据世界银行数据库整理而得。

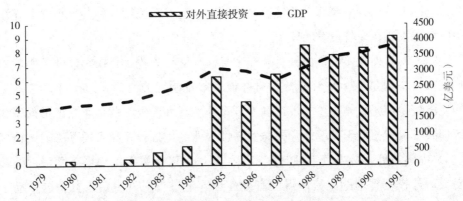

图 3　探索期中国对外直接投资与 GDP 变化趋势图（单位：亿美元）

资料来源：对外投资数据根据商务部和联合国贸发数据库整理而得，GDP 数据根据世界银行数据库整理而得。

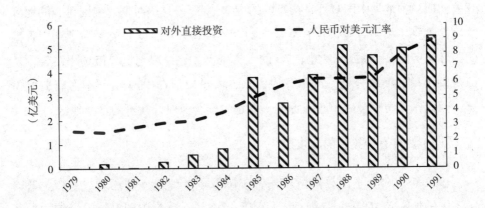

图 4　探索期中国对外直接投资与汇率变化趋势图

资料来源：对外投资数据根据商务部和联合国贸发数据库整理而得，人民币汇率根据世界银行数据库整理而得。

探索期中国对外直接投资主要有以下几个特征：

第一，中国对外直接投资缺乏明确的政策鼓励。在探索期，中国政府逐步放开企业的跨国经营，例如 1979 年国务院颁布 15 项改革措施，允许出国办企业；1987 年，国务院正式批准企业国际化经营。这些政策的出台说明中国政府已经认识到企业国际化经营对于中国改革开放、对外贸易等方面的有利影响，但受限于外汇储备和开放经验不足，中国在这个阶段侧重于吸引外商直接投资，实际上采取了限制资金跨境流动的策略，这些政策因素在一定程度上导致中国对外投资在该阶段发展较慢。

第二，对外直接投资由国有企业主导。虽然对外投资在探索期缺乏明确的政策鼓励，但是中国政府进行了对外投资审批制度的改革。1985 年，中国对外经济贸易部先后颁布《关于在国外开设非贸易性合资经营企业的审批程序和管理办法》和《关于在境外开办非贸易性企业的审批程序和管理办法的试行规定》，中国对外直接投资管理制度实现了从国务院个案审批到规范性审批的转变。对外投资管理的放松使得国有企业更容易进行对外直接投资，这推动了1985 年后的中国对外投资规模出现较大幅度的上升。此外，由于国企的规模优势和中小企业发展时间较晚，国企主导的特征持续较长的一段时间。

第三，该阶段中国对外投资集中于香港地区。商务部的资料表明，在改革开放初期，香港是中国对外直接投资的主要地区[①]。这一时期，中国对香港地区的直接投资主要是各省市在香港建立的外贸窗口公司，其目的是为了利用香港的国际服务经济体系，将中国丰富的人力资源、原材料与世界市场相结合，从而带动出口、换取外汇。改革开放以来，由于出口在中国 GDP 中占有较大份额，因此作为国际金融中心的香港一直是中国企业对外投资的主要地区。

（三）对外直接投资的起步期

1992 年，邓小平南巡讲话之后，中国改革开放进入加速发展阶段，2001年，中国加入 WTO 进一步推动了经济迅猛发展，这为中国对外投资的增长奠定了良好的经济基础。1992-2004 年是中国对外投资的起步期，投资规模突破10 亿美元[②]。从对外投资与 GDP 的变化趋势图可以看出（见图 5），中国 GDP 总量在 1998 年首次突破 1 万亿美元，2004 年接近两万亿美元，期间 GDP 年均增速达到 13.6%，与此同时，中国对外直接投资规模从 1992 年的 40 亿美元增长到 2004 年的 79.7 亿美元[③]。

---

① 资料来源于商务部下属的"商务历史"网站 http://history.mofcom.gov.cn/。

② 对外投资相关数据根据联合国贸发数据库和 2003-2004 年度"中国对外直接投资公报"整理而得。

③ GDP 相关数据根据世界银行数据库整理而得，对外投资数据根据联合国贸发数据库和"中国对外直接投资公报"整理而得。

起步期人民币汇率变动趋势如图 5 所示，1994 年，中国政府取消自 1981 年以来实施的双重汇率制度（汇率双轨制），人民币实现汇率并轨，该年人民币官方汇率一次性贬值，人民币对美元的汇率从 1 美元兑换 5 元人民币左右下调至 1 美元兑换 8 元人民币左右的水平（见图 6）[①]。此后人民币汇率相对稳定，为中国企业对外投资提供相对稳定的预期。

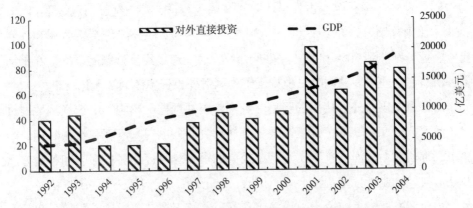

图 5　起步期中国对外直接投资与 GDP 变化趋势图（单位：亿美元）

资料来源：对外投资数据根据联合国贸发数据库和 2003-2004 年度"对外直接统计公报"整理而得，GDP 数据根据世界银行数据库整理而得。

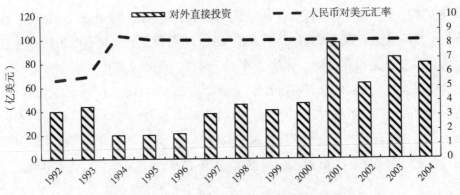

图 6　起步期中国对外直接投资与汇率变化趋势图

资料来源：对外投资数据根据联合国贸发数据库和 2003-2004 年度"对外直接统计公报"整理而得，人民币汇率根据世界银行数据库整理而得。

[①] 人民币汇率相关数据根据世界银行数据库整理而得。

起步期中国对外直接投资主要有以下几个方面的特征：

第一，社会主义市场经济体制的确立为中国对外直接投资奠定制度基础。1992 年，中共十四大正式确立建立社会主义市场经济体制的改革目标，1997 年，十五大强调非公有制经济是社会主义市场经济的重要组成部分，这促进了各种类型的企业对外直接投资迅速发展。截至 2004 年，在所有发起对外直接投资的中国企业中，国有企业占比从上年的 43% 降至 35%，有限责任公司和私营企业占比则分别上升 8% 和 2%，达到 30% 和 12%。此外股份有限公司和外商投资企业分别达到 10% 和 5%[①]。可见，社会主义市场经济体制的确立，在推动各种所有制企业发展的同时，也推动了中国对外投资主体的多元化。

第二，中国对外直接投资明显受到经济宏观调控的影响。由于经济发展过热，政府在 1993–1996 年紧缩银根，海外投资业务也进入清理和整顿时期，国家主管部门对新的海外投资实行严格控制的审批政策，并对各部门和各地方已开办的海外企业进行重新登记[②]，对外直接投资的增速开始下降。1997 年，亚洲金融危机爆发，为了防范中国经济出现衰退，政府把"适度从紧"货币政策调整为"宽松"的货币政策[③]，同期中国对外投资重新开始加速增长。

第三，"走出去"战略为中国企业对外投资提供政策依据。2001 年中国正式加入世界贸易组织，并进一步加快对外开放的步伐，同年，在《国民经济和社会发展第十个五年计划纲要》中正式在国家层面提出"走出去"战略。"走出去"战略鼓励能够发挥我国具有比较优势的对外投资，支持有实力的企业进行跨国经营，提出在金融、保险、外汇、财税、人才、法律、信息服务、出入境管理等方面为境外投资加强服务[④]。此后，在 2002 年党的第十六大报告中，进一步明确坚持"走出去"与"引进来"相结合的方针。"走出去"战略的提出为中国对外投资提供了政策依据，也使政府对于企业对外投资的态度从探索期的"允许"转向政策性鼓励，为下一阶段中国对外投资跳跃式发展奠定基础。

---

① 资料来源于《2004 年度中国对外直接投资统计公报》。

② 资料来源于商务部下属的"商务历史"网站 http://history.mofcom.gov.cn/。

③ 资料来源于中华人民共和国驻美利坚合众国网 http://www.china-embassy.org/chn/zt/rmb/。

④ 资料来源于《中华人民共和国国民经济和社会发展第十个五年计划纲要》第十七章第四节。

（四）对外直接投资的发展期

2005 年，中国对外投资总额达到 137.3 亿美元，首次突破 100 亿美元大关，中国对外投资进入快速发展时期[①]。2007 年，美国次贷危机爆发，并引发 2008 年全球金融危机，国际市场资产价格全面大幅下跌，为中国企业对外投资提供历史机遇，2008 年，中国对外投资金额达到创纪录的 559.1 亿美元，比上年同期增加一倍[②]。2006–2012 年期间，中国对外直接投资以年均 36.8% 的速度快速增长[③]。中国的宏观经济运行如图 7 所示，2006–2012 年期间，中国 GDP 和对外直接投资保持同步快速增长态势，而同期人民币汇率逐年小幅缓慢升值（见图 8），这两个因素为中国企业对外投资快速发展提供了有利的宏观经济和汇率环境。

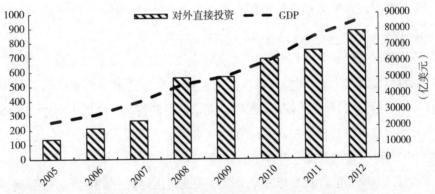

图 7　发展期中国对外直接投资与 GDP 变化趋势图（单位：亿美元）

资料来源：对外投资数据根据 2005-2012 年度"中国对外直接投资公报"整理而得，GDP 数据根据世界银行数据库整理而得。

---

① 对外投资相关数据根据《2005 年度中国对外直接投资统计公报》整理而得。
② 对外投资相关数据根据《2008 年度"中国对外直接投资统计公报》整理而得。
③ 对外投资相关数据根据 2006–2012 年度"中国对外直接投资统计公报"整理而得。

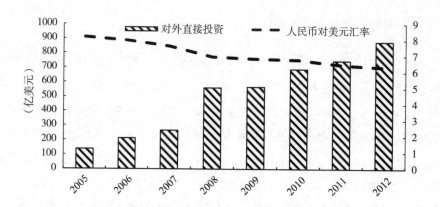

图 8　发展期中国对外直接投资与汇率变化趋势图

资料来源：对外投资数据根据 2005-2012 年度"中国对外直接投资公报"整理而得，人民币汇率根据世界银行数据库整理而得。

发展期中国对外直接投资主要有以下几个方面的特征：

第一，人民币汇率改革为中国对外投资提供货币基础。2005 年，中国改革人民币汇率形成机制，实行以市场供求为基础、参考一篮子货币进行调节、有管理的浮动汇率制度。事实上，人民币汇率放弃盯住单一美元以后，由于中国常年处于国际贸易顺差地位，积累了大量外汇储备，人民币汇率逐年小幅升值。人民币汇率的升值使中国企业在国际市场上具有更强的购买力，推动这一时期中国对外投资的快速发展。

第二，中国外汇管制逐步放松为对外投资提供便利。2008 年，国务院发布《中华人民共和国外汇管理条例》，在外汇管理体制上由强制结售汇转变为自动结售汇；2009 年，外汇管理局发布《境内机构境外直接投资外汇管理规定》进一步放松对外直接投资的外汇管理。可见，发展期逐渐宽松的外汇管制政策为中国企业对外投资提供便利。

第三，中国对外投资区域更为广泛。在 2006 年以前，除了中国香港、英属维尔京群岛、开曼群岛等离岸金融中心之外，中国对外直接投资主要地区为美国、俄罗斯、澳大利亚等发达国家。2006 年之后，中国对中东和欧洲地区的投资逐渐增加，分别加大对该地区能源资源类行业和制造业的投资力度。截至 2012 年，中国对外投资存量达到 5319.4 亿美元，共有近 2.2 万家境外企业，广泛分布于全球 179 个国家（地区）[①]，更为分散的对外投资有利于减少对于特定国家的依赖，降低企业对外直接投资过于集中的风险。

（五）对外直接投资的深化期

2013 年，中国正式提出"一带一路"倡议，当年中国对外直接投资流量达到 1078.4 亿美元，首次突破 1000 亿美元大关，以此为标志进入对外直接投资的深化期[②]。在 2013—2017 年期间，中国 GDP 总量（如图 9 所示）于 2014 年超过十万亿美元，但此后中国 GDP 增速有所放缓，对外投资增速与发展期相比也有所下降，2014 年底，中央首次提出中国经济进入新常态[③]。

在深化期，由于 2015 年美元进入加息周期，至 2018 年底总共加息 8 次[④]，人民币汇率（如图 10 所示）改变了前段时期单边升值的趋势，表现出双向波动的特征。可见，中国经济总量和对外投资经过前期的快速发展，整体规模较大，在经济新常态的背景下快速增长的特征有所改变，表现为稳中有升的趋势。

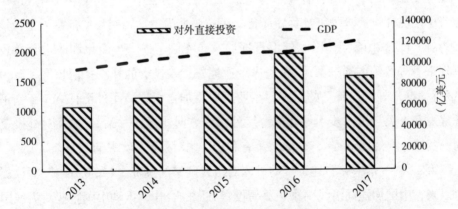

图 9　深化期中国对外直接投资与 GDP 变化趋势图（单位：亿美元）

资料来源：对外投资数据根据 2013—2017 年度"中国对外直接投资公报"整理而得，GDP 数据根据世界银行数据库整理而得。

---

① 资料来源于《2012 年度中国对外直接投资统计公报》。

② 对外投资数据来源于《2013 年度中国对外直接投资统计公报》。

③ GDP 相关数据根据世界银行数据库整理而得。

④ 资料来源于新华网 http://www.xinhuanet.com/fortune/2018-09/27/c_1123487796.htm。

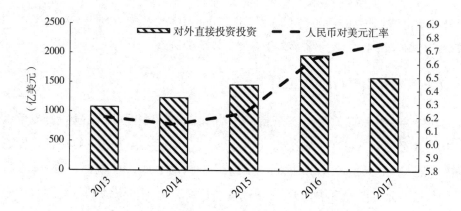

图 10　深化期中国对外直接投资与人民币汇率变化趋势图

资料来源：对外投资数据根据 2013-2017 年度"中国对外直接投资公报"整理而得，人民币汇率根据世界银行数据库整理而得。

深化期中国对外直接投资主要有以下几个方面的特征：

第一，对外投资制度的改革有利于中国对外投资的长远发展。2014 年，国家发改委发布的《境外投资项目核准和备案管理办法》，更多权限被下放，标志着中国对外投资管理审批程序简化，由"核准为主"转变为"备案为主，核准为辅"[5]；2015 年，国家外汇管理局发布《关于进一步简化和改进直接投资外汇管理政策的通知》，取消境内企业境外直接投资的外汇登记核准，改为"银行核准，外管监督"的形式，企业可以更加自由地使用外汇；2017 年，国务院发布《关于进一步引导和规范境外投资方向的指导意见》，加强对外投资的真实性、合规性审查①，这些政策有利于中国对外投资的长远发展。

第二，"一带一路"建设推动中国对沿线国家的投资。"一带一路"倡议提出以来，中国加强同沿线国家在贸易投资方面的合作，推动中国企业对沿线国家的投资。2013–2017 年期间，中国对沿线国家的投资整体呈现上升趋势，尤其在 2017 年中国对外直接投资总体出现负增长时，中国对"一带一路"沿线国家的投资却出现大幅增加，且首次突破 200 亿美元②。其原因部分是由于《关于进一步引导和规范境外投资方向的指导意见》的出台，推进了"一带一路"

---

① 资料来源于《2017 年度中国对外直接投资统计公报》。

② 对外投资数据根据《2017 年度中国对外直接投资统计公报》整理而得。

建设和周边基础设施互联互通的基础设施境外投资。

第三，非国有企业在对外直接投资中发挥的作用更加明显。截至 2017 年，在中国对外非金融类投资存量中，非国有企业占比达 50.9%，首次超过国有企业，其中有限责任公司和股份有限公司形式的非国有企业分别占比 16.4% 和 8.7%，个体经营和私营企业分别占比 7.4% 和 6.9%①。可见这一时期中国的非国有企业加快对外投资的步伐，反映非国有企业跨国经营能力、对外投资需求不断增强，在对外直接投资过程中的地位日益上升。

第四，中国制造业对外直接投资加快发展。2013–2017 年期间，中国制造业在对外投资中的比重逐渐上升，并在 2016 年首次成为对外投资第二大行业②。从制造业投资的细分行业来看，截至 2017 年，装备制造业存量 642.9 亿美元，占比 45.8%，对汽车制造、计算机通信及其他电子设备制造、化学原料及化学制品制造领域的投资均超过 100 亿美元③。从投资地区上看，截至 2017 年，中国制造业的投资存量为 1403 亿美元，其中对北美洲和欧洲的制造业投资达 536.4 亿美元，为中国对该地区投资的第一大行业④。这表明中国制造业对外投资的能力不断提高，且通过对欧美等发达国家的投资，利用其逆向技术溢出效应，正在逐渐实现高端制造业的发展。

二、中国对外直接投资的经验总结

中国对外直接投资从空白期、探索期、起步期、发展期到深化期，其规模和特征发生了重大变化。在投资主体上，实现了国企单一主导向多种所有制企业共同发展的转变；在投资地区上，由集中投资于香港发展为向全球投资；在投资行业上，由出口相关行业向高端制造业发展。中国对外投资之所以呈现这样的特点，离不开和平的国际环境、国内改革开放的红利与中国企业自身的发展。

① 资料来源于《2017 年度中国对外直接投资统计公报》。

② 根据 2013–2017 年度"中国对外直接投资统计公报"整理而得。

③ 资料来源于《2017 年度中国对外直接投资统计公报》。

④ 资料来源于《2017 年度中国对外直接投资统计公报》。

（一）和平发展的时代主题为中国经济提供稳定的国际环境

冷战结束后，和平与发展成为当今时代的主题，和平的预期减少了国际经济的不确定性，为世界各国的经济建设提供了良好的国际环境。此外，WTO的成立和区域经济一体化促进了全球投资便利化。在此基础上，中国通过承接发达国家和地区转移的企业，实现了经济迅速发展，这为中国企业发展对外投资提供了经济基础。

第一，和平的国际环境有利于中国改革开放。随着1991年苏联解体后冷战结束，美苏争霸两极格局不复存在，和平与发展成为当今时代的主题。国际环境的和平稳定，使得中国政府能够将精力集中于经济建设，通过改革开放促进国内经济发展。同时，在企业的对外直接投资活动中，相对和平稳定的国际局势降低了投资的政治风险，为外商在华投资与中国对外投资提供了稳定预期，促进了中国经济和对外投资发展。

第二，发达国家的产业转移浪潮为中国参与国际分工提供历史机遇。20世纪80年代，由于发达国家和地区面临成本上升、国际竞争力下降的压力，迫切需要通过向发展中国家进行产业转移以降低成本。与此同时，中国开启改革开放历程，凭借着廉价的劳动力、广阔的市场、丰富的自然资源、优惠的招商引资条件、稳定的社会环境，中国成为承接发达国家和地区产业转移的主要地区。中国通过发展加工制造业嵌入全球价值链中，在面向国际市场的生产加工中积累了经验、资金、技术、销售渠道，提高了企业国际化水平，这为企业对外投资创造了基础。

第三，经济全球化和区域经济一体化为中国对外投资提供便利。2001年，中国加入WTO为中国全面融入世界经济奠定了基础，WTO是当代最重要的国际经济组织之一。WTO在1994年就发布执行《与贸易有关的投资措施协议》，包括投资范围、国民待遇、与贸易有关的投资措施委员会、磋商与争端解决等条款。随着区域一体化的发展，2009年，中国与东盟十国共同签署中国－东盟自贸区《投资协议》，在自贸区域内投资者可以享受国民待遇、最惠国待遇和投资公平公正待遇。可见，经济全球化和区域经济一体化促进了国际资本流动，为中国对外投资提供了便利。

（二）中国改革开放为对外投资发展提供宏观经济基础

在和平的国际环境下，中国不断进行对内改革和对外开放，参照国际规则不断完善基本经济制度，随着外汇储备增加和对外投资经验积累，企业用汇和对外投资审批制度逐步便利化。同时，快速发展的东部地区为中国对外投资提供了经济基础 [6]。在此条件下，有能力进行对外投资的企业利用香港的国际金融中心地位，以香港为平台进行资本的全球配置，实现了对外投资发展。

第一，中国的市场化改革为企业对外投资奠定制度基础。改革开放以来，中国进行了一系列市场化改革，全面建立社会主义市场经济体制。1992 年，中共十四大正式确立改革的目标是建立社会主义市场经济体制，逐步实现了从计划经济向市场经济的过渡，推动了中国经济跳跃式发展。与此同时，中国实行了人民币汇率形成机制、外汇管制方式、对外投资管理制度等一系列市场化改革，这些因素共同作用，推动了中国对外投资的迅速发展。

第二，东部地区迅速发展为中国对外投资提供局部优势。改革开放以来，中国东部地区成为吸收外资的主要地区，国内的劳动力、资源等生产要素也向东部地区集中，东部部分省市经济发展水平率先提高，并积累了较为丰富的对外贸易与对外投资的经验，在长期实践中也聚集了较多具有跨国经营管理能力的高素质人才，形成了一批资金相对雄厚、技术特色鲜明、具有国际化特色的企业，为中国对外投资创造了局部优势。例如广东、浙江、江苏、上海等省市，其经济发展水平领先全国，其对外直接投资也有较强的竞争力，一直是中国对外直接投资主要省市。

第三，香港地区为中国企业对外投资提供窗口作用。改革开放初期，出于招商引资和扩大出口的目的，中国在香港地区投资建立了众多的贸易窗口公司。在出口贸易实现较大发展之后，中国企业有了跨国经营需求，于是利用香港地区的机构力量和国际化环境提高企业的管理水平、扩张销售网络、塑造品牌[①]。目前，中国对香港地区的投资在总额中仍占有绝对优势，其中部分资金流

---

① 资料来源于 2018 年香港特别行政区投资推广署发布的《香港在大陆企业"走出去"的角色执行摘要》。

经香港地区而最终流向欧美等发达国家和资源丰富的发展中国家 [7]。可见，香港地区适应了中国企业各个时期对外投资的需要，为中国对外投资发展起到了重要的窗口作用。

（三）中国企业的发展为中国对外投资提供微观基础

改革开放以来，中国企业在国际竞争力得到提高后，试图通过整合上下游企业、并购国外先进企业，以实现在全球价值链中地位的上升，这成为中国企业对外直接投资的主要动力。

第一，中国国有企业在对外投资中具有规模优势。由于中国国有经济在国民经济中的主导地位，国有企业在关乎国计民生的水、电、石油等能源行业中具有垄断地位，在资金技术等方面拥有较强实力，在对外投资方面具有规模优势。在 2018 年发布的世界 500 强企业名单中（按营业收入排名），中国有三家企业居于世界前五，且这三家企业均为国有企业，此外，在 120 家上榜的中国企业中，83 家为国有企业，占比超过一半①。可见，中国国有企业规模已达世界前列，这为国有企业对外投资提供了微观经济基础。

第二，中国中小企业国际竞争力不断增强。与国有企业相比，中小企业发展较晚，但其通过承接国际转移产业、发展加工贸易实现了迅速发展。国家发改委提供的数据显示，截至 2017 年，中国民营经济占 GDP 的比重超过 60%，拥有 65% 的专利、75% 以上的技术创新、80% 以上的新产品开发②。可见随着中国经济的发展，中小企业国际竞争力明显提升，为中小企业对外投资奠定了基础。

第三，企业对外直接投资需求不断增加。改革开放以来，出口在中国的GDP 中占有较大比重，由于出口贸易对原材料和市场需求较大，因此充足的原材料供给和稳定的市场需求对中国企业来说至关重要；除此之外，随着中国企业实力不断增强，为了提高其在全球价值链中的地位，需要通过对外投资获取国外先进管理经验、技术和品牌，由此带来的资源寻求型、市场寻求型和技术

---

① 资料来源于财富中文网 http://www.fortunechina.com/。

② 资料来源于人民网 http://finance.people.com.cn/n1/2018/0906/c1004-30276612.html。

寻求型对外投资不断发展。

三、新时期中国对外直接投资的主要挑战

在当前的国际环境中，经济全球化进程遇到阻碍，一方面，中国对外投资发展面临宏观经济状况调整的局面，包括经济增速略有下降、外汇储备减少等；另一方面，中国企业对外投资发展还面临国际环境变化带来的挑战，包括国外投资安全审查、跨国经营理念差异等。

（一）中国对外投资发展面临宏观经济状况调整的局面

第一，中国经济进入新常态，支撑中国对外投资发展的国内经济增速有所下降。目前，我国的工业化过程已进入后期阶段，该阶段表现为中国经济增速出现下降 [9]，宏观经济对中国海外投资的支撑作用有所降低。在微观层面，由于人口出生率低，新生人口少，发展劳动密集型的低端制造业优势有所降低，中国亟需进行产业转型升级以实现可持续发展。在这个过程中，部分缺乏国际竞争力的企业可能逐步退出市场，导致部分中国企业对外直接投资的动力会有所减弱。

第二，中国外汇储备作为对外投资的主要资金来源，总体规模略有下降。外汇管理局公布的数据显示，1992-2014 年，中国外汇储备逐年上升，于 2014 年 6 月达到最大规模 3.99 万亿美元，2015-2018 年期间，外汇储备规模整体略有下降①。外汇储备规模下降，一方面是因为中国贸易顺差增速降低，另一方面是由于中国对外直接投资和证券投资等行为导致外汇储备减少。外汇储备规模下降使对外投资资金有所下降，也促使发改委、外汇管理局等部门加强了资金流出的管理和限制，这将推动中国对外投资发展从规模扩张向高质量扩张方向发展。

第三，国际舆论对中国投资的质疑可能阻碍中国对外投资发展。例如，近些年中国在非洲国家的投资不断增加，引起国际对于中国"新殖民主义"的担

---

① 数据来源于国家外汇管理局网 http://m.safe.gov.cn/safe/whcb/index.html。

忧 [10]。除此之外，中国的"一带一路"倡议还被认为有政治军事目的，是债务陷阱外交，意图分裂欧盟等。在此舆论背景下，中国与沿线国家的"一带一路"合作项目面临的毁约和重新谈判风险逐渐增加。例如，2019 年马来西亚政府换届后，就东海岸铁路（ECRL）项目与中国交通建设集团重新谈判，直至成本从 2016 年合同约定的 1068 亿元人民币降到 717 亿元人民币后，双方才再次达成协议①。可见，国际社会对我国"一带一路"倡议缺乏深入了解，由此带来的国际舆论的质疑给中国对外投资带来一定阻力。

（二）中国企业对外投资面临国际环境变化带来的新挑战

第一，经济全球化受阻使中国企业对外投资面临新的障碍。2008 年金融危机以来，部分国家或团体对经济全球化进程提出批评，由此带来的发达国家退出浪潮使全球化前景具有不确定性。例如，2016 年英国脱欧，2017 年美国特朗普政府退出跨太平洋伙伴关系协定，继而 2018 年美国单方面发动中美贸易摩擦，这些事件的发生说明经济全球化在深化发展过程中面临阻碍。由于部分国家或团体对全球化的抵触，国际投资面临的障碍有所增加，这不利于中国企业进行对外直接投资。

第二，美欧发达国家加大安全审查力度使中国企业投资环境恶化。美欧等发达国家是中国对外投资主要目的地，且为中国企业进行高端制造业和高科技行业投资的主要地区，这对中国企业提升科技创新能力具有重要意义。但近些年美欧等发达国家加大了投资安全审查力度，例如，2018 年美国总统特朗普签署 2019 财年国防授权法案，该法案包含的《美国外国投资风险评估现代化法案》赋予美国外国投资委员会更大的权限 [11]。新法案将审查期从 30 天延长至 45 天，授权美国外资投资委员会收取 1% 或 30 万美元的申报费用 [12]。这意味着中国企业在欧美国家的投资，面临更多投资安全审查方面的限制和交易成本，可能对中国海外投资造成不利影响。

第三，国家差异对中国企业海外经营管理模式带来挑战。在长期的发展实践中，中国企业形成自己独有的语言文化、政治体制、经济发展模式以及价值

---

① 资料来源于财经时报 https://www.businesstimes.cn/articles−204935−20190429−5905152652.htm。

观念，这与分布在世界各地的不同国家在民族、文化、价值观方面存在较大差异。由于对当地政治、文化、语言、宗教信仰等缺乏了解，部分中国企业海外投资以后，在国外经营时习惯以国内思维模式管理企业，在环境保护、劳动者权利保护、尊重当地风俗习惯、遵守所在国法律法规等方面存在不足，这些差异都有可能对中国企业的国外经营带来潜在损失。例如，在中国企业并购外国公司后，出于对裁员、降薪、管理模式等各方面的担忧，当地工会有时会组织工人进行停工或罢工。若中国企业缺乏与工会交流的经验，则不仅会给企业带来巨额损失，也会使中国企业信誉受到影响，最终不利于中国对外投资的长远发展。

四、新时期中国对外直接投资的发展策略

近 40 年来，中国对外投资在稳定的国际环境和改革开放的进程中取得巨大进步。目前，中国仍在不断改革对外投资管理体制，经济实力增强和跨国经营需求上升也会继续推动中国对外投资进一步发展。中国应认识到在信息技术发展、交通运输日趋便捷的背景下，经济全球化仍是必然趋势，应抓住美欧等国在经济全球化进程中态度摇摆的契机，坚持全面对外开放，发展多边投资关系，引领经济全球化规则制定，为中国企业对外投资创造良好的国际环境。与此同时，中国企业要提升自主创新能力，通过对外投资实现全球资源配置，提升企业国际经济竞争能力。

（一）中国政府应积极营造对外投资良好的国际环境

第一，中国应坚持对外开放，提高对外开放的质量和水平，为对外投资营造良好的国际环境。在发达国家面对全球化左右摇摆时，中国坚持对外开放更能体现中国勇于承担国际责任，有利于提升中国的国际地位。在坚持对外开放的同时，中国要注重对外开放质量和水平的提高。具体地说，中国政府在开放过程中应减少国内的隐性壁垒，确保外资企业在华合法权利，并严格遵循法律程序对外资企业进行管理。保障外资企业在华的合法权利，可以减少世界对中国企业海外直接投资的疑虑，这样不仅有利于吸引国际资本对中国的投资，带

动本国的就业和财政收入，而且也有利于中国诚信国家形象的塑造，为中国对外投资营造良好的国际环境。

第二，积极发展多边投资关系，为中国对外投资发展营造良好国际环境，制定全球投资政策指导原则。2018 年世界投资报告显示，截至 2017 年，国际投资协定总数共有 3322 项①，国际投资领域被大量双边协定所分割，不利于开展跨境投资合作②，中国应积极推动全球投资指导原则的制定，积极发展多边投资关系。例如，中国应在《东盟—中国投资协议》和《中日韩三方协定》的基础上，继续推动跨区域投资协定的谈判，这不但可以推动建立有利于中国企业的国际投资法律框架，而且还可以促进国际投资便利化，体现中国的大国战略和国际责任。

第三，在遵循国际惯例的基础上，为中国企业对外投资发展提供支持和服务。由于西方国家认为中国是非市场经济体制，因此对中国经济发展存在较多顾虑 [13]。如果中国政府对于企业对外投资过程中的财政与税收政策优惠，可能会扭曲市场价格机制，进而加深东道国对于中国非市场经济体制的认定，使其对中国投资者更加抵触。因此，相关政府部门应减少对企业海外投资的财政与税收政策优惠，转而为企业对外投资提供各种服务，例如发布国别投资报告、建立安全审查通报机制、积极回应国际质疑等，减少由于信息的不对称造成的投资失败。同时也可以通过促进中小企业对外直接投资便利化，推动非国有企业对外直接投资。

第四，充分利用"一带一路"建设的契机，为中国企业对外投资创造良好的投资环境。一方面，"一带一路"建设连接了众多中国中西部城市，中国政府可以通过"一带一路"建设，扩大中国中西部地区的对外开放，这不仅可以促进中国区域经济协调发展，使国内市场规模效应更有效地发挥，而且能够提高中西部地区居民收入，促进各民族团结和共同繁荣，从而为企业对外直接投资创造良好的国内社会经济环境；另一方面，"一带一路"沿线国家众多，经济总量和发展潜力大，是巨大的贸易和投资市场，中国政府可以通过"一带一

---

① 数据来源于联合国出版的《世界投资报告 2018》。

② 资料来源于王毅部长在二十国集团（G20）杭州峰会中外媒体吹风会上的讲话。

路"建设促进沿线地区投资便利化，为对外投资创造良好的投资环境。

（二）中国企业应积极应对海外投资的挑战

第一，培育企业自主科技创新能力，提高国际竞争力。由于劳动力成本的上升，中国在劳动密集型产业上的优势有所降低，同时发达国家强化了高新技术转让的限制，这意味着中国企业需要通过提高自主科技创新能力，减少对国际技术的依赖，形成企业核心竞争力。具体来说，中国企业应该面向国际市场，利用全球智力资源进行科技研发，同时形成鼓励创造的企业文化，注重员工培训，从而增强企业在国际市场中的竞争力，为企业对外投资奠定微观基础。

第二，积极应对国外的安全审查，提高对外投资成功率。在欧美国家加大投资安全审查力度的背景下，由于东道国安全审查的周期较长且程序繁琐，被审查企业往往会错失有利的投资时机，从而导致投资失败。因此中国企业在做出对外投资决策前，需要对东道国的安全审查制度进行研究，使投资项目更能符合东道国的法律法规和产业政策。在此前提下，若仍遭受东道国安全审查，企业可以利用其国家安全审查制度中的非正式磋商程序，与东道国国家安全审查各相关方进行沟通，提高审查通过的概率。

第三，提高企业国际化水平，增强企业对外投资效益。部分中国企业由于缺乏对外投资经验，对东道国的法律制度、宗教信仰、生活习惯等缺乏深入了解，导致部分企业在跨国经营时，较容易面临东道国政治制度、法律体系、金融管制、知识产权、税务监管、企业管理等方面的挑战和风险。因此中国企业应提高国际化水平，建立能面向全球的战略管理团队和财务管理团队，负责对汇率、全球税务政策、会计政策、全球资金管理调度等进行研究，为企业国际化经营提供战略指导和财务监管。同时企业要做到合法经营，为中国企业塑造良好的口碑，促进企业对外投资长远发展。

总之，近 40 年以来，在和平与发展的时代主题下，中国对外投资经历了探索期、起步期、发展期、深化期，已经发展成为世界对外直接投资大国，这是中国改革开放的历史必然趋势。在新的历史时期，由于经济全球化的进程出现阻碍、美国等发达国家加大投资的审查力度，同时中国企业面临着产业升级的压力，因此，中国政府应该坚持全面对外开放，利用对外直接投资实现全球资源配置，发挥其逆向技术溢出效应实现技术进步，提升企业国际竞争力，促进中国经济的可持续发展。

目前，中国对外投资处于深化期，对外投资快速发展的态势将有所转变，将由规模扩张向质量型增长转变，短期内中国对外直接投资流量可能在 1000-2000 亿美元之间波动，将继续保持对外投资大国的地位。随着中国改革开放的进一步推进，按照邓小平提出的"三步走"战略，21 世纪中叶，中国经济将达到中等发达国家水平。届时中国将成为世界第一大经济体，对外直接投资也将随之突破深化期，进入到一个新的历史阶段，预计对外投资流量突破三千亿美元，成为世界上最重要的对外投资国家，在全球国际投资领域占据领先地位。

参考文献

[1] 张为付：影响我国企业对外直接投资因素研究 [J].《中国工业经济》，2008(11):136.

[2] 于津平：汇率变化如何影响外商直接投资 [J].《世界经济》,2007(4):61-63.

[3] 邓明：制度距离、示范效应与中国 OFDI 的区位分布 [J].《国际贸易问题》，2012(2):134.

[4] 石广生：中国对外经济贸易改革与发展史 [M]. 北京：人民出版社,2013:118.

[5] 郭凌威，卢进勇，郭思文：改革开放四十年中国对外直接投资回顾与展望 [J].《亚太经济》,2018(4):115.

[6] 王跃生，陶涛：再论 FDI 的后发大国模式：基础、优势与条件 [J].《国际经济评论》,2010(6):64-65.

[7] 史剑道，沈仲凯：中国的对外投资：增长而非飙升 [J].《国际经济评论》，2015(5):155.

[8] 何帆：中国对外投资的特征与风险 [J].《国际经济评论》,2013(1):48.

[9] 郭克莎：中国经济发展进入新常态的理论根据——中国特色社会主义政治

经济学的分析视角 [J].《经济研究》,2016(9):15.

[10] 刘爱兰, 王智烜, 黄梅波：中国对非援助是"新殖民主义"吗——来自
中国和欧盟对非援助贸易效应对比的经验证据 [J].《国际贸易问题》,
2018(3):163.

[11] 陈小方：特朗普签署法案授权审查外国投资 [N].《法制日报》,2018-08-
16(01).

[12] 李巍：美国投资审查限制：中美经贸摩擦新领域 [N].《中国经济时报》,
2018-09-27(01).

[13] 王孜弘：体制认定与经贸纠纷——美国对华贸易战的原因分析 [J].《美国
研究》,2018(5):57-59.

第二部分

提升国际竞争力和全球价值链跃升

口岸营商环境对制造业企业出口的影响

——来自全球 84 个国家企业调查数据的经验分析

顾丽华　　林发勤　　王智新[*]

摘要： 优化口岸营商环境有助于促进外贸稳定健康发展。利用 2007-2016 年世界银行对 84 个国家的企业调查数据，考察口岸营商环境对制造业企业出口的影响。实证研究发现，出口通关时间增加会显著降低企业的出口比重，当出口通关时间增加 1 天，企业出口比重减少 0.07%。通过异质性分析发现，口岸营商环境对存在进口投入品企业、低生产率企业及中等经济发展水平国家的企业出口比重的抑制作用更为显著。通过构建口岸营商环境的工具变量来缓解内生性问题，结论依然稳健。进一步分析发现，口岸营商环境的优化有利于大企业的出口，这与 Hoekman 和 Shepherd（2015）的结论相反。因此，各国在采取优化口岸营商环境措施时，需要考虑企业层面的异质性特征，从而实现更多企业从口岸营商环境优化中获益。

关键词： 口岸营商环境；企业出口；通关时间；企业调查数据

一、引言

近些年，国际贸易的快速发展得益于关税壁垒的下降。不过，随着全球经济一体化程度不断加深、各经济体之间签订贸易协定数量的增加，关税壁垒下降空间逐步减小，非关税壁垒变得日益普遍，高水平贸易便利化成为贸易增长的重要动力（Wilson 和 Mann，2005）。优化口岸营商环境有助于促进外贸稳定

---

　　* 作者简介：顾丽华，中央财经大学国际经济与贸易学院博士生；林发勤，中央财经大学国际经济与贸易学院副教授；王智新，河北大学经济学院副教授。

健康发展，良好的口岸营商环境能够提高一国贸易便利化水平，因此，营造良好的口岸营商环境成为各国亟需解决的问题。2017 年 2 月 22 日，首份 WTO 框架下全球性的《贸易便利化协定》正式生效。该协定对货物的放行和清关、进出口手续和海关合作等内容作出具体规定，试图提高成员国的口岸营商环境，降低贸易成本。世界海关组织倡导的 AEO（Authorized Economic Operator，经认证的经营者）为良好信用状况、合规性和安全管理的企业实施认证许可。当企业成为 AEO 后，不仅能享受到国内通关便利，还可以在相互认证的国家或地区享受通关便利，使得企业的通关时间和通关成本大幅降低。

良好的口岸营商环境能够提高一国贸易便利化水平。与发达国家相比，发展中国家的通关时间较长，通关成本较高，还存在较大的提升空间。2018 年，世界银行公布 Doing Business（2018）报告，其中 OECD 高收入国家出口边境审核所需要的时间为 12.7 小时，欧洲和中亚地区需要 28 个小时，而撒哈拉以南非洲需要的时间最多为 100.1 个小时。我国政府高度重视优化口岸营商环境，出台各种举措，努力降低通关成本。2018 年 10 月 13 日，我国政府发布《优化口岸营商环境促进跨境贸易便利化工作方案》，明确规定优化口岸营商环境促进跨境贸易便利化的若干措施，并且提出到 2021 年底，我国出口通关时间将比 2017 年压缩一半，缩减至 6.15 小时。

二、文献综述

对出口的影响因素研究一直是国际贸易领域研究的重要话题之一，已经积累大量文献。从新贸易理论开始，国际贸易领域的研究更加注重从微观企业层面进行研究，Melitz（2003）认为，高生产率企业选择出口，低生产率的企业选择在国内销售甚至退出市场，原因在于高生产率的企业越容易克服贸易成本进行出口。但是李春顶（2010）研究发现，我国出口企业存在"生产率悖论"即出口企业往往比内销企业的生产率低，因为我国的出口企业主要从事加工贸易，这类企业的生产率低于一般贸易的企业。 Liu 和 Lu（2015）研究发现，企业的固定投资会显著增加企业出口可能性。毛其淋和许家云（2014）研究发现，企业的对外直接投资会显著提高我国制造业企业的出口比重和出口概率。Araujo 等（2016）利用 1995-2008 年比利时出口企业研究制度对企业出口的影响，发现出口企业往往对那些合同执行较好、先前有合作经验的国家出口更多。Feng 等（2016）利用中国制造业企业研究进口中间投入品对企业出口的影响，得出企业增加进口中间投入品后会扩大企业的出口数量和出口范围。谢申祥和冯玉静（2018）研究经济政策不确定性对我国企业出口的影响，实证研究发现，国内经济政策不确定性的提高会提高企业出口和出口额，但是目的国经济政策不确定性的上升会抑制我国企业的出口意愿和出口额。Feng 等（2017）利用中国加入 WTO 前后企业出口至美国和欧盟的产品数据，研究贸易政策不确定性对企业出口的影响，研究发现，贸易政策不确定下降会同时导致企业的进入和退出市场。Gan 等（2016）利用我国 1998-2007 年中国制造业企业数据，研究最低工资水平变化对企业出口行为的影响，研究发现，当最低工资提高 10%，企业出口可能性下降 0.9%，出口销售额下降 0.9%。此外，企业规模、产业集聚、企业年龄、研发投入和融资约束等都是影响企业出口的重要决定因素。

目前关于口岸营商环境对出口的影响研究主要集中在宏观国家层面的研究，林珏和彭冬冬（2016）利用 2008-2010 年 113 个国家双边贸易数据研究快速通关对出口的影响，使用通关效率和边境管理透明度来衡量快速通关，研究发现，快速通关通过需求偏好效应、成本效应、全球生产网络效应和遏制非关税壁垒效应影响出口。吴小康和于津平（2016）利用 2013 年世界银行的营商环境数据，采用引力模型研究进口国的通关成本对我国产品出口的影响，采用进口国的货物在境内花费的时间、费用和办理的单证数来衡量通关成本，研究发现进口国的通关成本越高将会显著抑制我国对其出口。胡超（2014）利用 2006-2012 年中国 - 东盟自贸区内 8 个国家之间的农产品贸易数据研究进口国通关时间对出口的影响，研究发现，自贸区内进口国的通关时间延长会显著抑制自贸区内其他国家农产品的出口，这一抑制效应在时间密集型产品上显著高于非时间密集型产品。出口通关时间作为一种时间成本，正如 Hummels和 Schaur（2013）所认为的，时间成为一种贸易壁垒影响一国出口的可能性和出口额，货物多运输一天的成本相当于货物价值的 0.6% 至 2.1%。Djankov 等

（2010）认为，时间成本对贸易影响非常显著，产品在装船发货前每耽搁一天，贸易量将减少 1% 以上，时间敏感商品（如易腐烂的农产品）受到延迟的影响更大。Feenstra 和 Ma（2014）认为，与贸易清关相关的时间成本和价值链中，用于生产加工的中间品贸易之间保持特定的负相关关系，原因在于零部件的中间品对时间敏感性特别高，运输延误会波及上游生产链。在微观企业层面研究上，如 Hoekman 和 Shepherd（2015）利用非洲国家世界银行企业调查数据实证研究发现，出口通关时间会显著降低企业的出口，而缩短出口通关时间并没有促进大企业的出口。Li 和 Wilson（2009）使用亚洲国家的世界银行企业调查数据，研究贸易便利化对企业出口的影响，发现出口通关时间会降低企业的出口倾向和出口可能性。但是 Hoekman 和 Shepherd（2015）、Li 和 Wilson（2009）并未分析出通关时间对企业出口存在的异质性影响，也未指出可能存在的内生性问题与处理方案。

综上可知，从微观层面研究企业出口的影响因素是国际贸易领域的大趋势，学者们对口岸营商环境对出口的影响主要集中在宏观国家层面，而微观企业层面的研究较少、所得研究结论较为直观，需要深入挖掘口岸营商环境对微观企业层面的影响，才能从本质上更为透彻理解优化口岸营商环境的经济内涵。

三、实证结果及分析

首先根据计量模型得出基准回归结果，然后从异质性视角分析口岸营商环境对企业出口差异化影响，最后通过构建工具变量缓解可能存在的内生性问题。

（一）基准回归结果

表 1 是基准回归结果，列（1）–（3）是在未控制固定效应下的混合 OLS 回归结果，在列（1）中，出口通关时间会显著降低企业的出口比重，企业规模会显著增加企业的出口比重。逐步加入其余控制变量，根据列（2）和（3）可知，出口清关时间仍然显著为负，企业规模和外资持股比重都会显著增加企

业的出口比重，企业年龄、拥有国际认证质量证书和融资约束会显著降低企业出口比重，劳动生产率对企业出口比重的影响不显著。当控制行业固定效应后，出口通关时间对企业出口的影响作用变得更加显著，而国际认证质量证书对企业出口的作用转变为正向促进作用，但是并不显著。当同时控制国家和行业固定效应后，依据列（5）和（6），仍然能得到出口通关时间会显著抑制企业的出口，即口岸营商环境越好将会促进企业的出口，在列（6）中当出口通关时间增加 1 天，企业出口比重减少 0.07%。

表 1　口岸营商环境对企业出口比重的影响

	(1)	(2)	(3)	(4)	(5)	(6)
Port	−0.0743**	−0.0839**	−0.0743**	−0.0739***	−0.0544***	−0.0701***
	(0.0299)	(0.0352)	(0.0314)	(0.0268)	(0.0185)	(0.0250)
Labor	0.2038***	0.2930***	0.3278***	0.1658***	0.0665*	0.0859*
	(0.0549)	(0.0780)	(0.0833)	(0.0542)	(0.0370)	(0.0440)
Productivity		−0.0001	−0.0001	−0.0001		0.0002
		(0.0005)	(0.0005)	(0.0004)		(0.0004)
Age		−0.3811***	−0.3915***	−0.3104***		−0.1894***
		(0.0254)	(0.0264)	(0.0253)		(0.0258)
Foreign		0.0832***	0.0777***	0.0935***		0.1068***
		(0.0154)	(0.0158)	(0.0147)		(0.0145)
ISO			−4.4021***	1.2234		1.4492
			(1.0330)	(0.9964)		(1.0066)
Fin_Const			−1.2108***	−1.2901***		−0.2417
			(0.4052)	(0.3822)		(0.3819)
常数项	41.8529***	49.5427***	54.3712***	49.5695***	44.4854***	47.9157***
	(0.5118)	(0.8832)	(1.2180)	(1.7875)	(7.7288)	(9.3842)
国家固定效应	no	no	no	no	yes	yes
行业固定效应	no	no	no	yes	yes	yes
观测值	6 391	5 013	4 759	4 759	6 391	4 759
R^2	0.004	0.057	0.065	0.181	0.259	0.296

注：( ) 内为稳健标准误，***、** 和 * 分别表示 1%、5% 和 10% 的显著性水平。

（二）异质性分析

口岸营商环境可能对不同类型的企业产生不同的影响，为此从企业是否存在进口、企业生产率、地区和收入水平三类异质性角度分析口岸营商环境对制作业企业出口的影响。

1. 企业是否存在进口的异质性

在全球价值链中，企业的生产不仅依靠国内的投入品还需要国外投入品，所以存在大量的企业在生产过程中使用进口的投入品，然后再出口他们所生产的产品。在这种情况下，存在进口投入品的出口企业会面临两次通关，那么，口岸营商环境对存在进口投入品和非进口投入品的企业是否会产生差异化的影响？将企业分为进口和非进口企业两类，表 2 中的列（1）-（3）、列（4）-（6）分别考察当企业存在进口和非进口情形下口岸营商环境对企业出口的影响。根据列（1）-（3）无论是在混合 OLS 模型还是固定效应模型下，通关时间始终会显著降低存在进口投入品企业的出口。根据列（4），当未控制固定效应时，通关时间在 90% 的显著性水平上抑制非进口企业的出口。当逐步控制固定效应后，根据列（5）和（6），通关时间对非进口企业的出口的抑制作用变得不显著。通过对比发现，相比于非进口企业，存在进口投入品的企业对通关时间更加敏感，如果口岸营商环境越不好，将显著降低那些存在进口投入品的企业的出口比重。其原因主要在于生产过程中使用进口投入品的企业会涉及两次通关，这些企业往往比只使用国内投入品的企业贸易成本更高，口岸营商环境影响企业的贸易成本，出口通关的时间越长意味着贸易成本越高甚至影响该企业的利润，因此，生产过程中使用进口投入品的企业会对通关时间更加敏感。

表 2　企业是否存在进口情况下的口岸营商环境对企业出口比重的影响

	(1)	(2)	(3)	(4)	(5)	(6)
	进口			非进口		
Port	−0.0678**	−0.0733***	−0.0725***	−0.1927*	−0.1442	−0.0927
	(0.0294)	(0.0279)	(0.0260)	(0.1089)	(0.1034)	(0.1055)

续　表

	(1)	(2)	(3)	(4)	(5)	(6)
	进口			非进口		
Labor	0.3525***	0.1676***	0.0862*	0.2794**	0.2495**	0.1809
	(0.0961)	(0.0623)	(0.0486)	(0.1401)	(0.1254)	(0.1121)
Productivity	−0.0001	0.0003	0.0003	−0.0066	−0.0434***	−0.0417***
	(0.0004)	(0.0004)	(0.0004)	(0.0064)	(0.0121)	(0.0132)
Age	−0.4192***	−0.2316***	−0.1877***	−0.2379***	−0.1740***	−0.1648***
	(0.0304)	(0.0305)	(0.0295)	(0.0545)	(0.0582)	(0.0566)
Foreign	0.0833***	0.1053***	0.1161***	0.1016**	0.1175**	0.1145**
	(0.0170)	(0.0162)	(0.0155)	(0.0465)	(0.0474)	(0.0457)
ISO	−5.0135***	−2.2905*	2.0043*	−2.2658	−1.2556	0.4394
	(1.1854)	(1.1790)	(1.1428)	(2.0972)	(2.1797)	(2.1859)
Fin_Const	−1.0595**	0.2755	0.0635	−1.1964	−1.2149	−1.4579*
	(0.4626)	(0.4540)	(0.4332)	(0.8476)	(0.8537)	(0.8452)
常数项	54.0621***	60.2184***	43.1395***	53.6075***	28.4609***	27.9290***
	(1.4470)	(8.8922)	(9.2594)	(2.2789)	(5.1974)	(5.6017)
国家固定效应	no	yes	yes	no	yes	yes
行业固定效应	no	no	yes	no	no	yes
观测值	3 632	3 632	3 632	1 127	1 127	1 127
R^2	0.078	0.250	0.323	0.028	0.255	0.301

注：（ ）内为稳健标准误，***、** 和 * 分别表示 1%、5% 和 10% 的显著性水平。

2. 企业生产率的异质性

不同生产率的企业抵御贸易成本的能力是不同的，高生产率企业往往更容易克服贸易成本选择出口，低生产率的企业选择在国内生产或者退出市场。那么，对于不同生产率的企业，口岸营商环境对制造业企业出口比重是否存在差异化的影响？按照两种方式把企业分为高生产率和低生产率企业两类企业，第一种方式是从国家视角进行分类，当企业的生产率高于所属国家企业生产率的均值为高生产率的企业，反之则为低生产率的企业；第二种方式是从行业视角进行分类，当企业的生产率高于其所属行业生产率的均值则为高生产率的企业，反之则为低生产率的企业。表 3 中列（1）和（2）是从国家视角进行分类的回归结果，列（3）和（4）是从行业视角进行分类的回归结果。依据列（1）发现，口岸营商环境对高生产率企业的出口比重影响不显著，根据列（2）口岸营商环境对低生产率企业的出口比重的抑制作用非常显著。依据列（3）和（4）中行业视角分类，仍然可以得到口岸营商环境对高生产率企业的出口不具有显著的影响，但是对低生产率的企业出口具有显著的抑制作用。通过两种分类方式，可以得到一致结论：对于不同生产率的企业，口岸营商环境对企业出口的影响存在显著的差异性，可能的原因在于口岸营商环境会影响企业的贸易成本，出口通关时间作为贸易成本的一部分，正如 Melitz 和 Ottaviano（2008）所研究得到的贸易成本对不同生产率的企业出口产生不同的影响，相比于高生产率的企业，低生产率的企业克服贸易成本带来不利影响的能力更弱，所以低生产率的企业对克服由口岸营商环境造成贸易成本的能力更弱，较长的通关时间对低生产率企业出口的抑制作用加显著。

表 3　口岸营商环境对不同生产率企业出口比重的影响

	(1)	(2)	(3)	(4)
	国家		行业	
	高	低	高	低
Port	−0.1279	−0.0602***	−0.1662	−0.0622***
	(0.0909)	(0.0221)	(0.3071)	(0.0225)
Labor	−0.0733	0.1058**	−0.2590	0.0979**
	(0.1120)	(0.0516)	(0.3220)	(0.0459)
Productivity	0.0004	−0.0129	0.0000	−0.0448
	(0.0007)	(0.0145)	(0.0004)	(0.0966)
Age	−0.1768***	−0.1991***	−0.0720	−0.1970***
	(0.0486)	(0.0300)	(0.1130)	(0.0247)
Foreign	0.0403	0.1348***	0.1695***	0.1014***
	(0.0278)	(0.0175)	(0.0589)	(0.0151)

续　表

	(1)	(2)	(3)	(4)
	国家		行业	
	高	低	高	低
ISO	4.0046*	0.9565	-1.9563	1.6644
	(2.2163)	(1.1468)	(6.3985)	(1.0309)
Fin_Const	0.5757	-0.5762	1.4417	-0.3659
	(0.8372)	(0.4357)	(1.9395)	(0.3936)
常数项	82.0120***	42.1926***	17.5154	48.1497***
	(5.5312)	(8.0516)	(12.1262)	(9.3122)
国家固定效应	yes	yes	yes	yes
行业固定效应	yes	yes	yes	yes
观测值	1 308	3 451	255	4 504
R^2	0.258	0.330	0.405	0.307

注：（ ）内为稳健标准误，***、** 和 * 分别表示 1%、5% 和 10% 的显著性水平。

3. 地区异质性和收入水平异质性

涉及的企业来自不同的地区，而且所属国家的经济发展水平也不同，那么，口岸营商环境是否对所属不同区域和不同收入水平国家的企业出口存在不同的影响？按照世界银行 Doing Business（http://www.doingbusiness.org/）的分类标准把 84 个国家分为七大区域和四类不同收入水平的国家。[①] 可以发现，通关时间会促进撒哈拉以南的非洲、欧洲与中亚地区这两大区域企业的出口，其中对撒哈拉以南的非洲的企业出口具有正向的显著影响。通关时间会显著抑制东亚和太平洋地区、拉丁美洲和加勒比以及南亚地区的企业出口，通关时间对中东北非地区和 OECD 国家企业出口具有抑制作用但不显著。因此，出口通关时

---

① 七大区域分别为：欧洲与中亚（Europe & Central Asia）、中东北非地区（Middle East & North Africa）、OECD 国家、东亚和太平洋（East Asia & Pacific）、拉丁美洲和加勒比（Latin America & Caribbean）、南亚（South Asia）和撒哈拉以南的非洲（Sub-Saharan Africa）；四类不同的收入国家为：低收入、中等偏下收入、中等偏上收入和高收入。

间并不一定对所有企业的出口存在抑制作用。可能的原因在于不同地区的经济发展水平存在着差异，撒哈拉以南的非洲国家经济发展水平较为落后，在世界银行的营商环境排名非常低，边境腐败程度较高，通关时间较长意味着对通关手续可能更为繁琐，对货物的检查更加严格，只有经过严格的通关查验，才能确保这类产品的出口，所以通关时间长在一定程度上促进了撒哈拉以南的非洲国家的企业出口。中东北非地区和 OECD 国家的经济发展水平较高，口岸营商环境整体优越，口岸营商环境对这些地区的企业出口的影响并不那么大。因此出口通关时间并不是对所有企业的出口存在抑制作用。并且出口通关时间对低收入国家的企业出口具有显著的促进作用，但是出口通关时间对中等收入国家企业的出口具有显著的抑制作用，对于高收入国家这一抑制作用变得不显著。总体而言，出口通关时间对经济发展水平较高国家的企业出口的抑制作用不大（如 OECD 国家或高收入国家），对经济发展水平较为落后国家的企业出口甚至具有显著的促进作用（如撒哈拉以南的非洲或低收入水平的国家），而出口通关时间主要对那些中等经济发展水平的国家企业出口起到显著的抑制作用（如南亚、东亚和太平洋、拉丁美洲和加勒比或中等收入国家）。

（三）内生性问题的讨论

口岸营商环境与企业出口比重之间可能存在内生性问题，如反向因果关系，主要表现为企业的出口比重也会影响企业的口岸营商环境，企业参与到全球市场竞争，会吸收到其他国家的先进的制度改革经验，倒逼国内相关改革，如简化通关手续，降低通关时间等。因此，参考 Nunn 和 Qian（2014）的做法为口岸营商环境构造了一个工具变量。Nunn 和 Qian（2014）在研究美国食物援助对 125 个非 OECD 受援国国内冲突的影响时，把受援国家分为六大地区，使用美国上一年的小麦的产量（与时间相关）与受援国所属地区在 36 年内接受食物援助的概率（与个体相关）的交叉项作为一国接受美国食物援助的工具变量，这样就保证了工具变量是随着时间 – 个体变化的。根据这一思路，首先计算出企业所属国家的口岸营商环境均值（$APortci$），这与企业所属国的整体特征相关；然后计算出企业所属行业的口岸营商环境均值（$IPortij$），这与企业所属行业特征相关，两者的相乘作为企业通关时间的工具变量（*IV_Portijc*），该工具变量表示企业是随着国家 – 行业层面变化的，同时也保证工具变量与口岸营商环境相关性，又与不可观测的企业个体特征无关，使用工具变量法并聚类至国家 – 行业层面来考察口岸营商环境对企业出口的影响（回归结果略）。

四、进一步的分析

口岸营商环境的优化谁更会从中获益？ Hoekman 和 Shepherd（2015）在研究利用非洲国家贸易便利化对制造业企业出口影响时，把企业分为大企业和中小微企业两类，其中大企业是指企业规模大于 250 人，发现随着口岸营商环境的优化，大企业并不会增加其出口，即大企业并不会从口岸营商环境优化中获益。对这一结论再次进行验证。可知，出口通关时间会显著降低企业的出口，企业规模会显著增加企业的出口，二者的交叉项符号为负且显著，可以得到出口通关时间会显著减弱企业规模对企业出口的促进出口，即当口岸营商环境的优化，规模越大的企业会显著增加企业的出口。随着出口通关时间降低，规模越大的企业会增加出口，即规模越大的企业更能从口岸营商环境优化中获益。这一结论与 Hoekman 和 Shepherd（2015）的结果相反，可能原因在于 Hoekman 和 Shepherd（2015）把大企业定义为企业规模大于 250 人，其实对大企业并没有统一的定义，对于小国来说，工人数量达到 100 人的企业可能属于大企业，对于人口众多的大国来说，工人数量达到一万以上才算大规模的企业，因此不同的定义会使得结果可能存在差别。直接使用交叉项的形式使所得结论更为直观。因此，在当前各国为了提高贸易便利化水平、简化贸易流程大背景下，口岸营商环境优化对规模较大的企业更有利，更有助于提高更大规模的企业出口。

五、结论

通过实证分析，得出以下主要结论：第一，出口通关时间会显著降低企业的出口，当出口通关时间增加 1 天，企业出口比重减少 0.07%。第二，口岸营商环境会对不同的企业产生异质性影响，在全球价值链背景下，大量的企业生产依赖国外投入品，口岸营商环境会更显著抑制那些存在进口投入品企业的出口。第三，口岸营商环境对不同生产率企业、不同地区和不同收入水平的企业出口都有着显著的差异化影响，通关时间会显著抑制低生产率企业的出口，对经济发展水平较为落后的地区产生正向促进作用，而对经济发展水平较好的地区的抑制作用并不明显。第四，为了缓解可能存在的内生性问题，采用工具变量法来识别，工具变量法的实证结果与基准回归的结果相一致。第五，进一步的研究发现口岸营商环境的优化有利于大企业的出口，这一结论与 Hoekman 和 Shepherd（2015）的结果相反。

在当前各国采取措施以提高贸易便利化水平的背景下，优化口岸营商环境对制造业企业出口具有重要的政策含义：首先，各国需要采取优化口岸营商环境的措施。包括单一窗口建设、简化贸易流程等，较长的出口通关时间，增加企业的时间成本，这会对低生产率企业造成不利的影响，使得这类企业更难获得出口机会。其次，在当前各国处于全球价值链的不同阶段，尤其是对于发展中国家而言，存在大量的加工贸易，企业既进口又出口，若通关时间太长将影响企业出口甚至长期会影响一国出口优势，因此，各国需要降低出口通关时间、降低贸易成本，在国际市场上获得一席之地。最后，对于不同经济发展水平的国家需要采取适应国内经济发展的优化口岸营商环境政策，相比于低收入和高收入的国家，中等收入水平的国家更需要采取措施优化口岸营商环境，缓解出口通关时间带来的不利影响，达到优化口岸营商环境促进外贸稳定健康发展的作用。

参考文献

[1] Wilson J., Mann C. L., Otsuki T.. Assessing the Benefits of Trade Facilitation: A Global Perspective[J]. The World Economy, 2005, 28(6): 841−871.

[2] Melitz M. J.. The Impact of Trade on Intra - industry Reallocations and Aggregate Industry Productivity[J]. Econometrica, 2003,71(6): 1695−1725.

[3] Melitz M. J., Ottaviano G. I.. Market Size, Trade, and Productivity[J]. The Review of Economic Studies, 2008, 75(1): 295−316.

[4] 李春顶：中国出口企业是否存在"生产率悖论"：基于中国制造业企业数据的检验 [J].《世界经济》,2010,(7):64−81.

[5] Liu Q., Lu Y.. Firm Investment and Exporting: Evidence from China's Value-added Tax reform [J]. Journal of International Economics, 2015, 97(2): 392−403.

[6] 毛其淋,许家云：中国对外直接投资促进抑或抑制了企业出口 ?[J].《数量经济技术经济研究》,2014,(9):3−21.

[7] Araujo L., Mion,G., OrnelasE.. Institutions and Export Dynamics[J]. Journal of International Economics, 2016,98: 2−20.

[8] Feng L., Li Z., Swenson D L.. The Connection between Imported Intermediate Inputs and Exports: Evidence from Chinese Firms[J]. Journal of International Economics, 2016，101: 86−101.

[9] 谢申祥,冯玉静：经济政策不确定性与企业出口——基于中国工业企业数据的实证研究 [J].《当代财经》,2018,(9):91−101.

[10] Feng L., Li Z., Swenson D L.. Trade Policy Uncertainty and Exports: Evidence from China's WTO Accession[J]. Journal of International Economics, 2017,106: 20−36.

[11] Gan L., Hernandez M. A., Ma S.. The Higher Costs of Doing Business in China: Minimum Wages and Firms' Export Behavior[J]. Journal of International Economics, 2016, 100: 81−94.

[12] 刘志彪,张杰：我国本土制造业企业出口决定因素的实证分析 [J].《经济研究》,2009,(8):99−112+159.

[13] 孙灵燕,李荣林：融资约束限制中国企业出口参与吗?[J].《经济学（季刊）》,2012,(1):231−252.

[14] Bernard A .B., Jensen J. B.. Why Some Firms Export[J]. The Review of Economics and Statistics, 2001, 86(2): 561−569.

[15] 林珏,彭冬冬："快速通关"贸易促进效应的实证分析 [J].《财经研究》

,2016,(11):60−72.

[16] 吴小康,于津平：进口国通关成本对中国出口的影响 [J].《世界经济》,
2016,(10):103−126.

[17] 胡超：中国－东盟自贸区进口通关时间的贸易效应及比较研究——基于不
同时间密集型农产品的实证 [J].《国际贸易问题》,2014，(8):58−67.

[18] Hummels D. L., Schaur G.. Port as a Trade Barrier[J]. American Economic
Review, 2013, 103(7): 2935−2959.

[19] Djankov S., Freund C., Pham C. S.. Trading on Time[J]. The Review of
Economics and Statistics, 2010, 92(1): 166−173.

[20] Feenstra R. C., Ma H.. Trade Facilitation and the Extensive Margin of Exports[J].
The Japanese Economic Review, 2014, 65(2): 158−177.

[21] Hoekman B., Shepherd B.. Who Profits from Trade Facilitation Initiatives?
Implications for African Countries [J]. Journal of African Trade, 2015, 2(1): 51−
70.

[22] Li Y., Wilson J. S.. Trade Facilitation and Expanding the Benefits of Trade:
Evidence from firm level data[R]. ARTNet Working Paper Series, No.7109,
2009.

[23]Nunn N., Qian N.. US Food Aid and Civil Conflict[J]. The American Economic
Review, 2014, 104(6): 1630−1666.

[24] Kleibergen F., Paap R.. Generalized Reduced Rank Tests Using the Singular
Value Decomposition [J]. Journal of Econometrics, 2006,133(1): 97−126.

附　录

文中企业所属国家（年份）为：

文中用到的 84 个样本国家及年份：玻利维亚（2010）、哥伦比亚（2010）、墨西哥（2010）、巴拿马（2010）、秘鲁（2010）、巴拉圭（2010）、乌拉圭（2010）、委内瑞拉（2010）、智利（2010）、厄瓜多尔（2010）、洪都拉斯（2010）、危地马拉（2010）、尼加拉瓜（2010）、加纳（2013）、埃塞俄比亚（2015）、孟加拉国（2013）、安哥拉（2010）、博茨瓦纳（2010）、布基纳法索（2009）、布隆迪（2014）、刚果（2013）、坦桑尼亚（2013）、乌干达（2013）、约旦河西岸和加沙（2013）、泰国（2016）、赞比亚（2013）、阿尔巴尼亚（2013）、白俄罗斯（2013）、格鲁吉亚（2013）、土耳其（2013）、乌克兰（2013）、乌兹别克斯坦（2013）、巴西（2009）、塞内加尔（2014）、俄罗斯（2012）、波兰（2013）、罗马尼亚（2013）、塞尔维亚（2013）、哈萨克斯坦（2013）、摩尔多瓦（2013）、波黑（2013）、阿塞拜疆（2013）、马其顿（2013）、亚美尼亚（2013）、吉尔吉斯共和国（2013）、蒙古（2013）、爱沙尼亚（2013）、科索沃（2013）、捷克（2013）、匈牙利（2013）、拉脱维亚（2013）、立陶宛（2013）、斯洛伐克（2013）、斯洛文尼亚（2013）、保加利亚（2013）、克罗地亚（2013）、黑山（2013）、毛里求斯（2009）、柬埔寨（2016）、埃及（2013）、肯尼亚（2013）、阿富汗（2014）、尼泊尔（2013）、老挝（2016）、越南（2015）、印尼（2015）、菲律宾（2015）、巴布亚新几内亚（2015）、东帝汶（2015）、哥斯达黎加（2010）、多米尼加共和国（2010）、牙买加（2010）、印度（2014）、缅甸（2014）、中国（2012）、所罗门群岛（2015）、伊拉克（2011）、莫桑比克（2007）、南非（2007）、阿根廷（2010）、尼日利亚（2014）、斯里兰卡（2011）、南苏丹（2014）和塔吉克斯坦（2013）。

构建服务贸易高质量发展评价指标体系

汤 婧[*]

摘要： 在国家持续推进服务业扩大开放、服务贸易创新发展试点改革的新形势下，探索构建服务贸易高质量发展评价指标体系是新时期推动高质量发展的基础性工作。本文探究服务贸易高质量发展的内涵，从国际视角对服务贸易发展的评价指标进行对比分析，第三分析中国现有服务贸易数据统计和评价指标中存在的问题，并针对我国服务贸易高质量发展评价指标体系进行探索与构建。

关键词： 服务贸易；高质量；指标体系

随着服务贸易蓬勃发展以及它在国际经贸领域中重要性的日益提高，国际服务贸易市场的竞争日益激烈。目前，一国服务贸易的发展水平已是衡量其国际竞争力以及贸易能力的重要标准之一。在国家持续推进服务业扩大开放、服务贸易创新发展试点改革持续推进的新形势下，如何构建一套科学、系统的服务贸易高质量发展评价指标体系，用于阶段性、总结性的成果检验，是新时期全面推动经济高质量发展的基础性工作。

一、准确把握服务贸易高质量发展内涵

（一）从国内和国际市场两个视角准确把握影响服务贸易高质量发展的重要因素

在经济全球化和区域经济一体化的大背景下，服务贸易的发展离不开国

---

*汤婧，中国社会科学院财经战略研究院助理研究员。

际、国内两个市场。从国际市场背景来看，世界经济正处于向服务经济转型的过程中，服务贸易成为各国开放和竞争的主要领域之一。一方面，服务贸易开放的深度和广度决定着一国融入国际服务市场的程度；另一方面，服务贸易竞争力决定着一国服务在国际市场的比较优势与竞争优势。从国内市场背景来看，一方面，服务贸易发展规模、结构、创新等数据指标直接反映国民经济发展的质量和水平，与货物贸易一同是建设贸易强国的重点；另一方面，服务贸易的高质量发展，促使服务贸易在构建现代经济体系、提升经济层次、优化产业结构、培育新动能新优势等方面发挥重要作用。

（二）从多维度精准理解国家对于服务贸易高质量发展的根本要求

高质量发展是 2018 年 3 月国务院政府工作报告首次提出的新表述，表明中国经济由高速增长阶段转向高质量发展阶段。紧随其后，2018 年 4 月 3-4 日，商务部在北京召开 2018 年度全国服务贸易和商贸服务业工作会议。会议围绕服务贸易高质量发展目标，谋划服务贸易发展新思路，建立高质量服务贸易发展指标体系（创新性、开放性和协调性指标）。同时，国务院总理李克强 2018 年 5 月 23 日主持召开国务院常务会议中指出，优先发展服务贸易，是推动经济转型升级和向高质量发展的重要举措。加快发展服务贸易，有利于促进我国贸易增长方式的转变，推动我国从贸易大国向贸易强国转变。而且，服务贸易特别是生产性服务贸易的发展，有利于促进我国传统产业向专业化和产业链高端延伸。服务贸易是具有国际竞争力的、高端的、现代的服务产业，对于推动经济高质量发展具有重要意义。

二、现有服务贸易发展评价指标的比较分析：国际视角

构建中国高质量发展的服务贸易评价指标体系，需要从多维度、深层次开展国际对标，使国际对标成为推动中国服务贸易高质量发展的科学有效评价机制。展开国际对标，需要参照类似的国际权威指标体系和评价方法，从而为中国推进服务贸易高质量发展确立目标和路径。从国际经验来看，主要从以下四个方面来评价服务贸易发展水平：

（一）针对服务贸易发展总体情况的评价指标

WTO 历年发布《世界贸易统计报告》（World Trade Statistical Review），其为 196 个经济体提供商品贸易和商业服务贸易的一系列关键指标，突出每个经济体及其主要贸易伙伴的主要出口和进口。而对于服务贸易的统一，WTO 在 2010 年特别发布研究报告《服务贸易的测量》（Measuring Trade in services），里面着重强调三个评价服务贸易发展情况的指标：一是服务业占 GDP 比重（services contribution to GDP）；二是服务出口占总出口比重（service export share of total exports）；三是服务业就业占总就业比重（Share of services employment in total employment）。

同样，世界银行在 2014 年发布《服务贸易评估报告》（Valuing services in trade）。报告中除用到一些规模、结构等指标外，还用到两个指数：一是赫芬达尔指数（Herfindahl–Hirschman Index），用以反映服务贸易市场集中度；二是泰尔指数（Theil Entropy Index），用以反映经济发展不平等指数。

（二）针对各经济体服务贸易开放度或者限制程度的评价指标

从国际组织针对服务贸易国际发展构建的评价方法来看，较为集中在对各个经济体进行服务贸易开放度和限制程度的测度与评价。概括而言，测量一国服务业开放度 / 限制程度的最常用评价方法有三种：

一是 WTO 数据库中的 GATS 及 PTA 承诺开放度指数。该指数体现一国在多边贸易谈判中承诺的开放程度。该数据库是利用 Martin（2011）基于 Hoekman（1996）频度分析法提出的改良方法，对各成员在服务贸易协议（GATS）中的服务贸易开放承诺进行指数化的测量。其中，以 100 代表完全开放，以 0 代表完全不开放。该数据库覆盖 53 个 WTO 成员，包括模式一（跨境提供）的 142 个分部门和模式三（商业存在）的 152 个分部门。

二是世界银行建立的服务贸易限制度指数（STRI）。该指数由世界银行基于私人部门评价而得，体现一国实施的服务贸易政策所反映出的开放程度，即可视为"政策开放度"。世界银行数据库是基于各国在 2008—2010 年实际执行的对于外国服务提供者的歧视性政策，以及一些非歧视性但对服务业有重大影响的政策，来测度其服务业的开放度。其使用的指标称为服务业限制度指数（STRI），STRI 最小值为 0，代表限制度最低（即开放度最高），最大值为 100，代表限制度最高（即开放度最低）。数据库中关于非 OECD 成员的信息是通过对私人部门和政府官员的问卷调查而得，关于 OECD 成员的信息则通过公开来源获得。搜集到的信息还经过大部分 OECD 成员和一些非 OECD 成员的常驻 WTO 官员的确认（包括中国）。数据库覆盖 103 个 WTO 成员，包括模式一（跨境提供）、模式三（商业存在）和模式四（自然人流动）。数据库对于限制度的测度，是基于最惠国待遇（MFN），而未考虑各经济体给予 PTA 成员的特惠待遇。

与世界银行服务贸易限制制度指数相类似的，是 OECD 的服务贸易限制指数，该指数包含影响所有国家的服务贸易及所涉部门的法律法规的综合在线监管数据库，用 0 到 1 之间的数值对五个标准类别中的限制措施进行量化的一系列综合指数。完全开放贸易与投资以 0 计，而完全不对外国服务提供商者开放则以 1 计。

三是直接计算服务进口依存度和外商直接投资依存度。该指标多被欧美国家政府机构用于评价与分析本国服务贸易发展情况。其反映一国实际的服务进口和服务业利用外资所反映出的开放程度。其中，服务进口依存度用于测算模式一（跨境提供）的开放度，即服务进口与服务业 GDP 之比，数据一般采用联合国贸易与发展组织（UNCTAD）数据库。依存度越高，代表开放程度越高。外商直接投资依存度用于测算模式三（商业存在）的开放度，即服务业外商直接投资存量与服务业 GDP 之比，数据一般采用世贸组织（WTO）服务业数据库。依存度越高，代表开放程度越高。与上述 WTO 承诺开放度指数与世界银行反映政策开放指数的服务贸易限制制度指数不同，这一方法得出的开放度更为直观和实际。

（三）服务贸易附加值评价指标

2013 年 OECD（经济合作与发展组织）和 WTO（世界贸易组织）联合推出《OECD/WTO 附加值贸易统计（数据库）》以及"附加值贸易测算法"。该算法将传统海关统计的出口总额中扣除中间商品的进口价值，以"附加值出口"作为出口产品和服务的原产国的附加值来计算。该计算使中间商品多次跨境的价值不再被重复计算，能够真实呈现一国的出口价值。

2017年，由世界银行、世界贸易组织(WTO)、经济合作与发展组织(OECD)、日本亚洲经济研究所(IDE–JETRO)和中国对外经贸大学全球价值链研究院(UIBE)联合发布全球经济综合分析报告——《2017年全球价值链发展报告——全球价值链对经济发展的影响：测度与分析》(Global Value Chain Development Report 2017 -- Measuring and Analyzing the Impact of GVCs on Economic Development)。该报告通过分析全球价值链的构成，研究经济体间的相互联系、专业化分工和增长模式。其中，专门在第六章重点关注服务贸易和全球价值链问题。

表 1　国际组织针对服务贸易的评价指数 / 指标

国际组织	评价	核心指标	资料 / 数据库
国际贸易组织（WTO）	服务贸易发展情况	服务业占 GDP 比重 服务出口占总出口比重 服务业就业占总就业比重	历年发布《世界贸易统计报告》（World Trade Statistical Review）
	服务贸易开放度	GATS 及 PTA 承诺开放度指数	WTO 数据库
世界银行（WB）	服务贸易结构	Herfindahl–Hirschman Index（赫芬达尔指数） Theil Entropy Index（泰尔指数）	《服务贸易评价报告》（Valuing services in trade）
	服务贸易政策开放度	服务贸易限制度指数（STRI）	世界银行数据库
OECD & WTO 联合	服务贸易附加值	附加值贸易测算法	OECD/WTO 附加值贸易统计（数据库）

数据来源：作者整理。

（四）在服务贸易数据统计中重点关注的新指标

从发达国家的实践来看，政府官方发布的数据仍然按照国际通行的统计指标标准进行。但在指标体系内部，存在着一定的差异。美国作为具有竞争力的服务贸易大国，其统计制度相比较其他国家更为完善，从其官方发布的最新报告来看，能够基本判定美国评价服务贸易发展情况时所用指标的显著特点。2017 年 6 月 8 日，美国国际贸易委员会（USITC）发布《美国服务贸易最新趋势报告》(Recent Trends in U.S. Services Trade)。该报告主要关注美国专业服务业（尤其是会计和审计、建筑与工程、法律及管理咨询服务）的进出口状况。此外，2018 年，美国国会研究服务机构发布《美国服务贸易：趋势与政策》报告（U.S. Trade in Services: Trends and Policy Issues）。报告中除了分析一些基础服务贸易指标外，还特别关注几类指标，可供借鉴参考：

一是关注商业存在模式的跨境服务贸易额，即美国公司附属机构的服务贸易出口额，外资公司附属机构服务贸易进口额。美国商务部在服务贸易数据统计中，将服务贸易分为两个部分进行统计，一是跨境服务贸易，二是附属机构的服务贸易。

二是关注各专业服务贸易领域（运输、旅游、咨询等）内部的细分统计。例如，运输服务贸易的统计细分为旅客票价、海运以及其他。旅游服务贸易按照目的细分为教育、商务、其他。

三是强调数字贸易，自 2016 年 10 月，美国经济分析局（U.S. Bureau of Economic Analysis）开始使用信息和通信技术（ICT）服务贸易以及 ICT 支持的服务数据，用以分析数字贸易和数字化服务的增长和经济影响。ICT 服务包括电信和计算机服务以及使用计算机软件的相关费用。此外，ICT 支持的服务是通过信息和通信技术网络远程交付产出的服务，例如，网上银行或教育。因此，信息和通信技术（ICT）服务贸易额及其在服务贸易总额中的占比，以及 ICT 支持的服务贸易额及其占比均是重点关注指标。

三、中国现有服务贸易统计和评价中存在问题

我国服务贸易统计体系的建立经历了从地方到中央、自上而下的发展历程。最早是一些经济较发达的沿海省市开启区域服务贸易统计的引领性探索。直到 2008 年，我国才在全国范围内开始实行《国际服务贸易统计制度》（以下简称《制度》)，并分别于 2009 年、2010 年进行两次修订，确立按照四种服务

供应模式进行统计的指标基础。2016 年 12 月，我国商务部和统计局共同建立《国际服务贸易统计监测制度》，统计内容主要包括服务进出口情况、外国附属机构服务贸易情况和自然人移动情况，以及服务贸易业务情况、人力资源情况，服务贸易创新发展试点情况等。可见，我国目前的服务贸易统计体系采用两条主线，即 BOP 和 FAT 统计。

但是由于我国服务贸易统计体系的建立起步较晚，官方机构仍然以基础性的统计指标为核心，而对于服务贸易发展进行质量、效益、竞争力、开放度、创新等方面的评价指标仍少有涉及。整体而言，我国服务贸易统计制度存在一些明显短板，在一定程度上增加综合性评价服务贸易高质量发展指标体系构建的难度，具体表现为以下三分方面：

一是分领域的细分方法较为粗糙。在服务贸易国际收支 BOP 统计中，我国虽然严格按照《国际服务贸易手册》12 大类行进产业区分统计，但是分类方法仍显粗糙，尤其在细分项目上，没有进行深入细化区分，相比较，英美等发达国家在服务贸易分领域的项下又进行细致划分，这样能够更为客观、可准确反映出服务贸易各个领域的发展情况。

二是对服务贸易变化新趋势的统计方法调整不够及时。当前，在互联网、云计算、大数据以及信息技术蓬勃发展的大趋势下，服务贸易领域的新趋势是数字贸易的崛起。对此，中国服务统计制度缺乏对这一新概念的重视。例如，美国提出数字贸易的新概念，并在服务贸易统计制度中调整更新 ICT 统计，这种以新思想引领新路径、新判断把控新趋势的统计方法非常值得我国借鉴和学习。

三是对贸易增加值指标的统计重视不够。增加值贸易的测算是当前国际学术理论界十分关注的话题，但是在各国的实际统计操作中仍然没有引起足够重视，其中主要原因在于，目前对测算方法本身的讨论仍存在多数不同意见。但是，增加值服务贸易的测算对判断中国在国际贸易中的地位、影响力和竞争力具有十分重要的作用。尤其，在当前中美贸易战阴云密布的情况下，更应该重视以全球价值链为基础的统计方法，在统计体系中，加入核算服务贸易相关行业增加值的基础数据指标，从而客观反映出中国服务贸易发展情况。如果仍然坚持以传统统计指标为唯一依据，中美双方贸易统计数据上的巨大差异会使得中美贸易平衡问题变得更加复杂化。应该从统计指标体系上着手，以全球价值链统计方法为依据，从包括服务增加值和跨国公司海外销售在内的总服务贸易规模来观察总体贸易的发展情况，将更能全面客观的反映实际。

四、我国服务贸易评价指标体系构建

（一）构建原则

构建服务贸易高质量发展评价指标体系是一个复杂的系统工程，是由服务贸易多个指标构成的相互依存、相互联系的统计指标群。该评价体系需要具有较高的科学性和前瞻性，既要立足于服务贸易发展的规模和结构特点，又要着眼于未来发展趋势，反映出整个国家或某一地区的服务贸易发展是否符合中国的新发展理念。

1. 兼顾开放与安全

开放是指全面开放的格局，在市场准入、营商环境等方面对标国际，用于衡量服务贸易高质量发展的自由化程度，旨在反映高质量发展服务贸易的自由化制度环境。开放可以推动服务经济结构优化升级，提高服务贸易的综合实力。但是，随着我国服务贸易产业开放力度的不断提升，产业安全受威胁与监管制度不健全等问题日益凸显。技术安全、产业安全和经济安全问题成为我国服务贸易扩大开放进程中高质量发展的制约因素。因此，构建服务贸易高质量发展的指标评价体系要体现出对外开放与经济安全的辩证统一，反映出高质量的抗风险的能力和开放的安全观。

2. 优化协调贸易结构

协调，用于衡量服务贸易高质量发展的结构平衡度，一方面需要反映服务贸易与货物贸易二者相互促进、协调发展，推动外贸增长方式的转变升级；另一方面，需要反映服务贸易内部在地区结构、进出口结构、分行业结构等方面形成协调、均衡、科学发展格局。

3. 创新驱动服务升级

创新，是引领高质量发展的关键动力，旨在反映服务贸易在新理念、新技术、新业态、新模式等方面的创新驱动发展。国务院在《关于同意深化服务贸易创新发展试点的批复》中同意在 17 个省市（区域）深化服务贸易创新发展试点，以推动服务贸易新业态、新模式快速发展。因此，服务贸易高质量发展的指标评价体系中需要在新兴服务贸易领域、科技服务、专利使用、特许经营等方面入手考察服务贸易的创新能力。

4. 提升国际竞争力

服务贸易高质量发展离不开一国服务贸易的国际竞争力，旨在反映我国服务贸易的发达程度和国际比较优势。当前服务贸易竞争力已成为衡量一国国际竞争力的重要指标。我国服务贸易规模在近些年来不断扩大，但却没有享受到服务贸易规模经济带来的利益，国际竞争力不足。在构建指标体系中，通过对服务贸易各部门国际竞争力的测算，可以评估出中国服务贸易国际竞争力的整体情况，以及缺乏竞争力的服务部门。在跟踪历年数据后，可以看出服务贸易竞争力是否从传统服务业向新兴服务贸易领域转换，金融服务、信息服务、技术、维护和维修服务的竞争力得到提升；个人、文化和娱乐服务、知识产权使用服务等竞争劣势有所缩小。

5. 实现可持续发展

可持续是指服务贸易发展推动社会、经济进步，能够与环境资源保护相互协调与促进，反映出服务贸易在资源消耗低、环境污染小、就业容量大、附加价值高等方面的高质量发展情况，即能改善我国的贸易条件，又能为经济强劲、可持续、平衡增长提供有力支撑。

可见，指标体系构建所关注的核心原则集中在开放与安全、协调、创新、竞争、可持续五个方面。这五个原则既体现国际普适性，具有超前的引领性及

高标准的国际可比性，又符合中国高质量发展服务贸易的基本方向和目标，能够体现出服务贸易的发展是开放与安全、公平与协调的发展，是改革创新的发展，是开放共赢的发展，是可持续共享的发展、是更具有竞争力的发展。

（二）构建方法

对服务贸易高质量发展评价指标体系进行系统设计，主要采用层次分析法（简称 AHP 法）建立整体构架。层次分析法是通过建立指标体系的递阶层次，将与决策相关的元素分解成目标、准则、方案等层次，在此基础之上进行定性和定量分析的决策分析方法。在该体系中，将服务贸易高质量发展的目标定位五个方面：开放与安全、结构协调、可持续发展、创新驱动、国际竞争力，作为一级指标；在二级指标里，分别加入各项指标作为评价五个一级指标的准则；三级指标即是二级指标的执行方案和计算方法。

（三）指标体系的构建

通过对国际组织以及发达国家服务贸易发展统计和评价指标体系的分析和借鉴，在当前我国服务贸易统计指标的基础上，按照科学的构建方法全面构建服务贸易高质量发展评价指标体系（见表 2）。

表 2　服务贸易高质量发展评价指标体系

一级指标	二级指标	计算方法
开放与安全	服务贸易出口依存度	服务贸易出口额 /GDP
	服务业附属机构服务贸易开放度	服务业附属机构服务贸易额 / 服务贸易总额
	离案服务外包合同执行额占比	离案服务外包合同执行额 / 服务贸易出口总额
	外向附属机构服务贸易销售额占比	外向附属机构服务贸易销售额 / 附属机构服务贸易额
	劳务出口依存度	劳务出口总额 / 服务贸易出口总额
	服务贸易摩擦率	服务贸易诉讼案件数 / 我国贸易诉讼案件总数
结构协调	服务贸易进出口平衡度	服务贸易进口额 / 服务贸易出口额
	传统服务贸易 * 结构比	三大传统服务贸易 / 服务贸易总额
	新兴服务贸易 * 结构比	新兴服务贸易 / 服务贸易总额
	服务贸易出口国内附加值比率	服务贸易出口附加值 / 服务贸易出口总额
	服务贸易地区结构比	服务贸易进出口规模前五大省总额 / 服务贸易总额
	服务贸易对经济增长贡献率	Δ 服务贸易额 /Δ GDP 。其中 Δ 服务贸易额、Δ GDP 分别表示年度服务贸易、GDP 的增量
	服务贸易市场集中度	赫芬达尔—赫希曼指数

续 表

一级指标	二级指标	计算方法
可持续发展	服务贸易弹性系数	（Δ GDP/GDP）/（Δ 服务贸易额 / 服务贸易总额）
	服务贸易就业拉动指数	服务进出口新增就业人数 / GDP 增长率
	服务贸易附加值贡献率	服务出口的国内增加值 /GDP
	服务贸易资源消耗率	（运输贸易出口额 + 旅游贸易出口额）/（运输贸易进口额 + 旅游贸易进口额）
创新驱动	服务贸易技术效益率	高新技术服务进出口总额 / 服务贸易总额
	服务贸易技术出口贡献率	技术服务出口 / 服务贸易出口总额比重
	服务业发明专利拥有率	第三产业发明专利授权数 / 三大产业发明专利授权数
	知识产权使用费增长率	知识产权使用费进出口增长率
	服务业 R&D 投入率	第三产业 R&D 经费投入 / 第三产业总产值
	数字贸易 * 增长率	Δ 数字贸易 / 上一年数字贸易总额
	服务贸易创新发展试点服务贸易额占比	创新试点城市服务贸易进出口额 / 全国服务贸易总额
国际竞争力	服务贸易竞争力指数（TC 指数）	TC 指数 =(出口 − 进口)/（出口 + 进口)
	服务贸易显性比较优势指数（RCA 指数）	$RCAij = (Xi / Xt) \div (XiW / XtW)$ 其中，Xi 表示本国服务贸易出口值，Xt 表示本国贸易的总出口值；XiW 表示世界服务贸易出口值，XtW 表示世界总出口值。
	服务贸易国际市场占有率	服务贸易总额 / 世界服务贸易总额

注：* 传统服务贸易：运输、旅行、建筑服务贸易。* 新兴服务贸易：主要指保险服务、金融服务、电信、计算机信息服务、专业管理咨询服务、商务服务、知识产权、个人文化娱乐、维护和维修服务。* 数字贸易：指信息与通信技术服务贸易与信息通信技术有关的服务贸易。

参考文献

[1] 陈洁，张宝友，杨玉香：我国服务贸易可持续发展的效率评价 [J].《国际商务研究》，2016(02)：67−76。

[2] 唐保庆，黄繁华，杨继军：服务贸易出口、知识产权保护与经济增长 [J].《经济学（季刊）》, 2012(01)：155-180.

[3] 殷凤，陈宪：国际服务贸易影响因素与我国服务贸易国际竞争力研究 [J].《国际贸易问题》, 2009(02)：61-69.

[4] Rachel F. Fefer, U.S. Trade in Services: Trends and Policy Issues. Congressional Research Service Report. [2018-02-06]. https://fas.org/sgp/crs/misc/R43291. pdf.

 [5] United States Department of Commerce, International Trade Administration. International Services.https://www.trade.gov/mas/ian/build/groups/public/@tg_ian/documents/webcontent/tg_ian_005305.pdf.

[6] United States International Trade Commission, 2017 Annual Report: Recent Trends in U.S. Services Trade [EB/OL]. https://www.usitc.gov/publications/332/pub4682.pdf.

[7] World Bank Group; IDE-JETRO; OECD; UIBE; World Trade Organization. Global Value Chain Development Report 2017: Measuring and Analyzing the Impact of GVCs on Economic Development. Washington, DC: World Bank. https://www.wto.org/english/res_e/booksp_e/gvcs_report_2017.pdf.

[8] WTO Report : Measuring Trade in Services [EB/OL]. https://www.wto.org/english/res_e/statis_e/services_training_module_e.pdf.

[9] World Bank Report : Valuing Services in Trade [EB/OL]. https://openknowledge.worldbank.org/bitstream/handle/10986/21285/9781464801556. pdf?sequence=8.

加工贸易转型升级中的统计遗漏：
困境与对策

姚海华　杨　旭[*]

摘要：服务贸易是实体加工贸易向全球价值链高端延伸的一个重要方向。按照世界贸易组织和国际货币基金组织对服务贸易所作的定义，重点分析当前贸易统计中加工贸易新型服务贸易业态的统计缺位现象，认为改革创新新型服务业态统计应当从放开服务业态准入、转换统计单元、明确企业主动申报义务、采取"企业直报＋重点调查"的稽核手段等四个方面不断加以完善。

关键词：加工贸易；服务业态；统计缺位；完善路径

近年来，受加工贸易转型升级和服务贸易创新发展政策扶持的有利影响，我国新型服务业的贸易份额逐年加大。特别是供给侧改革以来，新兴产业发展加速，高新技术领域产品出口迅速增长、新型服务业态的拓展尤为明显。但是，由于很多加工贸易企业从实体加工向全球价值链高端跃升过程中延伸拓展的新型服务业态，与货物贸易粘连度很大，货物形态和服务形态的边界逐渐模糊，给传统贸易统计造成很大的冲击。

作为统计学和国际贸易的一个交叉领域，贸易统计不仅受到学界的广泛关注，还得到国际机构和各国官方的高度重视。在几大国际组织中，除了长期推进服务贸易立法和统计规范的 WTO 之外，以全球货币金融政策协调为主的 IMF 在生产性服务进出口的统计完善方面，也作了大量的改革创新工作，IMF（2009）[1] 在统计实践中开创性地提出"属权原则"（Ownership）的统计标准。

---

　*作者简介：姚海华，上海海关学院、海关总署企管司副教授、硕士生导师；杨旭，上海海关学院、海关总署企管司正处级调研员。

国外学者围绕 IMF 的"属权原则"标准，进行了以增加值贸易统计为核心的系列研究。Wang & Wei(2009)[2]、Johnson & Noguera(2012)[3] 先后通过投入产出方法，测度了世界各主要国家之间双边贸易中的贸易附加值。Koopman et al.（2012）[4] 着重考虑加工贸易因素，将中国 1992、1997 和 2002 年的投入产出表改编成区分一般贸易和加工贸易的非竞争性投入产出表，通过二次规划求解估算完全消耗系数和里昂惕夫逆矩阵系数，并对中国出口的国内附加值 (DVAR) 进行测度，结果发现中国加入 WTO 之后，出口的国内增加值呈现出从 50% 到 60% 的稳步提升态势。Dean et al.（2011）[5] 把中国海关数据按照联合国 BEC 产品分类标准进行归集为中间投入品和最终产品，并按照 Koopman et al.（2012）[4] 同样的方法测算中国的 DVAR，结果发现细分进口产品后的 DVAR 比 Koopman et al.（2012）[4] 的测算结果略低，主要的原因在于对进口产品使用去向分解得越细致，越能还原行业的异质性，从而可以更真实地揭示 DVAR。Koopman et al.（2014）[6] 通过分离国内价值增值与国外价值增值中的重复计算部分并界定其国别来源，进一步完善增加值贸易的统计框架和出口价值的分解技术。作为一项更为细化的研究，Kee & Tang（2016）[7] 又把相应的统计方法扩展运用到微观企业层面。

国内学者对服务贸易统计的跟踪研究大致经历了三个阶段，一是介绍国际上服务贸易统计的前沿做法（贾怀勤，2003[8]；中国国际服务贸易统计研究课题组，2007[9]；贾怀勤，2008[10]）；二是根据 IMF 贸易统计的"属权原则"，探讨中国服务贸易统计的对接策略（贾怀勤，2012[11]；张磊、徐琳，2013[12]）；三是结合国内现有贸易统计基础，着重考察具体服务部门进出口的贸易规模估测（贾怀勤，2013[13]、2015[14]；贾怀勤、王晓东、李胜男，2012[15]）。从研究趋势来看，结合国际最新统计规则和国内现有的贸易统计架构，估测与推算服务贸易新型业态门类的进出口规模，是完善当前我国服务贸易统计的一条基本脉络。所以，从服务贸易统计的角度来说，如何结合加工贸易转型升级的进程，在海关货物贸易统计中拾遗补漏，健全加工贸易新型服务业态的数据采集、监测和分析工作，对于构建我国高质量的服务贸易统计体系具有重要的意义。

一、服务加工贸易新型业态的必要性与迫切性

（一）企业对加工贸易新型业态的需求越来越高

伴随着移动互联网、大数据和云计算等高新技术的发展以及跨境电子商务、远程服务等贸易新型业态的出现，服务贸易在全球贸易中所占的比重越来越大，世界贸易的重心出现逐渐向服务贸易和服务业态倾斜的发展趋势，服务贸易正在逐渐成为影响各主要经济体经济增长的重要力量。

从我国当前的情况来看，随着全球经济一体化进程的加快、全球产业深化分工和加工贸易企业转型升级的不断推进，我国由加工制造中心转而成为亚太地区甚至全球研发设计和全球检测维修中心的趋势正在逐渐形成，企业对保税研发、保税检测和保税维修等业务需求不断增强。据商务部有关资料显示，世界 500 强企业中目前已有 480 多家在华投资成立 1200 余家研发中心。黄埔海关统计，目前该关区开展研发的外商投资企业有 1636 家，其中拥有独立法人研究中心的 11 家，内设研发中心的 60 家，设立研究机构的高达 1556 家。富士康在郑州设立苹果手机全球维修中心，福田保税区打造首个"国家高新技术产品入境检测维修示范区"，返修周期从 3 个月缩短到 1 周，带动培养了一批加工制造领军企业。

与此同时，其他各类依托保税功能的新兴贸易业态也在不断发展，呈现蓬勃发展的趋势，出现了服务外包、跨境电子商务、文化商品保税存储和影视动漫制作等"保税 +"服务贸易业务。这些业务的拓展，有利于稳定货物贸易存量、吸引增量，进一步巩固我国贸易大国地位；也有利于企业培育技术人才，增加企业转型升级的动能，提高企业竞争能力。新产业、新业态、新模式层出不穷，一定程度上可以说是我国经济发展的希望所在，正在成为实施创新驱动发展的先导力量，国家经济发展的新动能，但与此同时，无论在分类方法还是在数据统计上，也对服务贸易提出新的要求。

（二）加工贸易新型服务业态对贸易统计造成严重冲击

加工贸易新型服务业态的出现，打破了进出口货物贸易统计与服务贸易统

计平行开展的格局。在我国现有的贸易统计制度架构中，贸易统计由海关货物贸易统计和商务部服务贸易统计两个子系统构成，海关主要负责货物贸易统计，商务部主要负责服务贸易统计。由于传统意义上货物贸易与服务贸易泾渭分明，这两项工作的开展几乎没有交叉。但是，近年来加工贸易企业从实体加工制造向全球价值链两端延伸拓展过程中形成的新型服务业态，与货物贸易粘连度大，很难将其服务形态和货物形态机械切割。所以，货物贸易统计与服务贸易统计的边界也开始变得逐渐模糊。

从统计制度上来说，在国家各项统计中服务贸易统计一直是个短板。尤其是，在货物与服务深度融合的新兴领域，货物贸易统计和服务贸易统计各自独立运行的格局使得处于纯货物形态和纯服务形态之间的生产性服务进出口存在严重的统计缺位，像保税检测、保税研发、保税维修等依附于加工贸易有形产品进出口的新型服务业态存在明显的统计真空。具体而言，加工贸易货物进出口的监管权限在海关，服务贸易的统计权限主要在商务部，监管与统计割裂的局面容易导致加工贸易新型服务业态出现统计遗漏，难以反映企业转型升级的实际成效和国家服务贸易的真实发展水平。

二、加工贸易新型业态监管与统计归属的国际依据

（一）WTO 为加工贸易新型服务业态监管提供的依据

与有形的货物贸易流入流出国境相对应的，服务贸易从通俗的意义上讲，可以理解为是国家与国家之间无形服务的一种跨境交换活动。它既包括有形劳动力的跨境直接输入和输出，也涵盖提供者与使用者在没有实际载体接触的情况下所进行的跨境交易活动。1994 年，世界贸易组织成员签署的《服务贸易总协定》，是世界贸易组织多边层面上在国际服务贸易领域制定的一个总纲。然而，在《服务贸易总协定》中，针对国际服务贸易并没有给出一个明确的概念解释，而是采用范围列举的形式对服务贸易作了诠释，认为属于以下四个方面的无形交易范畴的即可被认定为服务贸易，具体包括：（1）从一参加方境内向任何其他参加方境内提供服务；（2）在一参加方境内向任何其他参加方的服务

消费者提供服务;(3)一参加方在其他任何参加方境内通过提供服务的实体介入而提供服务;(4)一参加方的自然人在其他任何参加方境内提供服务①。

这种范围列举式的定义实际上为服务贸易的实现形式确定了提供方式的标准,与上述四个服务贸易的界定范畴相对应的,即为服务贸易的四种提供方式,即:第一,跨境交付,这种方式是指一国境内的服务提供者在本国境内向他国被提供者提供服务,比如,在我国境内通过邮政、电信、计算机网络等远程通讯手段实现对国外消费者的服务,这种提供方式往往不会移动过境,而只是在本国通过远程方式或者凭借远程服务本身对境外消费者提供服务;第二,境外消费,这种方式是指一国境内的自然人居民充当服务的被提供者,去他国境内接受由他国提供的服务,比如,我国公民去其他国家旅游、去其他国家留学或者享受其他国家的医疗服务等,都是属于服务贸易的境外消费模式;第三,商业存在,这种方式是指一国境内的服务提供者前往另一国境内通过设立商业机构的形式,为他国境内的消费者提供服务的方式,其本质实际上就是通过投资的形式设立外商投资企业,所设立的外商投资企业的形式可以是独立的法人形式,也可以是具有非法人资质的分支机构或者驻外代表处,比如,我国目前大量引进的外资银行,就是通过商业存在的形式接受国外的服务。第四,自然人流动,这种方式是指一国境内的自然人居民作为服务的提供者前往另一国为其提供个人服务。与商业存在有所区别的是,这种形式不涉及投资行为,比如邀请一个国外知名律师事务所的律师来我国做法律咨询或者讲学,那么就可以视为自然人流动,如果该律师事务所来华设立一个分支机构而不是派某一位律师来华,那么就被视为商业存在了。

由于以上四种提供方式标准在有些服务贸易的具体领域会同时采用若干标准,因此,WTO在《服务贸易总协定》中,采用部门清单的形式把服务贸易的领域划分为:商业服务、通讯服务、建筑及相关的工程服务、分销服务、教育服务、环境服务、金融服务、与医疗有关的服务与社会服务、旅游及与旅行有关的服务、娱乐文化和体育服务、运输服务、其他服务等12个类别,对每

---

① 参见《中国服务贸易指南网》对服务贸易的定义解释(http://tradeinservices.mofcom.gov.cn)。

一个类别又作了若干细分，累计细分为 155 个分部门①。

细分的贸易服务部门往往与生产过程之间存在这样那样的内在联系，因此，WTO 根据其生产过程标准（Processing & Product Method，PPM②）把服务贸易划分成生产前服务、生产服务和生产后服务三种类型。生产前服务是指企业在生产过程开始之前完成的服务，比如，产品市场开拓过程中的市场调研、产品研发、产品设计等；生产服务是指为了确保生产过程的顺利开展而进行的质量控制、检测维修、设备租赁、软件开发等与有形货物融于一体的服务形态；生产后服务是指为了连接生产者与消费者而发生的广告、营销、包装、运输、退货、索赔等一系列的售后服务活动。

从人们比较习以为常的观点来看，海关的监管对象是有形的进出口货物，与无形的服务之间似乎关系并不是特别大。这就导致了一个很大的认识误区，尤其是在针对海关促进与完善服务贸易发展这个问题上，容易割裂海关监管与服务贸易之间的联系。如果从 WTO 生产过程标准的角度重新审视服务贸易，那么，当前加工贸易企业从实体加工制造向全球价值链两端延伸过程中形成的新型服务业态，都符合 WTO 的生产性服务业标准，这些被遗漏在现行服务贸易统计体系之外的新型服务业态，出于事权监管的便利，均可以纳入海关规范管理的范畴。

（二）IMF 为加工贸易新型服务业态统计提供的依据

在几大权威的国际经济组织中，国际货币基金组织 (IMF) 是负责协调世界主要经济体国际收支状况调整及其相关统计工作的跨国专业机构。在国际收支统计中，经常账户包括货物贸易、服务贸易、收入与经常性转移四个部分。所以，从服务贸易统计的角度来说，国际货币基金组织也是服务贸易统计的权威国际机构。

---

① 详见 WTO 对服务贸易的行业细分（https://www.wto.org）和《中国服务贸易指南网》（http://tradeinservices.mofcom.gov.cn）对其所作的相关释义。

② 有关服务贸易中引入生产过程标准最早是从 WTO 的《贸易技术壁垒协议》（WTO/TBT）开始的（https://www.wto.org/english/docs_e/legal_e/17-tbt_e.htm）。

伴随着在过去十多年中全球性国际收支失衡格局的出现，尤其是 2007 年之后，以美国持续出现经常账户巨额逆差和中国持续出现经常账户巨额顺差为两个极端的全球性国际收支失衡问题的出现，国际货币基金组织结合全球价值链上生产跨国转移的本质特征，对国际收支统计问题开始深入的探索。结果发现，与传统的贸易方式有所不同，以加工贸易为载体的跨国公司的全球化生产，通过在世界各国设立子公司的形式使得其生产环节被分布在世界各国。生产的跨国空间分割，带来贸易形式上的跨国流转，以原材料、零部件和半成品的中间产品贸易在全球贸易中的份额不断攀升。这种新的生产与贸易模式，给贸易统计带来颠覆性的挑战。在传统的贸易方式下，出口商品的所有权是出口国所在企业的，进口商品的所有权归进口来源国的企业所有，贸易商品的所有权与其属地原则相一致。而在以跨国公司为主导的全球价值链生产模式下，原材料、零部件和半成品的跨国流转在来料加工和出料加工的贸易方式下，并没有发生所有权的转移，因此，贸易商品的所有权与其按原产地标准的属地原则发生了背离。对于来料加工和出料加工等所有权未发生转移的贸易方式，生产企业赚取的只是微薄的生产加工费用，而并不是流转贸易商品本身的价值。

2009 年，国际货币基金组织针对上述新型的生产与贸易模式做了全新的统计调整，颁布第六版的《国际收支和国际投资头寸手册》(简称 BMP6)。在统计意义上，最大的创新价值就是把原来按照原产地规则为主要判定依据的"属地原则"改成按照进出口企业在进出口环节是否发生进出口商品产权变化的"属权原则"。这样一来，其最大的调整就落在加工贸易的统计归属上。根据第六版的《国际收支和国际投资头寸手册》，进出口环节发生所有权变更的进料加工，记在经常账户的货物贸易项下；进出口环节未发生所有权变更的来料加工和出料加工，按照其净出口值作为加工服务费记在经常账户的服务贸易项下。

第六版的《国际收支和国际投资头寸手册》第十条 22 款作了这样的规定，由不拥有相关货物的实体组装、包装、贴标签或加工的货物（BOPMAN6, 10.22(f)），由于未发生国际交易而不计入一般商品的项目。第十条 59 款把加工之后送往国外或退回且不变更所有权的货物列入服务贸易的范畴

(BOPMAN6,10.59)[1]。

由于加工贸易的保税监管主要由中国海关负责实施，因此，从海关监管加工贸易新型服务业态的角度来说，第六版的《国际收支和国际投资头寸手册》所作的统计调项为海关规范新型服务业态管理和完善新型服务业态统计提供了直接的依据。同时，该项调整的内涵与世界贸易组织生产性服务的口径标准也比较接近与吻合。

三、当前加工贸易新型服务业态面临的统计缺位

在加工贸易企业从实体加工制造向全球价值链攀升过程中衍生出来的新型服务业态，其提供过程往往以有形货物的进出口为载体。但这些被服务粘连的进出境货物由于不会改变国内物质存量，容易导致货物贸易统计值的人为虚增与服务贸易的统计遗漏。从具体的业务形态来说，典型的有这么几类：

（一）有实物承载的服务贸易统计缺位

1 仓储货物统计

随着我国物流业的快速发展和物流基础设施的不断完善，越来越多的进口货物采用外商库存管理模式，即国外货主将其货物暂存在我国以享受相对低廉的仓储等物流成本，而国内企业按零库存管理要求，在生产需要时才实时采购进厂以减少资金积压，这也是我国海关特殊监管区域和保税监管场所近年来发展壮大的一个重要动因。按照世界贸易组织和国际货币基金组织的定义，如果仓储、分拨货物的所有权没有发生转移，在一国为其他国家货物提供的仓储、分拨服务就属于服务贸易的范畴，其仓储费、分拨费应列入服务贸易统计。但在我国海关监管与统计实践中，保税区、保税仓库等海关特殊监管区域和保税监管场所对仓储、转口货物的所有权是否转移普遍不作区分，均列入我国货物贸易统计，这样处理既虚增了我国货物进出口规模，也无法反映我国仓储服务贸易的规模。

调研结果发现，仓储费、分拨费无法根据每一笔进出口的货物来进行分摊，实践中更可行的是企业按年度结算。所以从服务贸易统计的角度来说，仓

储费的统计适宜采用仓储企业直报方式来进行采集相关的原始数据。

2. 保税研发

研发创新是促进加工贸易向产业链中高端延伸的根本途径，是提升自主品牌和核心技术，实现实体经济转型升级、"中国制造"向"中国创造"发展的关键。调研中发现，企业越来越重视自主研发创新，而且对采用保税方式开展研发设计的需求越来越高。即企业以保税方式进口设备、料件、试剂、耗材以及样品，开展高新技术或者生物医药类研究、测试与分析，得到有关产品或成果报告的业务活动。

通过保税方式开展研发业务的企业，与传统加贸业务相比有它自身的特点：一是研发货物采购量小、批次多，具有非规模化特征；二是通过进口料件、试剂、耗材以及样品的物理或者化学变化，产生的最终成果可能是有形货物，也可能是数据报告、知识产品等无形产品；三是研发设计属于试错行业，研发过程中投入的试剂与耗材很难确定，不像传统加工贸易的料件与成品之间存在明确的料耗关系。四是企业普遍对通关时效要求较高，基于货物贸易特点设计的通关，难以满足研发用物品通关的需求。考虑到研发的这些特殊性，以及当前转型升级过程中，企业向微笑曲线两端延伸亟需税收优惠政策扶持的迫切性，应新增"保税研发"并作为一个独立的监管方式，系统记录区内、区外企业的研发服务规模。这样做的好处既可以作为海关为企业争取税收优惠政策的一个有力依据，也有利于对研发用物料实施分类分级管理、适用相应的贸易便利化措施等创造条件，而且其统计规模还可作为评判企业从实物代工向服务业态转型升级实际成效的一项具体指标。

3. 保税维修和保税检测

检测、维修是制造业产业链的重要一环，也是企业履行售后社会责任、促进质量进步、提升品牌价值的重要内容。特别在我国经济面临外部环境和加工贸易增长形势日益严峻的情况下，企业保税维修等业务的开展能够帮助企业以较低的成本整合全产业链，形成以生产订单带动维修订单、以维修订单促进生产订单的良性循环。从 2013 年开始，我国海关开始逐步试点保税检测维修业务。2015 年，海关总署统计司增列"保税维修"（监管代码为 1371）监管方式，针对企业以保税方式进出口的修理检测物品进行规范，给通过保税方式进行维护、检测、修理的货物落实了统计归属。

但是，由于检测和修理是两个不同的业务环节，监管差异较大，在"保税维修"这一监管方式下难以对两者作出区分。与此同时，修理、检测的实物与费用，目前采用同一监管方式和商品编码申报，从服务贸易的角度来说，在统计数据中难以区分哪些是实物哪些是服务费用。从改进路径上看，在现有海关特殊监管区域内开展保税维修（监管代码为1371）业务的基础上，增列"保税检测"监管代码，把检测和维修两个不同的业务环节区分开来。在这两个监管代码细分的基础上，可以通过商品名称或者备注栏含"费"来提取数据加以统计识别；采用类似的做法，到底是入境保税检测还是出境保税检测，可根据报关单进出口标识加以区分。

4. 服务外包

在实体加工贸易向服务业拓展延伸的过程中，企业承接服务外包的规模也逐年增加，与此同时，服务外包海关保税监管模式也进一步推广到所有的服务贸易创新发展试点地区和服务外包示范城市。相应地，与外包服务相粘连的服务外包设备的规模也在不断扩大。

从实际业务的开展情况来看，不作价设备（监管方式代码0320）和加工贸易设备（监管方式代码0420）是与服务外包设备最为接近的两类业务。不作价设备统计的初衷是记录未发生所有权转移同时享受入境税收优惠政策的加工贸易进口设备；加工贸易设备统计的初衷是记录加工贸易企业自购且享受税收优惠政策的进口设备，服务外包进口设备在2008年税改之前基本都统计在该监管方式之下。2008年，国家进行税制改革，对加工贸易设备，一律照章征收增值税。这之后，企业开始根据自身情况和进口设备种类，自由选择一般贸易、减免税货物、暂时进出境等多种方式自由通关。如果企业位于海关特殊监管区域内，还可根据海关对特殊监管区域的监管要求办理货物进口手续。所以，在统计层面，至今没有直接反映服务外包设备的监管方式。

（二）无实物承载的服务贸易统计缺位

1.来料加工、出境加工工缴费

根据联合国与国际货币基金组织关于服务贸易最新的统计思想，若来料加工、出境加工进出口货物的所有权没有发生转移，其加工工缴费应作为加工服务的报酬列入服务贸易统计。但在海关监管实践中，来料加工工缴费、进口料件、国内购料一并计入成品价值申报出口，无法区分统计，出境加工对应支付的工缴费也未单独列支，这导致在加工贸易的分析中无法具体掌握加工工缴费的规模。

目前外汇管理局在编制国际收支平衡表时，通过估算方法获得来料加工工缴费率后再行调整数据。在现有的海关监管模式中，海关主要根据进出口货物收发货人的申报对服务贸易的进出境实行监管，所以，今后可以考虑通过建立加工贸易工缴费统计调查制度获得相关数据信息，这样可以把加工贸易工缴费逐步推广运用到外管局的国际收支平衡表编制中，加强服务贸易统计的跨部门协同。从长远看，这样的统计改进将有助于当前我国企业不断向海外投资之后，中间产品出境加工复进口环节的税收监管。

2.暂时进出境货物

暂时进出口货物（监管方式代码为"2600"）是指国际组织、外国政府或外国和香港、澳门及台湾地区的企业、群众团体以及个人为开展经济、技术、科学、文化合作交流而暂时运入或运出我国关境及复运出入境的货物。

保税港区、综合保税区、出口加工区、珠澳跨境工业园区（珠海园区）、中哈霍尔果斯边境国际合作中心（中方配套区）内，企业产品、设备运往境内（区外）测试、检验或委外加工，以及复运回区内的情况，也用"暂时进出货物"申报。

由于暂时进出货物可能在入境之后会发生所有权转移，也可能不发生所有权转移。针对不发生物权转移的暂时进出口货物，可以增设监管方式，分成实物部分，不作统计，其相应的仓储费用可以列为单项统计，仓储费用的商品归类同实物一致。

3. 运保费统计

运费和保险费是非常典型的服务贸易细分门类。在运价申报方面，根据目前的报关单填制规范，企业可以申报运费费率，或运费总价，或者是每吨运费单价，有的会与保险费合并申报。由于运费费率和保险费的费率是可获得的，因此运费和保费理论上都可以采集相应的数据。但在实际统计过程中，海关不会专门对进出口企业的运费和保费作专门的统计，同时还由于进出口企业在计价结算时会选择不同的货币，所以，即便理论上可以按照 FOB、CFR、CIF 等不同的贸易术语对货物贸易的运费和保费进行推算，但实践中还是无法直接汇总得到运费和保费各自的金额。另外一个客观的难点在于，进出口企业在申报时，在报关单上不会直接披露运输和保险提供企业的国籍，这又会带来实际统计中运费和保费到底是属于进口还是属于出口的进出口统计流向难题。

四、完善加工贸易新型服务业态统计的对策

从服务贸易统计的机构划分来看，目前以国家商务部和各地的商务主管机构为主，海关作为货物贸易进出口的统计部门，表面上看起来似乎与服务贸易的关系并不太大。事实上，伴随着自贸试验区、海关特殊监管区域内贸易结构的优化升级，服务型新兴业态的贸易份额逐年加大，海关作为自贸试验区、海关特殊监管区域的核心监管机构，探索海关监管对象范畴内的服务业态新型统计体系，有助于完善当前我国服务贸易统计的整体架构。

通过梳理服务贸易相关概念和当前高新技术领域中部分典型服务业态统计上面临的瓶颈，本文认为：

（一）高新技术服务业态统计完善首先应当考虑进一步放开准入

在当前国内经济转型升级的关键时期，在实体加工与保税监管体系中的生产性服务业，既面临着自身从实体加工向全球价值链高端攀升拓展的壮大过程，同时也面临着其业务被规范统计的过程。这是一对相伴相生的共同体。没有加工贸易新型服务业态的准入许可，服务贸易统计创新改革也无从谈起，因此，完善海关服务贸易统计，其根本的落脚点要通过搭建扶持和培育生产性加

工服务业的政策平台，促进新型服务业态的发展壮大。

（二）完善服务贸易统计需要把统计单元从以货物为主逐渐向以企业为主转换

目前海关对加工贸易新型服务业态的监管，主要体现在附载于有形货物中的服务，尽管其表现形式还是有形的，但是其统计的对象却是无形的。特别是在当前海关监管的服务业态中，占比最大的比如物流业、仓储业，由于其货物周转快，以货物为标的逐票核算其增加值显然不可行。所以建立以企业为统计单元的服务贸易统计体系，有助于统计效率的提高。按照国际货币基金组织以所有权转移为原则的统计标准，结合海关目前在企业信息管理系统中对企业类型所作的生产型企业和非生产型企业的区分，可以把非生产型企业服务业态的净出口为正的金额记为服务出口、把非生产型企业服务业态的净出口为负的金额记为服务进口；按照企业进出口的具体类别把生产型企业属于服务业态的部分记为服务贸易的进出口。

（三）针对无实物承载的新型服务业态试行企业主动申报制度

对于无实物承载的服务贸易业态，比如，来料加工费、保税展览的展出费，由于这些业态属于没有实物承载的类型，较难有一个相对统一的标准对其提供的服务价值进行估价。所以，通过法律、法规等形式明确相关企业向海关主动申报的义务，可以大大降低人为的统计成本，提高统计效率。

（四）推广"企业直报＋重点调查"相结合的统计模式

在我国当前推行的《国际服务贸易统计制度》中，规定了全数调查、抽样调查、重点调查、典型调查和科学测算等多种服务贸易统计数据的采集方法。在试行推广企业自主申报制度的基础上，通过"重点调查"对其进行兜底操作，这样有助于防止企业瞒报。特别是对于一些涉税的服务业态，通过"企业直报＋重点调查"相结合的模式，可以遏制一部分不法企业的偷税漏税行为。

参考文献

[1] IMF. Balance of Payments and International Investment Position Manual[M]. Washington, D.C.:2009.

[2] Wang, Zhi and S.J. Wei. Value Chains in East Asian Production Networks: An International Input-Output Model Based Analysis[R]. UITC Working Paper No.2009-10-C, 2009.

[3] Johnson, R., and G. Noguera. A Portrait of Trade in Value Added Over Four Decades," Review of Economics and Statistics, 2017, 99(5): 896-911.

[4] Koopman, R., Z. Wang and S.-J. Wei. Estimating Domestic Content in Exports When Processing Trade is Pervasive[J]. Journal of Development Economics, 2012, 99(1):178-189.

[5] Dean, J.M., K.C.,Fung and Z. Wang. Measuring Vertical Specialization: The Case of China[J]. Review of International Economics,2011,19(4):609-625.

[6] Koopman,R., Z. Wang and S.J. Wei. Tracing Value-added and Double Counting in Gross Exports[J]. American Economic Review, 2014,104(2):459-494.

[7] Kee, H. L., and H. Tang. Domestic Value Added in Exports: Theory and Firm Evidence from China[J]. American Economic Review, 2016,106(6): 1402-1436.

[8] 贾怀勤：美国对国际服务贸易统计制度的促进及动因 [J].《统计研究》, 2003, 10: 21-25.

[9] 贾怀勤：中美经贸统计体制比较研究 [J].《统计研究》, 2008, 11: 46-50.

[10] 贾怀勤：中国贸易统计如何应对全球化挑战——将增加值引入贸易统计：改革还是改进？[J].《统计研究》, 2012, 5: 10-15.

[11] 贾怀勤：贸易数据的比较和比对 [J].《统计研究》, 2013, 10: 15-21.

[12] 贾怀勤：中国参与国际贸易核算：回顾与展望 [J].《国际贸易》, 2015, 3: 14-17.

[13] 贾怀勤, 王晓东, 李胜男：中国旅游进口调查统计方法研究 [J].《国际贸易

问题》, 2012, 8: 80-90.

[14] 张磊，徐琳：全球价值链分工下国际贸易统计研究 [J].《世界经济研究》，
2013, 2: 48-53.

[15] 中国国际服务贸易统计研究课题组：中国国际服务贸易统计建设的背景与
基本框架 [J].《统计研究》，2007, 3: 88-91.

服务贸易限制对制造业出口的影响研究

王荣艳　张宏伟 *

摘要：随着制造业生产流程分散在世界各地，制造业价值链更加依赖于离岸外包服务或服务的国际采购，服务业在国内经济和世界经济中占有越来越重要的地位。但是各国均在不同程度上对服务贸易存在限制，尤其在金融危机之后，服务贸易限制程度又有所增加，导致服务的质量和效率得不到进一步改善，使得国内制造企业的生产力和出口竞争力无法进一步提高。本文通过服务部门的限制程度（STRI）以及完全消耗系数，构建出对制造业所产生的影响程度指标（RI指标），结果发现服务贸易限制对制造业出口存在显著的负面影响。

关键词：服务贸易政策限制（STRI）；服务贸易政策限制程度（RI）；制造业出口

一、引言

服务业在生产和就业中所占的比重随着经济增长和发展而增加，这种变化是由于包括最终需求和有关的生产结构变化等若干因素推动的。在这一过程中，信息和通讯技术方面的进步允许越来越多"无实体"的服务贸易跨境流动，同时，对于电信、运输、零售、金融等服务，如果以较低的成本获得高质量的服务对于制造企业在国际市场上取得优势竞争地位至关重要，特别是离岸外包（也叫做碎片化生产，生产共享和外包）更是取决于获取这些服务的成本。

制造业价值链和服务网络都依赖于离岸外包服务或服务的国际采购，从增值贸易额来看，服务业增加值占发达经济体制造业出口总额的近1/3，占发展中经济体制造业出口总额的1/4，其中，进口服务增值份额的比例接近12%。

---

* 作者简介：王荣艳，天津财经大学副教授；张宏伟，天津财经大学研究生。

服务逐渐作为制造业生产中的关键中间投入进入到价值链中，并且在制造业生产中变得越来越重要，从而使得制造业和服务业的界限逐渐消失，开始出现制造业服务化的趋势。通过贸易政策可以吸引跨国公司的投资，可以增加国内商业服务的竞争和质量，从而提高国内制造企业的生产力和出口竞争力。

二、文献回顾

服务贸易限制影响生产力和绩效。研究发现，与贸易成本较高的服务部门相比，贸易成本较低的服务部门本身与较低的服务壁垒有关，而且其生产率较高（Miroudot，2012）。在发达国家，服务业对外直接投资的限制已经被认为可以解释全要素生产率（TFP）差异产生的原因，这反过来在很大程度上反映了生产率增长的差异以及总体增长（Van der Marel，2012）。服务贸易限制也可能阻碍国内供应商的竞争，导致价格上涨，减少投资，创新或提高服务质量的动力。实际上，由 STRI 衡量的服务贸易限制与一系列重要服务部门的绩效呈负相关，正如各个国家的可比指标所衡量的那样。例如，商业银行贸易限制较多的国家信用市场发展较差（Nordåsand Rouzet，2016）。

企业从事国际生产并参与全球价值链，需要协调位于不同地理区域的不同企业的活动。作为分散的生产过程的"促进者"，服务的投入直接影响到相关的下游经济活动的规模(Francois，Hoekman,2010)。许多学者研究了服务贸易开放对制造业全要素生产率（TFP）的影响。Arnold（2011）通过分析服务业开放对捷克共和国在 1998–2003 年间约 1 万家制造企业业绩的影响，表明服务业开放对制造业企业全要素生产率存在积极且显著的影响。同样，Fernandes 和 Paunov（2011)证明了服务管制放松对智利制造企业生产率产生正面效应。O Shepotylo ，V Vakhitov（2015）发现服务贸易开放的标准偏差每增加 1%，TFP 增长 9.2%。对于生产率越高的企业来说，这种效果更强烈。在制造业对服务的投入率和需求率上，服务进口贸易存在着积极的促进影响（杨玲，2015）。邱爱莲和崔日明（2014）指出通过货物贸易补充效应和规模经济效应，服务贸易进口可以促进生产率（TFP）的提高，并且也指出不同的生产服务对生产率（TFP）的提高存在不同的作用效果。张艳，唐宜红，周默涵（2013）发现服务贸易的开放可以提高制造业生产率，但中国服务贸易的开放对不同地区和不同性质的制造业企业的生产率的影响是不均衡的。

服务贸易限制对外国投资产生负面影响。最近的研究也证明了服务贸易限制对外资流入服务业的负面影响。限制性较低的国家比服务贸易限制性较强的监管框架的国家更有可能吸引外国投资。此外，限制不仅限制新的投资，而且还与东道国已经建立的外国子公司的销售额下降有关。除了影响外国供应商之外，监管限制还会阻碍小型国内企业和新兴企业在市场上竞争，影响创新和创造就业机会。

服务贸易限制阻碍货物贸易。实现商品贸易成本的降低很大程度上取决于提高商品生产企业所使用服务的绩效，降低成本并提高其多样性和质量（Hoekman and Shepherd，2017）。一系列针对具体国家的研究已经确定，服务贸易的开放性对制造业的生产率有正面的影响（Arnold，2011；Duggan，2013）。Hoekman 和 Shepherd(2017) 发现开放服务贸易是制造业出口绩效的重要决定因素，其中内向的外国直接投资是服务政策对出口造成负面影响的主要渠道。这与之前的研究结果一致，即投资开放是各国参与全球价值链的重要决定因素，甚至比关税壁垒更重要（Kowalski，2015）。

服务贸易限制抑制跨境服务贸易。服务贸易的限制性政策被认为会增加外国出口商的成本，从而限制跨境服务贸易（包括通过数字网络提供的服务）。然而，这些限制也限制了该国实施措施以促进服务出口的效果（Nordås and Rouzet，2016）。这可能是因为限制竞争限制了国内供应商的绩效，减少了通过创新提高效率的激励措施。这反过来影响了国内供应商在国际市场上竞争的能力。另外，由于制造公司（如制成品生产商）使用其他服务部门的投入，提高进口投入品的成本可能会降低其竞争力并限制其出口潜力（Nordås and Rouzet，2016）。

三、RI 指标的构建

根据 Rajan 和 Zingales（1998）提出的观点，假设上游服务贸易政策对下游制造业产生影响主要是通过服务作为下游部门的中间投入对制造业产生积极作用。同样，对于把服务部门的产出用作生产过程中的中间投入的企业而言，企业面临的成本结构会产生明显的消极影响。例如，如果一个国家的商业服务部门的产品市场管制限制了竞争，那么在这个部门经营的公司收取的价格往往会更高，并且 / 或者服务质量低于竞争中的公司商业服务环境。这将影响需要使用这些服务公司的成本，内部的工作组织，公司之间的资源分配以及最终的生产力提升等方面。同时，将影响其他部门的价格和 / 或质量，也会影响到受管制的服务部门生产的作为中间投入的服务质量，影响现有公司的成本结构、公司内部和跨公司的资源分配以及公司的生产率。

在经合组织国家中，服务业作为中间品投入的作用日益加强，因此服务业产生的"连锁效应"可能会变得更加突出。例如，根据投入产出数据显示，自 20 世纪 90 年代后期，商业服务部门近 80% 的产出被用作经济中其他部门生产过程的中间投入。同样，金融、邮电部门产出的 50% 至 70% 将用作生产过程的中间投入品。近几十年来，服务业作为中间投入的重要性不断加强。Conway 和 Nicoletti（2006）提出将这一连锁效应量化的指标，即 RI 指标 A，用以表现服务贸易限制对制造业的影响程度。

这一所谓的"连锁效应"的总体影响取决于服务业部门的限制程度，以及这些部门的产出作为其他部门的中间投入的程度。因此，RI 是通过将服务贸易限制程度衡量指标与从投入产出数据得出的下游行业的服务投入使用衡量指标的相互作用来构建的。

RI 指标（即服务贸易限制对制造业的影响程度）是使用服务部门的限制程度（STRI）和总投入产出系数（w）来计算的，w 表示服务部门 k 的总中间投入：

$$RI_{kt} = \sum_{j=1}^{n} STRI_{jt} \cdot w_{jk}$$

其中变量 $STRI_{jt}$ 是服务部门 j 在时间 t 的限制水平的指标，权重 wjk 是作为行业 j 的中间投入的服务部门 k 的总投入权重。权重 wjk 是作为行业 j 的中间投入的服务部门 k 的总投入权重（即投入产出系数），来自于 2000 年起中期的投入产出表，使用的是从里昂惕夫逆矩阵得到的系数。

---

① Conway, P., D. de Rosa, G. Nicoletti, and F. Steiner (2006), Regulation, Competition and Productivity Convergence", OECD Economics Department Working Papers, No. 509.

1. 投入产出与服务贸易限制程度的对应关系

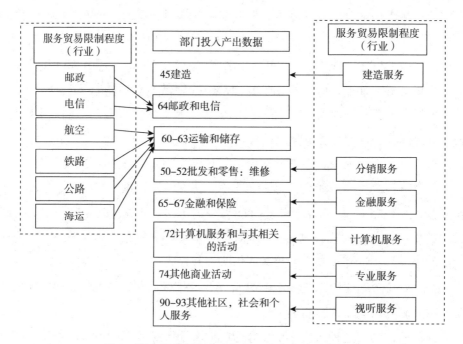

图1　服务贸易限制程度与投入产出表的对应关系

资料来源：根据 ISIC Rev3.0 分类整理

　　服务部门的代码分别是邮政和电信（64）、建造服务（45）、运输服务（公路运输、铁路运输、海洋运输、航空运输）代码为 60-63、金融服务（商业银行和保险）代码为 65-67、零售服务的代码为 50-52、专业服务（会计，建筑设计，工程，法律）包含在其他商业服务中 (74)、计算机服务（72）、视听服务（电影，电视和广播，录音）包含在其他社区，社会和个人服务中（90）。经合组织的投入产出数据存在于用 2 位数字表示的部门。上图显示限制程度指标如何反映到 2 位数字的部门分类。

　　根据上述对应关系，由于投入产出关系会生成由于专业服务、建造服务、计算机服务、金融服务、运输服务、邮政和电信服务、视听服务、分销服务的限制程度产生的细分的制造业行业对应的 RI 指标，根据公式将它们汇总会得到不同国家的细分的制造业行业对应的 RI 指数①。

四、RI 指标的国际比较分析

1. RI 综合指数分析

为衡量不同国家由于服务贸易限制对制造业整体影响程度，借鉴 Prabir De 和 Amrita Saha（2013）使用主成分分析法从一系列指标中生成综合指数的方法。根据上述提到的构建方法，会生成由于专业服务、建造服务、计算机服务、金融服务、运输服务、邮政和电信服务、视听服务、分销服务的限制程度产生的细分的制造业行业对应的 RI 指标，再使用主成分分析法，使用各个国家的在这八个服务的 RI 指标提取综合指数，用以表示不同国家由于服务贸易限制对制造业整体影响程度。

表 1　主成分分析下提取的整体的 RI 指数

爱尔兰	爱沙尼亚	澳大利亚	巴西	比利时	波兰
3.368	2.828	4.225	4.428	2.704	2.898
丹麦	德国	法国	芬兰	韩国	荷兰
3.655	2.706	2.986	3.741	3.49	4.328
加拿大	捷克	美国	墨西哥	挪威	葡萄牙
5.207	2.762	4.293	3.872	3.175	3.158
日本	瑞典	瑞士	斯洛文尼亚	土耳其	西班牙
3.159	5.009	3.659	2.677	2.69	2.186
希腊	以色列	意大利	印度	印尼	英国
3.566	4.252	3.803	2.987	4.908	2.714
智利	中国	南非	拉脱维亚	立陶宛	
3.343	4.225	4.268	2.989	2.672	

数据来源：根据主成分分析法计算而得

---

① 根据国际标准产业分类（ISIC Rev.3）将产业通过 2 位数进行表示，其中代码 15–37 表示制造业，其中 15–16 为食品，饮料和烟草、17–19 为纺织品、皮革和鞋类，20 为木材和软木制品、21–22 为纸浆、纸张、纸制品、印刷和出版、23 为焦炭，精炼石油产品和核燃料、24 为化学品和化学产品、25 为橡胶和塑料制品、26 为其他非金属矿物制品、27 为基本金属、28 为除机械和设备外的金属制品、29 为机械设备、30 为办公室，会计和计算设备、31 为电气机械和设备、32 为广播，电视和通讯设备、33 为医疗，精密和光学仪器、34 为汽车，拖车和半挂车、35 为其他运输设备、36–37 为制造业回收。

其中，与中国存在密切贸易关系的国家有澳大利亚（4.225）、巴西（4.428）、德国（2.706）、法国（2.986）、韩国（3.49）、加拿大（5.207）、美国（4.293）、日本（3.159）、印度（2.987）、英国（2.714）、南非（4.268），中国（4.225）与其他国家相比，制造业由于服务贸易限制受到了较大的影响，说明服务作为中间投入对于制造业的生产活动存在明显的影响。

2. 中国与主要贸易伙伴国在制造业细分行业的 RI 国际比较分析

从制造业细分行业来看，在食品、饮料和烟草，日本受到影响最低，法国最高，印度居于其后，中国具有较高的影响程度；在纺织品、皮革和鞋类，印度受到影响最高，法国次之，最低的是加拿大，中国处于中等程度；在木材和软木制品，法国受到影响最高，中国次之，日本最低；在纸浆、纸张、纸制品、印刷和出版，法国受到影响最高，印度次之，中国位于印度之后，日本最低；在焦炭、精炼石油产品和核燃料，法国受到影响最高，德国次之，中国位于之后；在化学品和化学产品，法国受到影响最高，印度次之，其次是中国，南非最低；在橡胶和塑料制品，法国受到影响最高，中国次之，日本最低；在其他非金属矿物制品，法国受到影响最高，印度次之，韩国、中国位于二者之后，南非最低；在基本金属，法国受到影响最高，印度次之，随后是中国，澳大利亚最小；在除机械和设备外的金属制品，法国受到影响最高，中国次之，印度也存在较高的影响程度，南非影响程度最低；在机械设备，法国受到影响最高，印度次之，随后是中国，加拿大存在的影响程度最低；在办公室、会计和计算设备，印度受到影响最高，法国次之，随后是中国，澳大利亚存在的影响程度最低；在电气机械和设备，印度受到影响最高，法国次之，随后是中国、巴西，日本存在的影响程度最低；在广播、电视和通讯设备，印度受到影响最高，法国次之，随后是巴西、中国，南非最低；在医疗、精密和光学仪器，印度受到影响最高，法国次之，随后是中国，加拿大最低；在汽车、拖车和半挂车，法国受到影响最高，印度次之，随后是中国，日本最低；在其他运输设备，法国受到影响最高，印度次之，随后是中国，南非最低；在制造业回收，印度受到影响最高，法国次之，随后是中国，加拿大存在的影响程度最低。

综上，对于把服务部门的产出用作生产过程中的中间投入的企业而言，会面临的成本结构会产生较明显的不利影响。一些工业化发达的国家，比如德国、日本、美国等受到的影响程度并不高，反而一些发展中国家产生了较高的影响，比如印度几乎均对制造业产生较高的影响程度，当然印度在所有服务部门的限制程度又是最高的；同时也与国家的产业结构有关，比如澳大利亚在金属等矿产品的限制程度较低。

1. 模型的建立

本文使用扩展的引力模型方程，并且引入 STRI 与 RI 作为解释变量，进行回归。

$$y_{ij} = c + b_0 \ln gdp_{it} + b_1 \ln gdp_{jt} + b_2 \ln dis_{ij} + b_3 \ln ri_i + b_4 colony_{ij} + b_5 rta_{ij}$$
$$+ b_6 comlang_{ij} + b_7 comtig_{ij} + b_8 \ln extrate_i + \varepsilon$$

其中，y_{ij} 表示出口国 i 对进口国 j 的制造业产品的出口规模，gdp_{it} 表示出口国 i 在 t 时的经济规模，gdp_{jt} 表示进口国 j 在 t 时的经济规模，dis_{ij} 表示出口国 i 和进口国 j 之间的距离，ri_i 表示基于 $STRI$ 构建对出口国 i 的制造业影响程度的指标。$conlonyi_j$ 为虚拟变量，表示出口国 i 和进口国 j 是否曾经为殖民地，rta_{ij} 为虚拟变量，表示出口国 i 和进口国 j 之间是否存在区域贸易协定，$comlang_{ij}$ 为虚拟变量，表示出口国 i 和进口国 j 是否拥使用相同的语言，$comtig_{ij}$ 为虚拟变量，表示出口国 i 和进口国 j 是否拥有共同边界；$extrate_i$ 表示出口国 i 的真实汇率，ln 表示自然对数，c 表示常数项，ε 表示随即干扰项。

2. 数据来源

数据选自中国、澳大利亚、美国、英国、挪威、印度、韩国、日本等 40 个国家在 2017 年与各自主要贸易伙伴国的制造业出口规模数据。制造业出口规模数据通过 UN–COMTRADE 数据库收集整理并汇总计算。根据 BEC 代码 (Broad Economic Classification)，将其分类为资本品 (代码为 41、521)、中间品和消费品。中间品可以细分为初级品 (代码为 111、21、31)、半成品 (代码为 21、22、322) 和零部件 (代码为 42、53)；最终品可以细分为初级品 (代码为 112)、半成品 (代码为 122)、耐用品 (代码为 61、62、522) 和非耐用品 (代码为 63)。出口国 i 和进口国 j 是否曾经为殖民地、是否使用相同的语言、是否拥有共同边界等虚拟变量以及距离数据都来自于 CEPII 数据库；STRI 指数使用来自于

表 2　中国与主要贸易伙伴国 RI 指标的比较

	食品,饮料和烟草	纺织品,纺织,织品,皮革和鞋类	木材和软木制品	纸浆和纸张,纸制品,印刷品,印刷和出版	焦炭,精炼石油产品和核燃料	化学品和化学产品	橡胶和塑料制品	其他非金属矿物制品	基本金属	除机械和设备外的金属制品	机械设备	办公室,会计和计算设备	电气机械和设备	广播,电视和通讯设备	医疗,精密和光学仪器	汽车,拖车和半挂车	其他运输设备	制造业回收
印度	0.773	1	0.4708	0.7435	0.3061	0.6832	0.7961	0.8387	0.7278	0.8565	0.9854	1	1	1	1	0.859	0.841	1
日本	0	0.101	0	0	0.0446	0.397	0	0.3832	0.039	0.3656	0.0082	0.3859	0.3214	0.2882	0.2839	0	0.309	0.1091
英国	0.3234	0.2841	0.306	0.2271	0.3227	0.5213	0.2811	0.5734	0.4159	0.5032	0.2648	0.421	0.52	0.421	0.3631	0.3139	0.5307	0.235
中国	0.2998	0.4734	0.7727	0.4965	0.6578	0.6489	0.8637	0.6969	0.4964	0.9227	0.7063	0.9213	0.7815	0.6448	0.6654	0.592	0.7363	0.4098
巴西	0.3315	0.1834	0.1596	0.2302	0.6421	0.5989	0.4043	0.5764	0.4274	0.5659	0.4835	0.8974	0.608	0.7643	0.389	0.5547	0.6117	0.1197
澳大利亚	0.1792	0.1577	0.2092	0.0946	0.0987	0.4709	0.2441	0.4648	0	0.4753	0.1641	0	0.4054	0	0.4013	0.1771	0.306	0.2084
德国	0.4188	0.1655	0.2024	0.206	0.7263	0.4997	0.2519	0.5683	0.3008	0.4426	0.257	0.6097	0.4667	0.4825	0.3799	0.2609	0.4353	0.2561
法国	1	0.9357	1	1	1	1	1	1	1	1	1	0.95	0.8935	0.7984	0.8008	1	1	0.9305
加拿大	0.125	0	0.1361	0.0511	0	0.3605	0.0329	0.3357	0.0037	0.3549	0	0.5249	0.3808	0.3395	0	0.1858	0.3325	0
南非	0.1392	0.322	0.3242	0.175	0.2094	0	0.32	0	0.2884	0	0.2715	0	0	0	0.3985	0.0498	0	0.121
韩国	0.0632	0.1176	0.2335	0.0397	0.2737	0.4028	0.1199	0.7114	0.1483	0.445	0.0881	0.3574	0.345	0.2517	0.3077	0.0011	0.3132	0.1329
美国	0.2837	0.1492	0.1191	0.0282	0.139	0.38	0.1221	0.5027	0.2539	0.4289	0.1261	0.4604	0.3424	0.3358	0.3592	0.1928	0.3188	0.0657

数据来源：根据 RI 的构建方法计算。为方便比较，进行标准化处理，公式为 X=（X'-Xmin）/（Xmax-Xmin），X' 为 RI 的不同度量。标准化后数值在 0-1 之间。实证分析

OECD 的 STRI 数据库，2017 年的服务贸易限制指数；RI 指标来自基于 STRI 计算对制造业细分行业的影响程度指标，GDP 数据来自于世界银行发展指数数据库；exrate 来自于国际清算组织核算的 2017 年的真实汇率，rta 通过 WTO 组织的 RTA Database 汇总得到出口国 i 和进口国 j 之间是否存在区域贸易协定。

3. 实证结果分析

实证结果符合基本的引力模型，贸易双方的经济规模对制造业出口产生正向显著的作用，距离对制造业出口存在显著的负面作用。考虑到存在异方差，对其进行了修正，同时使用 OLS 与 PPML 对横截面数据进行了回归，得到的结果显示关键变量的符号方向与显著性基本一致，结果应当是稳健的。

表 3　STRI 实证结果回归结果汇总

服务行业	出口产品	整体水平	结果排序（按显著性的系数由小到大、系数方向为负）
18 个服务部门	资本品	显著负相关	法律＜保险＜建筑设计＜海洋运输＜邮政＜公路运输＜电信＜工程服务＜商业银行＜分销服务＜计算机＜电影＜建造＜铁路运输＜录音
	中间初级品	不显著负相关	计算机＜电信＜会计＜建造＜建筑设计＜录音＜工程服务
	中间半成品	不显著负相关	航空运输＜会计＜建筑设计＜录音＜电影＜建造
	中间零部件	不显著负相关	邮政＜电影＜铁路运输＜录音＜工程服务＜建造
	消费初级品	显著负相关	会计＜工程服务＜铁路运输＜建筑设计＜计算机＜保险＜公路运输＜电影＜海洋运输＜广播＜航空运输
	消费半成品	显著负相关	会计＜公路运输＜商业银行＜电信＜录音＜铁路运输＜电影＜海洋运输＜计算机＜广播＜建造＜航空运输＜保险
	消费耐用品	显著负相关	保险＜分销＜电信＜录音＜邮政＜商业银行＜计算机＜铁路运输＜航空运辅＜建造
	消费非耐用品	显著负相关	分消＜电星 j＜由 } 酌＜保睦＜铁路运辅＜商业银行＜电信＜计算机＜海洋运辅＜建筐＜录音

数据来源：根据实证结果整理所得。[①]

[①] 因篇幅有限，该部分实证结果并未列出，如需要，请联系作者。

表 4　RI 实证结果回归结果汇总

表名	制造业细分行业	出口产品	整体显著性	结果排序（按显著性的系数由小到大）
表 5		资本品	显著负相关	汽车、拖车和半挂车 < 纸浆、纸张、纸制品、印刷和出版 < 其他运输设备 < 广播、电视和通讯设备 < 办公室、会计和计算设备 < 医疗、精密和光学仪器
表 6	18 个制	中间初级品	显著负相关	纸浆、纸张、纸制品、印刷和出版 < 机械设备 < 电气机械和设备 < 其他非金属矿物制品 < 广播、电视和通讯设备 < 食品、饮料和烟草 < 纺织品、皮革和鞋类 < 橡胶和塑料制品 < 木材和软木制品 < 焦炭、精炼石油产品和核燃料 < 基本金属 < 化学品和化学产品 < 制造业回收
因篇幅有限未列出	造业细分行业	中间半成品	不显著负相关	无
表 7		中间零部件	显著负相关	汽车、拖车和半挂车 < 木材和软木制品 < 医疗、精密和光学仪器 < 办公室、会计和计算设备 < 广播、电视和通讯设备
表 8		消费初级品	显著负相关	焦炭、精炼石油产品和核燃料 < 医疗、精密和光学仪器 < 纸浆、纸目长、纸制品、印刷和出版 < 电气机械和设备 < 宦品、饮料和烟草 < 基本金属 < 汽车、拖车和半挂车
表 9		消费半成品	显著负相关	基车金属 < 汽车、拖车和半挂车
表 10		消费耐用品	显著负相关	办公室、会计和计算设备 < 广播、电视和通讯设备 < 医疗、精密和光学仪器 < 其他运输设备
表 11		消费非耐用品	显著负相关	办公室、会计和计算设备 < 医疗、精密和光学仪器 < 广播、电视和通讯设备 < 其他运输设备

数据来源：根据实证结果整理所得。

1.RI 指标对资本品出口的实证结果回归分析

对于资本品，总体上看对于其出口量存在显著的负面影响。基本上细分的制造业行业均对其出口存在抑制作用，其中，在纸浆，纸张，纸制品，印刷和出版、办公室，会计和计算设备、广播，电视和通讯设备、医疗，精密和光学仪器、汽车，拖车和半挂车、其他运输设备等细分行业对资本品出口存在显著的负面影响。

表5 RI指标对资本品出口的回归分析

变 量	资本品出口			资本品出口		
	OLS			PPML		
出口国经济规模	0.911***	0.927***	0.916***	0.0455***	0.0463***	0.0458***
	(0.0355)	(0.0373)	(0.0362)	(0.00182)	(0.00190)	(0.00185)
进口国经济规模	0.585***	0.593***	0.587***	0.0291***	0.0294***	0.0292***
	(0.0427)	(0.0425)	(0.0426)	(0.00210)	(0.00210)	(0.00210)
距离	−0.707***	−0.810***	−0.781***	−0.0351***	−0.0400***	−0.0388***
	(0.0744)	(0.0809)	(0.0768)	(0.00375)	(0.00408)	(0.00389)
区域贸易协定	0.0100	−0.0224	−0.0115	0.00101	−0.000463	0.000185
	(0.145)	(0.151)	(0.147)	(0.00724)	(0.00755)	(0.00732)
共同边界	0.708***	0.664***	0.704***	0.0329***	0.0308***	0.0328***
	(0.172)	(0.167)	(0.168)	(0.00823)	(0.00798)	(0.00800)
共同语言	0.189	0.106	0.111	0.00884	0.00483	0.00497
	(0.151)	(0.149)	(0.148)	(0.00728)	(0.00716)	(0.00711)
殖民地	0.0609	0.125	1.247***	0.00325	0.00638	0.0512**
	(0.171)	(0.171)	(0.480)	(0.00820)	(0.00819)	(0.0232)
真实汇率	1.110**	1.332***	0.102	0.0462**	0.0559**	0.00516
	(0.473)	(0.480)	(0.177)	(0.0228)	(0.0233)	(0.00854)
总体水平	−0.768***			−0.0387***		
	(0.209)			(0.0105)		
纸浆,纸张,纸制品,印刷和出版		−0.113*			−0.00499*	
		(0.0588)			(0.00291)	
纺织品,皮革和鞋类			−0.388***			−0.0199***
			(0.116)			(0.00578)
常数项	−19.77***	−21.72***	−21.21***	1.051***	0.963***	0.984***
	(2.689)	(2.667)	(2.692)	(0.129)	(0.129)	(0.130)
观察值	525	525	525	525	525	525
R−squared	0.651	0.642	0.648			

续　表

变　量	资本品出口			资本品出口		
	OLS			PPML		
出口国经济规模	0.913***	0.933***	0.925***	0.0457***	0.0466***	0.0462***
	(0.0362)	(0.0369)	(0.0363)	(0.00185)	(0.00188)	(0.00186)
进口国经济规模	0.590***	0.587***	0.588***	0.0293***	0.0292***	0.0292***
	(0.0422)	(0.0429)	(0.0424)	(0.00208)	(0.00211)	(0.00209)
距离	−0.775***	−0.811***	−0.763***	−0.0385***	−0.0402***	−0.0379***
	(0.0756)	(0.0795)	(0.0753)	(0.00383)	(0.00400)	(0.00381)
区域贸易协定	−0.0319	−0.0470	0.00155	−0.000847	−0.00159	0.000768
	(0.145)	(0.150)	(0.144)	(0.00726)	(0.00747)	(0.00719)
共同边界	0.688***	0.640***	0.701***	0.0321***	0.0296***	0.0326***
	(0.166)	(0.168)	(0.168)	(0.00789)	(0.00800)	(0.00799)
共同语言	0.159	0.114	0.139	0.00735	0.00520	0.00631
	(0.145)	(0.149)	(0.145)	(0.00698)	(0.00713)	(0.00700)
殖民地	1.208**	1.326***	1.027**	0.0494**	0.0550**	0.0408*
	(0.475)	(0.476)	(0.477)	(0.0229)	(0.0230)	(0.0230)
真实汇率	0.0720	0.116	0.0870	0.00359	0.00595	0.00441
	(0.176)	(0.173)	(0.174)	(0.00849)	(0.00831)	(0.00840)
办公室，会计和计算设备	−0.465***			−0.0237***		
	(0.116)			(0.00583)		
汽车，拖车和半挂车		−0.0984*			−0.00483*	
		(0.0519)			(0.00249)	
广播，电视和通讯设备			−0.412***			−0.0205***
			(0.105)			(0.00522)
常数项	−21.13***	−21.63***	−20.67***	0.988***	0.965***	1.011***
	(2.666)	(2.670)	(2.658)	(0.129)	(0.129)	(0.128)
观察值	525	525	525	525	525	525
R−squared	0.652	0.642	0.651			

续　表

变　量	资本品出口	资本品出口
	OLS	PPML
出口国经济规模	0.925***	0.0462***
	(0.0360)	(0.00184)
进口国经济规模	0.595***	0.0295***
	(0.0423)	(0.00208)
距离	−0.765***	−0.0379***
	(0.0741)	(0.00376)
区域贸易协定	0.0373	0.00241
	(0.143)	(0.00716)
共同边界	0.713***	0.0332***
	(0.168)	(0.00799)
共同语言	0.172	0.00802
	(0.147)	(0.00710)
真实汇率	1.063**	0.0423*
	(0.483)	(0.0233)
殖民地	0.0727	0.00370
	(0.174)	(0.00839)
医疗，精密和光学仪器	−0.548***	−0.0272***
	(0.118)	(0.00580)
常数项	−21.14***	0.988***
	(2.679)	(0.129)
观察值	525	525
R−squared	0.656	

注：括号内为稳健的标准误 *** < 1%,** < 5%,* < 10%。

2. RI 对中间品出口的实证结果分析

（1）RI 对中间初级品出口的实证结果分析

对于中间初级品，整体上存在显著的负面影响。可以发现除了其他非金属矿物制品、除机械和设备外的金属制品、办公室，会计和计算设备、电气机械设备、医疗，精密和光学仪器、其他运输设备、汽车，拖车和半挂车外，剩余的制造业行业都对其产生了显著的负面影响。

表6　RI对中间初级品出口的实证结果

变量	中间初级品出口			中间初级品出口		
	OLS			PPML		
出口国经济规模	0.548***	0.570***	0.558***	0.0296***	0.0305***	0.0297***
	(0.0490)	(0.0549)	(0.0540)	(0.00271)	(0.00299)	(0.00293)
进口国经济规模	0.709***	0.738***	0.731***	0.0376***	0.0391***	0.0387***
	(0.0604)	(0.0669)	(0.0663)	(0.00326)	(0.00357)	(0.00355)
距离	−0.880***	−0.622***	−0.612***	−0.0469***	−0.0331***	−0.0325***
	(0.0839)	(0.0931)	(0.0943)	(0.00453)	(0.00500)	(0.00506)
区域贸易协定	−0.0957	0.0871	0.0777	−0.00545	0.00460	0.00396
	(0.189)	(0.223)	(0.222)	(0.0100)	(0.0118)	(0.0117)
共同边界	1.001***	1.180***	1.205***	0.0495***	0.0591***	0.0603***
	(0.204)	(0.202)	(0.206)	(0.0105)	(0.0103)	(0.0105)
共同语言	0.357*	0.604***	0.578***	0.0173*	0.0305***	0.0291***
	(0.196)	(0.211)	(0.210)	(0.00993)	(0.0107)	(0.0106)
殖民地	0.0466	−0.188	−0.194	0.00364	−0.00903	−0.00940
	(0.203)	(0.231)	(0.229)	(0.0104)	(0.0118)	(0.0117)
真实汇率	−0.858	−1.670**	−1.617**	−0.0495	−0.0905**	−0.0880**
	(0.678)	(0.828)	(0.807)	(0.0358)	(0.0429)	(0.0420)
总体水平	−2.978***			−0.157***		
	(0.259)			(0.0135)		
食品，饮料和烟草		−0.522***			−0.0277***	
		(0.148)			(0.00786)	

变量	中间初级品出口			中间初级品出口		
	OLS			PPML		
纺织品，皮革和鞋类			−0.562***			−0.0290***
			(0.129)			(0.00674)
常数项	−8.967**	−5.581	−5.409	1.465***	1.642***	1.658***
	(3.815)	(4.587)	(4.491)	(0.201)	(0.239)	(0.235)
观察值	525	525	525	525	525	525
R−squared	0.482	0.368	0.370			
出口国经济规模	0.519***	0.562***	0.541***	0.0278***	0.0301***	0.0291***
	(0.0540)	(0.0562)	(0.0536)	(0.00293)	(0.00305)	(0.00294)
进口国经济规模	0.736***	0.725***	0.729***	0.0390***	0.0384***	0.0385***
	(0.0664)	(0.0678)	(0.0661)	(0.00355)	(0.00362)	(0.00353)
距离	−0.604***	−0.595***	−0.625***	−0.0320***	−0.0315***	−0.0330***
	(0.0954)	(0.0949)	(0.0943)	(0.00511)	(0.00509)	(0.00505)
区域贸易协定	0.108	0.0676	0.00744	0.00561	0.00365	0.000423
	(0.223)	(0.222)	(0.215)	(0.0118)	(0.0118)	(0.0114)
共同边界	1.198***	1.126***	1.136***	0.0599***	0.0564***	0.0568***
	(0.203)	(0.203)	(0.206)	(0.0104)	(0.0104)	(0.0105)
共同语言	0.597***	0.630***	0.632***	0.0301***	0.0317***	0.0316***
	(0.211)	(0.210)	(0.207)	(0.0107)	(0.0106)	(0.0105)
殖民地	−0.188	−0.224	−0.243	−0.00904	−0.0108	−0.0114
	(0.232)	(0.241)	(0.235)	(0.0118)	(0.0123)	(0.0120)
真实汇率	−1.429*	−2.262***	−2.082***	−0.0782*	−0.121***	−0.113***
	(0.798)	(0.819)	(0.798)	(0.0416)	(0.0425)	(0.0417)
木材和软木制品	−0.599***			−0.0311***		
	(0.150)			(0.00789)		

续　表

变量	中间初级品出口			中间初级品出口		
	OLS			PPML		
纸浆，纸张，纸制品，印刷和出版		−0.254**			−0.0132**	
		(0.108)			(0.00568)	
焦炭，精炼石油产品和核燃料			−0.564***			−0.0295***
			(0.120)			(0.00622)
常数项	−5.490	−2.274	−2.584	1.652***	1.815***	1.800***
	(4.402)	(4.391)	(4.355)	(0.231)	(0.230)	(0.228)
观察值	525	525	525	525	525	525
R−squared	0.368	0.359	0.377			
出口国经济规模	0.561***	0.552***	0.515***	0.0300***	0.0295***	0.0277***
	(0.0556)	(0.0540)	(0.0555)	(0.00303)	(0.00293)	(0.00302)
进口国经济规模	0.721***	0.731***	0.703***	0.0382***	0.0387***	0.0374***
	(0.0673)	(0.0666)	(0.0657)	(0.00359)	(0.00355)	(0.00351)
距离	−0.601***	−0.597***	−0.607***	−0.0318***	−0.0316***	−0.0324***
	(0.0960)	(0.0932)	(0.0917)	(0.00514)	(0.00500)	(0.00490)
区域贸易协定	0.0147	0.0805	−0.00246	0.000919	0.00418	−0.000333
	(0.221)	(0.223)	(0.213)	(0.0117)	(0.0118)	(0.0113)
共同边界	1.090***	1.224***	1.089***	0.0545***	0.0614***	0.0539***
	(0.204)	(0.205)	(0.214)	(0.0104)	(0.0105)	(0.0109)
共同语言	0.662***	0.597***	0.603***	0.0333***	0.0301***	0.0303***
	(0.213)	(0.210)	(0.207)	(0.0108)	(0.0107)	(0.0105)
殖民地	−0.217	−0.212	−1.327*	−0.0103	−0.0103	−0.0735*
	(0.243)	(0.230)	(0.783)	(0.0124)	(0.0118)	(0.0410)

续　表

变量	中间初级品出口			中间初级品出口		
	OLS			PPML		
真实汇率	−2.395***	−1.683**	−0.138	−0.129***	−0.0915**	−0.00587
	(0.812)	(0.809)	(0.246)	(0.0423)	(0.0421)	(0.0126)
化学品和化学产品	−0.575***			−0.0301***		
	(0.195)			(0.0102)		
橡胶和塑料制品		−0.577***			−0.0300***	
		(0.154)			(0.00813)	
广播，电视和通讯设备			−0.771***			−0.0418***
			(0.158)			(0.00842)
常数项	−1.497	−5.026	−3.639	1.854***	1.676***	1.744***
	(4.390)	(4.465)	(4.266)	(0.230)	(0.234)	(0.224)
观察值	525	525	525	525	525	525
R−squared	0.364	0.367	0.382			
出口国经济规模	0.593***	0.509***	0.538***	0.0318***	0.0272***	0.0288***
	(0.0554)	(0.0534)	(0.0539)	(0.00302)	(0.00290)	(0.00293)
进口国经济规模	0.733***	0.743***	0.718***	0.0388***	0.0393***	0.0381***
	(0.0654)	(0.0652)	(0.0667)	(0.00350)	(0.00350)	(0.00356)
距离	−0.634***	−0.652***	−0.584***	−0.0337***	−0.0345***	−0.0309***
	(0.0934)	(0.0923)	(0.0936)	(0.00502)	(0.00495)	(0.00502)
区域贸易协定	0.0305	0.0951	0.0510	0.00158	0.00501	0.00275
	(0.219)	(0.218)	(0.223)	(0.0116)	(0.0116)	(0.0118)
共同边界	1.196***	1.218***	1.199***	0.0600***	0.0612***	0.0600***
	(0.202)	(0.200)	(0.208)	(0.0103)	(0.0103)	(0.0107)

续　表

变量	中间初级品出口			中间初级品出口		
	OLS			PPML		
共同语言	0.564***	0.533**	0.594***	0.0283***	0.0267**	0.0299***
	(0.207)	(0.208)	(0.211)	(0.0105)	(0.0106)	(0.0107)
真实汇率	−1.481*	−1.692**	−1.725**	−0.0807*	−0.0917**	−0.0939**
	(0.818)	(0.780)	(0.815)	(0.0426)	(0.0406)	(0.0425)
殖民地	−0.159	−0.213	−0.225	−0.00735	−0.0102	−0.0108
	(0.227)	(0.219)	(0.235)	(0.0116)	(0.0112)	(0.0120)
基本金属	−0.716***			−0.0379***		
	(0.141)			(0.00744)		
制造业回收		−0.893***			−0.0467***	
		(0.136)			(0.00714)	
机械设备？			−0.376**			−0.0192**
			(0.163)			(0.00853)
常数项	−6.871	−3.961	−3.933	1.575***	1.732***	1.732***
	(4.540)	(4.232)	(4.498)	(0.238)	(0.222)	(0.235)
观察值	525	525	525	525	525	525
R-squared	0.380	0.392	0.358			

注：括号内为稳健的标准误，*** < 1%，** < 5%，* < 10%

(2)RI 对中间半成品出口的实证结果分析

对于半成品，整体上不存在显著的负面影响。考虑到具体的制造业行业时，也没有显著的负面效应[1]。

(3)RI 对中间品零部件出口的实证结果分析

对于零部件，整体上存在显著的负面影响。办公室，会计和计算设备、广播，电视和通讯设备、医疗，精密和光学仪器、汽车，拖车和半挂车焦炭，精炼石油产品和核燃料、其他运输设备存在显著的负面影响。

---

[1] 因篇幅有限，该部分实证结果并未列出，如需要，请联系作者。

表 7　RI 指标对零部件出口的回归分析

变　量	零部件出口 OLS		零部件出口 PPML	
出口国经济规模	0.953***	0.960***	0.0483***	0.0487***
	(0.0356)	(0.0378)	(0.00187)	(0.00198)
进口国经济规模	0.707***	0.712***	0.0356***	0.0358***
	(0.0404)	(0.0415)	(0.00202)	(0.00208)
距离	−0.747***	−0.880***	−0.0375***	−0.0442***
	(0.0723)	(0.0824)	(0.00371)	(0.00423)
区域贸易协定	0.0540	−0.0104	0.00330	0.000270
	(0.143)	(0.152)	(0.00730)	(0.00773)
共同边界	0.670***	0.618***	0.0312***	0.0287***
	(0.167)	(0.166)	(0.00814)	(0.00803)
共同语言	0.160	0.0522	0.00753	0.00225
	(0.138)	(0.136)	(0.00675)	(0.00667)
殖民地	0.116	0.202	0.00589	0.0103
	(0.160)	(0.164)	(0.00775)	(0.00797)
真实汇率	0.952**	1.374***	0.0390*	0.0572**
	(0.442)	(0.458)	(0.0217)	(0.0227)
总体水平	−1.054***		−0.0536***	
焦炭，精炼石油产品和核燃料		−0.139**		−0.00709**
		(0.0682)		(0.00338)
常数项	−23.15***	−25.79***	0.853***	0.731***
	(2.503)	(2.577)	(0.123)	(0.129)
观察值	525	525	525	525
R−squared	0.693	0.676		

接上表

变　　量	零部件出口 OLS		零部件出口 PPML	
出口国经济规模	0.956***	0.968***	0.0485***	0.0490***
	(0.0371)	(0.0372)	(0.00194)	(0.00195)
进口国经济规模	0.711***	0.709***	0.0358***	0.0357***
	(0.0404)	(0.0407)	(0.00203)	(0.00204)
距离	−0.846***	−0.835***	−0.0425***	−0.0419***
	(0.0764)	(0.0761)	(0.00394)	(0.00392)
区域贸易协定	−0.00239	0.0303	0.000767	0.00235
	(0.145)	(0.145)	(0.00738)	(0.00737)
共同边界	0.637***	0.648***	0.0298***	0.0302***
	(0.164)	(0.165)	(0.00791)	(0.00798)
共同语言	0.102	0.0802	0.00472	0.00358
	(0.132)	(0.133)	(0.00651)	(0.00655)
真实汇率	1.161***	0.996**	0.0470**	0.0391*
	(0.443)	(0.446)	(0.0218)	(0.0220)
殖民地	0.151	0.169	0.00744	0.00841
	(0.166)	(0.165)	(0.00811)	(0.00807)
办公室，会计和计算设备？	−0.476***		−0.0245***	
	(0.117)		(0.00595)	
广播，电视和通讯设备		−0.400***		−0.0201***
		(0.106)		(0.00534)
常数项	−25.17***	−24.76***	0.759***	0.781***
	(2.503)	(2.497)	(0.125)	(0.124)
观察值	525	525	525	525
R-squared	0.686	0.683		

接上表

变量	零部件出口			零部件出口		
	OLS			PPML		
出口国经济规模	0.966***	0.975***	0.959***	0.0490***	0.0494***	0.0486***
	(0.0370)	(0.0373)	(0.0371)	(0.00195)	(0.00195)	(0.00195)
进口国经济规模	0.715***	0.709***	0.708***	0.0360***	0.0357***	0.0357***
	(0.0405)	(0.0412)	(0.0409)	(0.00203)	(0.00206)	(0.00205)
距离	−0.840***	−0.881***	−0.853***	−0.0422***	−0.0442***	−0.0429***
	(0.0759)	(0.0791)	(0.0780)	(0.00392)	(0.00406)	(0.00401)
区域贸易协定	0.0562	−0.0165	0.0166	0.00354	5.15e−05	0.00173
	(0.145)	(0.150)	(0.147)	(0.00737)	(0.00762)	(0.00750)
共同边界	0.654***	0.590***	0.650***	0.0305***	0.0273***	0.0303***
	(0.165)	(0.165)	(0.166)	(0.00799)	(0.00797)	(0.00802)
共同语言	0.105	0.0564	0.0540	0.00489	0.00249	0.00228
	(0.135)	(0.136)	(0.135)	(0.00661)	(0.00665)	(0.00662)
真实汇率	1.079**	1.289***	1.220***	0.0428*	0.0531**	0.0498**
	(0.455)	(0.450)	(0.449)	(0.0225)	(0.0222)	(0.0222)
殖民地	0.163	0.197	0.185	0.00811	0.00993	0.00923
	(0.166)	(0.167)	(0.167)	(0.00815)	(0.00812)	(0.00819)
医疗，精密和光学仪器	−0.459***			−0.0231***		
	(0.119)			(0.00597)		
汽车，拖车和半挂车		−0.0934*			−0.00462*	
		(0.0544)			(0.00265)	
其他运输设备			−0.355***			−0.0185***
			(0.118)			(0.00595)
常数项	−25.27***	−25.68***	−25.30***	0.756***	0.736***	0.753***
	(2.529)	(2.554)	(2.531)	(0.126)	(0.127)	(0.126)
观察值	525	525	525	525	525	525
R−squared	0.685	0.676	0.681			

注：括号内为稳健的标准误，*** < 1%，** < 5%，* < 10%

3. RI 对消费品出口的实证结果分析

（1）RI 对消费初级品出口的实证结果分析

对于消费品，整体上存在显著的负面影响。对于初级品，整体上存在显著的负面影响。食品，饮料和烟草，纸浆，纸张，纸制品，印刷和出版，焦炭，精炼石油产品和核燃料，基本金属、电气机械和设备、汽车，拖车和半挂车等存在显著的负面影响。

表 8　RI 对消费初级品出口的实证结果分析

变　量	消费初级品出口			消费初级品出口		
	OLS			PPML		
出口国经济规模	0.808***	0.822***	0.841***	0.0486***	0.0491***	0.0454***
	(0.187)	(0.189)	(0.199)	(0.0119)	(0.0119)	(0.0112)
进口国经济规模	0.405***	0.415***	0.406***	0.0236***	0.0242***	0.0234***
	(0.129)	(0.128)	(0.129)	(0.00744)	(0.00740)	(0.00738)
距离	−0.703***	−0.727***	−0.714***	−0.0409***	−0.0420***	−0.0391***
	(0.168)	(0.165)	(0.166)	(0.00991)	(0.00966)	(0.00863)
区域贸易协定	0.760*	0.748*	0.739*	0.0452*	0.0447*	0.0439*
	(0.418)	(0.419)	(0.412)	(0.0249)	(0.0250)	(0.0266)
共同边界	0.497	0.459	0.461	0.0225	0.0206	0.0329
	(0.413)	(0.416)	(0.421)	(0.0231)	(0.0232)	(0.0214)
共同语言	1.095***	1.166***	1.156***	0.0589***	0.0633***	0.0512***
	(0.350)	(0.342)	(0.342)	(0.0188)	(0.0184)	(0.0187)
真实汇率	−2.758*	−2.580*	−3.093**	−0.166*	−0.156*	−0.167*
	(1.482)	(1.487)	(1.554)	(0.0867)	(0.0864)	(0.0921)
殖民地	−0.733*	−0.755*	−0.752*	−0.0398	−0.0411*	−0.0354
	(0.430)	(0.418)	(0.419)	(0.0244)	(0.0237)	(0.0235)
基本金属	−0.520*			−0.0321*		
	(0.291)			(0.0172)		

变 量	消费初级品出口			消费初级品出口		
	OLS			PPML		
电气机械和设备		−0.534*			−0.0317*	
		(0.287)			(0.0166)	
医疗，精密和光学仪器			−0.532***			−0.0301***
			(0.186)			(0.0106)
常数项	0.654	−0.667	3.321	1.858***	1.786***	2.015***
	(7.296)	(7.405)	(7.291)	(0.414)	(0.421)	(0.412)
观察值	525	525	525	525	525	525
R−squared	0.366	0.365	0.372			
出口国经济规模	0.794***		0.807***	0.0474***		0.0485***
	(0.184)		(0.187)	(0.0115)		(0.0119)
进口国经济规模	0.415***		0.406***	0.0242***		0.0237***
	(0.128)		(0.129)	(0.00740)		(0.00744)
距离	−0.698***		−0.690***	−0.0405***		−0.0401***
	(0.168)		(0.164)	(0.00983)		(0.00965)
区域贸易协定	0.815*		0.772*	0.0485*		0.0460*
	(0.435)		(0.424)	(0.0260)		(0.0252)
共同边界	0.524		0.557	0.0243		0.0261
	(0.407)		(0.398)	(0.0226)		(0.0220)
共同语言	1.146***		1.138***	0.0620***		0.0615***
	(0.344)		(0.345)	(0.0185)		(0.0186)
殖民地	−0.731*		−0.767*	−0.0395*		−0.0416*
	(0.414)		(0.428)	(0.0235)		(0.0243)
真实汇率	−2.560*		−2.762*	−0.154*		−0.166*
	(1.473)		(1.484)	(0.0852)		(0.0865)

续　表

变　量	消费初级品出口		消费初级品出口	
	OLS		PPML	
纸浆，纸张，纸制品，印刷和出版	−0.528		−0.0313*	
	(0.324)		(0.0185)	
焦炭，精炼石油产品和核燃料		−0.426*		−0.0262*
		(0.235)		(0.0140)
常数项	−0.190	0.627	1.814***	1.856***
	(7.363)	(7.267)	(0.417)	(0.412)
观察值	525	525	525	525
R−squared	0.360	0.365		

（2）RI 对消费半成品出口的实证结果分析

对于半成品，整体上存在负面影响。考虑到具体的制造业行业时，基本金属、汽车，拖车和半挂车存在显著的负面效应[①]。

表 9　RI 指标对消费半成品出口的回归分析

变　量	消费半成品出口			消费半成品出口		
	OLS			PPML		
出口国经济规模	0.686***	0.693***	0.712***	0.0368***	0.0372***	0.0382***
	(0.0712)	(0.0737)	(0.0755)	(0.00394)	(0.00410)	(0.00421)
进口国经济规模	0.553***	0.552***	0.552***	0.0293***	0.0292***	0.0292***
	(0.0733)	(0.0747)	(0.0749)	(0.00382)	(0.00389)	(0.00390)
距离	−0.787***	−0.725***	−0.733***	−0.0418***	−0.0383***	−0.0386***
	(0.121)	(0.115)	(0.115)	(0.00640)	(0.00602)	(0.00603)
区域贸易协定	0.379	0.391	0.377	0.0204	0.0210	0.0203
	(0.305)	(0.310)	(0.311)	(0.0160)	(0.0163)	(0.0163)

---

① 因篇幅有限未列出，如需要请联系作者。

续　表

变　量	消费半成品出口			消费半成品出口		
	OLS			PPML		
共同边界	0.563*	0.499	0.476	0.0260*	0.0225	0.0214
	(0.302)	(0.304)	(0.307)	(0.0151)	(0.0152)	(0.0153)
共同语言	0.263	0.366	0.396	0.0124	0.0180	0.0196
	(0.345)	(0.343)	(0.343)	(0.0171)	(0.0170)	(0.0170)
殖民地	−0.0967	−1.468	−1.634	−0.00352	−0.0806	−0.0896
	(0.408)	(1.226)	(1.238)	(0.0206)	(0.0626)	(0.0634)
真实汇率	−1.343	−0.0814	−0.0930	−0.0745	−0.00288	−0.00347
	(1.248)	(0.413)	(0.412)	(0.0634)	(0.0209)	(0.0208)
总体水平	0.763			−0.0421*		
	(0.463)			(0.0242)		
基本金属		−0.257			−0.0144*	
		(0.164)			(0.00842)	
汽车，拖车和半挂车			−0.304			−0.0167*
			(0.186)			(0.00954)
常数项	−4.169	−2.660	−3.327	1.718***	1.766***	1.759***
	(6.599)	(6.498)	(6.477)	(0.336)	(0.331)	(0.332)
观察值	525	525	525	525	525	525
R-squared	0.465	0.459	0.463			

注：括号内为稳健的标准误，*** < 1%,** < 5%,* < 10%

（3）RI 对消费耐用品出口的实证结果分析

对于耐用品，整体上存在显著的负面影响。办公室，会计和计算设备、广播，电视和通讯设备、医疗，精密和光学仪器、其他运输设备存在显著的负面影响

表 10　RI 指标对消费耐用品出口的回归分析

变　量	耐用品出口			耐用品出口		
	OLS			PPML		
出口国经济规模	1.000***	1.006***	1.035***	0.0526***	0.0531***	0.0548***
	(0.0702)	(0.0707)	(0.0718)	(0.00402)	(0.00413)	(0.00424)
进口国经济规模	0.610***	0.600***	0.603***	0.0325***	0.0320***	0.0321***
	(0.0766)	(0.0766)	(0.0756)	(0.00417)	(0.00419)	(0.00415)
距离	−1.061***	−1.217***	−1.199***	−0.0557***	−0.0650***	−0.0642***
	(0.122)	(0.116)	(0.112)	(0.00671)	(0.00660)	(0.00639)
区域贸易协定	−0.128	−0.185	−0.152	−0.00583	−0.00830	−0.00671
	(0.248)	(0.255)	(0.250)	(0.0138)	(0.0143)	(0.0141)
共同边界	0.123	0.101	0.102	0.00247	0.00106	0.00106
	(0.243)	(0.272)	(0.269)	(0.0126)	(0.0143)	(0.0141)
共同语言	0.432	0.278	0.254	0.0218	0.0130	0.0115
	(0.289)	(0.291)	(0.285)	(0.0147)	(0.0148)	(0.0144)
殖民地	0.308	8.626***	8.340***	0.0192	0.424***	0.407***
	(0.318)	(1.005)	(0.977)	(0.0165)	(0.0509)	(0.0496)
真实汇率	7.650***	0.171	0.186	0.381***	0.0104	0.0111
	(0.989)	(0.377)	(0.387)	(0.0495)	(0.0201)	(0.0207)
总体水平	−1.654***			−0.0979***		
	(0.522)			(0.0291)		
办公室，会计和计算设备？		−0.464**			−0.0269**	
		(0.193)			(0.0106)	
广播，电视和通讯设备			−0.562***			−0.0315***
			(0.178)			(0.00972)
常数项	−49.96***	−55.53***	−55.39***	−0.588**	−0.861***	−0.844***
	(5.666)	(5.803)	(5.708)	(0.288)	(0.302)	(0.297)
观察值	525	525	525	525	525	525
R−squared	0.752	0.740	0.747			

接上表

变　量	耐用品出口		耐用品出口	
	OLS		OLS	
出口国经济规模	1.032***	0.979***	0.0547***	0.0519***
	(0.0712)	(0.0670)	(0.00421)	(0.00395)
进口国经济规模	0.618***	0.598***	0.0330***	0.0319***
	(0.0760)	(0.0745)	(0.00418)	(0.00410)
距离	−1.220***	−1.238***	−0.0653***	−0.0666***
	(0.113)	(0.109)	(0.00650)	(0.00638)
区域贸易协定	−0.127	−0.198	−0.00540	−0.00952
	(0.254)	(0.246)	(0.0142)	(0.0139)
共同边界	0.0778	0.0832	−0.000583	−0.000510
	(0.270)	(0.273)	(0.0142)	(0.0144)
共同语言	0.360	0.138	0.0176	0.00564
	(0.286)	(0.267)	(0.0145)	(0.0135)
真实汇率	8.000***	9.200***	0.391***	0.456***
	(1.004)	(0.996)	(0.0513)	(0.0509)
殖民地	0.206	0.165	0.0125	0.00934
	(0.376)	(0.403)	(0.0202)	(0.0219)
医疗，精密和光学仪器	−0.572***		−0.0328***	
	(0.153)		(0.00851)	
其他运输设备		−0.784***		−0.0447***
		(0.193)		(0.0108)
常数项	−54.12***	−57.58***	−0.796***	−0.978***
	(5.770)	(5.696)	(0.300)	(0.299)
观察值	525	525	525	525
R-squared	0.752	0.761		

注：括号内为稳健的标准误，*** < 1%，** < 5%，* < 10%

（4）RI 对消费非耐用品出口的实证结果分析

对于非耐用品，整体上存在显著的负面影响。考虑到具体的制造业行业时，办公室，会计和计算设备、广播，电视和通讯设备、医疗，精密和光学仪器、其他运输设备等存在显著的负面影响。

表 11　RI 指标对消费非耐用品出口的回归分析

变　量	非耐用品出口			非耐用品出口		
	OLS			PPML		
出口国经济规模	1.000***	1.006***	1.035***	0.0526***	0.0531***	0.0548***
	(0.0702)	(0.0707)	(0.0718)	(0.00402)	(0.00413)	(0.00424)
进口国经济规模	0.610***	0.600***	0.603***	0.0325***	0.0320***	0.0321***
	(0.0766)	(0.0766)	(0.0756)	(0.00417)	(0.00419)	(0.00415)
距离	−1.061***	−1.217***	−1.199***	−0.0557***	−0.0650***	−0.0642***
	(0.122)	(0.116)	(0.112)	(0.00671)	(0.00660)	(0.00639)
区域贸易协定	−0.128	−0.185	−0.152	−0.00583	−0.00830	−0.00671
	(0.248)	(0.255)	(0.250)	(0.0138)	(0.0143)	(0.0141)
共同边界	0.123	0.101	0.102	0.00247	0.00106	0.00106
	(0.243)	(0.272)	(0.269)	(0.0126)	(0.0143)	(0.0141)
共同语言	0.432	0.278	0.254	0.0218	0.0130	0.0115
	(0.289)	(0.291)	(0.285)	(0.0147)	(0.0148)	(0.0144)
殖民地	0.308	8.626***	8.340***	0.0192	0.424***	0.407***
	(0.318)	(1.005)	(0.977)	(0.0165)	(0.0509)	(0.0496)
真实汇率	7.650***	0.171	0.186	0.381***	0.0104	0.0111
	(0.989)	(0.377)	(0.387)	(0.0495)	(0.0201)	(0.0207)
总体水平	−1.654***			−0.0979***		
	(0.522)			(0.0291)		
办公室，会计和计算设备		−0.464**			−0.0269**	
		(0.193)			(0.0106)	
广播，电视和通讯设备			−0.562***			−0.0315***
			(0.178)			(0.00972)

续　表

变　量	非耐用品出口			非耐用品出口		
	OLS			PPML		
常数项	−49.96***	−55.53***	−55.39***	−0.588**	−0.861***	−0.844***
	(5.666)	(5.803)	(5.708)	(0.288)	(0.302)	(0.297)
观察值	525	525	525	525	525	525
R−squared	0.752	0.740	0.747			
出口国经济规模	1.032***		0.979***	0.0547***		0.0519***
	(0.0712)		(0.0670)	(0.00421)		(0.00395)
进口国经济规模	0.618***		0.598***	0.0330***		0.0319***
	(0.0760)		(0.0745)	(0.00418)		(0.00410)
距离	−1.220***		−1.238***	−0.0653***		−0.0666***
	(0.113)		(0.109)	(0.00650)		(0.00638)
区域贸易协定	−0.127		−0.198	−0.00540		−0.00952
	(0.254)		(0.246)	(0.0142)		(0.0139)
共同边界	0.0778		0.0832	−0.000583		−0.000510
	(0.270)		(0.273)	(0.0142)		(0.0144)
共同语言	0.360		0.138	0.0176		0.00564
	(0.286)		(0.267)	(0.0145)		(0.0135)
真实汇率	8.000***		9.200***	0.391***		0.456***
	(1.004)		(0.996)	(0.0513)		(0.0509)
殖民地	0.206		0.165	0.0125		0.00934
	(0.376)		(0.403)	(0.0202)		(0.0219)
医疗，精密和光学仪器	−0.572***			−0.0328***		
	(0.153)			(0.00851)		
其他运输设备			−0.784***			−0.0447***
			(0.193)			(0.0108)

续　表

变　量	非耐用品出口		非耐用品出口	
	OLS		PPML	
常数项	−54.12***	−57.58***	−0.796***	−0.978***
	(5.770)	(5.696)	(0.300)	(0.299)
观察值	525	525	525	525
R−squared	0.752	0.761		

注：括号内为稳健的标准误，*** ＜ 1%，** ＜ 5%，* ＜ 10%

六、结论

上述实证结果，基本符合服务贸易限制对制造业出口存在抑制作用的预期。不同的服务行业的服务贸易限制（STRI）对制造业出口存在明显的负面影响，对于资本品、消费品均受到不同服务行业服务贸易限制（STRI）的显著负面影响，中间品未受到明显影响。RI 指标的回归结果更进一步地说明了服务贸易限制（STRI）对制造业出口存在明显的负面影响，以下是具体的结论：

第一，从总体上看，中间品没有受到服务贸易限制的影响，而资本品、消费品受到服务贸易限制的显著影响。与货物出口关系最密切的服务部门是电信，海洋运输和保险。运输服务限制程度均对制造业出口产生，显著的负面影响，其中，海运服务与出口密切相关，可以发现海洋运输在资本品、消费品均存在限制作用，其中资本品、除耐用品外的消费品存在显著的负面影响；电信在资本品和消费品均存在负面影响，尤其对资本品、消费半成品、耐用品、非耐用品均存在显著的负面作用；保险服务在资本品和消费品中也存在着显著的限制作用。

第二，对于资本品可以发现除了会计服务、航空运输服务、广播服务没有出现显著的负面影响，其他的服务部门呈现出明显的负面效应；对于不同种类的消费品，分销服务也产生了明显的负面作用，尤其是对半成品、耐用品、非耐用品；邮政服务对于耐用品和非耐用品也存在明显的负面影响；视听服务，比如电影、录音、广播均对消费品的出口产生显著的抑制作用。

第三，对于部分服务行业服务贸易限制并未表现出明显的负面影响或者存在正向效应，说明服务贸易限制在某种程度上可能存在促进效应，服务可能与产品的生产过程中对其依赖性较强，但又是不具有国际竞争力的服务部门，存在限制会进一步促进相关产业的发展。

第四，通过 RI 指标的回归，发现资本品均受到服务贸易限制程度显著负面影响，纸浆，纸张，纸制品，印刷和出版、办公室，会计和计算设备、广播，电视和通讯设备、医疗，精密和光学仪器、汽车，拖车和半挂车、其他运输设备等细分行业对资本品出口存在显著的负面影响。对于中间品，除半成品外，初级品、零部件均受到 RI 指标的显著负面影响，其中几乎所有的制造业细分行业都对初级品产生了显著的负面影响，除了其他运输设备、汽车，拖车和半挂车、医疗，精密和光学仪器、办公室，会计和计算设备、电气机械和设备、除机械和设备外的金属制品外；对于零部件，办公室，会计和计算设备、广播，电视和通讯设备、医疗，精密和光学仪器、汽车，拖车和半挂车焦炭，精炼石油产品和核燃料、其他运输设备等细分行业存在显著的负面影响。对于消费品，整体上存在显著的负面影响。其中对于初级品，食品，饮料和烟草、纸浆，纸张，纸制品，印刷和出版、焦炭，精炼石油产品和核燃料、基本金属、电气机械和设备、汽车，拖车和半挂车等细分行业存在显著的负面影响。对于半成品，基本金属、汽车，拖车和半挂车等细分行业存在显著的负面效应。对于耐用品，办公室，会计和计算设备、广播，电视和通讯设备、医疗，精密和光学仪器、其他运输设备等存在显著的负面影响。对于非耐用品，办公室，会计和计算设备、广播，电视和通讯设备、医疗，精密和光学仪器、其他运输设备等存在显著的负面影响。更进一步说明，制造业受到服务贸易限制的负面影响。

综上所述，开放制造业必须的生产性服务业是实现制造业服务化的必要途径，可以满足制造业的改造升级的需求。其次，考虑到服务和服务贸易的特殊性，应该审慎地看待将开放部门，提高相关待开放部门的国际竞争力，以达到预期的效果。

参考文献

[1] Miroudot, S.,J. Sauvage,B. Shepherd.Trade Costs and Productivity in Services Sectors[J].Economics Letters,2012(114):36-38.

[2] Van der Marel, E. Trade in Services and TFP: The Role of Regulation[J].World Economy, 2012(11):1387–1429

[3] Nordås, H. and D. Rouzet. The Impact of Services Trade Restrictiveness on Trade Flows[J], World Economy, 2016(6):1-30

[4] Hoekman, B. and B. Shepherd.Services Productivity,Trade Policy and Manufacturing Exports[J].World Economy, 2017(3):499-516

[5] Arnold,J., Javorcik,B. and Mattoo,A..Does service liberalization benefit manufacturing firms? Evidence from the Czech Republic[J]. Journal of International Economics, 2011(86): 136-146

[6] Duggan, V., S. Rahardja, and G. Varela (2013). Service sector reform and manufacturing productivity: Evidence from Indonesia. Policy Research Working Paper 6349. Washington, DC: World Bank.

[7] Kowalski, P., J. Lopez Gonzalez, A. Ragoussis, and C. Ugarte (2015).Participation of Developing Countries in Global Value Chains: Implications for Trade and Trade-Related Policies. OECD Trade Policy Papers, no. 179, OECD Publishing, Paris.

[8] JF Francois,B Hoekman.Services Trade and Policy[J].Journal of Economic Literature,2010 (48) :642-692

[9] AM Fernandes,C Paunov .Services FDI and Manufacturing Productivity Growth: Evidence for Chile[J].Journal of Development Economics,2012(97):305-321

[10] O Shepotylo,V Vakhitov.Services liberalization and productivity of manufacturing firms[J].Economics of Transition, 2015 (23) :1–44

[11] 杨玲：生产性服务进口贸易促进制造业服务化效应研究 [J].《数量经济技

术经济研究》,2015 年第 5 期 :37-53

[12] 邱爱莲 , 崔日明 : 生产性服务贸易对中国制造业 TFP 提升的影响 : 机理与
实证研究——基于面板数据和分行业进口的角度 [J].《国际经贸探索》,
2014 年第 10 期 : 28-38

[13] 张艳 , 唐宜红 , 周默涵 : 服务贸易自由化是否提高了制造业企业生产效率
[J].《世界经济》,2013 年第 11 期 :54-71

[14] Rajan, R. G., and L. Zingales.Financial Dependence and Growth[J]American
Economic Review,1998(3):559–586

[15] Conway, P., D. de Rosa, G. Nicoletti, and F. Steiner.Regulation, Competition
and Productivity Convergence[J].OECD Economics Department Working
Papers,2006(509):1-60

外资研发嵌入促进了对外直接投资吗？

——技术创新表现的作用

吉生保　林雄立　王晓珍[*]

摘要：基于新时期"坚持引进来和走出去并重"的战略布局，本文构建了外资研发嵌入、技术创新表现与对外直接投资的理论逻辑框架，利用中国2003-2016年省级统计资料，在测度各省外资研发嵌入指数和技术创新表现基础上，运用双向固定效应模型、2SLS模型、GLS模型和Sobel检验等方法实证研究上述逻辑框架。研究发现：第一，外资研发嵌入显著促进了中国对外直接投资，这种促进效果在中东部地区更为明显，而在西部地区不明显；第二，技术创新表现在外资研发嵌入影响对外直接投资过程中发挥重要作用且异质性明显，其中，市场创新绩效发挥部分中介作用，而技术进步方向发挥调节作用；第三，市场创新绩效的中介作用主要体现在其中的技术水平层面，而在技术效率层面不显著，技术进步越偏向资本，市场创新绩效越能促进对外直接投资。上述结论对于不同模型设定具有稳健性。

关键词：外资研发嵌入；技术创新表现；对外直接投资

---

　*作者简介：吉生保，中国矿业大学管理学院副教授；林雄立，中国矿业大学管理学院在读研究生；王晓珍，中国矿业大学管理学院副教授。

引　言

改革开放 40 年，中国在吸引外商直接投资 (Inward Foreign Direct Investment, IFDI) 和对外直接投资 (Outward Foreign Direct Investment, OFDI) 取得了举世瞩目的成绩，在全球外国直接投资中的地位日益显著。自 2002 年中国相关部门权威发布年度数据以来，中国 OFDI 流量实现 15 年连续递增，2016 年流量约是 2002 年流量的 73 倍，跃居全球第二位。随着"走出去"步伐的加快，中国经济正在实现由"IFDI 为主、OFDI 为辅"向"IFDI 与 OFDI 并行发展"的外资利用模式转变，相应地，两者之间的关系受到学术界广泛关注 (Gu 和 Lu, 2011; 郑飞虎和常磊，2016; 李磊等，2018)。

与上述问题直接相关的经济理论是国际直接投资发展路径及其相关研究，该理论集中探讨了两者之间随时间变化的相对演进路径，随着人均 GNP 水平的提升，一国外资利用会先后经历由 IFDI 为主向 OFDI 为主的转变 (Dunning, 1981; 陈涛涛等，2012)。国内外学者利用不同类型的数据对上述假说进行了经验研究，基本肯定上述路径在宏观层面的存在，但是对于其背后的逻辑机理却鲜有涉及 (陈涛涛等，2012)。Narula 和 Guimón(2010) 认为有必要从广义层面理解上述路径机制，必须关注经济发展背后的、更深层次的因素；受此启发，在实证研究层面，传统地从经济发展角度研究 IFDI 与 OFDI 关系逐步让位于从更广层面的要素禀赋及其结构角度研究 IFDI 与 OFDI 关系 (Sun 等，2012; 郑展鹏和刘海云，2012)。

在研究思路由经济发展扩展到要素禀赋及其结构的同时，除劳动和资本以外的其它要素值得关注。鉴于研发类外资利用在 IFDI 领域中的重要性 (Dunning, 1981; 崔新健，2011; 吉生保等，2017)，IFDI 与 OFDI 关系的一个焦点在于研发类 IFDI 与 OFDI 的关系。显然，相比 IFDI，研发类 IFDI 更容易对本土的技术创新活动产生影响，而技术创新是除了劳动和资本等传统有形要素以外最为重要的无形要素之一，是增长经济学关注的核心。那么，研发类 IFDI 如何促进了 OFDI？技术创新又在其中扮演何种角色？

首先，鉴于研发类 IFDI 给东道国带来的影响涉及除资本本身以外的各方面，受 Andersson 等 (2001) 以及 Almeida 和 Phene(2004) 等的启发，崔新健

(2011) 在传统研发类 IFDI 利用问题基础上正式提出外资研发嵌入的概念和内涵，Hallin 等 (2011) 实证研究了跨国公司关系型网络的嵌入程度如何影响"创新 – 绩效"关系，Anwar 和 Sun(2013) 和吉生保等 (2017) 研究了外资研发嵌入效果评价与原因分析。本文在此基础上选取外资研发嵌入作为中国研发类 IFDI 的衡量指标，考察外资研发嵌入是否能促进中国的 OFDI 及其背后的逻辑机制。就既有文献来看，相关研究普遍认为东道国研发类 IFDI 利用与其 OFDI 的关系复杂，两者之间既不是简单线性模式，利用外资不会必然诱发对外投资；也不是简单的 U 型关系，两者不会自行此消彼长 (崔新健，2011; Anwar 和 Sun, 2013; Lampert 和 Kim, 2018)。

其次，鉴于技术创新活动作为重要媒介在研发类 IFDI 影响本土 OFDI 中可能产生的影响，有必要梳理国内外关于技术创新活动的相关研究。总体来看，相比研发类 IFDI 与 OFDI，此类文献涉及领域较为庞杂，较多地关注与技术创新活动相关的具体内容和相关领域，比如，自主创新能力、情报信息、政策配套与制度环境建设、创新型国家建设、创新集群、开放式创新以及创新资源管理等 (崔新健，2011)，相比之下，对于技术创新活动本身的评价较为零散，主要从市场创新绩效评价和技术进步方向 (要素偏向性) 两方面展开；然而，由于种种原因，目前国内外关于市场创新绩效评价和技术进步方向的研究领域彼此割裂，缺乏一个统一的框架思路将两者整合。显然，就技术创新表现的异质性来看，技术进步方向和市场创新绩效虽然关系密切，但是从价值链的逻辑来看，二者分别反映研发创新活动的生产之里和市场之表 (费景汉和拉尼斯，2004; 吉生保和王晓珍，2016)，并不能够完全替代。基于技术创新活动给东道国带来的不同影响，特别是市场创新绩效的定量评价结果对国内外微观厂商投资决策所起到的发信号作用，技术进步方向的定性评价结果对本土要素使用所起到的宏观引导作用，本文从市场之表与生产之里相结合的思路，全面考虑技术创新活动给东道国带来的影响。

目前，外资研发嵌入对中国技术创新表现影响的研究主要集中在外资研发嵌入对中国市场创新绩效的提升层面 (崔新健，2011; 吉生保和王晓珍，2016; 吉生保等，2017)，相关结论基本持肯定态度，认为外资研发嵌入总体上或者有条件地促进了中国市场创新绩效。相比之下，由于种种原因，对于技术进步方向的研究目前较多地围绕要素结构、要素报酬和全要素生产率等技术经济学领域相关内容展开 (孔宪丽等, 2015; 罗知等, 2018)，与开放经济、外资利用和对外投资等国际投资学和发展经济学相关主题的结合较少 (罗知等, 2018)，研发类 IFDI 以及外资研发嵌入背景下中国技术进步方向的研究尚未出现。

本文边际贡献在于：第一，理论方面来看，本文试图以中国利用研发类 IFDI 为切入点，在客观全面考察本土技术创新表现基础上，实证研究研发类 IFDI 对中国 OFDI 的影响，在理论上拓展国际直接投资发展路径相关研究，梳理其背后的逻辑机理；第二，实证方面来看，相比使用单一维度指标，本文利用外资研发嵌入整体捕捉研发类 IFDI 利用对中国的影响，直观形象，同时，从市场创新绩效与技术进步方向两方面刻画技术创新表现，更加全面。

一、理论分析

（一）外资研发嵌入与 OFDI

中国利用研发类 IFDI 起步较晚，但是发展迅速，形式多样。以 Coe 和 Helpman(1993) 为代表的传统测度方法，将与东道国有贸易往来的研发资本存量按照东道国进口比例进行加权处理得到研发类外资水平，虽然简洁明了，可操作强，但是该方法只关注研发活动的离岸形式，忽略了包括在岸逆向外包在内的利用研发类 IFDI 其它形式 (郑飞虎和常磊, 2016)，而且这种测度思路难免出现挂一漏万以及时滞性等问题。故而，本文不在中国利用研发类 IFDI 的具体形式上"纠缠"，而是透过现象看本质，直接关注在东道国实体经济层面的"嵌入"情况。正式地，本文的外资研发嵌入主要指从事技术创新的外资研发机构在中国内地进行研发活动和知识获取等相关活动，从而渗透到中国国家创新体系 (National Innovation Systems, NIS) 的现象。相比之下，该方法能够客观全面反映研发类 IFDI 在投入 / 产出各方面的情况。

外资研发嵌入给东道国带来包括技术和管理在内的各类溢出，是发展中国家及时了解世界发展前沿，进行消化、吸收、再创新进而发挥后发优势的主要依托。一方面，外资研发嵌入不仅给东道国带来先进的技术和管理经验，外源性地改变东道国要素禀赋水平和结构，还通过示范效应、溢出效应和人才回流效应诱发东道国企业在先进技术、专利、管理经验以及生产流程上加大投资力度，内源性地改变东道国要素禀赋水平和结构的变化，有利于培育和增强东道国企业的竞争优势，进而有助于东道国企业成功走出去（吉生保等，2017；李永周等，2018）；另一方面，外资研发嵌入使得东道国企业被纳入国际研发和生产分工体系，与国内外上下游企业之间的联系增强、关系更为密切，外部信息的重要性和国际获利的丰厚性增强了东道国企业走出去的愿望和动机（Helpman等，2004）。基于此，提出假设 H1。假设 H1：外资研发嵌入正向影响 OFDI。

（二）外资研发嵌入、市场创新绩效与 OFDI

市场创新绩效是衡量一个国家或地区技术创新活动在市场环境下的效率指标，是企业发展以及国家综合实力提升的重要体现。根据新古典经济学研发效率假说（希尔，2013），外资研发嵌入作为一种高级要素，和劳动、资本等传统要素一道直接影响本土企业的研发和生产决策，进而导致本土企业市场创新绩效的提升；目前，这一逻辑得到多数经验研究的支持（陈学光等，2010；李向东等，2011；吉生保和王晓珍，2016）。基于此，提出假设 H2。

假设 H2：外资研发嵌入能够促进中国市场创新绩效提升。

一方面，基于产品生命周期理论，在产品创新阶段，有序高效的知识密集型市场尚在形成中，外资研发嵌入与本土 NIS 尚处于磨合期，本土企业处于学习利用新技术与管理技能阶段，尚不能对其熟练驾驭和应用，市场创新绩效低下，出于规避风险考虑，主要将国内作为首要生产和研发地点；当进入到产品成熟阶段乃至标准化阶段以后，知识密集型市场已经高效运转，本土企业对相关技术与管理的驾驭日臻娴熟，市场创新绩效提升，研发和生产活动开始由知识密集型转变为技能或资本密集型甚至劳动密集型，本土企业逐渐具备 OFDI 能力（陈涛涛等，2012；郑展鹏和刘海云，2012）。另一方面，基于寡占反应理论和新增长理论，东道国市场创新绩效的提升能增强本土企业技术生产力，使技术水平和技术结构发生变化，提升其在国际研发网络中的地位，进而出于维系和巩固这一竞争优势，维持和扩大产品的国际市场占有率以及降低成本考虑，本土企业 OFDI 的动机逐渐增强 (Antràs 和 Helpman, 2004; 陈学光等 , 2010; 希尔 , 2013)。基于此，提出假设 H3；综合 H1–H3，提出假设 H4。

假设 H3：市场创新绩效的提升有利于 OFDI 的发展。

假设 H4：市场创新绩效在外资研发嵌入影响 OFDI 中发挥中介作用。

（三）技术进步方向

长期以来，新古典理论认为技术进步是要素无偏的，而 Acemoglu(2002, 2007) 指出在很多情况下，技术进步可能是有偏的，即技术进步更有助于提高某种要素的边际产出。如果技术进步更有利于资本 / 劳动边际产出的提升，则称技术进步为资本 / 劳动偏向型；如果技术进步对于资本 / 劳动边际产出的影响不存在偏向性，则称该技术进步为要素无偏 / 中性的 (Hicks, 1963)。进一步，Acemoglu(2002) 指出技术偏向性的原因可能有两种：首先是 "价格效应"，技术进步方向会受要素相对价格的影响；其次是 "规模效应"，技术进步方向受要素使用规模的影响，最终的结果取决于价格效应和规模效应的合力。

相比发达国家，发展中国家的大多数技术对使用环境具有较强的敏感性，这是发展中国家实现消化吸收再创新的逻辑前提，也是发展中国家挖掘国外先进技术价值，提高生产效率和产品质量的重要思路 (李平等 , 2007; 孔宪丽等 , 2015; Lampert 和 Kim, 2018)。在市场创新绩效既定的情况下，如果技术进步按照价格效应的逻辑呈现偏向价格相对昂贵的稀缺要素的特点，比如资本，不仅意味着东道国更倾向于利用资本来促进生产率的提升，而且技术偏向于资本的程度决定着技术生产率的大小，也就意味着其在国际市场竞争力和 OFDI 能力的大小 (费景汉和拉尼斯 , 2004; Gu 和 Lu, 2011; Sun 等 , 2012)。如果技术进步按照规模效应的逻辑呈现偏向价格相对低廉的充裕要素的特点，比如劳动，不仅意味着东道国劳动力收入相对资本收入占比的上升，以及东道国较为宽松的劳动力流动政策，包括鼓励更多的人才跨国界流动以及鼓励更多的本土人才从事在岸逆向外包业务，而且意味着本土缺乏资本或者资本使用效果欠佳，这样，即便不排除本土企业能在海外找到合适甚至理想的投资机会，但是实体资本运营经验的缺乏无疑会降低甚至阻碍其 OFDI 动机 (Andersson 等 , 2001; 郑飞虎和常磊 , 2016; 李磊等 , 2018)。基于此，提出假设 H5。

假设 H5：技术进步方向调节市场创新绩效对 OFDI 的影响。

此外，鉴于本土企业在海外 OFDI 能对包括自身整合和驾驭海内外资源能力在内的内部化优势和所有权优势起到一定程度地向外界发信号的作用，使得国内外潜在的投资者意识到本土市场在全球研发和生产网络中的重要性，进而加大在本土市场的研发投资力度，可能相应地改变本土外资研发嵌入水平 (希尔 , 2013; Lampert 和 Kim, 2018)；这也是发展中东道国在 OFDI 过程中逆向技术溢出的一种客观体现 (崔新健 , 2011; 郑飞虎和常磊 , 2016)。综合上述分析思路，见图 1；其中实线表示上述假设 H1–H5，虚线表示理论框架中可能存在的内生性问题。

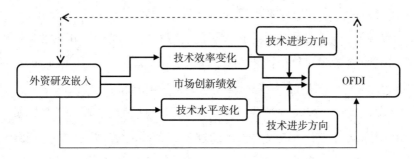

图 1　外资研发嵌入与 OFDI 理论框架

二、重要指标测算

（一）外资研发嵌入水平测算

1. 测度方法

不同于单维度和绝对指标的研发类 IFDI 规模，外资研发嵌入具有多维度和相对指标特征，综合反映在华外资研发机构的创新活动对中国 NIS 产生的各种影响 (陈学光等 , 2010; 崔新健 , 2011)。综合考虑"结构嵌入"和"关系嵌入"(Andersson 等 , 2001; Granovetter, 1985; Hallin 等 , 2011)，从产业链分析视角将整个研发过程分为技术开发和成果转换两个阶段 (吉生保和王晓珍 , 2016)，进而将外资研发嵌入指标体系分解成包括外资研发机构嵌入指标、外资研发人员嵌入指标、外资研发资本嵌入指标、外资新产品开发项目嵌入指标、外资开发改造资本嵌入指标、外资专利申请嵌入指标、外资新产品产值嵌入指标和外资新产品销售收入嵌入指标在内的 8 项细分指标，见图 2。

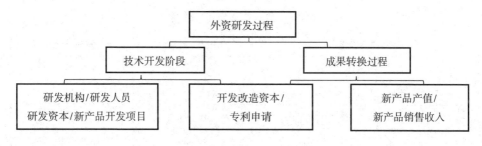

图 2　外资研发过程

资料来源：吉生保等 (2017)。

利用比值法计算各细分嵌入指标，以研发机构嵌入为例，利用规模及以上外资工业企业研发机构数量与全国规模及以上研发机构数量之比来刻画外资研发机构嵌入指数，其它细分指标的构建类似，具体公式如下：

$$外资嵌入指标 = \frac{规模以上工业企业外资研发指标}{全国规模以上工业企业研发指标} \in [0,1] \tag{1}$$

进一步，8 项嵌入指标取值越大表明嵌入程度越高。为直观反映外资研发嵌入的整体信息，有必要以损失少量信息为代价对数据进行降维。

2. 数据指标说明

考虑到数据完整性，本文选取吸引研发类外资最为明显的工业企业作为研究对象，同时将数据严重缺失的西藏从研究样本中剔除，选取中国 2000-2016 年 30 个省份数据 (以下简称省)。数据来自《中国科技统计年鉴》、《中国统计年鉴》、《工业企业科技活动统计年鉴》及各地统计年鉴。对于涉及资本的指标，按照吉生保和王晓珍 (2016) 的方法计算相应的嵌入指标。

利用上述方法得到 8 项外资研发嵌入细分指标后，发现 8 项指标 Bartlett 球度检验对应的 P 值为 0.00，表明这 8 项细分指标存在高度共线性，有必要对其进行降维；KMO (Kaiser-Meyer-Olkin) 以及 SMC(Squared Multiple Correlation)

结果显示可以对 8 项细分指标进行主成分分析，见表 1；其中，第一主成分特征向量为 (0.3699, 0.3723, 0.3028, 0.3653, 0.3339, 0.3554, 0.3608, 0.3625)T，可以解释嵌入信息的 83.24%，相比之下，第二主成分仅可解释所有嵌入信息的 8.63%，故提取第一主成分得到外资研发嵌入指数。

表 1　主成分分析的统计检验

外资研发嵌入因子	KMO 检验	SMC 检验
外资研发机构嵌入指标	0.9066	0.8849
外资研发人员嵌入指标	0.9237	0.8815
外资研发资本嵌入指标	0.9711	0.5340
外资新产品开发项目嵌入指标	0.9420	0.8389
外资开发改造资本嵌入指标	0.9578	0.6864
外资专利申请嵌入指标	0.9301	0.8202
外资新产品产值嵌入	0.8468	0.9388
外资新产品销售收入嵌入指标	0.8608	0.9408
平均值	0.9174	0.8157

（二）市场创新绩效测算

1. 测度方法

学术界对于技术效率、经济效率、规模收益以及各种绩效评价，较多地采用基于非参数的数据包络分析 (DEA) 方法和基于参数的随机前沿分析 (SFA) 方法。DEA 方法基于相对效率的思路，以线性规划和凸分析为工具，应用数学规划模型比较计算各个决策单元 (DMU) 是否技术相对有效；SFA 方法基于极大似然估计的思路，需要为效率前沿预设一个生产函数方程，然而预先假定的方程可能与现实不符，并且无法处理多产出的问题。相比之下，DEA 方法能够有效处理多投入多产出问题，故本文采取 DEA 方法构建市场创新绩效评价模型。

具体地，本文采取 Färe 等 (1992) 改造的 DEA 方法来测度市场创新绩效，其定义的 Malmquist 生产指数能够动态地衡量效率之间的变化，客观考察技术效率变动、技术变动以及全要素生产率之间的关系。相邻两期的 Malmquist 指数可以分解为技术效率变化 (techeff) 和技术水平变化 (techlev)，其中技术效率变化又可以进一步分解为规模效率变化 (seff) 和纯技术效率变化 (ptech)，具体如下所示：

$$
M_0(x_t, y_t, x_{t+1}, y_{t+1}) = \underbrace{\left[\underbrace{\frac{S_0^t(x_t, y_t)}{S_0^t(x_{t+1}, y_{t+1})}}_{seff} \times \underbrace{\frac{D_0^t(x_{t+1}, y_{t+1})}{D_0^t(x_t, y_t)}}_{ptech} \right]}_{techeff} \times \underbrace{\left[\frac{D_0^t(x_{t+1}, y_{t+1})}{D_0^{t+1}(x_{t+1}, y_{t+1})} \times \frac{D_0^t(x_t, y_t)}{D_0^{t+1}(x_t, y_t)} \right]^{\frac{1}{2}}}_{techlev} \tag{2}
$$

其中，M 表示 Malmquist 指数，由 seff、ptech 和 techlev 三项乘积决定；x 和 y 分别表示投入向量和产出向量。以 1 为分界线，seff 大于 1 表示规模效率递增，ptech 大于 1 表示资源配置及利用情况变好；techlev 大于 1 则表示生产技术改进；M 值大于 1 表示综合效率有所改善，即本文表示的市场创新绩效有所提高，反之意味着情况恶化，市场创新绩效下降。

2. 数据指标说明

鉴于研发在市场创新活动的核心地位，国内学者认为，研发人员和研发资本同技术创新之间有密不可分的关系 (李平等 , 2007; 李永周等 , 2018)，在文献中通常将研发经费投入和研发人员作为技术创新的投入指标 (李平等 , 2007; 余泳泽和刘大勇 , 2014)。鉴于此，本文将研发资本存量、开发改造资本存量以及研发人员作为度量市场创新绩效水平的投入要素。在衡量市场创新活动产出时，除考虑含有技术产出信息的专利申请及授权以外，还要考虑反映市场创新活动价值实现的新产品销售情况，以期全面捕捉市场创新活动成果的价值，故本文将专利申请数量、专利授权数量以及新产品销售量作为市场创新活动产出 (李向东等人 , 2011)。相关数据来自《中国统计年鉴》、《工业企业科技活动统计年鉴》及各地统计年鉴。

（三）技术进步方向测算

1. 测度方法

鉴于传统的 Cobb-Douglas 生产函数资本劳动边际产出之比并不受技术进步影响，不能度量技术进步方向，本文采用 CES 生产函数测度技术进步方向 (Klump 等 , 2007; 戴天仕和徐现祥 , 2010)。设定生产函数及技术进步偏向性如

公式 (3)–(5) 所示：

$$Y_t = [(1-\theta)(A_t L_t)^{\frac{\sigma-1}{\sigma}} + \theta(B_t K_t)^{\frac{\sigma-1}{\sigma}}]^{\frac{\sigma}{\sigma-1}} \tag{3}$$

$$Y_K / Y_L = \frac{\partial Y/\partial K}{\partial Y/\partial L} = \frac{\theta}{1-\theta}[\frac{B_t}{A_t}]^{\frac{\sigma-1}{\sigma}}[\frac{L_t}{K_t}]^{\frac{1}{\sigma}}, \quad \frac{\partial(Y_K/Y_L)}{\partial(B_t/A_t)} = \frac{\theta}{1-\theta}\frac{\sigma-1}{\sigma}[\frac{B_t}{A_t}]^{\frac{1}{\sigma}}[\frac{L_t}{K_t}]^{\frac{1}{\sigma}} \tag{4-5}$$

Y_t 是各期产出水平，L_t 和 K_t 为各期劳动和资本投入，A_t 与 B_t 分别为劳动效率与资本效率，θ 为资本密集度，σ 为劳动资本替代弹性；YK 和 YL 分别表示资本和劳动边际产出，对 (4) 式求微分后可得 (5) 式，即为 Acemoglu 所定义的技术进步偏向性 (Acemoglu, 2002)。显然，我们可以通过替代弹性 σ 的大小以及资本劳动效率比 Bt/At 的变化直接判断技术进步偏向性，当 $\sigma>1$ 时,(5) 式大于 0，如果 Bt/At 上升 / 下降，那么技术偏向资本 / 劳动；当 $\sigma<1$ 时，(5) 式小于 0，如果 Bt/At 上升 / 下降，技术偏向劳动 / 资本；如若 $\sigma=1$，技术进步方向是无偏的。本文采用稳健的标准化供给面系统估计方法 (Klump 等 , 2007; León–Ledesma 等，2010) 估计替代弹性 σ 以及资本密集度 θ，见公式 (6–8)。

$$\log(\frac{Lw_t}{Y_t}) = \log(1-\theta) + \frac{\sigma-1}{\sigma}\log(\zeta) - \frac{\sigma-1}{\sigma}\log(\frac{Y_t/\overline{Y}}{L_t/\overline{L}}) + \frac{\sigma-1}{\sigma}\overline{t}\frac{\chi_L}{\tau_L}[(\frac{t}{\overline{t}})^{\tau_L}-1] \tag{6}$$

$$\log(\frac{Kr_t}{Y_t}) = \log(\theta) + \frac{\sigma-1}{\sigma}\log(\zeta) - \frac{\sigma-1}{\sigma}\log(\frac{Y_t/\overline{Y}}{K_t/\overline{K}}) + \frac{\sigma-1}{\sigma}\overline{t}\frac{\chi_K}{\tau_K}[(\frac{t}{\overline{t}})^{\tau_K}-1] \tag{7}$$

$$\log(\frac{Y_t}{\overline{Y}}) = \log(\zeta) + \frac{\sigma}{\sigma-1}\log\left[\begin{array}{l}\theta[\frac{K_t}{\overline{K}}\exp[\overline{t}\frac{\chi_L}{\tau_L}[(\frac{t}{\overline{t}})^{\tau_L}-1]]]^{\frac{\sigma-1}{\sigma}} + \\ (1-\theta)[\frac{L_t}{\overline{L}}\exp[\overline{t}\frac{\chi_K}{\tau_K}[(\frac{t}{\overline{t}})^{\tau_K}-1]]]^{\frac{\sigma-1}{\sigma}}\end{array}\right] \tag{8}$$

ζ 是标准化调整系数，$\overline{Y}$、$\overline{L}$ $\overline{K}$ 和 $\overline{t}$ 分别为产出、劳动投入、资本投入和年份的样本均值，χ_L/χ_K 为劳动 / 资本效率增长率，τ_L/τ_K 为劳动 / 资本效率曲率，Lw_t 为劳动所得，Kr_t 为资本所得。设定要素效率的增长率为 Box–Cox 型，采用可行性广义非线性最小二乘法 (FNGLS) 估计公式 (6)–(8) 联立构成的非线性方程组模型，在上式的干扰项彼此相关的情况下，利用 Stata14.0 提供的非线性似不相关估计 (NLSUR) 软件包估计上述系统，得到资本密集度 θ 和替代弹性 σ，在利

用公式 (5) 定性判断技术进步偏向性的基础上，可以进一步利用公式 (9–11) 得到定量的技术进步偏向程度 (戴天仕和徐现祥 , 2010)。

$$A_t = \frac{Y_t}{L_t}\left[\frac{1-\xi}{1-\theta}\right]^{\frac{\sigma}{\sigma-1}}, \quad B_t = \frac{Y_t}{K_t}\left[\frac{\xi}{\theta}\right]^{\frac{\sigma}{\sigma-1}}, \quad D_t = \frac{\sigma-1}{\sigma}\left[\frac{A_t}{B_t}\right]\frac{d(B_t/A_t)}{dt} \tag{9-11}$$

其中，ξ 为资本所得占产出比重，技术进步方向指数 Dt 可由公式 (9–11) 得出。

2. 数据指标说明

综合上述公式 (6)–(11)，计算技术进步偏向性所需数据如下：1. 实际 GDP 衡量的总产出 Y；2. 各省的年度固定资本形成额以及投资品价格指数，采取永续盘存法估算各省的资本存量 K；3. 年初和年末就业人数，用两者的算术平均度量劳动投入 L；4. 将营业盈余划归资本所得，将生产税净额等比例分配 (戴天仕和徐现祥，2010；罗知等，2018)，得到劳动所得 Lw_t 和资本所得 Kr_t，见公式 (12–13)。

$$Lw_t = NR_t + NT_t \times \frac{NR_t}{NR_t + DE_t + P_t}, \quad Kr_t = DE_t + P_t + NT_t \times \frac{DE_t + P_t}{NR_t + DE_t + P_t} \tag{12-13}$$

其中，NR 为劳动者报酬，NT 为生产税净额，DE 为固定资产折旧，P 为营业盈余。以上数据均来自《中国统计年鉴》以及各省统计年鉴。个别缺失数据利用灰色 GM(1,1) 方法估算得到。

三、实证研究

（一）回归模型构建与变量说明

按照图 1 的逻辑思路，本文基准回归模型设置如下：

$$\ln(ofdi_{it}) = \beta_0 + \beta_1 \times frd_{it} + \sum_i \lambda_i \times control_i + v_i + \eta_t + \varepsilon_{it} \tag{14}$$

其中，β_0 是常数项，β_1 和 λ 分别为解释变量和控制变量回归系数，i 和 t 分别代表个体和时间，v_i 度量个体差异，η_t 度量时序差异，ε_{it} 是残差项。主要变量及控制变量介绍如下：

1. 主要变量

囿于数据可得性以及 2003 年以前中国各省对外投资规模较小并且不稳定，本文研究时间跨度为 2003-2016 年，包含除西藏以外的中国内地 30 个省市自治区（以下简称省）。被解释变量为 ofdi 表示的各省历年 OFDI 水平。原始数据源于《中国对外直接投资统计公报》，用年度美元兑人民币汇率的中间价将其换算为人民币（万元），然后用 1990 年为基期的固定资产投资价格指数进行平减。本文关键解释变量为 frd 表示的外资研发嵌入水平；中介变量为市场创新绩效及其分解项技术效率指标和技术水平指标，分别用 inn、techeff 和 techlev 表示；调节变量为 techdir 表示的技术进步方向。

2. 控制变量

借鉴李平等（2007）、郑展鹏和刘海云（2012）和李磊等（2018）等相关文献，选择劳动力成本、资源需求量和人均 GDP 为各省的有形（硬件）禀赋，政府治理、人力资本以及对外开放程度为各省的无形（软件）禀赋，以期在要素禀赋层面控制经济体 OFDI 的能力和意愿，见表 2，相关数据来自《中国统计年鉴》。对潜在的多重共线性进行方差膨胀引子检验（VIF），发现各变量对应的 VIF 值均小于 10，说明多重共线性问题不严重，不影响后续的实证研究。

表 2　控制变量定义

变量		符　号	变量说明及计算方法
有形禀赋 **(OFDI** **能力)**	劳动力成本	wage	劳动力成本的上升会促进技术寻求型 OFDI，用工资价格指数平减的在岗职工平均工资水平衡量（元），取对数
	资源需求量	energy	资源需求的增加会促进战略寻求型 OFDI，用各省能源消耗总量衡量（煤、石油和天然气按热能折算为标准煤，吨），取对数
	人均 GDP	lgdp	经济发展水平会促进市场寻求型 OFDI，用各省 GDP 总量除以总人数衡量人均 GDP(元／人)，取对数
无形禀赋 **(OFDI** **意愿)**	政府治理	govern	丰富的治理经验和良好的治理效果为本土企业 OFDI 提供有力的公共服务和安定的母国市场，用财政支出占当地 GDP 比重衡量(%)
	人力资本	human	丰富的人力资本水平有助于本土企业捕捉和吸纳（逆向）技术溢出，整合更多的海内外资源，用劳动力平均受教育年限度量，取对数
	对外开放程度	open	对外开放有助于增强本土企业与海外市场的联系，了解市场规则、规避市场风险，用进出口总额除以地区生产总值衡量(%)

（二）结果分析

1. 外资研发嵌入与 OFDI 的关系

鉴于省际个体差异以及样本期内随时间变化的经济形势，特别是有金融危机等较大的外部冲击事件发生，使用个体和时间双固定效应模型估计 (14) 式；考虑到图 1 中可能存在内生性问题，按照 Lewbel(1997) 建议构造外资研发嵌入的工具变量 $\mathrm{frdiv}_{it} = (\mathrm{frd}_{it} - \sum_t \mathrm{frd}_{it} / T)^3$，T 表示研究时间跨度，采用工具变量模型估计 (14) 式。具体地，Hausman 检验发现外资研发嵌入在全国范围及中东部地区存在明显的内生性问题，然而在西部地区内生性问题不明显，可能原因在于西部地区外资研发嵌入和 OFDI 水平都较低且不稳定，尚未表现出明显的统计规律；Anderson C–LM 统计量在全样本和分样本均显著，表明工具变量选择合理；C–D Wald F 统计量超过了 10% 的临界值 16.38，拒绝原假设，认为工具变量与内生性变量有强相关性；Sargan 统计量的 P 值大于 0.1，显示工具变量是外生的。见表 3。

全国范围来看，外资研发嵌入系数为 0.110，且在 5% 水平上显著，表明外资研发嵌入对 OFDI 有正向促进作用。分区域来看，不论是双固定效应模型还是工具变量模型，中东部地区外资研发嵌入系数的显著性与全国保持一致、甚至更为理想，且作用强度呈现不同程度的增加，表明中东部地区的外资研发嵌入对 OFDI 的影响更大，主要归因于中东部地区较高的经济水平和完善的制度环境，使得本土企业能够更好地捕捉外资研发嵌入带来的溢出效应，从而内化为本土企业的所有权优势和内部化优势，促进本土企业 OFDI。相比之下，西部地区外资研发嵌入的系数不仅作用强度低、显著性较差，而且缺乏稳健性。

鉴于外资研发嵌入对 OFDI 促进作用的异质性表现，有必要进一步考察控制变量。第一，总体来看，就促进 OFDI 而言，无论显著性程度还是作用强度，软件禀赋 (govern/human/open) 的表现普遍优于硬件禀赋 (wage/energy/lgdp)，中东部地区和西部地区在这一点上是一致的；而且无论软件禀赋和硬件禀赋，中东部地区的表现明显优于西部地区。第二，在软件禀赋中，政府治理作用的异质性最为明显，具体来看，政府治理在中东部地区的软件禀赋中对 OFDI 的促进作用最强，而在西部地区的软件禀赋中则是制约 OFDI 的短板——不仅不显著，而且作用方向与预期相反，表明西部地区以政府治理为代表的制度建设是西部地区 OFDI 的瓶颈。第三，在硬件禀赋中，能源需求对 OFDI 的贡献虽然如预期所想表现出了正向影响，但是只在全国层面上显著，表明能源需求增加引致的 OFDI 更多地反映国家的整体意志和战略诉求，而这种意志和诉求在省级层面弱化到不再显著，意味着高能耗产业在中国得到了有效控制。

就 2SLS 估计来看，相比双固定效应模型，外资研发嵌入对 OFDI 的促进作用进一步强化，控制变量对 OFDI 的促进作用在显著性和作用强度上也呈现不同程度的改善，H1 成立。

表 3　外资研发嵌入对 OFDI 的影响：基准研究

解释变量	全　国		中东部		西　部	
	双固定效应 (1)	工具变量法 (2)	双固定效应 (3)	工具变量法 (4)	双固定效应 (5)	工具变量法 (6)
frd	0.110** (2.19)	0.188** (2.04)	0.134** (2.10)	0.333** (2.12)	0.018 (1.30)	0.039* (1.90)
wage	0.814 (1.28)	0.961** (2.00)	0.417** (2.62)	1.647* (1.85)	0.181 (0.39)	0.197 (0.58)
energy	0.40 (0.10)	0.148*** (3.54)	0.489 (0.90)	0.003 (0.10)	0.005 (0.02)	0.027 (0.17)
lgdp	0.832** (2.13)	0.790*** (4.01)	1.149*** (2.71)	1.161** (2.17)	0.270** (2.49)	0.258* (1.74)
govern	0.235 (1.41)	0.544*** (2.68)	0.926** (2.14)	1.486** (2.16)	−0.101 (−0.81)	−0.096 (−0.82)
human	0.241* (1.86)	0.121*** (2.60)	0.305** (2.33)	0.291** (2.54)	0.299** (2.31)	0.301** (2.37)
open	0.645*** (2.37)	1.037*** (3.99)	0.852** (2.62)	1.597*** (3.07)	0.223 (0.74)	0.264 (1.26)
Cons	−12.64*** (−2.90)	−10.839*** (−3.90)	−16.83*** (−3.29)	−4.061*** (−4.45)	−6.121*** (−3.77)	−5.817*** (−3.35)
Hausman	57.52***		34.60**		2.66	
Anderson C-LM 统计量	26.867***		30.697***		14.936*	

续　表

解释变量	全　国		中东部		西　部	
	双固定效应 (1)	工具变量法 (2)	双固定效应 (3)	工具变量法 (4)	双固定效应 (5)	工具变量法 (6)
C–D Wald F	25.932		37.124		17.638	
Sargan–P	0.2326		0.3602		0.1273	

注：括号内为稳健标准误对应的 t 值，***、** 和 * 分别表示在 1%、5% 和 10% 水平上显著；表 4-7 同。中东部地区包括：北京、天津、河北、辽宁、上海、江苏、浙江、福建、山东、广东、海南、山西、吉林、黑龙江、安徽、江西、河南、湖北、湖南，共 19 个省，西部地区包括四川、重庆、贵州、云南、陕西、甘肃、青海、宁夏、新疆、广西、内蒙古，共 11 个省。

2. 市场创新绩效的作用

在上述基准研究基础上，本文采用 Baron 和 Kenny(1986) 提出的中介效应模型研究市场创新绩效在外资研发嵌入影响 OFDI 中的作用。本部分在 OLS 基础上采用 GLS 回归以进一步降低变量之间的线性相关性以及减少异方差，增加模型结论的说服力。检验步骤为：1. 对基准模型式 (14) 进行回归，检验外资研发嵌入的回归系数显著，若显著，继续下面步骤 (已验证)；2. 做自变量与中介变量的回归，考察外资研发嵌入与市场创新绩效之间的回归系数是否显著，若显著，继续下面步骤；3. 将中介变量市场创新绩效加到基准回归模型中进行回归，如果市场创新绩效系数和外资研发嵌入系数均显著并且外资研发嵌入系数与基准回归模型相比有所下降，说明存在部分中介效应；如果市场创新绩效显著，而外资研发嵌入系数不显著，说明市场创新绩效发挥完全中介效应。为进一步挖掘市场创新绩效可能存在的中介效应，借鉴 Malmquist 指数分解思路，将市场创新绩效分解为技术效率变化和技术水平变化，分别反映市场中创新活动现实效果的变动及技术前沿面的变动，以期从横向和纵向两个维度分别考察市场创新绩效在外资研发嵌入影响 OFDI 中的作用。见表 4。

就市场创新绩效整体来看，表 4 中列 (7) 的结果与表 3 一致，列 (8) 的结果表明外资研发嵌入对市场创新绩效有显著的促进作用，H2 得到验证；列 (9) 将解释变量外资研发嵌入与中介变量市场创新绩效同时纳入模型后，市场创新绩效系数显著为正，表明市场创新绩效能够促进中国 OFDI 的发展，H3 得到验证；进一步，外资研发嵌入对 OFDI 作用的系数由 0.271 下降为 0.223，且均显著，表明在外资研发嵌入影响 OFDI 的作用机制中存在市场创新绩效所扮演的部分中介作用，H4 得到验证。

就技术效率变化而言，由于外资研发嵌入对技术效率变化的影响系数不显著，未能通过上述第二步检验，表明外资研发嵌入不能显著地改善本土企业对已有技术的利用情况，进而已有技术的利用情况没有在外资研发嵌入影响 OFDI 过程中发挥中介作用；就技术水平变化而言，外资研发嵌入水平对技术水平变化的影响系数为 0.343 且显著，通过了第二步检验，表明外资研发嵌入能够显著促进本土技术水平的提升，进一步将技术水平情况和外资研发嵌入同时纳入模型后，外资研发嵌入水平仍能显著促进中国 OFDI，但是系数由 0.271 降低为 0.263，表明技术水平情况在外资研发嵌入影响 OFDI 过程中发挥部分中介作用。

为进一步验证上述效应的稳健性，本文基于表 4 的回归结果分别做了 Sobel 检验、Goodman1(G–1) 和 Goodman2(G–2) 检验，见表 4 下半部分。不难发现，以市场创新绩效为中介变量和以技术水平变化为中介变量的设定均显著地通过了上述三项检验，而以技术效率变化为中介变量的设定依然没有通过上述检验，这与前文结论基本一致。进一步，在中介效应的定量测度上，一方面，市场创新绩效所发挥的中介效应占到了外资研发嵌入对 OFDI 影响作用的近半数，不容忽视；另一方面，技术水平升级单独发挥的中介效应只占外资研发嵌入对 OFDI 影响作用的 5% 左右，并没有想象中那么大，这与中国 OFDI 全方位走出去，而不仅是技术输出有关，也反映了在华研发类外资所用技术主要是为本土化使用而非进一步 OFDI。

表 4　市场创新绩效的中介效应检验

解释变量	市场创新绩效			技术效率变化			技术水平变化		
	ln(ofdi)	inn	ln(ofdi)	ln(ofdi)	techeff	ln(ofdi)	ln(ofdi)	techlev	ln(ofdi)
	(7)	(8)	(9)	(10)	(11)	(12)	(13)	(14)	(15)
inn			0.075***						
			(2.65)						
techeff					−0.064				
					(−0.19)				
techlev								0.054*	
								(1.78)	
frd	0.271***	0.635***	0.223**	0.271***	0.253	0.311**	0.271***	0.343**	0.263**
	(3.10)	(4.07)	(2.53)	(3.10)	(1.64)	(2.53)	(3.10)	(2.02)	(2.51)
控制变量	控制	控制	控制	控制	控制	控制	控制	控制	控制
Cons	控制	控制	控制	控制	控制	控制	控制	控制	控制
Wald–χ^2	692.19***	266.29***	729.55***	97.38***	218.52***	70.36***	58.85***	49.60***	45.76***
Sobel 检验	0.2809*** （z=5.033）			−0.0064 （z=−0.697）			0.0415* (z=1.778)		
G–1/ G–2	0.2809***/0.2809*** （z=5.009/5.057）			−0.0064/−0.0064 （z=−0.591/−0.893）			0.0415*/0.0415* (z=1.717/1.845)		
D/T 效应	0.3402***/0.6211*** （z=2.946/5.514）			0.6061***/0.5997*** （z=5.533/5.491）			0.7505***/0.7920*** (z=6.284/6.601)		
中介效应 / 比例	0.2809***/0.4523 （z=5.033）			−0.0064/−0.1070 （z=−0.697）			0.0415*/0.0524 (z=1.778)		

注：D/T 效应分别指直接效应 / 总效应。

3. 技术进步方向的作用

在从"市场之表"的角度考察市场创新绩效在外资研发嵌入影响 OFDI 作用的基础上，进一步从"生产之里"的角度考察技术进步方向在外资研发嵌入影响 OFDI 中的作用。出于谨慎考虑，首先考察技术进步方向在市场创新绩效影响 OFDI 中的作用；如果调节作用显著，再进一步综合考察市场创新绩效和技术进步方向在外资研发嵌入影响 OFDI 中的作用。

参照温忠麟等 (2005) 调节效应模型思路，调节效应的检验分三步走：1. 与上述中介效应检验相同，不表；2. 在第一步基础上加入技术进步方向作为调节变量 (列 16)，以控制技术进步方向自身对 OFDI 的影响；3. 在第二步基础上分别加入市场创新绩效与技术进步方向的交互项 (列 17)、技术效率变化与技术进步方向的交互项 (列 18) 以及技术水平变化与技术进步方向的交互项 (列 19)，如果交互项显著，说明技术进步方向在市场创新绩效、技术效率变化和技术水平变化影响 OFDI 过程中对应地发挥调节作用。为统一量纲、便于对相关结果进行讨论以及降低多重共线性可能带来的影响，对自变量与调节变量的交互项进行中心化处理，见表 5。

就市场创新绩效来看，在未引进交互项前，市场创新绩效与技术进步方向均正向显著，进一步引入技术进步方向与市场创新绩效交互项，发现交互项系数显著为正，表明技术进步方向在市场创新绩效影响 OFDI 过程中起着显著的正向调节作用，意味着技术进步越偏向资本，越能激发市场创新绩效对 OFDI 的促进作用，H5 成立。就技术效率变化与技术水平变化来看，技术效率变化与技术进步方向的交互项对 OFDI 的影响不显著，而技术水平变化与技术进步方向的交互项对 OFDI 的影响在 1% 水平上显著，表明技术进步方向在技术水平变化影响 OFDI 过程中起显著的正向调节作用，而在技术效率变化影响 OFDI 过程中不发挥调节作用。按照 Antràs 和 Helpman(2004) 对技能和技术禀赋特征差异及其对国际市场扩张影响的解读，以及 Lampert 和 Kim(2018) 关于市场扩张在离岸活动与 R&D 绩效之间的逻辑作用阐述，上述结果的可能解释在于，现有技术利用效果的改进主要由生产—一线技术人员结合本土经营环境完成，更多地表现为工艺、流程层面的 know-how，可转移性较差，不仅限制了企业 OFDI 的能力，而且无法对技术进步方向等深层次的技术变革产生足够的响应；相比之下，技术前沿面的变动主要依赖研发领域的专职人员，更多地表现为技术理论、框架层面的 know-what 和 know-why，对本土经营环境依赖较弱，可转性较强，不仅增强了企业 OFDI 的能力，而且能够及时把握技术进步方向等深层次技术变革带来的客观市场机会，助力 OFDI。

表5　技术进步方向的调节作用

解释变量	市场创新绩效		技术效率变化		技术水平变化	
	(16)	(17)	(18)	(19)	(20)	(21)
inn	0.085***	0.082***				
	(3.05)	(2.93)				
techeff			−0.024	−0.025		
			(−1.10)	(−1.11)		
techlev					0.108***	0.107***
					(3.12)	(2.96)
techdir	0.045**	0.050**	0.051**	0.050**	0.051**	0.059**
	(1.98)	(2.16)	(2.20)	(2.20)	(2.21)	(2.42)
inn × techdir		0.322**				
		(2.46)				
techeff × techdir				0.129		
				(0.48)		
techlev × techdir						0.574***
						(2.96)
控制变量	控制	控制	控制	控制	控制	控制
Cons	控制	控制	控制	控制	控制	控制
Wald−χ2	716.42***	722.46***	673.85	675.07***	667.58	673.01***

注：第一步检验结果分别同表4中的(7)、(10)和(13)。

（三）稳健性检验

1. 有调节的中介效应

在分别验证市场创新绩效中介效应与技术进步方向调节效应基础上，根据 Edwards 和 Lambert(2007) 有调节中介效应检验方法，有必要对两者加以整体验证。见表6，第一阶段指外资研发嵌入对市场创新绩效的影响，第二阶段指市场创新绩效对 OFDI 的影响，直接效应指外资研发嵌入对 OFDI 的直接影响，间接效应指第一阶段与第二阶段系数的乘积。出于谨慎考虑，各类效应及差异的显著性检验使用 bootstrap 100000 次并取中间 95% 的结果进行处理。

就市场创新绩效来看，高 / 低技术进步方向在直接效应上的差异不显著，而高 / 低技术进步方向的间接效应不仅各自显著，且差异显著 (0.154, p<0.05)，表明技术进步方向调节了市场创新绩效的中介作用，技术进步方向越偏向资本，上述中介效应越明显，即有调节的中介效应成立。进一步，就技术效率变化来看，低技术进步方向在第二阶段和间接效应上不显著，表明技术效率变化发挥的中介作用不显著，亦无需进一步讨论技术进步方向对其的调节作用；就技术水平变化来看，高 / 低技术进步方向的间接效应不仅各自显著，且差异显著 (0.130, p<0.05)，表明调节作用明显。综上，在外资研发嵌入影响 OFDI 过程中，技术前沿面变动发挥中介作用且受技术进步方向的调节，技术现实效果没有发挥中介作用，亦不受技术进步方向的调节，这与前文结论基本一致。

表 6　有调节的中介效应检验

中介变量	调节变量	阶　段		效　应		
		第一阶段	第二阶段	直接效应	间接效应	总效应
市场创新绩效	高技术进步方向 (>0，偏向资本)	0.849*** (2.77)	0.465*** (4.12)	0.172 (0.60)	0.395** (2.30)	0.567* (1.87)
	低技术进步方向 (<0，偏向劳动)	0.852*** (7.42)	0.283*** (5.03)	0.379*** (3.01)	0.241*** (4.17)	0.620*** (5.13)
	差异	−0.003** (−2.31)	0.182*** (2.96)	−0.225 (−0.10)	0.154** (1.99)	−0.053 (−1.13)
技术效率变化	高技术进步方向 (>0，偏向资本)	0.456** (2.03)	0.240** (2.14)	0.445** (2.26)	0.109** (2.13)	0.554* (1.80)
	低技术进步方向 (<0，偏向劳动)	0.549*** (3.64)	0.125 (1.02)	0.758*** (2.96)	0.069 (0.77)	0.827 (1.23)
	差异	−0.093** (−2.15)	0.115** (1.99)	−0.313 (−1.16)	0.040 (1.00)	−0.273 (−0.67)
技术水平变化	高技术进步方向 (>0，偏向资本)	0.399** (2.00)	0.975*** (3.37)	0.278 (1.11)	0.389** (2.06)	0.667* (1.81)
	低技术进步方向 (<0，偏向劳动)	0.390*** (4.56)	0.664*** (3.33)	0.351*** (2.96)	0.259*** (2.64)	0.610*** (3.00)
	差异	0.009*** (3.13)	0.311** (2.04)	−0.073* (−1.78)	0.130** (2.03)	0.057 (0.45)

2. 内生性问题考察

鉴于技术创新表现与 OFDI 可能存在经济惯性和周期性问题，在基准研究基础上，利用系统 GMM 方法重新考察 H1~H5；采用 Windmeijer 方法纠正两步法在小样本下标准误向下偏倚的问题，见表 7。就工具变量来看，序列自相关结果表明 8 个模型均存在一阶序列自相关，二阶序列不相关；Sargan 统计量均不能拒绝"所有工具变量均有效"的原假设，表明模型工具变量的选择满足过度识别的约束条件，工具变量选择合理。

模型 22 显示，外资研发嵌入系数为 0.567 且在 5% 水平上显著，表明外资研发嵌入能促进 OFDI，H1 成立；模型 22-24 显示，外资研发嵌入显著影响市场创新绩效，H2 成立，加入市场创新绩效以后，市场创新绩效显著影响 OFDI，H3 成立，并且外资研发嵌入系数从 0.567 显著下降为 0.541 显著，根据中介效应检验机理，可知市场创新绩效在外资研发嵌入影响 OFDI 过程中发挥部分中介作用，H4 成立；模型 24-26 显示，技术进步方向正向促进 OFDI，交互项显示技术进步方向正向调节市场创新绩效对 OFDI 的影响，H5 成立。

以技术进步方向和市场创新绩效分别为调节变量和中介变量，进一步按照如下步骤系统检验有调节的中介效应：首先，做 OFDI 对外资研发嵌入和技术进步方向的回归（模型 26）；其次，做市场创新绩效对外资研发嵌入和技术进步方向的回归（模型 27）；再次，做 OFDI 对外资研发嵌入、技术进步方向和市场创新绩效的回归（模型 28）；最后，做 OFDI 对外资研发嵌入、技术进步方向、市场创新绩效以及技术进步方向与市场创新绩效交互项的回归（模型 29）。表 7 中，前两步中的外资研发嵌入系数显著为正，第三步中的市场创新绩效系数显著为正，最后一步交互项系数显著为正，有调节的中介效应成立，这与前文结论基本一致。

表 7　外资研发嵌入、技术创新表现与对外直接投资：稳健性检验

	ln(ofdi) (22)	inn (23)	ln(ofdi) (24)	ln(ofdi) (25)	ln(ofdi) (26)	inn (27)	ln(ofdi) (28)	ln(ofdi) (29)
frdiv	0.567** (2.03)	1.469* (1.87)	0.541** (2.04)	0.613** (2.09)	0.553** (2.00)	1.432** (2.05)	0.525** (2.00)	0.577** (2.10)

续 表

	ln(ofdi) (22)	inn (23)	ln(ofdi) (24)	ln(ofdi) (25)	ln(ofdi) (26)	inn (27)	ln(ofdi) (28)	ln(ofdi) (29)
inn			0.052* (1.86)				0.051** (1.98)	0.052* (1.82)
techdir				0.061* (1.76)	0.053* (1.78)	0.063* (1.81)	0.031* (1.83)	0.060* (1.73)
inn × techdir				0.066* (1.90)				0.063* (1.92)
控制变量	控制	控制	控制	控制	控制	控制	控制	控制
Cons	控制	控制	控制	控制	控制	控制	控制	控制
AR(1)	0.001	0.008	0.002	0.003	0.001	0.003	0.001	0.001
AR(2)	0.350	0.394	0.321	0.321	0.326	0.133	0.383	0.393
Sargan P 值	0.246	0.147	0.356	0.231	0.212	0.137	0.288	0.258

四、研究结论与政策建议

通过构建外资研发嵌入、技术创新表现与对外直接投资的逻辑关系框架，基于中国 30 个省 2003-2016 年的经验数据，在测算外资研发嵌入、市场创新绩效以及技术进步方向基础上，直观考察外资研发嵌入对中国 OFDI 的影响，分别验证市场创新绩效 (不同维度) 和技术进步方向的中介作用和调节作用，进而整体验证技术进步方向调节市场创新绩效在外资研发嵌入影响 OFDI 中的中介作用。研究显示：1. 全国及中东部地区外资研发嵌入显著促进中国 OFDI 发展，且在中东部地区的促进作用强于全国整体水平，而在西部地区的促进作用较弱；2. 市场创新绩效在外资研发嵌入影响 OFDI 过程中发挥部分中介作用，进一步，市场创新绩效中的技术前沿面变动发挥的中介作用明显，而市场创新绩效中的技术现实效果变化发挥的中介作用不明显；3. 技术进步方向对市场创新绩效影响 OFDI 有正向调节作用，进一步，市场创新绩效中技术前沿面变动对 OFDI 的影响被技术进步方向正向调节，而市场创新绩效中技术现实效果变化影响 OFDI 的过程不能被技术进步方向调节；4. 技术进步方向调节市场创新绩效在外资研发嵌入影响 OFDI 过程中的中介作用。上述结论具有稳健性。

　　基于上述结论，为了更好地贯彻十九大"坚持引进来和走出去并重"基本方略，借助研发类外资利用提升本土技术创新表现，助力 OFDI，提出如下政策建议：1. 鉴于外资研发嵌入对 OFDI 的积极促进作用，各级政府应当积极向国内外宣传中国 OFDI 不仅是中国自身发展的需要，更是世界发展的需要，中国是全球 FDI 的重要集散地，要全面理解其中"集与散"的辩证关系，只强调任何一面都容易滑向"中国崩溃论"或者"中国威胁论"；2. 鉴于研发类外资的重要性，各级政府应当编制详尽的外资研发嵌入指数表，及时反映本土在吸引和利用外资上的动态，信息共享、优势互补，以战略联盟的形式增强在利用研发类外资中的话语权；3. 鉴于技术创新表现在 OFDI 过程中发挥重要的中间渠道作用，各级政府应当对技术创新表现有全面认识，除先进性和推广性问题外，更要关注以技术进步偏向性为代表的社会影响，引进和推广"合适"的技术，平衡以劳动和资本为代表的各类要素的使用，在改善本国民生、助力 OFDI 基础上，推动中国改革的继续深入和未来社会的长治久安。

参考文献

[1] 陈涛涛，张建平，陈晓：投资发展路径 (IDP) 理论的发展与评述 [J].《南开经济研究》，2012(5): 121-135.

[2] 陈学光，俞红，樊利钧：研发团队海外嵌入特征、知识搜索与创新绩效——基于浙江高新技术企业的实证研究 [J].《科学学研究》，2010, 28(1): 151-160.

[3] 崔新健：外资研发中心的现状及政策建议：基于国家创新体系框架的研究 [M]. 人民出版社，2011.

[4] 戴天仕，徐现祥：中国的技术进步方向 [J].《世界经济》，2010(11): 54-70.

[5] 费景汉，古斯塔夫·拉尼斯著. 洪银兴，郑江淮等译：增长和发展：演进观点 [M]. 北京：商务印书馆，2004.

[6] 吉生保，卢潇潇，马淑娟，王晓珍：外资研发嵌入是苦口良药还是糖衣炮弹？——中国市场创新绩效提升视角 [J].《南方经济》，2017, 36(6): 74-91.

[7] 吉生保，王晓珍：外资研发嵌入与国企研发效率——价值链视角的高技术产业为例 [J].《国际贸易问题》，2016(1): 93-108.

[8] 孔宪丽，米美玲，高铁梅：技术进步适宜性与创新驱动工业结构调整—基于技术进步偏向性视角的实证研究 [J].《中国工业经济》，2015(11): 62-77.

[9] 李磊，冼国明，包群："引进来"是否促进了"走出去"?——外商投资对中国企业对外直接投资的影响 [J].《经济研究》，2018(3): 142-156.

[10] 李平，崔喜君，刘建：中国自主创新中研发资本投入产出绩效分析——兼论人力资本和知识产权保护的影响 [J].《中国社会科学》，2007(2): 32-42.

[11] 李向东，李南，白俊红：高技术产业研发创新效率分析 [J].《中国软科学》，2011(2): 52-61.

[12] 李永周，高楠鑫，易倩，谭蓉：创新网络嵌入与高技术企业研发人员创新绩效关系研究 [J].《管理科学》，20 18, 31(2): 3-19.

[13] 罗知，宣琳露，李浩然：国际贸易与中国技术进步方向——基于要素价格扭曲的中介效应分析 [J].《经济评论》，2018(3): 74-89.

[14] 温忠麟，侯杰泰，张雷：调节效应与中介效应的比较和应用 [J].《心理学报》，2005, 37(2): 268-274.

[15] 希尔:《国际商务 (英文版第九版)》[M]. 北京：中国人民大学出版社，2013.

[16] 余泳泽，刘大勇：创新价值链视角下的我国区域创新效率提升路径研究 [J].《科研管理》，2014, 35(5): 27-37.

[17] 郑飞虎，常磊：跨国公司研发外包活动的研究：中国的实证与新发现 [J].《南开经济研究》，2016(4): 99-114.

[18] 郑展鹏，刘海云：体制因素对我国对外直接投资影响的实证研究——基于省际面板的分析 [J].《经济学家》，2012(6): 65-71.

[19] Acemoglu D. Directed Technical Change[J]. Review of Economic Studies, 2002, 69(4): 781-809.

[20] Almeida P, Phene A. Subsidiaries and Knowledge Creation: the Influence of the MNC and Host Country on Innovation[J]. Strategic Management Journal, 2004,

25(8-9): 847-864.

[21] Andersson U, Forsgren M, Pedersen T. Subsidiary Performance in Multinational Corporations: the Importance of Technology Embeddedness[J]. International Business Review, 2001, 10(1): 3-23.

[22] Antràs P, Helpman E. Global Sourcing[J]. Journal of Political Economics, 2004, 112(3): 552-580.

[23] Anwar S, Sun S. Foreign Entry and Firm R&D: Evidence from Chinese Manufacturing Industries[J]. R&D Management, 2013, 43(4): 303-317.

[24] Baron RM, Kenny DA. The Moderator-mediator Variable Distinction in Social Psychological Research: Conceptual, Strategic, and Statistical Consideration[J]. Journal of Personality and Social Psychology, 1986, 51(2): 1173-1182.

[25] Coe DT, Helpman E. International R&D Spillovers[J]. European Economic Review, 1993, 39(5): 859-887.

[26] Dunning J. Explaining the International Direct Investment Position of Countries: Towards a Dynamic or Development Approach[J].Weltwirtschaftliches Archiv, 1981, 117(1): 30-64.

[27] Edwards JR, Lambert LS. Methods for Integrating Moderation and Mediation: a General Analytical Framework using Moderated Path Analysis[J]. Psychological Methods, 2007, 12(1): 1-22.

[28] Färe R, Grosskopf S, Lindgren B, Roos P. Productivity Changes in Swedish Pharmacies 1980-1989: a Non-Parametric Malmquist Approach[J]. Journal of Productivity Analysis, 1992, 3(1-2): 85-101.

[29] Granovetter M. Economic Action and Social Structure: the Problem of Embeddedness[J]. American Journal of Sociology, 1985, 91(3): 481-510.

[30] Gu Q, Lu JW. Effects of Inward Investment on Outward Investment: the Venture Capital Industry Worldwide 1985-2007[J]. Journal of International Business Studies, 2011, 42(2): 263-284.

[31] Hallin C, Holm U, Sharma D. Embeddedness of Innovation Receivers in

Multinational Corporation: Effects on Business Performance[J]. International Business Review, 2011, 20(3): 362-373.

[32] Helpman E, Melitz M, Yeaple SR. Export vs. FDI[J].American Economic Review, 2004, 94(1): 300-316.

[33] Hicks J. The Theory of Wages[M]. London: Macmillan Press, 1963.

[34] Klump R, Mcadam P, Willman A. Factor Substitution and Factor-Augmenting Technical Progress in the United States: a Normalized Supply-Side System Approach[J]. Review of Economics & Statistics, 2007, 89(1): 183-192.

[35] Lampert C M, Kim M. Going Far to Go Further: Offshoring, Exploration, and R&D Performance[J]. Journal of Business Research, 2018, in press.

[36] León-Ledesma MA, Mcadam P, Willman A. Identifying the Elasticity of Substitution with Biased Technical Change[J]. American Economic Review, 2010, 100(4): 1330-1357.

[37] Lewbel A. Constructing Instruments for Regression with Measurement Error When No Additional Data Available[J].Econometrica, 1997, 65(5): 1201-1214.

[38] Narula R, Guimón J. The Investment Development Path in a Globalized World: Implications for Eastern Europe[J].Eastern Journal of European Studies, 2010, 1(2): 5-19.

[39] Sun SL, Peng MW, Ren B, Yan DY. A Comparative Ownership Advantage Framework for Cross-border M&As: the Rise of Chinese and Indian MNEs[J]. Journal of World Business, 2012, 47(1): 4-16.

实现我国外贸高质量发展的动力分析

——基于 ICT 产品出口边际增长的证据

刘 瑶 郑 爽[*]

摘要：本文运用三元边际分解和核密度动态分析方法，以 ICT 产业为出口高质量增长的代表，运用 2007 年 –2017 年的数据，将中国 ICT 产业出口增长分解为价格边际增长、数量边际增长和拓展边际增长。结果发现：出口数量边际增长对出口增长存在一定的贡献，但促进出口增长的能力逐渐减弱；而价格边际增长对出口增长的促进作用越来越强，且应对外部冲击的能力要比数量边际强；中国 ICT 出口的拓展边际在过去十年则几乎未发生变化。针对不同地区而言，中国以数量边际拉动的贸易增长模式对于主要的东盟贸易伙伴国基本成立但效果在不断减弱，而对于传统的发达国家和东欧国家则是以价格边际拉动为主。因此，加快推进以价格边际增长为主的外贸高质量发展对于中国"稳外贸"有着重要的意义。

关键词：出口增长；三元边际；ICT；稳外贸

---

*作者简介：刘瑶，东北财经大学副教授；郑爽，东北财经大学研究生。

一、"稳外贸"与高质量增长

自 2001 年加入 WTO 后，中国的对外贸易发展取得了令人瞩目的成绩。2009 年，中国成为世界第一大出口国；2013 年，中国首次超过美国成为第一大商品贸易国。1990–2015 年，中国商品出口年均增长率为 16.3%，其中 2004 年的出口增长率更是高达 35.4%。然而，自 2007–2009 年金融危机后，世界贸易额大幅下降 12.34%，而从 2012 年开始，全球贸易连续四年增长率低于 3%。中国贸易增长也未能幸免，2001 年 –2007 年，中国贸易平均增速为 24.17%，而 2007–2017 则降为 11.02%，增速下降一半。因而关于如何走出经济冲击带来的困境，以及如何在越演越烈的贸易摩擦中维持外贸增长的研究再次成为热点。

2018 年 12 月，中央经济工作会议中提出"六个稳"即进一步稳就业、稳金融、稳外贸、稳外资、稳投资、稳预期。稳外贸，即是要促进外贸发展，互通有无，促进交流，合作共赢，打造良好国际经济发展氛围。在"十二五"和"十三五"规划的纲要中曾重点强调，要积极推动出口贸易从单纯的数量扩张向质量提升，从价格和成本优势向综合竞争优势转型。中国出口增长的动力主要来自价格增长、数量增长还是种类增长？中国未来如何稳定贸易增长？外贸高质量发展与"稳外贸"有何关系？

二、文献综述与理论机制

对于贸易增长动力的研究一直以来都是经济学家们热衷的问题，以 Ricardo 为代表的传统贸易理论认为，出口增长的主要动力是国家间的生产率差异。因为传统贸易理论以出口企业和产品同质作为假设条件，所以一国的出口增长只能由出口产品沿集约边际扩张来实现。20 世纪 80 年代兴起的以 Krugman 为代表的新贸易理论认为，国际贸易活动可以让产品所面临的需求市场不局限于国内，从而通过增加生产实现规模经济，降低生产平均成本，加强国际竞争力。新贸易理论使得拓展边际成为促进贸易增长的重要方式。在新贸易理论的基础上，Jacks and Meissner（2011）研究发现，贸易摩擦的减少会促进贸易的增长，而 Forslid and Wooton（2003）的研究通过各国间的技术水平差异，比较分析了不同因素对贸易增长起到的作用。以 Melitz（2003）为代表的新新贸易理论认为，一国的贸易增长的动力可以沿集约边际方向增长，也可以拓展边际方向增长。新新贸易理论认为，由于贸易成本的存在，只有生产率较高的企业才能出口，当贸易成本下降时，除了原出口的企业会扩大贸易外，原来只能供应国内市场的企业也可以参与出口，即通过扩展边际也带来贸易的增长。

根据上述理论，出口增长的二元边际分析方向得以确立，并被逐渐运用于中国出口增长的研究中：陈勇兵（2012）针对企业出口动态行为特征，从企业层面将中国出口增长分解为出口企业数量与单位企业的平均出口额，得出中国出口的增长仍大部分是由持续出口企业的贸易额扩大实现的结论；钱学锋（2008）从企业层面的微观角度出发，将中国出口总量增长分解为集约边际增长与扩展边际增长，认为中国的出口扩张主要源自集约的贸易边际。此外，国内一些学者还对中国出口二元边际的绩效问题进行初步探讨。钱学锋（2008）指出，集约的贸易边际可能导致出口收入波动和贸易条件的恶化，扩展的贸易边际可以维持出口收入的稳定和避免逆向贸易条件的发生。钱学峰和熊平（2010）通过研究发现，经济规模有助于提升出口的集约边际，但却阻碍出口的扩展边际增长，而在外部冲击下，集约边际受到的冲击显著大于拓展边际。陈波和荆然（2013）发现，2008 年金融危机对中国出口的冲击主要表现在出口的集约边际上，而广延边际反而出现增长，并通过数值模拟的方式从企业融资成本的角度解释了广延边际可能扩张的原因。宗毅君（2012）对中国制造行业的出口"二元边际"的测算，也发现广延边际对贸易条件改善有积极的作用，集约边际则反之。盛斌（2014）则指出，过度依赖于集约边际扩张的中国出口贸易模式虽然在短期中能带来巨大的收益，但在中长期是不可持续的，甚至孕育着潜在的外部风险。

随着中国贸易的发展，有些学者发现二元边际已经不能满足研究需要，于是施炳展（2010）运用 Hummels and Klenow（2005）的方法，从产品层面上首次将中国出口增长分解为广度增长、数量增长和价格增长。这为之后研究影响中国出口增长的因素提供了新的研究方法。运用三元边际的方法来进行中国出口增长的研究逐渐丰富起来，高越（2014）通过对贸易便利化指标进行回归，发现中国和进口国的贸易便利化对扩展边际和数量边际存在显著正影响，对于价格边际则存在负的影响。进口国加强知识产权保护对中国出口高技术产品的种类有显著促进作用，对出口价格也有积极影响，但对出口数量有负向影响。刘瑶（2015）运用引力模型研究，发现两国地理接壤会显著促进出口数量和价格，同属于自贸区会使数量边际和扩展边际显著增长，出口国的研发投资则会促进出口的产品种类，降低出口价格；黄新飞（2017）通过三元边际分解研究，发现第三方遭遇反倾销活动促进了中国出口贸易扩展边际的增长，抑制了中国出口贸易数量边际和价格边际的增长；翁润（2017）从理论和实证方面分析知识产权保护对中国出口增长三元边际的影响，研究发现知识产权保护对中国出口扩展边际和数量边际有着促进作用，但是对价格边际却不存在显著的影响，刘钧霆（2018）通过对中国高技术产品出口贸易的三元分解也得出相似的结论。

上述文献对通过三元边际的方法对中国出口贸易的增长动力做出较为完备的解释，但这些研究所采用的数据时间，多是中国还在采取以出口数量为驱动的粗放型贸易策略期间，因而得到的结论，更多的是偏向数量边际是拉动中国贸易增长的主要动力。而从 2014 年开始，中国对外贸易额增长动力出现明显不足，粗放型的贸易发展战略后继乏力，数量边际增长对中国贸易增长的促进作用有所减弱，因此，本文试图通过对中国 ICT 产品出口的三元边际，分析了解中国高质量发展与贸易增长之间的关系，以此探寻中国稳定贸易增长的新动力。

三、中国 ICT 产品出口增长的三元分解

1. 三元边际分解模型

施炳展通过对 Hummels and Klenow 二元分解框架的提炼，将其发展为三元边际。在保持广度增长的同时，将深度增长拓展为数量边际和价格边际。

首先将产品出口的广度定义如（1）式：

$$EM_{jm} = \frac{\sum_{i \in Ijm} p_{rmi} \cdot x_{rmi}}{\sum_{i \in Irm} p_{rmi} \cdot x_{rmi}} \qquad (1)$$

再将产品出口的深度定义如（2）式：

$$IM_{jm} = \frac{\sum_{i \in Ijm} p_{jmi} \cdot x_{jmi}}{\sum_{i \in Ijm} p_{rmi} \cdot x_{rmi}} \tag{2}$$

j，r 分别代表对象国和参考国，m 代表进口国，I_{jm} 表示 j 国向 m 国出口的所有商品种类的集合，I_{rm} 表示全世界向 m 国出口的所有商品种类的集合。在本研究中，考虑中国与世界平均水平相比，因此参考国为整个世界。

从经济学含义上看，EM_{jm} 实际上表示 j 国与世界出口到 m 国重叠商品贸易量占世界总贸易量的比重，EM_{jm} 越接近 1，说明 j 国与世界重合程度越高，从而说明 j 国出口种类更加丰富，即产品广度越大。

IM_{jm} 表示在重合商品出口量中，j 国出口占世界总出口的比重，IM_{jm} 越大，说明在相同的商品上 j 国实现了更多的出口，即产品深度越大。显然，产品出口深度的增长受到出口产品的数量和价格的影响，因此有 $IM_{jm}=Q_{jm} \cdot P_{jm}$，其中产品数量边际（3）式和产品价格边际（4），每个增长边际的表达式如下：

$$Q_{jm} = \prod_{i \in Ijm} \left[\frac{x_{jmi}}{x_{rmi}} \right]^{W_{jmi}} \tag{3}$$

$$P_{jm} = \prod_{i \in Ijm} \left[\frac{p_{jmi}}{p_{rmi}} \right]^{W_{jmi}} \tag{4}$$

其中，p_{rmi} 和 x_{rmi} 分别表示世界向 m 国出口 i 类商品的平均价格和总数量。上式中的 W_{jmi} 为衡量 j 国出口 i 类商品的权数，其定义如（5）式：

$$W_{ji} = \frac{\frac{s_{jmi} - s_{rmi}}{\ln s_{jmi} - \ln s_{rmi}}}{\sum_{i \in Imj} \frac{s_{jmi} - s_{rmi}}{\ln s_{jmi} - \ln s_{rmi}}} \tag{5}$$

上式中，S_{jmi} 和 S_{rmi} 分别表示对 j 国和全世界而言，第 i 种商品出口额占向 m 国出口总额的比例，其定义如（6）、（7）式：

$$S_{jmi} = \frac{p_{jmi} \cdot x_{jmi}}{\sum_{i \in Imj} p_{jmi} \cdot x_{jmi}} \tag{6}$$

$$S_{rmi} = \frac{p_{rmi} \cdot x_{rmi}}{\sum_{i \in Imj} p_{rmi} \cdot x_{rmi}} \tag{7}$$

显然，j 国的出口种类越多、出口数量越大或者出口价格越高，都会使得 j 国出口增长。所以将（1）式和（2）式相乘，可以得到 j 国的出口份额指标（8）式：

$$R_{jm} = EM_{jm} \cdot IM_{jm} = EM_{jm} \cdot P_{jm} \cdot Q_{jm} \tag{8}$$

为了进一步分析一国在世界出口市场上的整体情况，将一国对不同国家的出口指标进行加总，按照（9）式进行：

$$IM_j = \prod_{m \in M}(IM_{jm})^{\alpha_{jm}}, EM_j = \prod_{m \in M}(EM_{jm})^{\alpha_{jm}},$$

$$P_j = \prod_{m \in M}(P_{jm})^{\alpha_{jm}}, Q_j = \prod_{m \in M}(Q_{jm})^{\alpha_{jm}} \qquad (9)$$

2. 数据来源及处理

进入 21 世纪，信息和通信技术（以下简称 ICT）产业在国际贸易中逐渐占据越来越重要的位置。据统计，到 2015 年，中国的 ICT 产品出口额从 2005 年的 2159 亿美元上升到 5543 亿美元，贸易额翻了一倍，ICT 出口额占中国进出口贸易总额的 15.6%。在国际市场中，中国也超越美国成为 ICT 产品的第一出口大国。而 ICT 产业作为一个技术密集型产业，可以很好地反映中国出口质量提升的情况。因此，本文将采用 ICT 产业的出口贸易数据来分析高质量发展与贸易增长之间的关系。

本文使用的贸易出口数据来自 UNComtrade 数据库，在 SITC（Rev4）分类标准下，抓取以 751、752、759、764、772、776 开头的 5 分位贸易数据，考察期间为 2007–2017 年。其中，751 产品为办公用品，752 产品为自动数据处理机及其部件和磁性或光学读卡器、将数据以编码形式转录到数据媒体上的机器和处理这些数据的机器，764 产品为通信设备及其部件，772 产品为半导体产品，759 产品是 751 和 752 产品子目录下部分产品的零部件，776 产品是 772 产品子目录下部分产品的零部件。

通过计算，对 2017 年中国向世界各个国家（地区）ICT 产品出口额进行排名，最终选择前 55 个国家（地区）作为研究对象。中国对这 55 个国家（地区）①的 ICT 产品出口总额占到中国向世界 ICT 产品出口总额的 98.06%，从统计角度来说选取的数据具有代表性。

---

① 55 个国家按排名分别是：中国香港、美国、韩国、日本、荷兰、印度、德国、越南、新加坡、英国、墨西哥、马来西亚、澳大利亚、泰国、阿拉伯联合酋长国、俄罗斯联邦、巴西、捷克、意大利、印度尼西亚、加拿大、法国、菲律宾、波兰、土耳其、匈牙利、西班牙、南非、沙特阿拉伯、巴基斯坦、伊朗、智利、阿根廷、哥伦比亚、缅甸、爱尔兰、比利时、秘鲁、瑞典、以色列、希腊、孟加拉国、埃及、奥地利、乌克兰、哈萨克斯坦、新西兰、巴拿马、阿尔及利亚、罗马尼亚、尼日利亚、卢森堡、芬兰、瑞士、丹麦。

3. 中国对世界整体情况分析

中国对 55 个国家的三元边际分解结果如图 1、图 2 所示。每个图形的含义与股价图类似，空心（实心）箱体部分表示从 2007 年到 2017 年该国增长（减少）的情况，箱体上、下的线段则表示考察期间的最高值和最低值。图中国家按照数量和价格边际的平均增长率从左向右排列。就数量边际而言，以菲律宾等发展中国家空心箱体较长，说明其增速较快；汉堡等国家是十字形，说明数量有波动但最终基本不变；卢森堡等国家是实心箱体，数量出现负增长。就价格边际而言，除缅甸、比利时和越南是负增长以外，其他国家均实现了不同程度的正增长。

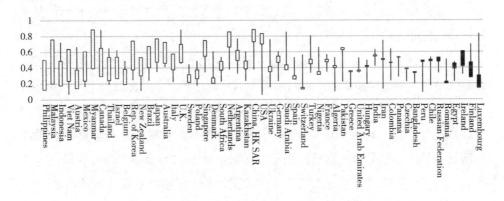

图 1　中国对 55 个国家 ICT 产品出口的数量边际

总体来看，数量边际中出现了许多十字形，这说明虽然数量发生了波动，但最终 2017 年与 2007 年的数量水平相当。而价格边际中出现的十字形明显要少于数量边际，这说明过去十年中国对大部分国家的价格基本都是增长的状态。

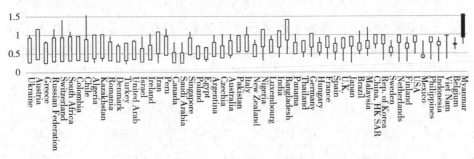

图 2　中国对 55 个国家 ICT 产品出口的价格边际

根据（9）式的定义，可以汇总得出 2007 年 –2017 年中国对世界出口 ICT 产品的三元边际指标，发现它们呈现以下特征性事实：

（1）中国 ICT 出口的价格边际稳步提高，有效拉动了出口增长，并且出口产品质量提升对稳定贸易增长有着较好的效果。从表 1 中可以看出过去十年，除了在 2008 年和 2011 年有所波动，中国 ICT 产业的价格边际总体呈现不断上升的趋势，这与实际也基本符合。ICT 产品价格在金融危机后不降反升，说明中国在全球贸易额普遍下降时期找到了以高价格为特点的高质量外贸发展途径。因为价格边际的增长，使得出口深度和出口份额在数量边际大幅下滑的背景下，下降的幅度远小于预期，这表明出口质量的提升对稳定外贸增长有着较为明显的效果。

（2）中国 ICT 产品出口的数量边际呈现波动的态势，对中国出口增长有一定的贡献，但增长拉动趋向乏力。从表 1 的增长趋势可以看出过去十年中国 ICT 产品的出口数量处于波动状态。这可能是由于 2007 年后世界经济危机造成的全球贸易量下滑，以及 2014 年后由于劳动力要素价格提升、通货膨胀、世界经济复苏动力不足等原因造成的贸易额下降。以出口数量拉动外贸增长的方式明显不再稳定有效，要维持出口贸易的稳定增长，需要寻求新的增长动力。

（3）中国对世界出口的 ICT 产品种类十分丰富，中国 ICT 产品的出口增长几乎没有来自拓展边际的动力。如表 1 所示，从 2007 年至 2017 年的中国 ICT 出口的 EM 值都接近 1，这说明中国 ICT 产品出口种类与世界接近重合，几乎每种 ICT 产品中国都有出口。拓展边际总体来说增长幅度不明显说明拓展边际对于 ICT 产品的出口增长贡献不大。这可能是因为 ICT 产业属于高新技术产业，而以计算机及信息技术为代表的第三次工业革命已经经历了近半个世纪的发展，各项技术已经趋于成熟，产品创新也趋于饱和，因此，出口产品种类增加幅度很小，几乎可以忽略不计。

表 1　2007–2017 中国对世界出口 ICT 产品三元边际分解

年份	价格边际	数量边际	拓展边际	出口深度	出口份额
2007	0.62818	0.48712	0.99867	0.30600	0.30559
2008	0.62092	0.48684	0.99845	0.30229	0.30182

续　表

年份	价格边际	数量边际	拓展边际	出口深度	出口份额
2009	0.72253	0.40042	0.99813	0.28932	0.28878
2010	0.72030	0.41436	0.99875	0.29846	0.29809
2011	0.65177	0.49185	0.99858	0.32057	0.32011
2012	0.64534	0.54797	0.99907	0.35363	0.35330
2013	0.69129	0.57507	0.99918	0.39754	0.39721
2014	0.74395	0.51301	0.99919	0.38165	0.38135
2015	0.78041	0.52280	0.99939	0.40800	0.40775
2016	0.82500	0.48566	0.99948	0.40067	0.40046
2017	0.93756	0.70954	0.99929	0.66524	0.66477
增长趋势	〰	〰	〰	〰	〰
平均增速	4.09%	3.83%	0.01%	8.08%	8.08%

4. 动态演进分析

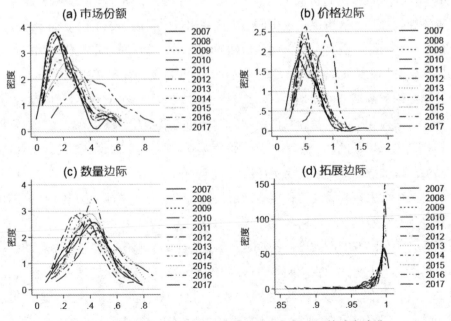

图 3　出口份额、价格边际、数量边际和拓展边际的动态演进

为了进一步分析随着时间的推进，从总体上不同的增长边际发生了怎样的变化，本文对中国 ICT 出口的三元边际指标进行了核密度动态演进，动态演进的时间范围从 2007 年到 2017 年。图 3 中 (a)、(b)、(c)、(d) 分别为出口份额、价格边际、数量边际和拓展边际的动态演进。

（1）在考察期内，中国 ICT 产品的出口市场份额逐渐增加，但占各进口国的出口份额差距在不断拉大。从图 3 (a) 中可以看出，随着时间的推移，出口份额的核密度曲线峰值逐渐从 0.2 附近右移到 0.4 附近，这说明中国在各国的 ICT 进口市场中所占的份额是在逐年变大的；同时，随着时间的推移，核密度曲线的形状在不断变低，且峰值附近的样本分布较为分散，这说明中国在各个国家 ICT 市场所占份额的差距在不断地拉开，这种现象出现的原因可能是中国出口的 ICT 产品针对不同的市场有着不同的出口数量计划。

（2）中国 ICT 产品出口价格呈现逐年升高的态势，且增长趋势越发明显，针对不同国家的价格策略存在一定的差异性。从图 3(b) 可以看出，中国 ICT 出口的价格边际曲线是在不断右移的，峰值范围从 2007 年的 0.4 附近区间逐渐移动到 2017 年的 0.9 附近区间，这表明中国 ICT 产品出口的价格边际总体上来说是在不断增加的，这也反映出中国 ICT 产品出口质量的不断提升。而金融危机期间，价格边际并没有左移，而是依然向右移动，这说明金融危机对出口价格边际的影响不大，ICT 产品出口边际对出口增长的促进作用较为稳定。2017 年价格边际的大幅提升可能是因为供给侧结构性改革的推进使进出口开始转向高质量发展阶段。同时，看到峰值范围向右移动的幅度是在逐年增加的，这表明价格拉动出口增长的动力越来越强。价格边际曲线上存在的波动表明中国 ICT 产品的出口价格在不同的市场是存在着差异性的。

（3）数量边际曲线的变化规律与市场份额较为类似，即中国 ICT 产品的出口数量逐渐缓慢增加，但对各进口国的出口数量差距在不断拉大。从图 3(c) 中可以看到，中国 ICT 产品出口的数量边际是在不断右移的，但逐年右移的幅度不是很大，这表明在观察期间内，中国 ICT 产品出口数量趋势是有所提升，但提升幅度不是很大。受到金融危机的冲击，2008、2009 两年的数量边际出现了明显的左移，说明金融危机对出口数量边际的负向冲击比较明显。同时随着时间的推移，数量边际曲线的形状是在不断变矮的，这表明中国在不同市场出口 ICT 产品的数量产生了分化。这说明各进口国的 ICT 市场发展速度有着很大的差异，ICT 技术发展较为落后的发展中国家有着较大的需求，进口市场扩张较为明显，而科技发展速度较快的发达国家的市场则增长动力不足，因而中国 ICT 企业的出口规模策略发生了变化。

（4）中国 ICT 产品出口种类十分完备，过去十年几乎未发生变化，且向各国出口的种类差距不断缩小。从图 3(d) 中可以看到，2007 年至 2017 年，中国的拓展边际曲线都呈尖峰状，且峰值均离 1 十分接近。这表明中国 ICT 产业的发展已经较为完善，出口种类十分丰富，几乎与世界 ICT 出口种类重合。核密度曲线不断变窄变高则表明各国进口 ICT 产品的种类越来越接近，这也是随着信息技术所带来的影响。

综上所述，可以看到，从 2007 年到 2017 年，中国 ICT 产品的市场份额是在稳步扩张的，而前、中期主要增长动力依然还是来自出口数量的增长，这从两者的动态演进曲线较为相似可以看出。但在金融危机的冲击下，中国依赖数量扩张的出口模式暴露出不少弊端，从而导致中国出口贸易在短期大幅度萎缩，这也印证了出口数量边际增长的不稳定性、脆弱性和高风险性。

在考察期的后期，价格边际给出口增长提供了新的动力来源，这从后期市场份额的增长幅度超过数量边际，而小于价格边际可以看出。随着各个国家 ICT 技术的不断普及，出口数量所带来的出口增长将会越来越少，人工智能和 5G 等新兴技术的研发生产为中国 ICT 产业未来质量提升提供了机会，价格边际在拉动中国 ICT 出口增长上将会起到越来越显著的作用。而且在金融危机的冲击下，价格边际受到的负向影响显著小于数量边际。因此，中国出口的稳定增长和贸易利益的有效改善，都有赖于出口结构中价格边际的比重的进一步提升。

5. 中国对代表性国家出口情况分析

表2　中国对代表性东盟国家出口三元边际分解

	指标	2007	2012	2017	07–12 年均增长	12–17 年均增长
新加坡	EM	0.9996	1.0000	1.0000	0.01%	0.00%
马来西亚		1.0000	0.9995	0.9988	−0.01%	−0.01%
印度尼西亚		0.9998	1.0000	0.9985	0.00%	−0.03%
缅甸		0.9679	0.9907	0.9971	0.47%	0.13%
泰国		0.9997	0.9994	0.9997	−0.01%	0.01%
越南		0.9991	1.0000	0.9996	0.02%	−0.01%
菲律宾		1.0000	0.9995	0.9994	−0.01%	0.00%
新加坡	P	0.4734	0.4684	0.9211	13.07%	19.24%
马来西亚		0.6271	0.5404	0.8382	0.97%	10.75%
印度尼西亚		0.7091	0.5470	0.8057	−4.68%	9.30%
缅甸		1.5423	0.8527	0.9169	−8.56%	2.49%
泰国		0.5365	0.6263	0.8399	4.37%	8.67%
越南		0.9750	0.6891	0.9733	−2.69%	10.33%
菲律宾		0.7933	0.4417	0.9267	−8.75%	18.66%
新加坡	Q	0.5471	0.3348	0.7463	8.03%	21.62%
马来西亚		0.2006	0.2531	0.7603	8.59%	38.44%
印度尼西亚		0.1764	0.3671	0.4873	17.19%	6.80%
缅甸		0.3922	0.6361	0.8851	15.03%	9.20%
泰国		0.2422	0.2865	0.5336	6.77%	13.98%
越南		0.2347	0.3655	0.6396	13.84%	15.96%
菲律宾		0.1243	0.1982	0.5005	24.00%	27.52%

表3　中国对代表性东欧国家出口三元边际分解

	指标	2007	2012	2017	07–12 年均增长	12–17 年均增长
波兰	EM	0.9977	0.9977	0.9980	0.00%	0.01%
捷克		0.9931	0.9956	0.9969	0.05%	0.03%
匈牙利		0.9971	0.9984	0.9902	0.03%	−0.16%
罗马尼亚		0.9708	0.9968	0.9967	0.53%	0.00%
波兰	P	0.3626	0.3747	0.7032	2.52%	15.51%
捷克		0.3839	0.4360	0.7066	7.43%	10.66%
匈牙利		0.5293	0.5470	0.7884	2.44%	8.20%
罗马尼亚		0.3145	0.3976	0.8217	14.25%	20.15%
波兰	Q	0.2623	0.3652	0.3744	8.09%	0.72%
捷克		0.3884	0.3623	0.3802	1.43%	1.19%
匈牙利		0.4112	0.4029	0.4223	1.47%	1.66%
罗马尼亚		0.2228	0.1910	0.2000	2.99%	2.14%

表4　中国对代表性发达国家出口三元边际分解

	指标	2007	2012	2017	07–12 年均增长	12–17 年均增长
美国	EM	1.0000	1.0000	1.0000	0.00%	0.00%
英国		1.0000	1.0000	1.0000	0.00%	0.00%
法国		1.0000	1.0000	1.0000	0.00%	0.00%
德国		1.0000	1.0000	1.0000	0.00%	0.00%
美国	P	0.7934	0.7835	0.9616	0.04%	4.64%
英国		0.6360	0.6333	0.9100	−0.04%	8.00%
法国		0.6548	0.7212	0.9646	2.27%	7.59%
德国		0.6664	0.6505	1.0353	−0.36%	10.94%
美国	Q	0.6998	0.7056	0.8322	0.48%	3.67%
英国		0.4680	0.5925	0.6979	5.09%	3.95%
法国		0.4721	0.3702	0.5025	−4.18%	7.00%
德国		0.4671	0.4926	0.5454	1.08%	2.80%

从表 2、表 3、和表 4 可以看出，过去十年，中国粗放型的贸易增长模式对于主要的东盟贸易伙伴国基本成立，而对于传统的发达国家和东欧国家已经收效甚微。中国对各主要东盟国家的 ICT 产品出口数量边际总体上增长明显，且后 5 年的平均增长率相比前 5 年都有所提升。而与此同时，中国对主要东盟贸易伙伴国 ICT 出口的价格边际总体上增长不如数量边际，但后 5 年的增长幅度比前 5 年提升很多，拓展边际增长幅度则是保持在 0% 上下，这说明中国在过去十年间对主要东盟贸易伙伴国的 ICT 产品出口增长主要得益于出口产品数量的增长，中国粗放型的贸易增长模式对于向东盟国家出口 ICT 产品是十分有效的。出现这种情况的原因可能是，2010 年中国东盟自贸区的建立使得中国对东盟国家的出口便利程度得到很大提升，从而使得中国向东盟国家的 ICT 出口数量迅速增长。值得注意的是，中国向东盟国家出口价格边际后 5 年平均增长率普遍大于前 5 年，这说明价格边际增加对中国向东盟国家的出口增长拉动的作用越来越大。

而对于东欧国家而言，中国以数量拉动贸易增长的模式效果则不是十分理想。从表 3 可以看出，首先中国向东欧国家出口的数量边际普遍就比东盟国家和发达国家低，其次数量边际的年均增长率也比东盟国家要低，与发达国家相近。出现这种情况的原因可能是东欧国家与中国的地理距离较远，双边贸易进行的成本较高，且东欧国家本身的 ICT 进口需求不是很大，造成中国对东欧地区出口数量的偏低。不过随着"一带一路"的逐步推行和中欧班列的陆续开通，相信未来中国对东欧地区的出口数量情况会有所改善。相对而言，中国向东欧国家出口的价格边际年平均增长速度要略高于东盟国家，出现这种情况的原因可能是东欧国家相对于东盟国家而言 ICT 技术普及速度更快，所以对高质量 ICT 产品的需求更多。

对于主要的发达国家贸易伙伴来说，中国以数量拉动贸易增长的模式效果也不是十分理想。从表 4 可以看到，中国对主要发达国家的出口拓展边际基本都是 1（由于篇幅原因取小数点后 4 位，结果均约为 1），这说明中国对主要发达国家的 ICT 产品出口种类几乎无法进一步丰富，这也与年均增长率为 0% 的结果相一致。中国对主要发达国家的 ICT 出口价格边际年均增长率增长幅度普遍高于数量边际，可见，就中国向主要发达国家出口 ICT 产品的增长动力而言，来自价格增长的动力比来自数量增长的要多，粗放型的贸易增长模式对与发达国家的贸易并不适用。

从东盟国家、传统发达国家和东欧国家的对比可以看出，科技水平越发达的进口国，中国对其出口数量边际的增长越难。且对比前后 5 年，价格边际的增长幅度都大于数量边际。随着信息技术的发展，发展中国家与发达国家之间的科技水平差距在不断缩减，未来中国整体 ICT 产品的出口对象可能会越发接近现在向欧美发达国家，因而以数量增长为主要驱动力粗放型贸易发展模式可能会越发乏力，价格增长对贸易增长的促进作用则越来越强。

四、结论与建议

通过对 2007–2017 年中国 ICT 产品出口的三元边际分解和核密度动态演进分析，得出以下结论：

第一，中国 ICT 出口的价格边际稳步提高，有效拉动了出口增长，并且出口产品质量提升对稳定贸易增长有着越来越重要的作用。中国 ICT 产品出口的数量边际近几年呈现波动的态势，对中国出口增长有一定的贡献，但拉动外贸增长的效果在逐渐减弱。

第二，中国粗放型的贸易增长模式对于向东盟国家出口 ICT 产品是十分有效的。就中国向主要发达国家和东欧国家出口 ICT 产品的增长动力而言，来自价格增长的动力比来自数量增长的要多，粗放型的贸易增长模式对与发达国家和东欧国家的贸易并不适用。

第三，在金融危机的冲击下，数量边际受到较大的负向影响，而价格边际非但没有下降，反而出现逆向增长，这表明价格边际所带来的增长抵御外部冲击的能力更强。

综上所述，可以看到，随着各个国家科技普及程度的提高，中国以出口数量拉动外贸增长的策略效力将越来越小，而以价格边际增长为主的高质量出口增长对外贸增长的促进作用将会越来越大，且价格边际增长应对金融危机等外部冲击的能力更强，所以中国未来稳定外贸增长应当致力于价格边际增长为主的高质量增长。对此，提出以下三个方面的建议：

第一，出口技术提升：一要加强知识产权保护，鼓励企业自主创新和研发，提高企业技术水平。；二要加大技术寻求型 OFDI 投入力度，向科技水平比自身高的国家投入 OFDI，利用 OFDI 的逆向技术溢出效应获取研发资源、知识溢出和先进技术以提升自身的技术水平；三要加大科技型 FDI 引进力度，国内企业通过学习先进技术和经验，提高生产能力和技术含量，从而实现中国出口产品的质量提升。

第二，出口品牌打造：企业针对不同的出口市场制定不同的出口策略，在维持现有出口商品种类的基础上，有针对性的打造出口产品，从而达到出口质量提升的目标；政府出台扶植国家品牌出口企业的政策，以品牌出口企业为先锋，提升中国出口产品在世界市场中的影响力，再通过产业集群效应带动其他出口企业的质量提升。

第三，贸易政策支持：制度改革促外贸创新发展，加快自贸区自贸港建设，提升贸易便利化程度。加快促进出口产业结构升级，利用产业结构改善带来的技术创新和技术溢出效应，提高二、三产业中高附加值产品出口比重。

参考文献

[1] Jacks D. S. ,Christopher M. Meissner,Dennis Novy. Trade Booms,Trade Busts,and Trade Costs［J］. Journal of International Economics, 2011(83).

[2] Forslid, R. ,Ian Wooton. Comparative Advantage and the Location of Production ［J］. Review of International Economics, 2003, 11(4).

[3] Melitz, M., The Impact of Trade on Intra-industry Real location and Aggregate Industry Productivity, Econometrica, 2003, 71(6), 1695－1725.

[4] 陈勇兵，陈宇媚，周世民：贸易成本、企业出口动态与出口增长的二元边际——基于中国出口企业微观数据 :2000—2005[J].《经济学 (季刊)》,2012,11(04):1477-1502.

[5] 钱学锋：企业异质性、贸易成本与中国出口增长的二元边际 [J].《管理世

界》,2008(09):48-56+66+187.

[6] 钱学锋, 熊平: 中国出口增长的二元边际及其因素决定 [J].《经济研究》, 2010,45(01):65-79.

[7] 陈波, 荆然: 金融危机、融资成本与我国出口贸易变动 [J].《经济研究》, 2013,48(02):30-41+160.

[8] 宗毅君: 中国制造业的出口增长边际与贸易条件——基于中国 1996—2009 年微观贸易数据的实证研究 [J].《产业经济研究》,2012(01):17-25.

[9] 盛斌, 吕越: 对中国出口二元边际的再测算: 基于 2001-2010 年中国微观贸易数据 [J].《国际贸易问题》,2014(11):25-36.

[10] 施炳展: 中国出口增长的三元边际 [J].《经济学 (季刊)》,2010,9(04):1311-1330.

[11] Hummels, D. and P. Klenow,（2005）The Variety and Quality of a Nations Exports, American Economic Review, 2005, 95(3):704-23.

[12] 高越, 任永磊, 冯志艳: 贸易便利化与 FDI 对中国出口增长三元边际的影响 [J].《经济经纬》,2014,31(06):46-51.

[13] 刘瑶, 丁妍: 中国 ICT 产品的出口增长是否实现了以质取胜——基于三元分解及引力模型的实证研究 [J].《中国工业经济》,2015(01):52-64.

[14] 黄新飞, 李锐, 黄文锋: 贸易伙伴对第三方发起反倾销对中国出口三元边际的影响研究 [J].《国际贸易问题》,2017(01):139-152.

[15] 翁润, 代中强: 知识产权保护对中国出口增长三元边际的影响研究 [J].《当代财经》,2017(02):100-113.

[16] 刘钧霆, 曲丽娜, 佟继英: 进口国知识产权保护对中国高技术产品出口贸易的影响——基于三元边际的分析 [J].《经济经纬》,2018,35(04):65-71.

全球价值链视角下我国生产性服务贸易国际竞争力提升路径研究

孟方琳　汪遵瑛　秦玉兰[*]

提要：随着新一轮全球价值链的重构以及全球智能制造业的快速发展，生产性服务贸易迎来新的发展机遇。在我国经济已进入创新驱动新阶段和稳步增长的新时期，我国生产性服务贸易在继续扩大规模、结构均衡调整、行业深度融合等方面还存在巨大空间。利用 IMS、RCA、TC、MI 指数分析得出我国金融服务、知识产权使用、保险和养老金服务、通信计算机和信息服务的国际竞争力各项指标。从全球价值链视角下提出我国生产性服务贸易国际竞争力提升的重要路径。

关键词：生产性服务贸易；国际竞争力；全球价值链；制造业

一、引言

随着国际分工的持续深化和创新科技的飞速发展，生产性服务贸易也展现出强大的魅力。生产性服务贸易嵌入全球价值链的各环节，已成为焕发经济活力的重要引擎，其国际竞争力也成为一国贸易竞争力的核心体现。联合国贸发会统计数据显示，2018 年，世界服务贸易进出口总额 114487 亿美元，我国服务贸易进出口总额从 1983 年 44 亿美元增加到 2018 年的 7919 亿美元，增长 180 倍。近五年，我国 GDP 年均增长 7.1%，占世界经济比重提高 3.6 个百分点，达到 15% 左右，对世界经济的贡献率超过 30%。我国经济由要素驱动的高速增长阶段转向创新驱动的高质量发展阶段，消费结构也不断向更高层次升级，

*作者简介：孟方琳，上海杉达学院、东华大学副教授；汪遵瑛，上海杉达学院系副主任；秦玉兰上海杉达学院副教授。

消费市场的变化推动生产型制造向服务型转变。进入数字经济 2.0 时代，互联网、云计算、大数据、物联网、人工智能等不断在生产性服务业中得到创新与运用，使得我国有机会运用信息技术赋能各产业发展，创新驱动生产性服务贸易向高附加值的领域迈进。因此，如何在全球经济格局深度调整、我国经济进入高质量发展的关键时期，增强我国生产性服务贸易国际竞争力，进而促进生产效率提升具有重要的现实意义。我国如何在新一轮全球价值链重构中，实现产业转型升级，突破价值链"低端锁定"，积极向价值链高端演进是我国当前参与国际竞争与发展的关键所在。

二、文献综述

1966 年，Greenfield 首先提出针对已有商品或服务再提供进一步生产的服务环节就是生产性服务。James R. Markusen (1989) 最早研究生产性服务贸易，认为贸易过程中会出现中间投入与产出，并且存在规模报酬递增效应。Francois (1990) 首次运用引力模型分析生产性服务贸易模式和规模问题。Jones & Kiezkowski (1990) 将价值链中的中间服务环节纳入全球生产模块中研究，认为生产性的服务环节在地理空间分解后再合作会增加对运输、通信及其他服务的需求，进而带动生产性服务贸易发展。Sherman Robison (2002) 通过实证研究得出，发展中国家可以通过对技术和知识密集型服务产品的进口，获得技术溢出效应，进而提高全要素生产率。

国内学者中，汪素芹和胡玲玲（2007）较早结合贸易差额和 TC 指数分析我国生产性服务贸易国际竞争力，得出细分行业规模增长速度较快，但存在贸易结构不平衡和贸易逆差日益扩大等问题，导致我国生产性服务贸易竞争力不强。杨慧瀛（2015）选取六大类生产性服务贸易，比较中美印三国的生产性服务贸易竞争力，认为中印的传统生产性服务贸易竞争力较强，但与美国存在较大差距。付华，周升起（2014）将中国与东南亚国家生产性服务贸易竞争力和贸易结构进行比较，提出应将生产性服务贸易从制造业中分离，优先发展与货物贸易相关的高端生产性服务业。陈杨（2017）对金砖国家生产性服务贸易国际竞争力进行比较，并得出货物贸易和人均国民收入对提升竞争力有重要影响。庞博，张曙霄（2018）总结英国生产性服务贸易发展的经验，给我国生产性服务贸易发展提供启示：通过扩大开放倒逼我国生产性服务业国际竞争力提高；积极进行产业结构调整促进竞争力提升；发挥货物贸易与生产性服务贸易的联代作用；加强我国生产性服务业的管理和协调机制建设；重视对专业化和创新型人才的培养；从政府、行业到企业自身三方协调并积极创新。王江，陶磊（2018）利用 RCA 和 TC 指数对我国生产性服务贸易进行分析，并与德国、印度、日本、意大利和韩国进行比较，给出政策性建议。

国内其他学者还将生产性服务贸易与制造业进行研究，认为生产性服务贸易国际竞争力与制造业的转型升级相互促进（于明远、范爱军，2018），生产性服务投入对制造业国际竞争力有显著正效应，但存在行业差异性，运输和物流服务化、金融服务、保险服务、科学技术投入服务从技术创新角度，都能促进制造业国际竞争力的提升（杨仁发、汪青青，2018），进而带动生产性服务贸易竞争力的增强。闫云凤（2018）对中美服务业在全球价值链中的地位和竞争力做了比较分析，指出美国大部分细分行业在全球价值链中的地位都高于中国，而我国陆运和管道运输行业具有较大竞争优势，但其他生产性服务贸易的前向参与度不高，从全球范围看中美两国的服务业具有较强的贸易竞争力。张彦（2019）基于中美贸易战的背景，从贸易结构、出口流向、参与程度和价值链中的地位视角，对中美日在全球价值链中的国际竞争力进行研究，得出我国制造业与美日两国还存在加大差距，在高端制造领域中国的位置度和参与度均较低，因此应加快区域产业链布局，利用强劲的市场需求在全球价值链中获益。

国内外学者从不同的角度探讨生产性服务贸易规模、结构和国际竞争力等问题，不少学者只选取反应国际竞争力的部分指标进行国别比较分析，本文在现有研究基础上，分析 2005 年以来我国生产性服务贸易的发展规模、增长速度、行业结构，利用 UNCTAD 的统计数据，计算了 TC 指数、MSI 指数、RCA 指数、MI 指数等指标，重点分析我国生产性服务贸易各细分行业国际竞争力，最后基于我国经济社会发展的新时期特征，从全球价值链视角提出我国生产性服务贸易国际竞争力提升的主要路径。

三、我国生产性服务贸易发展现状分析

生产性服务业产品的进出口贸易统称为生产性服务贸易，生产性服务贸易是生产性服务业参与国际分工的重要表现形式。根据《中国国际收支平衡表》和联合国贸易统计数据库，运输服务、建筑服务、金融服务、保险和养老金服务、知识产权使用费和特许费、通信计算机和信息服务、其他商业服务属于生产性服务贸易，本文重点研究六大行业生产性服务贸易的国际竞争力。

（一）我国生产性服务贸易逆差逐年扩大

2005 年至 2018 年，我国服务贸易出口额从 785 亿美元增至 2668 亿美元，进口额从 840 亿美元增至 5250 亿美元，进出口额均呈扩大趋势但增速趋缓。我国服务贸易进口大于出口，长期呈逆差状态，且逆差持续扩大。我国生产性服务贸易规模不断增大，进出口总额在统计年限里增长约 487.49%。但我国生产性服务贸易也始终处于逆差状态，2005–2018 年，逆差呈现出先增大后逐步缩小的趋势。其中，2013 年的逆差值达到峰值 791 亿美元。在 2009 年金融危

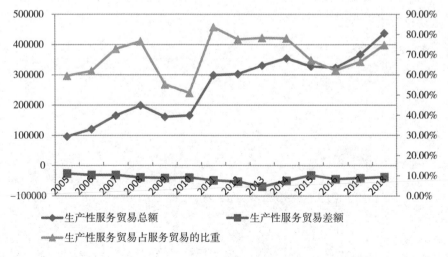

图 1　2005–2018 年我国生产性服务贸易进出口数据（单位：百万美元 /%）①

① 本文数据均来源于 UNCTAD 数据库 (BPM6)，并经过作者整理计算得出。

机影响下，我国生产性服务贸易进出口规模整体均呈下降趋势。在严峻的外贸发展形势下，我国生产性服务贸易进出口总额占服务贸易进出口总额呈现缓慢下行趋势，但在 2010 年达到峰值 64.13%，呈"凸"形变化，2013 年至 2015 年，占比急速下行，主要因旅游服务贸易进出口总额增加幅度较大。

（二）我国生产性服务贸易增速逐步放缓

2005 年以来，我国生产性服务贸易进出口增速呈缓慢下降趋势，受 2008 年国际金融危机的负面影响，2009 年，我国生产性服务贸易进出口额均出现负增长，增长率进入历史最低时期，进口增长率为 –3.73%，出口受到较大影响，增速为 –26.70%。2011 年，生产性服务贸易的进出口有了较快增长，达到峰值 45.83%。但随后在 2014 年和 2015 年又趋于平缓甚至是负增长。随着 2015 年我国"一带一路"倡议的提出，以及制造业服务化转变趋势明显，专业服务领域竞争力逐步提升，2017 年上半年，我国服务外包表现良好，实现顺差 447 亿元；金融服务也实现顺差 78 亿元人民币，出口增幅达到 47%；知识产权使用费出口增加 15%；电信、计算机和信息服务增幅达到 10%。但从图 2 中看出，我国生产性服务贸易出口增速趋缓，缺乏有效动力，这与我国作为全球第二大经济体身份还不匹配。

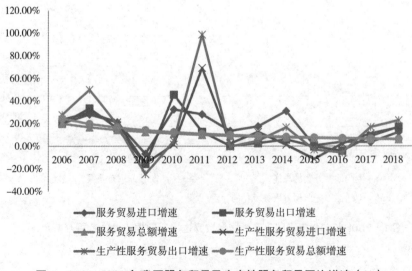

图 2　2006–2018 年我国服务贸易及生产性服务贸易同比增速（%）

（三）我国生产性服务贸易进出口行业结构不合理

从出口结构来看，劳动密集型行业比重远高于技术和知识密集型行业，生产性服务贸易出口结构严重失衡。运输服务和建筑服务等劳动密集型产业占很大比例，金融服务和知识产权使用费等知识密集型产业占比低于5%。截至2018年，运输服务、通信、计算机和信息服务及建筑服务已成为我国生产性服务贸易的主要组成。运输服务出口始终居首位，但下滑趋势明显，这与我国商品贸易量较大，联动运输服务贸易占比较大有关。随着信息科技的快速发展，2011年后，通信、计算机和信息服务出口占比超过20%，并继续扩大成为我国生产性服务贸易中增长最快的行业。我国生产性服务贸易出口结构由于服务外包的发展得到一定程度的优化。技术和知识密集型的金融服务、知识产权使用费和通信、计算机和信息服务三者的出口占比逐渐增加。随着"一带一路"建设的深入开展，建筑服务出口也在扩大，相对传统生产性服务贸易,金融服务和知识产权使用费占比甚微，远远落后与美英德日等发达国家。

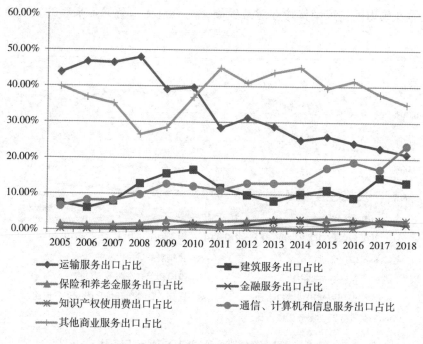

图3 2005-2018年我国生产性服务贸易分行业出口占比

从进口结构来看，金融服务、知识产权使用费等技术复杂度较高的行业进口额占明显优势。保险和养老金服务与知识产权使用费的进口额占比基本保持在 10%-15% 之间，且近五年逆差逐步扩大，从 2012 年起，呈现出明显的递增趋势，说明我国在相关保险服务和技术密集型服务行业的竞争力还有较大提高的空间。我国的生产性服务贸易进口结构不平衡，知识密集型行业的比重与劳动密集型行业相比差距明显。从整体发展趋势来看，虽然运输服务进口额占比最大，但总体呈下降趋势。知识产权使用费和通信、计算机和信息服务等技术和知识密集型行业进口正在以更快的速度增长。这表明，我国经济发展对技术和知识密集型的生产性服务贸易依赖较大，扩大先进技术进口，有助于促进贸易平衡、缓解贸易摩擦。

从总体结构上看，我国生产性服务贸易的进出口结构失衡严重。运输服务进出口占比较大，出口额急剧下降进口额增长缓慢。建筑服务和通信、计算机和信息服务出口占比较大且不断上升，进口占比较低且增长缓慢。保险与养老金服务和金融服务的进出口占比较小，发展滞后。2018 年两会上提出要扩大金融业的开放力度，推动保险业对外发展，为其进出口贸易带来新的发展机遇。

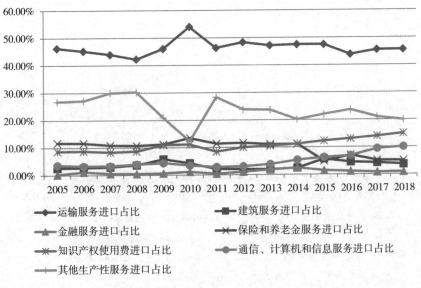

图 4 我国生产性服务贸易细分行业进口占比

从统计数据上来看，虽然知识产权使用费贸易逆差仍然存在且数额巨大，但出口增长势头表现出我国知识产权贸易正在快速发展中。从长远发展的角度来看，我国生产性服务贸易的结构不断优化，知识产权使用费进口占比在知识密集型产业中最高，且持续增长。

我国生产性服务业市场开放远远滞后于工业，行业垄断和准入限制过多，已有的公平准入政策落实不到位，一些行业被过度保护和管制，对非国有经济和外资紧缩市场，电信、铁路等部门完全被垄断。生产性服务业发展难以流入社会资本，供需不平衡。生产性服务业存在市场化程度较低，竞争活力和效率不足等问题。同时，生产性服务行业利用外资率较低，因此通过外商直接投资的传导机制，带来的技术溢出效应不显著，没能有效发挥示范效应、竞争机制效应、关联效应和人才流动效应。另外，生产性服务业的发展离不开人口、资源、产业和信息等基本要素，而这需要靠城市来大量聚集。我国城镇化水平处于积极建设阶段，相对滞后的城镇化建设使得市场对生产性服务的需求降低，分散的资源无法得到充分利用，无法形成行业有效集聚并产生规模效应。由于我国生产性服务体系不完善，生产性服务供需不平衡，也阻碍了服务外包的发展。因此，我国生产性服务贸易远未达到国际先进水平，发展空间巨大。

四、我国生产性服务贸易国际竞争力的分析

（一）我国生产性服务贸易整体国际竞争力分析

出口能力越强代表着贸易国际竞争力越强，我国生产性服务贸易出口规模在 2011 年开始突破 1000 亿美元，2008-2009 年金融危机时，有明显下降趋势后又逐步攀升。表明我国生产性服务贸易国际竞争力整体较薄弱，但增长较快，发展前景乐观（如图 5 所示）。

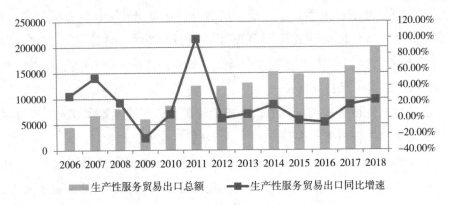

图5　2006 年 -2018 年我国生产性服务贸易出口额和同比增长率（单位：百万美元 /%）

贸易竞争力指数 TC（Trade Competitive Index）是指一个国家某一行业（产品）进出口贸易差额占该行业（产品）进出口贸易总额的比重，公式如下：

$$TC_{ij} = \frac{X_{ij} - M_{ij}}{X_{ij} + M_{ij}} \qquad\qquad (4-1)$$

公式 4-1 中，TC_{ij} 代表贸易竞争优势指数，X_{ij} 和 M_{ij} 分别代表我国生产性服务出口额和进口额。TC 指数的值域为 [-1,1]，TC 指数越接近 1，竞争力越大。当 TC_{ij}=0 时，表示竞争力处于国际平均水平；当 TC_{ij}= -1 时，表示竞争力非常弱，只进口不出口。

图 6 显示我国生产性服务贸易 TC 指数始终小于 0，低于竞争力平均水平，处于竞争劣势。TC 值在 2005-2008 年持续上涨，受 2008 年全球经济环境影响，2009 年，TC 指数降为 -0.253，在 2013-2018 年呈上升趋势。TC 指数绝对值在 2005-2018 年大于 0.3 小于 0，比较劣势逐渐变弱。分析出口额和 TC 指数数据发现，我国生产性服务贸易整体国际竞争优势不强，但呈现增长的态势，TC 指数从 2000 年的 -0.43 增长至 2005 年的 -0.271，随后呈现曲折上升趋势，到 2017 年的 -0.086，绝对值逐渐变小，发展越来越好。

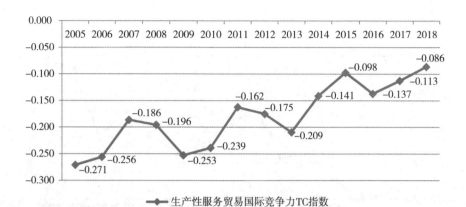

图6　2005 –2018 年我国生产性服务贸易竞争力指数（TC）

（二）生产性服务贸易国际市场占有率（MSI）指数分析

国际市场占有率（MSI）是一国某产业出口总额占世界出口总额的比重，可反映一国某产业的国际竞争力或竞争地位的变化，公式如下：

$$MSI_{ij} = \frac{X_{ij}}{X_{wj}} \qquad\qquad (4\text{-}2)$$

上式 4-2 中，MSI_{ij} 即 i 国 j 产业具有的国际市场占有率；X_{ij} 和 X_{wj} 分别代表我国生产性服务产业出口额和世界生产性服务产业出口额。

从我国 2005-2018 年生产性服务贸易各行业的 IMS 指数的走势来看，我国建筑服务具有较强的国际竞争力，增长相对较快，总体发展态势良好，处于生产性服务贸易六大行业中的最高水平。自 2005 年以来，我国通信、计算机和信息服务和运输服务、保险和养老金服务的 IMS 指数介于 1%~ 5% 之间，竞争优势不明显，增速较缓。金融服务和知识产权使用费的国际市场占有率在 0 附近挣扎，近三年来有所增加，出现上升趋势。我国生产性服务贸易行业分布不均，其中传统行业的 MSI 逐渐增加，知识、技术密集型产业的国际市场占有率较低且增速缓慢。

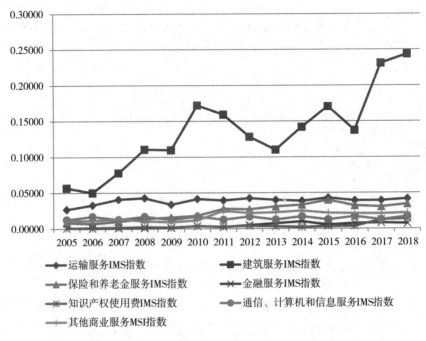

图7　2005–2018 年我国生产性服务贸易各行业 IMS 指数

（三）生产性服务贸易各部门显示性比较优势（RCA）指数分析

显示性比较优势 RCA 指数 (Revealed Comparative Advantages Index) 是一国某产品出口额占该国出口总额的比重与世界该产品出口比重的比值，可以反映一国某服务产业在世界服务中的竞争地位，同时也反映出贸易结构与贸易依存度的状况。公式如下：

$$RCA_{ij}=\left(\frac{X_{ij}}{X_{it}}\right)\Big/\left(\frac{X_{wj}}{X_{wt}}\right) \tag{4-3}$$

公式 4–3 中，RCA_{ij} 表示 i 国 j 产业显示性比较优势指数，X_{ij}/X_{it} 表示我国 j 服务的出口额占我国服务出口总额的比例，X_{wj}/X_{wt} 表示世界 j 服务出口总额和世界贸易出口总额的比例。$RCA_{ij} \in (0，0.8)$、$[0.8，1.25)$、$[1.25，2.5)$、$[2.5，+\infty)$，当 $RCA < 0.8$ 时，不具有竞争优势；当 $RCA > 2.5$ 时，表示极有竞争优势。

　　由于我国具有相对丰裕的劳动力供给，因此建筑服务贸易 RCA 值在六大行业中居于首位，2005 年以来，建筑服务 RCA 值一直高于 2.5，拥有极强的国际竞争力，通过国际 ENR250 排名，也能体现出近年来我国建筑服务贸易一直具有较强优势，2018 年，全球最大的 250 家国际承包商中，中国企业 69 家入围，海外营业总额达到 4820.35 亿美元。我国运输服务 RCA 指数在 2005 年–2009 年较高，但是从 2010 年起低于 2.0，近年来处于 [0.8，1.25]，处于中等国际竞争力水平，呈缓慢下降状态。我国保险和养老金服务、知识产权使用费和金融服务的 RCA 值始终低于 0.8，国际竞争力处于较弱水平，保险和养老金服务显示性比较优势逐渐增强，知识产权使用费和金融服务的显示性比较优势增长缓慢。我国通信、计算机和信息服务显示性比较优势于 2010 年开始逐渐提升，2010–2018 年，RCA 值基本上大于 1.25，具有一定国际竞争优势。RCA 指数未考虑进口在贸易中的作用，存在缺陷，其结论对于一些产业内贸易主观性较强，本文在衡量生产性服务国际贸易竞争力时又引入 TC 和 MI 指数综合考虑出口与进口因素。

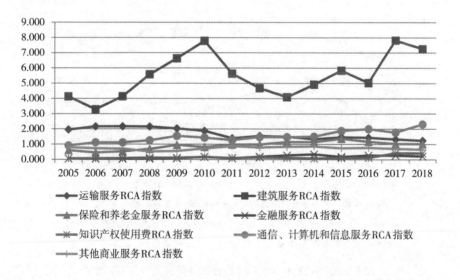

图 8　2000—2017 年我国生产性服务贸易各行业显示性比价优势 RCA 指数

（四）生产性服务贸易各部门贸易竞争力指数（TC）分析

我国建筑服务在 2005–2009 年国际竞争力优势微弱，自 2010 年以来，TC 值逐渐大于 0.3，具有较强国际竞争优势。我国通信、计算机和信息服务 TC 值极不稳定，总体具有一定的比较优势，竞争力呈现曲折上升的趋势。运输服务 TC 值绝对值在金融危机之前绝对值小于 0.3，虽然在生产性服务贸易中占比较大，但是竞争力较弱，2009 年之后，绝对值逐渐变大，竞争力越来越弱。我国金融服务的 TC 指数曲线波折，TC 值从 2005 年开始变化急剧下降，在 2006 年降低到 –0.8，竞争优势较弱，2007 年开始劣势逐渐减弱，国际竞争力所处状态变化较大，总体向好发展。我国保险和养老金服务的 TC 值在 2014 年以前始终小于 –0.6，具有极大的竞争劣势，可看出其绝对值逐渐缩小，到 2015 年为 –0.28，随后竞争力又逐步减弱。我国知识产权使用费的 TC 值在几大生产性服务贸易细分行业中最低，具有极大的竞争劣势，但 TC 指数在 2017 年和 2018 年有明显增长 (如图 9 所示)。

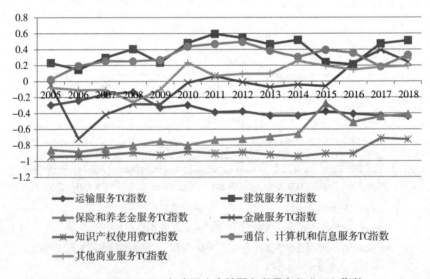

图 9　2005–2018 年我国生产性服务贸易各行业 TC 指数

（五）生产性服务贸易 Michaely 波动（MI）指数分析

Michaely 波动指数（MI），用于衡量某经济变量每年变动平均程度的大小，其值反映经济变量的稳定程度。公式如下：

$$MI = \frac{X_{ij}}{\sum X_i} - \frac{M_{ij}}{\sum M_i}$$
（4-4）

上式 4-4 中：MI 表示 i 国 j 行业的 $Michaely$ 指数，X_{ij} 和 M_{ij} 分别代表我国 j 行业的出口额与进口额，$\sum X_i$、$\sum M_i$ 分别代表我国出口总额和进口总额。MI 指数值域为 [-1,1]，$MI>0$ 表示该行业具有比较优势，$MI<0$ 表示该行业存在比较劣势。

我国建筑服务 2005-2018 年的 MI 指数大于 0 且整体呈持续增长，具有比较优势。自 2005 年以来，我国通信、计算机和信息服务 MI 指数逐步超过 0，具有比较优势，国际竞争力不断增强。我国运输服务 2005-2018 年的 MI 值一直小于 0，比较优势在六大行业中最弱，但总体上绝对值逐渐缩小，运输服务在综合考虑进口和出口因素后，其国际竞争力逐渐增强。我国金融服务从 2010 年开始 MI 值逐渐大于 0，但始终在 0 上徘徊，比较优势亟需提升。我国保险和养老金服务的 MI 值绝对值从 2006 年后开始变小，从 0.079 变为 2018 年的 0.004，国际竞争力不断增强。我国知识产权使用费 2005-2018 年 MI 值始终小于 0，2014 年之后，MI 逐渐升高，从 -0.06 上升至 -0.04 左右，发展趋势逐渐向好。

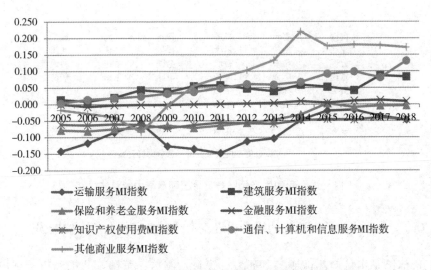

图 10　2005-2018 年我国生产性服务贸易各行业 MI 指数

五、提升我国生产性服务贸易国际竞争力的主要路径

通过分析，发现我国生产性服务贸易仍以低附加值的劳动密集型生产性服务贸易为主，因此要提高我国生产性服务贸易国际竞争力，必须基于全球价值链视角下，在要素禀赋变动、创新技术变革和制度规则重构的基础上练好内功。继续扩大开放市场，构建从政府到行业、从国家层面到区域层面的政策平台，形成宏观政策体制保障、中观产业高效集聚、微观企业创新实践的发展路径，如图11所示。

图11 提升我国生产性服务贸易国际竞争力的整体思路

（一）全球价值链中地位的提升促进生产性服务贸易竞争力的增强

价值链是指从产品或服务的研发、设计、制造、营销、分销到售后维护等

全部流程涉及的所有活动，当这些环节在全球范围内分布就构成全球价值链，而生产性服务贸易正嵌入在全球价值链中的各个环节中。其中生产性服务中的运输服务、通信服务、金融服务、保险服务等与生产活动高度相关，其又是价值链中附加值较高的部分。在我国冲破全球价值链"低端锁定"的过程中，应加快实现产业转型升级，从被动嵌入价值链到主动升级主导价值链。垂直的全球化专业分工形成分散化国际生产，全球价值链以各个国家或者地区所具有要素禀赋为基础，比较优势决定了在零散的生产片段和特定环节中作用，参与各方的要素投入、生产能力和收益率决定了价值链的动态演化和自身的地位。因此，从提升全球价值链中地位的角度，我国应在金融保险、通信、计算机和信服服务和技术含量高的行业扩大开放程度，以示范效应引进、模仿、创新推动技术进步，实现生产性服务业竞争力的跨越式提升，向微笑曲线的高附加值环节攀升。通过关联效应参与整个价值创造，在生产链条上提升技术水平，进一步传递给上下游企业或部门，实现价值链的优化。通过人力资本这种高端生产要素的有效流动获得技术提升。在竞争效应的作用下，微观生产性服务企业必须提高产品或服务的技术含量，形成规模效应用以降低成本从而获得更大的生存发展机会和利润空间，并进一步占有更大的市场份额。

（二）有效需求拉动提升我国生产性服务贸易国际竞争力

改革开放 40 年来，我国生产性服务贸易集中在劳动密集型和低技术密集型领域，成为制造业的附属。随着新一轮全球价值链重构的开启，"德国工业4.0"、"美国再工业化"、"中国制造 2025"等战略推动了智能制造时代的到来，制造业集聚化增长会增加对资本密集型和高技术密集型生产性服务的需求。因此，会助推资本、人才、技术等核心资源流向生产性服务部门，进而形成以需求拉动的生产性服务贸易竞争力的提升。将生产性服务业的生产要素扩展到制造业领域，同时将制造业领域中的技术和知识要素向生产性服务业延伸，产出兼具两种产业特征的新产品或新服务。首先，可采取互补型的融合模式。制造业与生产性服务业在产品研发设计、销售与品牌塑造、战略管理、售后服务等活动中相互渗透实现发展。其次，发展基于产品实物和用户导向的延伸型的融合模式，客户的多样化需求要求将生产过程的产业链向"微笑曲线"两端移动，不仅细化了生产性服务业的分工，而且延伸了制造业的集群效应，同时提高了制造业的制造水准和生产性服务业的服务水平。再次，寻求替代型的融合模式，将制造业与生产性服务业通过价值链并购重组形成新的产品或服务需求。制造业通过长期积累的相关服务知识和技术进入生产性服务领域，进入重组模式，融合两者技术、资源、管理、市场等诸多领域，为消费者提供一站式服务解决方案达到为其降低交易成本和提高效益的目的。

（三）继续发挥比较优势促进我国生产性服务贸易竞争优势形成

在继续扩大对外开放的基础上，增加对复杂度较高的生产性服务的进口，尤其是对技术溢出效应明显、产业关联度高、有利于提升我国自主创新服务产品的高端服务环节，充分发挥生产性服务业 FDI 联动作用，在引进、消化、吸收和创新的基础上，与我国不断升级的各类生产要素进行整合，在技术不断进步和制度创新的推动下，企业通过技术水平的提高、特异性资源的开发利用和创新能力的培养，充分利用丰裕的人力资源、创新技术和制造业基础，达到要素优化配置，进而提高效率，提升我国企业的核心竞争力。在建立和完善相关法律法规的同时，通过政府相关政策的引导与扶持、加大科学研究开发投入、注重高素质专业性人才培养，优先发展科技含量高的金融服务、知识产权使用费和特许费、保险业、通信、计算机和信息业，将资本与劳动力高效匹配，提高资金资本和智力资本的使用效率。并借助"一带一路"建设的契机，充分利用并提升传统建筑服务和运输服务优势。分行业有步骤地打破金融、电信垄断性服务业的壁垒，引入竞争机制，鼓励和培育多元化的竞争主体，在产业结构转型和升级中将比较优势向竞争优势转变，逐渐向全球价值链的创新环节进化。

（四）创新驱动全面促进我国生产性服务贸易国际竞争力提升

我国经济已进入创新驱动发展的关键阶段，生产性服务贸易结构不合理、进出口不均衡、微观企业核心竞争力不足等问题均亟须通过知识创新、技术创新、服务创新、制度创新来突破。首先以高等院校和科研院所为智力人才培养主体，提供创新人才储备和创新源。其次，推动国家战略需求导向下，以高新技术企业为核心的集成创新和二次创新，形成由源到流的技术创新与应用，在鼓励原始创新的基础上，做好引进、消化、再创新，提高企业自主创新能力，加强知识产权保护意识，完善知识产权法律法规，鼓励专利申请及应用。再次，依据知识创新和技术创新的需求，衍生服务模式和内容的创新。最后，制度保障需要政府和各部门协调配合，优化公共资源的有效配置，将创新科研激励政策、创新财税优惠政策、人才吸引政策和金融支持等创新制度真正落地惠民，不断提高我国生产性服务贸易的国际竞争力。

参考文献

[1] Markusen, J. R. Trade in Producer Services and in Other Specialized Intermediate Inputs [J].The American Economic Review,1989,79(1):85-95.

[2] MachIup F. The production and distribution of knowledge in the United States [M]. New Jersery : Pingeton University Press，1962.

[3] Greenfield, H. Man power and the growth of producer services [M].New York: Columbia Press, 1966.

[4] Francois J F. Producer services, scale, and the division of labor [J].Oxford Economic Papers,1990,42(4):715-729

[5] Jones, Ronald W., Henryk Kierzkowski. The Role of Services in Production and International Trade: A Theoretical Framework. The Political Economy of International Trade. Oxfords: Basil Blackwell,1990.

[6] Sherman Robinson, Wang Zhi, Will Martin. Capturing the Implications of Services Liberalization [J].Economics Systems Research, 2002, 14(1):3-33.

[7] 汪素芹, 胡玲玲：我国生产性服务贸易的发展及国际竞争力分析 [J].《对外经济贸易大学学报》, 2007(7).

[8] 杨慧瀛, 项义军：中外生产性服务贸易国际竞争力比较及对策研究 [J].《经济纵横》, 2015（07）: 117-121.

[9] 付华，周升起：中国生产性服务贸易竞争力及结构演化探析 [J].《对外经贸实务》.2014（12）：83-86.

[10] 陈杨：金砖国家生产性服务贸易国际竞争力研究 [J].《广东社会科学》.2017(6):36-46.

[11] 庞博，张曙霄：英国生产性服务贸易发展的经验与启示 [J].《经济纵横》.2018（12）：103-111.

[12] 王江，陶磊：中国生产性服务贸易结构及国际竞争力的比较 [J].《统计与决策》.2018(7):135-138.

[13] 于明远，范爱军：生产性服务嵌入与中国制造业国际竞争力提升 [J/OL].《当代经济科学》.2018(12)

[14] 杨仁发，汪青青：生产性服务投资、技术创新与制造业国际竞争力 [J].《山西财经大学学报》.2018（9）：62-75.

[15] 闫云凤：中美服务业在全球价值链中的地位和竞争力比较 [J].《河北经贸大学学报》.2018（5）：81-88.

[16] 张彦：中美日制造业在全球价值链体系的国际竞争力变迁与博弈研究——基于中间品和增加值的视角 [J].《经济问题探索》.2019（5）：107-118.

全球价值链分工对全球失衡的影响研究

——基于全球生产分解模型下 GVC 参与方式的视角

郑乐凯[*]

摘要：从全球价值链分工的独特视角出发，从理论机制分析一国参与全球价值链分工可以通过"统计假象"、"分工专业"等渠道影响全球失衡，并据此形成待检验的命题假说。进一步根据全球生产分解模型并结合 ADB 和 WIOD 联合开发的 ADB—WIOD 跨国投入产出数据，在测算出全球 62 个国家（地区）前向和后向 GVC 参与程度的基础上，实证分析全球价值链分工对全球失衡的影响。研究发现：参与全球价值链分工对一国经常账户产生影响，最终导致全球失衡现象的出现。而且不同的 GVC 参与方式对全球失衡具有差异化的影响，即采用上游供应方的前向参与方式对全球失衡存在正向作用，反之，基于下游需求方的后向参与方式对全球失衡具有负向作用。各国参与 GVC 分工活动深浅程度的差异性，以及参与 GVC 产业类型的差别对全球失衡同样具有迥异性的影响。由此可见，从全球价值链分工体系日渐发展的趋势下，贸易和生产的分工程度愈发复杂，各国参与全球价值链分工所承担的角色差异造成了全球失衡，该现象是全球化发展的必然结果。因此，全球价值链分工体系的建立是世界各国共同的诉求，这些发现为缓解诸如中美贸易摩擦等国家间不必要的贸易争端提供了有益的理论探索。

关键词：全球价值链；全球失衡；全球生产分解模型；经常账户；国际收支平衡

---

*作者简介：郑乐凯，复旦大学博士后。

引　言

在理论层面，国际收支平衡是宏观经济外部均衡的重要目标之一，但是在实际经济活动中，一国的经常账户（Current Account）却很难达到理想的平衡状态。相反，经常账户不平衡已成为世界经济运行的一大显著特征。更需注意的是，自 20 世纪 90 年代开始，在全球范围内出现了美国、英国等一些发达国家经常账户长期逆差，而德国、日本和中国等亚洲新兴国家以及一些石油输出国的经常账户持续顺差的现象，并且这种现象在进入 21 世纪之后愈发明显。据 IMF 提供的数据显示，2017 年，全球最大的贸易顺差来源国和逆差来源国分别为德国、美国，它们的贸易顺差或逆差规模已分别达到 2914 亿美元和 4491 亿美元（见表 1）。显然，如此巨大的缺口不但在短时间内很难恢复到"理想状态"，而且该缺口还可能呈现愈演愈烈的趋势。前 IMF 总裁 Rato 将此类经历着经常账户长期顺差的国家，另一些国家始终处于经常账户逆差的奇异现象称之为"全球失衡"（Global Imbalance）。

表 1　2017 年全球经常账户顺差和逆差前十位国家的情况

单位：亿美元

	\multicolumn{4}{l}{2017 年经常账户顺差国前十位}		\multicolumn{4}{l}{2017 年经常账户逆差国前十位}
	国家	规模	国家	规模		国家	规模	国家	规模
1	德国	2914	6	瑞士	645	1	美国	4491	6	澳大利亚	364
2	日本	1958	7	新加坡	610	2	英国	984	7	阿根廷	313
3	中国	1649	8	意大利	554	3	加拿大	488	8	阿尔及利亚	221
4	荷兰	874	9	泰国	502	4	土耳其	474	9	墨西哥	195
5	韩国	785	10	俄罗斯	333	5	印度	382	10	印度尼西亚	173

数据来源：IMF World Economic Outlook Database.

现今，关于全球失衡成因方面的研究已成为学界、政策制定界和国际经济组织等多方关注的热点话题。回顾以往文献，发现已有一些学者从不同的视角对全球失衡现象进行了剖析。归纳这些文献来看，主要观点包括以下几类："全球储蓄过剩理论"、"金融市场不完善"、"全球资产短缺假说"、"人口结构假说"等等。其中，Bernanke（2005，2007）提出全球储蓄过剩假说理论（Global

Saving glut），它是从国民储蓄率视角对贸易失衡进行解释。具体而言，依据开放经济条件下国民收入恒等式可知，一国贸易顺差规模等于储蓄与投资的差额，即贸易顺差国具有较高的储蓄倾向是造成全球失衡的主要原因，并得出亚洲过度储蓄造成全球失衡的结论。但余永定和覃东海（2006）则认为，国民收入恒等式是国民经济自由运行调节后的表现形式，并补充到国民收入恒等式左右两边并没有实质上的内在因果关联，因此通过高储蓄用以解释全球失衡明显有失偏颇。同样地，李兵和任远（2015）则探讨了人口结构对经常账户不平衡的影响，实证结果发现"人口抚养比"对经常账户盈余具有显著积极的正向作用。

但以上提及的研究视角均没有从国际分工的角度探究全球失衡问题，而国际分工显然是导致全球贸易失衡现象不可忽视的因素之一，梳理以往文献发现仅有为数不多的研究从该角度展开（佟家栋等，2011；蔡兴和肖翔，2017）。但是，以上研究也仅仅只是从产品内分工进行探究，而未从新型国际分工的角度进行探索，即未从全球价值链（Global Value Chains）分工角度展开研究，进而没有更深入地了解国际分工对全球失衡的根本原因。考虑到近年来随着通讯信息技术的飞速发展，以及贸易自由化程度的不断加深，它们共同促进了世界范围内的贸易成本（Trade Cost）进一步下降，跨国跨区域间的国际生产分割协同发展成为国际贸易的新格局，以全球价值链为特征的新型国际分工体系日渐成熟和完善，对全球经济和贸易格局产生了极为深远的影响（程大中等，2017）。全球国际分工新趋势使得传统生产和贸易模式也发生了根本性的改变。已有研究指出，如果按用途分类的话，无论是传统可贸易类（Tradable）的工业制成品贸易，还是过去认为不可贸易（Non-tradable）的服务贸易，它们中的56%和73%是通过中间品贸易的形式展开跨国经济活动（Miroudot et al.，2009）。换言之，全球贸易方式正由最终品贸易为主向中间品为主进行转变。同时，发现全球价值链分工体系构建完善的时间恰巧与各国经常账户出现持续不平衡的阶段高度契合？（Villavicencio 和 Mignon，2018）。据此，不禁要问全球价值链分工与全球失衡是否存在更深层次的内在联系？全球失衡会不会是基于比较优势细化为基础的全球价值链分工体系完成而产生的副产品（By-product）？所以，如何客观正确看待现今出现全球失衡并长期存在的现象，以及各个国家和地区在其中扮演的角色等问题，不仅对政策制定者对本国内外政策的制定和执行具有影响，而且对国家间的经贸关系也具有至关重要的作用。

与现有研究相比，本文试图从以下两方面有所拓展：一方面，在研究视角方面，从全球价值链视角对一国经常账户失衡的影响进行深入研究，丰富有关国际分工对全球失衡方面的研究，并且从"统计假象"、"分工专业"等渠道梳理全球价值链分工参与对全球失衡的作用机理和机制；另一方面，从研究方法方面，利用生产分解模型从前向（供给）、后向（需求）两个维度用以刻画参与全球价值链分工程度，并以此为基础，实证分析全球价值链嵌入方式差异对全球失衡的影响。该项研究还为缓解诸如中美贸易摩擦等国家间不必要的贸易争端提供了有益的理论依据。

二、机理分析与研究假说

（一）全球价值链通过统计假象效应对全球失衡产生影响

在传统国际贸易理论中，无论是基于劳动生产率差异，还是从要素禀赋衍生出的比较优势均会产生必要的贸易交换和国际分工，从而在国际收支账户方面反映出贸易顺差或逆差。所以，国际分工引致出的贸易往来必然会使得一些国家在经常账户上出现盈余，而另一些国家则产生赤字。尤其是在新型国际分工框架下这种现象会更加明显。全球价值链分工本质上是企业产品的设计、生产、零售、配送以及相关生产辅助环节的集合。随着生产分工日渐"碎片化"，产品生产区域也日益"分散化"，造成产品的整个生产活动不在同一家企业内部独立完成，而往往是由隶属于多个国家的几家同企业共同完成，参与活动的相关企业只是专注生产及加工一个或某几个生产工序而已，最终导致中间品贸易更加频繁（洪俊杰和商辉，2019）。研究表明，苹果公司出品的 iPad 平板电脑实际上是由美国、德国、日本、中国等八个国家和地区共同协作完成生产。所以，如此细化的国际分工致使产品价值由多个国家共同生产构成。已有学者通过案例追踪的方式，测得苹果公司生产的手机和平板电脑在美国境内创造的价值仅占总价值分别为 59% 和 30%，产品价值的很大一部分其实是由其他国家和地区企业创造（Dedrick et al.，2010；Kraemer et al.，2011）。而且现在越来越多产品，尤其是"高、新、尖"类产品已摒弃过去某国区域内独立生产的范式，而转变为全球制造类产品（Made in World）。出口产品的内涵价值和技术本质上是由加工合作的多个国家共同享有，从而出现了"统计假象"（Statistical Illusion）困境，即传统贸易总值统计方式已不能客观准确地对各个国家和地区的贸易规模进行反映，也无法揭示出国家间的贸易利得，极端情况甚至会引起不必要的贸易争端（陈雯和李强，2014；袁征宇等，2017）。

中国在改革开放的初期阶段，受限于当时客观条件的约束，因地制宜地采用"低技术、低附加值、高耗能"加工贸易方式参与国际分工。期间，中国大陆接纳大量日本、韩国等东亚国家的直接投资，在中国境内建立生产加工出口基地，再将最终成品出口到欧美国家。这样就将他国对西方欧美国家的贸易顺差间接地转移到中国，一方面，使中国逐渐成为"世界工厂"，另一方面，由于传统的海关贸易统计的缺陷，导致国际收支过度扩张的假象，但实际贸易利得并不高（李昕和徐滇庆，2013）。另外，继续以苹果产品为例，试着阐述统计方式不同对两国贸易平衡产生的影响。Xing 和 Detert（2010）研究发现，2009 年，中国出口到美国的苹果手机的名义价值高达 20 亿美元。如果按照传统海关贸易统计方式，中国仅在苹果手机单个产品方面就对美国产生 20 亿美元的贸易顺差。但是，如果以要素价值投入来源的增加值来分析，中国本土在每部手机上仅贡献 3.6% 的价值，其余的 96.4% 价值并非由中国创造。所以，如果按贸易增加值核算体系计算的话，中国在苹果手机的真实出口规模只有 0.72 亿美元，上述结果表明，两种统计方式因为统计口径差异导致的结果相差巨大。同样地，其他新兴国家大多数也采用借助劳动力等生产要素方面的低成本优势，以低端嵌入形式参与国际分工，最终造成了"三角贸易"模式的出现，这种情况在当今贸易格局下十分常见（Johnson 和 Noguera，2012；文东伟，2018）。可见，全球价值链分工模式不仅在一定程度上扭曲了全球贸易失衡现象的出现，而且还加剧了此类行为的发生。

（二）全球价值链通过分工专业化效应对全球失衡产生影响

无论对于国家还是企业而言，参与全球价值链的初衷在于能使自身有效的资源，实现高效配置，提高生产经济效率，增强国际竞争能力。全球价值链体系的建立使得产品内分工更加精密细致化，全球价值链分工本质上亦是产品内分工的"高级化"表现形式。它将分工环节逐渐向增值环节转变，参与全球价值链分工的主体在整个体系中发挥的作用也更加具体。对于微观层面的企业而言，参与全球价值链分工的具体表现形式是，参与国际分工的企业将非核心技术环节通过外包（Outsourcing）方式移交给更为专业化的企业，企业自身仅专注于具有更高竞争力的核心环节，进而更好地发挥自身比较优势，最终实现企业内部资源整合和优化，提高生产运行效率（Taglioni 和 Winkler，2016）。跨国公司充分利用各国各企业的比较优势，如美国苹果公司出于资源最优化配置原则，在生产过程中自身仅专注于品牌建设、技术创新、产品设计等上游高端环节，而将生产加工、组装装配等非核心环节分配给其他企业，优化企业生产经营效率（邢予青，2018）。同样的，对于宏观层面的国家而言，在一个完善的全球价值链分工架构下，各国各尽其职，使得制造业和服务业均更加有机地融合发展，实现有限资源的优化和配置，最终呈现参与者帕累托改进的多赢局面。从具体表现形式来看，美国和英国着重发展金融、通讯等现代服务业，日本和德国依托技术优势成为高端制造业的提供者，中国等新兴国家则借助劳动成本优势，主要从事组装加工装配等工作（徐建炜和姚洋，2010）。由此可见，参与全球价值链分工能够通过精细化的专业化分工，使参与者各尽其职，发挥自身的比较优势。这也意味着，全球价值链分工强化了各国竞争力，影响各国各类产品在国际市场中的竞争能力，从而也造成各国国际收支状况不平衡现象的出现。同时，全球范围内的垂直专业化分工和产业结构调整均对全球贸易失衡产生强化作用。

由于全球价值链分工体系日趋完善，各国在国际产业分工中的比较优势进一步被凸显和强化，垂直专业化赋予每个各自优势环节的垄断地位，尤其对于处于价值链高端位置的国家和企业，对整个价值链的生产具有绝对支配和控制权（戴翔和金碚，2014）。产业链上游主导国家和企业通过技术垄断优势，阻碍并抑制下游受支配国家和企业向价值链中高端升级，使其长期被动固化并锁定在价值链分工低端位置。而且处于价值链分工中下游位置的国家和企业，由于从事的环节大多属于制造加工等非战略性环节，进入门槛相对较低。这种价值链低端嵌入方式，一方面会造成下游低端环节的国家对上游高端环节国家的技术和市场的过度依赖。同时，另一方面也会造成低端环节国家之间的过度竞争，不利于它们向价值链中高端位置攀升和实现技术升级。所以，现有的全球价值链分工格局将可能导致全球失衡现象长久存在（谭人友等，2015）。并且鉴于一国融入全球价值链方式具有多样性，既可以作为上游原料环节的供应方采取前向参与的方式，也可以通过下游最终品组装需求方的后向嵌入模式嵌入全球价值链，显然，不同参与全球价值链国际分工活动方式对本国经常账户的变化具有不同的影响（王思语和郑乐凯，2019）。

基于上述分析发现，本文提出以下假说：参与全球价值链分工对一国经常账户产生影响，最终导致全球失衡现象的出现。并且不同的 GVC 参与方式对全球失衡具有差异化的表现。采用上游供应方的前向参与方式对全球失衡存在正向影响，反之，基于下游需求方的后向参与方式对全球失衡具有负向影响。

三、模型设定、关键指标测度与数据来源说明

（一）模型设定

为检验全球价值链与全球失衡之间的关系，设定如下计量模型：

$$CA_{it} = \beta_0 + \beta_1 GVC_{it} + \beta X_{it} + V_i + V_t + \varepsilon_{it} \tag{1}$$

其中，i 代表国家或地区；t 代表年份，V_i 表示国家固定效应，用以控制国家地区的异质性特征，V_t 表示时间效应，用以控制时间趋势特征，ξ_{it} 为随机扰动项。被解释变量 CA_{it} 表示的是贸易失衡，含义是国家 i 在年份 t 时一国经常账户余额与本国 GDP 的比重；对于核心解释变量 GVC_{it}，它表示的是全球价值链分工，其含义是在国家 i 年份 t 参与全球价值链国际分工程度。X_{it} 表示的是一系列影响贸易失衡的控制变量。对于控制变量的选取，参照已有研究，选取的控制变量涵盖人均实际 GDP、贸易开放度、金融发展水平、城市化率、抚

养比和性别率等变量。其中，贸易开发度是指一国进出口贸易额与 GDP 的比重，金融发展指数指私人部门信贷额度与 GDP 的比重，抚养比则指 15 岁以下少儿和 65 岁以上老年人人数之和除以成年人人数的比值，性别率指男、女性人口之比。

（二）关键核心解释变量测度方法介绍

目前，根据研究使用数据的不同，学术界有关参与全球价值链程度方面的测算研究可大致分为宏观和微观两大类。其中，微观测算方法对数据质量的要求较为严格和苛刻，而且现有的数据往往仅能满足对具体某个国家层面下企业参与全球价值链展开研究，或者通过"抽丝式"的实地调研对某产品的国际化程度进行研究刻画，这些方法都很难对国家整体情况进行详细展示，不具有普适性（张会清和翟孝强，2018）。此外，如今全球价值链分工体系已基本构建完成，因此在国际生产一体化背景下，国际间合作空前密切和频繁，全球价值链分工链条的上下游关联溢出效应明显，单国封闭式的经济数据显然无法满足以上条件。开放经济条件下构建的跨国投入产出表却能够准确获得上述信息并客观反映出国家和地区参与全球价值链的具体情况（刘瑞翔等，2017）。利用投入产出模型测算全球价值链参与程度领域中具有里程碑意义的文献最早可追溯到 Hummels 等（2001）的研究，他们将出口中的国外增加值含量比重作为参与全球分工的替代指标，即垂直专业化指数（Vertical Specialization）。不过需要说明的是，囿于早期数据的限制，以往大多研究仅仅在封闭经济下展开测度和研究，其中的不足显而易见。得益于近年来高质量的跨国投入产出数据构建并对外公布，以上两类测算方法在理论和应用层面都得到显著的提升。其中，基于 Hummels 等（2001）研究基础进行拓展，并借助于全球投入产出模型提出的出口贸易分解模型 KWW 分解法和 WWZ 分解法，已成为量化评估全球价值链嵌入程度的主要方法（Johnson，2018；倪红福，2018）。但是 Wang 等（2017）注意到，无论是 KWW 分解法还是 WWZ 分解法都仅从出口的角度对参与国际分工进行刻画，而忽视了在国内价值链和全球价值链等两链条驱动的经济环境下，实际生产活动中除出口以外诸如生产、消费等其它经济活动同样与全球价值链分工活动有关（Beverelli et al., 2019）。为此，Wang 等（2017）将全球价值链的分析框架，从出口拓展到整个生产阶段构建了全球生产分解模型（Global Production Decomposition Model），并前、后两个维度重新对一国参与全球价值链分工程度进行审视。因此，本文使用上述方法测得结果作为核心解释变量 GVC 分工参与程度的替代变量。

为了便于说明该种分解方法，为此，首先给出一个简易的跨国投入产出模型（见表 2），它包含 M 个国家或地区和 N 个部门。其中，V、X、Y 和 Z 分别表示的是增加值、总产出、最终使用和中间使用。在此模型中，跨国中间消耗系数矩阵可通过以下等式测得：$A=Z\hat{X}^{-1}$。其中，$\hat{X}$、$\hat{V}$ 为总产出和增加值比率的对角矩阵。总产出根据使用用途可以分为中间使用和最终使用，即为：

$$X=AX+Y \tag{1}$$

经过矩阵变换该式可变形为：

$$X=BY \tag{2}$$

式（2）中 B 是里昂惕夫逆矩阵，其与直接消耗矩阵 A 的关系为：B=（I-A）-1。再根据产出的具体使用流向的差异，将其进一步区分为国内中间使用（D）、国外最终使用（F）和出口（E）。所以，式（1）又可拆分为以下形式：

$$X=A^{D}X+Y^{D}+E \tag{3}$$

其中，$A^{D}=\begin{bmatrix} A^1 & 0 & \cdots & 0 \\ 0 & A^2 & \cdots & 0 \\ \cdots & \cdots & \ddots & \cdots \\ 0 & 0 & \cdots & A^M \end{bmatrix}$，它表示的是国内直接投入系数的分块矩阵，进口投入矩阵为 $A^{F}=A-A^{D}$；同理可得最终需求向量，国内消费向量和最终产品向量分别为 Y、Y^{D} 和 Y^{F}。在此参照程大中（2015）的方法可将 M 国 N 部门水平的增加值或最终需求即 GDP 进行分解，其具体方程为：

$$\hat{V}B\hat{Y}=\hat{V}(I-A^{D})^{-1}\hat{Y}^{D}+\hat{V}(I-A^{D})^{-1}\hat{Y}^{F}+\hat{V}(I-A^{D})^{-1}A^{F}B\hat{Y} \tag{4}$$

其中，$\hat{V}(I-A^{D})^{-1}\hat{Y}^{D}$ 指的是仅涉及国内生产和消费不涉及跨境贸易行为的 GDP，$\hat{V}(I-A^{D})^{-1}\hat{Y}^{F}$ 表示的是以最终品形式出口所涉及的 GDP，而 $\hat{V}(I-A^{D})^{-1}A^{F}B\hat{Y}$ 表示的则是以中间品形式出口所涉及的 GDP 价值，也称之为 GVC 生产活动。另外需要注意的是，根据 Wang 等（2017）的识别方法指出，中间品生产合作的密切程度又可将该部分进一步分解为仅跨境一次的简单生产合作 $\hat{V}(I-A^D)^{-1}A^F(I-A^D)^{-1}\hat{Y}^D$ 和产生过多次跨境合作的生产合作 $\hat{V}(I-A^D)^{-1}A^F[B\hat{Y}-(I-A^D)^{-1}\hat{Y}^D]$ 两部分，前者称之为"浅层次的简单 GVC 活动"，后者称之为"深层次的复杂 GVC 活动"。因此式（4）又可分解为：

$$\hat{V}B\hat{Y}=\hat{V}(I-A^D)^{-1}\hat{Y}^D+\hat{V}(I-A^D)^{-1}\hat{Y}^F+\hat{V}(I-A^D)^{-1}A^F(I-A^D)^{-1}\hat{Y}^D+\hat{V}(I-A^D)^{-1}A^F(B\hat{Y}-(I-A^D)^{-1}\hat{Y}^D) \quad （5）$$

表 2　简单的 M 国 N 部门跨国投入产出模型

投入＼产出		中间使用				最终需求				总产出
		1	2	…	M	1	2	…	M	
中间投入	1	Z^{11}	Z^{12}	…	Z^{1M}	Y^{11}	Y^{12}	…	Y^{1M}	X^1
	2	Z^{21}	Z^{22}	…	Z^{2M}	Y^{21}	Y^{22}	…	Y^{2M}	X^2
	⋮	⋮	⋮	⋱	⋮	⋮	⋮	⋱	⋮	⋮
	M	Z^{M1}	Z^{M2}	…	Z^{MM}	Y^{M1}	Y^{M2}	…	Y^{MM}	X^M
增加值		V^1	V^2		V^M					
总投入		$(X^1)'$	$(X^2)'$	…	$(X^M)'$					

生产分解矩阵 $\hat{V}B\hat{Y}$ 中的每个元素，详细描述了国家－行业水平上的增加值或最终品生产价值。从横向来看，各元素之和表示的是具体某个产业作为上游供应方所提供的价值含量，即所谓的前向关联（Forward linkage）分解；从纵向来看，各元素之和意味的含义则是作为下游行业需求方，最终品产出中需要了自身和其他上游所需要的价值规模，即所谓的后向关联（Backward linkage）分解。所以，通过对式（5）中的各个元素分别按照水平方向或竖直方向相加，便可分别得国家－行业层面的 GDP 具体流向和产生的最终品的增加值含量，再通过加总得到国家层面前向、后向两大维度参与全球价值链程度以及浅层参与 GVC 和深层参与 GVC 的程度。

（三）数据来源说明

对于本文所使用的数据来源，在测算各国全球价值链分工参与程度时使用了 ADB 和 WIOD 共同开发并构建的 ADB–WIOD 跨国投入产出数据库。通过该数据库为测得囊括中国在内的 62 个国家和地区 2000、2010~2017 年等共 9 年的面板数据。另外需要说明的事，本文使用其他指标的原始数据均来源于世界银行提供的 WDI 数据库。

四、实证分析

（一）基准回归结果

表 3 显示控制国家和年份双向的固定效应估计结果。通过回归结果发现，在表 3 中除了方程（1）的回归虽然结果不显著外，其他回归结果不仅在 1% 的显著水平下显著，且实证结果均与前文理论分析的方向相吻合。通过以上实证结果表明：参与全球价值链分工对全球失衡存在十分明显的作用，且参与全球价值链方式异质性对全球失衡具有差异化影响。具体来看，无论是在不加控制变量的条件下，还是添加控制变量的环境下，全球价值链后向参与对全球失衡具有抑制作用，全球价值链前向参与对全球失衡却具有积极的正向作用。如在控制其他变量前提下，全球价值链后向参与程度每提高 1%，对经常账户余额与 GDP 的比值将会下降 0.4043%，而全球价值链前向参与程度每提高 1%，对经常账户余额与 GDP 的比值将会上升 0.7224%。产生出现上述现象的根本原因是参与全球价值链分工方式的不同对经常账户的影响机制存在差异。前向 GVC 融入的方式刻画的是作为上游原材料等供给，这种方式多半在国际分工充当贸易盈余的角色，所以对全球失衡具有正向作用。反之，在全球价值链体系中，一般而言后向 GVC 参与往往承担的最终制成装配需求方的任务，在国际收支平衡中表现为经常账户出现赤字，因此对全球失衡具有负向影响。

表3 静态面板固定效应的估计结果

	(1)	(2)	(3)	(4)
被解释变量	CA	CA	CA	CA
GVC 后向参与	−0.0415	−0.4043***		
	(−0.456)	(−2.728)		
GVC 前向参与			0.5833***	0.7224***
			(11.173)	(10.986)
人均实际 GDP		0.0000		0.0000
		(0.290)		(0.260)
贸易开放度		0.0008***		0.0003*
		(3.596)		(1.762)
金融开放度		0.0006**		0.0003*
		(2.468)		(1.724)
城市化率		0.0004		0.0016
		(0.295)		(1.394)
抚养比		0.0016**		0.0005
		(2.236)		(0.914)
性别比		−0.2944		−0.7325***
		(−1.212)		(−3.733)
常数项	0.0028	0.2757	−0.1066***	0.7130***
	(0.172)	(1.023)	(−10.539)	(3.220)
国家固定	是	是	是	是
年份固定	是	是	是	是
观测值	540	540	540	540
R2	0.020	0.122	0.256	0.417

注：估计系数下方（ ）的数字系数为系数估计值的 t 或 Z 统计量，其中 *、** 和 *** 分别表示 10%、5% 和 1% 的显著水平。而 [] 内数值为相应统计量的 P 值，下同。

（二）内生性回归结果

在上一节的基础回归中都未考虑模型可能具有内生性的问题。毫无疑问，考虑到参与全球价值链程度与全球失衡之间可能存在双向因果关系，便会导致估计结果出现偏误。因此，为了避免估计结果的偏误，在此使用广义矩估计（GMM）的方法对原计量模型进行重新估计，以此尽可能克服内生性问题。需要强调的是，鉴于系统 GMM 同时兼顾了水平方程和差分方程的特点，因此本文选择使用系统 GMM 对模型进行重新估计（参见表 4）。首先，通过表 4 中呈现的 Sargan 统计系数结果表明，原假设均通过了检验，说明工具变量满足严格外生条件，从而不存在过度识别的问题。其次，在表 4 中所有的 AR（2）结果也通过了检验，进而说明干扰项的差分不存在二阶自相关的问题，说明工具变量有效，进而反映估计结果可靠。最后，再从回归结果来看发现，无论添加控制变量与否，不同方式参与全球价值链方式对全球失衡的估计系数仍然十分显著，且方向也不发生改变，与之前的基础估计结果基本保持一致，进一步印证了参与全球价值链分工对全球失衡确实具有显著影响，且 GVC 前向参与分工对全球失衡具有正向作用，而 GVC 后向参与分工对全球失衡具有负向影响。

表 4 动态 GMM 的内生性估计结果

	(1)	(2)	(3)	(4)
被解释变量	CA	CA	CA	CA
CA（−1）	0.5338***	0.2399***	0.4711***	−0.0028
	(9.515)	(3.023)	(8.448)	(−0.028)
GVC 后向参与	−0.5140***	−1.0079***		
	(−4.853)	(−5.953)		
GVC 前向参与			0.2240***	0.4423***
			(3.945)	(3.986)
人均实际 GDP		0.0000		0.0000
		(1.294)		(0.246)
贸易开放度		0.0008***		0.0005
		(3.027)		(1.543)

	(1)	(2)	(3)	(4)
金融开放度		0.0003		0.0012***
		(1.143)		(2.601)
城市化率		0.0018***		0.0034
		(3.089)		(1.132)
抚养比		0.0004		0.0020*
		(0.317)		(1.754)
性别比		−0.0227		−0.5474
		(−0.232)		(−1.608)
常数项	0.1052***	0.0313	−0.0432***	0.2893
	(4.978)	(0.188)	(−3.684)	(0.819)
AR（2）	0.4945	0.6486	0.5301	0.9067
Sargen 统计量	34.23 （0.3613）	60.96 （0.1587）	30.09 （0.5636）	65.64 （0.3983）
观测值	480	480	480	480

（三）稳健性回归结果

为了进一步检验参与全球价值链分工对全球失衡具有影响的结论的可靠性，还将进行一系列稳健性和扩展性检验。首先，在稳健性回归方面，发现已有实证研究表明由于某些国家在国际金融体系中处于主导位置，通过货币主导作用对回归结果可能产生较大的影响（中国经济增长与宏观稳定课题组，2009），因此借鉴李兵和任远（2015）的方法，将原样本剔除美国、瑞士、中国香港等六个世界主要的国际金融中心并重新进行回归估计A，发现实证结果不受影响（见表 5 中的前两列）。其次，还使用 WIOD 跨国投入产出为基础数据，再利用生产分解模型测算全球主要经济体前、后两种参与全球价值链分工程度，并重新进行实证检验（见表 5 中的后两列）。通过实证结果可以看出，无

---

① 文中所指的六个国际金融国家包括：美国、英国、德国、瑞士、中国香港和瑞士。

论是剔除国际金融中心因素的影响，还是使用其他数据库进行估计，它们的回归结果都呈现出核心解释变量的估计系数方向未有明显变化，只是在估计数值大小方面发生了变化，且结果均在 1% 水平下稳健显著，从而更加说明本文的研究假说可信。

表 5　稳健性估计结果

	(1)	(2)	(3)	(4)
	剔除国际金融中心		利用 2016 版 WIOD 数据库	
被解释变量	CA	CA	CA	CA
GVC 后向参与	−1.0714***		−0.8335***	
	(−6.278)		(−4.832)	
GVC 前向参与		0.6801***		0.7456***
		(9.083)		(9.658)
人均实际 GDP	0.0000	0.0000	0.0000	0.0000
	(0.217)	(0.221)	(0.268)	(0.501)
贸易开放度	0.0027***	0.0001	0.0015***	0.0002
	(7.919)	(0.399)	(4.517)	(0.609)
金融开放度	0.0003	0.0003	0.0006*	0.0005
	(1.029)	(1.063)	(1.784)	(1.606)
城市化率	0.0007	0.0010	0.0032	0.0005
	(0.509)	(0.743)	(0.958)	(0.176)
抚养比	0.0015**	0.0011	0.0017	0.0018*
	(1.976)	(1.472)	(1.596)	(1.898)
性别比	−0.6205**	−0.8932***	−0.6666**	−0.9361***
	(−2.436)	(−3.841)	(−2.340)	(−3.818)
常数项	0.5657**	0.7850***	0.8559**	0.7292**
	(2.073)	(3.121)	(2.307)	(2.276)
国家固定	是	是	是	是
年份固定	是	是	是	是

	(1)	(2)	(3)	(4)
	剔除国际金融中心		利用 2016 版 WIOD 数据库	
观测值	496	496	615	615
R^2	0.321	0.430	0.214	0.409

（四）扩展性回归结果

为了更加深入了解参与全球价值链分工的深浅复杂程度的不同对全球失衡的差异化影响。本文继续使用 Wang 等（2017）使用的分解方法更为细化地识别出各国参与 GVC 的深浅复杂程度，并在此基础之上，再次进行区分参与 GVC 深浅程度差异化的回归估计。结果显示与之前的研究具有类似的结论，即对于后向参与全球价值链分工而言，无论是深层次参与还是浅层次参与，均对全球失衡具有负向作用；对于前向参与全球价值链分工来说，无论是深层次参与还是浅层次参与，均对全球失衡具有积极的正向作用。并且还发现，无论何种参与方式都呈现出深层次复杂参与对全球失衡的作用效果大于浅层次简单参与。该结果也符合惯有的经济学逻辑，随着参与国际分工程度的愈发复杂，对于前向参与分工模式而言的企业或国家而言，其越处于生产价值链的上游位置对整个生产工序具有完全支配作用，因此在国际收支中呈现贸易顺差；同理，对于后向参与分工模式而言，以该类模式参与国际分工合作往往承担最终组装、装配等下游任务，处于全球价值链的下游需求方位置，所以在经常账户方面呈现贸易逆差，而且该种现象与参与分工的难易程度呈正相关关系。

表 6　区分 GVC 参与复杂程度的扩展性估计结果

	(1)	(2)	(3)	(4)
被解释变量	CA	CA	CA	CA
GVC 后向简单参与	−0.5715**			
	(−2.305)			
GVC 后向复杂参与		−1.1375***		
		(−5.966)		

	(1)	(2)	(3)	(4)
GVC 前向简单参与			1.0839***	
			(10.219)	
GVC 前向复杂参与				1.7027***
				(10.383)
人均实际 GDP	0.0000	0.0000	0.0000	0.0000
	(0.447)	(0.046)	(0.244)	(0.183)
贸易开放度	0.0008***	0.0001	0.0002	0.0003*
	(4.208)	(0.632)	(1.131)	(1.716)
金融开放度	0.0005**	0.0004	0.0005**	0.0002
	(2.120)	(1.528)	(2.274)	(0.946)
城市化率	0.0000	0.0006	0.0018	0.0009
	(0.010)	(0.434)	(1.534)	(0.792)
抚养比	0.0008	0.0011	0.0009	0.0002
	(1.158)	(1.431)	(1.492)	(0.315)
性别比	−0.2660	−0.5230**	−0.7078***	−0.7049***
	(−1.176)	(−2.147)	(−3.521)	(−3.526)
常数项	0.3060	0.4072	0.6898***	0.6690***
	(1.209)	(1.499)	(3.040)	(2.968)
国家固定	是	是	是	是
年份固定	是	是	是	是
观测值	540	540	540	540
R^2	0.220	0.113	0.387	0.394

随着全球垂直专业化程度的逐渐增强和深入，专业化分工范畴也由过去传统制造业延伸到服务产业。为此，将进一步检验不同类型产业参与全球价值链分工程度对全球失衡的差异化影响。表7汇报了回归估计结果。表7中的第（1）、（2）列分别表示的是服务产业参与全球价值链分工和制造业参与全球价

值链分工对全球失衡的影响结果，可以看到，不管是制造业，还是服务业利用后向参与全球价值链分工方式对全球失衡都有负向作用。表 7 中的第（3）、（4）列的回归结果则显示，服务业和制造业采用前向参与全球价值链方式对全球失衡具有正向作用。另外，通过实证结果还发现，制造业不管是前向参与还是后向参与全球价值链分工对全球失衡的影响均大于服务业。

表 7　区分 GVC 参与分工产业类型的扩展性估计结果

	(1)	(2)	(3)	(4)
被解释变量	CA	CA	CA	CA
GVC 后向服务参与	−0.5715**			
	(−2.305)			
GVC 后向制造参与		−1.1375***		
		(−5.966)		
GVC 前向服务参与			1.0839***	
			(10.219)	
GVC 前向制造参与				1.7027***
				(10.383)
人均实际 GDP	0.0000	0.0000	0.0000	0.0000
	(0.447)	(0.046)	(0.244)	(0.183)
贸易开放度	0.0008***	0.0001	0.0002	0.0003*
	(4.208)	(0.632)	(1.131)	(1.716)
金融开放度	0.0005**	0.0004	0.0005**	0.0002
	(2.120)	(1.528)	(2.274)	(0.946)
城市化率	0.0000	0.0006	0.0018	0.0009
	(0.010)	(0.434)	(1.534)	(0.792)
抚养比	0.0008	0.0011	0.0009	0.0002
	(1.158)	(1.431)	(1.492)	(0.315)
性别比	−0.2660	−0.5230**	−0.7078***	−0.7049***
	(−1.176)	(−2.147)	(−3.521)	(−3.526)

续　表

	(1)	(2)	(3)	(4)
常数项	0.3060	0.4072	0.6898***	0.6690***
	(1.209)	(1.499)	(3.040)	(2.968)
国家固定	是	是	是	是
年份固定	是	是	是	是
观测值	540	540	540	540
R2	0.220	0.113	0.387	0.394

五、结论与启示

本文利用 ADB-WIOD 新近公布的跨国投入产出数据，并基于 Wang 等（2017）提出的全球生产分解模型，从前向供给和后向需求两个维度方面，实证考察 GVC 参与情况与全球失衡之间的关系。主要结论如下：第一，一国参与全球价值链分工通过统计假象效应、分工专业化效应等渠道对一国经常账户产生影响，最终导致全球失衡现象的出现。第二，不同的 GVC 参与方式在全球价值链体系中承担任务的差异，使得其对全球失衡也具有不同的表现。即以上游供应方的模式前向参与对全球失衡存在正向影响，反之，基于下游需求方的后向参与方式对全球失衡现象具有负向影响。第三，无论是前向参与还是后向参与全球价值链分工，参与程度越复杂对全球失衡的影响越大。第四，相较于服务业而言，制造业参与全球价值链分工对全球失衡的影响更大。

本文的研究结论具有明晰的启示。首先，全球生产分工改变了全球生产格局，推动了垂直专业化生产。从国际分工的视角来看，在经济一体化的趋势下，贸易和生产的分工空前复杂，各国参与全球价值链分工过程中所承担的角色差异造成全球失衡。它是全球化发展的必然结果，所以出现这种现象具有一定的合理性。其次，全球价值链分工体系的构建推动了贸易格局的变迁。我国嵌入全球价值链中低端生产环节，面临着"出口在中国，附加值在欧美；顺差在中国，利益在欧美"的现状。然而，当今中美贸易战风起云涌，民粹主义、贸易保护主义抬头，传统核算体系严重高估我国与发达国家的贸易顺差。在此背景下，各国应该理性对待贸易与经常账户平衡，合理测算各国经济、贸易利益所得。从 2018 年开始并持续至今的中美之间产生贸易摩擦来看，双方作为世界最大的发展中国家与发达国家，两国经贸关系的重构与再平衡对世界经济发展的影响举足轻重。从贸易结构来看，美国是中国最大的货物贸易顺差国，而美国也是中国最大的服务贸易顺差国。而对于中美贸易顺差的客观实际情况是，从全球价值链分工角度分析，虽然名义贸易顺差国是中国，但实际上贸易利益却是两国共同享有。中美之间的贸易顺差是全球价值链分工基础上利益分配的客观结果，既不应以"零和游戏"的规则加以评判，更不应成为两国贸易摩擦甚至是"贸易战"的借口。因此，解决中美贸易失衡问题及全球失衡现象需要双方共同努力，而不能只指责一方，更不能要求中方单方面进行不对称调整而美方不作为。最后，推动我国产业向高质量、高标准要求发展，提升我国传统制造业部门科技含量，推动产业朝向"微笑曲线"两端延伸，推动制造业部门服务化进程，推动我国通过价值链中高端攀升迈向贸易强国的步伐。

参考文献

[1] Bernanke B. The global saving glut and the US current account deficit[R]. Board of Governors of the Federal Reserve System (US), 2005.

[2] Bernanke B S. The financial accelerator and the credit channel[R]. 2007.

[3] 余永定，覃东海：中国的双顺差：性质、根源和解决办法 [J].《世界经济》，2006(03):31-41.

[4] 李兵，任远：人口结构是怎样影响经常账户不平衡的？——以第二次世界大战为工具变量的经验证据 [J].《经济研究》, 2015, 50(10): 119-133.

[5] 佟家栋，云蔚，彭支伟：新型国际分工、国际收支失衡与金融创新 [J].《南开经济研究》,2011(03):3-15+96.

[6] 蔡兴，肖翔：人力资本、国际分工新形态与全球失衡 [J].《经济科学》，2017(03):19-31.

[7] 程大中，郑乐凯，魏如青：全球价值链视角下的中国服务贸易竞争力再评估

[J].《世界经济研究》,2017(05):85-97+136-137.

[8] Miroudot S, Lanz R, Ragoussis A. Trade in intermediate goods and services[R]. OECD2009.

[9] López-Villavicencio A, Mignon V. Do global value chains amplify global imbalances?[R]. CEPII Working Paper 2018-13.

[10] 洪俊杰,商辉:中国开放型经济的"共轭环流论":理论与证据 [J].《中国社会科学》,2019(01):42-64+205.

[11] Dedrick J, Kraemer K L, Linden G. Who profits from innovation in global value chains?: a study of the iPod and notebook PCs[J]. Industrial and corporate change, 2010, 19(1): 81-116.

[12] Kraemer K L, Linden G, Dedrick J. Capturing value in Global Networks: Apple's iPad and iPhone[J]. University of California, Irvine, University of California, Berkeley, y Syracuse University, NY. http://pcic. merage. uci. edu/ papers/2011/value_iPad_iPhone. pdf. Consultado el, 2011, 15.

[13] 陈雯,李强:全球价值链分工下我国出口规模的透视分析——基于增加值贸易核算方法 [J].《财贸经济》, 2014 (7): 107-115.

[14] 袁征宇,郑乐凯,王清晨:中国制成品出口技术含量测度及其跨国比较研究——基于贸易增加值前向分解法 [J].《当代财经》,2018(02):105-114.

[15] 李昕,徐滇庆:中国外贸依存度和失衡度的重新估算——全球生产链中的增加值贸易 [J].《中国社会科学》,2013(01):29-55+205.

[16] Xing Y, Detert N C. How the iPhone widens the United States trade deficit with the People's Republic of China[J]. 2010.

[17] Johnson R C, Noguera G. Accounting for intermediates: Production sharing and trade in value added[J]. Journal of International Economics, 2012, 86(2): 224-236.

[18] 文东伟:全球价值链分工与中国的贸易失衡——基于增加值贸易的研究 [J].《数量经济技术经济研究》,2018,35(11):39-57.

[19] Taglioni D, Winkler D. Making global value chains work for development[M].

The World Bank Working Paper, 2016.

[20] 邢予青：全球价值链与遗漏的美国出口 [J].《世界经济文汇》, 2018 (5): 1-8.

[21] 徐建炜，姚洋：国际分工新形态，金融市场发展与全球失衡 [J].《世界经济》,
2010, 3: 3-30.

[22] 戴翔，金碚：产品内分工，制度质量与出口技术复杂度 [D], 2014.

[23] 谭人友，葛顺奇，刘晨：全球价值链分工与世界经济失衡——兼论经济失
衡的持续性与世界经济再平衡路径选择 [J].《世界经济研究》,2015(02):32-
42+127.

[24] 王思语，郑乐凯：全球价值链嵌入特征对出口技术复杂度差异化的影响 [J].
《数量经济技术经济研究》, 2019,36(05):65-82.

[25] 张会清，翟孝强：中国参与全球价值链的特征与启示———基于生产分解
模型的研究 [J].《数量经济技术经济研究》, 2018, 1: 3-22.

[26] 刘瑞翔，颜银根，范金：全球空间关联视角下的中国经济增长 [J].《经济研
究》, 2017, 5: 89-102.

[27] Hummels D, Ishii J, Yi K M. The nature and growth of vertical specialization in
world trade[J]. Journal of International Economics, 2001, 54(1): 75-96.

[28] 倪红福：全球价值链测度理论及应用研究新进展 [J].《中南财经政法大学学
报》, 2018 (2018 年 03): 115-126.

[29] Johnson R C. Measuring global value chains[J]. Annual Review of Economics,
2018, 10: 207-236.

[30] Wang Z, Wei S J, Yu X, et al. Measures of participation in global value chains
and global business cycles[R]. National Bureau of Economic Research, 2017.

[31] Beverelli C, Stolzenburg V, Koopman R B, et al. Domestic value chains as
stepping stones to global value chain integration[J]. The World Economy, 2019,
42(5): 1467-1494.

[32] 程大中：中国参与全球价值链分工的程度及演变趋势——基于跨国投入—
产出分析 [J].《经济研究》, 2015, 9: 4-16.

[33] 中国经济增长与宏观稳定课题组，张晓晶，汤铎铎，林跃勤：全球失衡、金
融危机与中国经济的复苏 [J].《经济研究》,2009,44(05):4-20.

海外华侨华人网络、组织学习与企业对外直接投资逆向技术创新效应

衣长军　王玉敏　陈初昇[*]

摘要：本文结合社会网络理论、网络嵌入理论和组织学习理论，以《中国工业企业数据库》中 3696 家 OFDI 企业为研究样本，采用最小二乘法 OLS 和工具变量 GMM 方法对海外华侨华人网络、组织学习与中国企业 OFDI 逆向技术创新效应的关系进行实证检验，研究发现：（1）海外华侨华人网络与企业 OFDI 逆向技术创新效应之间存在非线性"倒 U 型"关系，海外华侨华人网络对 OFDI 企业创新绩效的影响存在"过犹不及"现象；（2）组织学习能够调节海外华侨华人网络对企业 OFDI 逆向技术创新效应的影响。与利用式学习相比，探索式学习更能负向调节海外华侨华人网络与企业 OFDI 逆向技术创新效应之间的"倒 U 型"关系。本文对新时代我国企业"走出去"战略和"一带一路"倡议的实施以及如何发挥海外华侨华人社会网络和组织学习的作用具有重要的政策启示与现实意义。

关键词：海外华侨华人网络；组织学习；OFDI 逆向技术创新；工具变量法

基金项目：2018 年国家社科基金重点项目：全球华侨华人网络对中国跨国企业子公司生存与国际竞争新优势影响研究（18AGL004）

---

* 作者简介：衣长军，华侨大学主任、教授；王玉敏，华侨大学研究员；陈初昇，华侨大学副教授。

一、引言

自 2000 年中国实施"走出去"和"引进来"并举的对外开放战略以来，我国对外直接投资（Outward Foreign Direct Investment，简称 OFDI）快速增长。党的十九大报告强调要"创新对外投资方式，加快培育国际经济合作和竞争新优势"。然而，与中国企业 OFDI 加速发展和政府政策的重视形成鲜明对比的是，中国企业"走出去"的经营成效并不乐观。事实上，在中国企业加快"走出去"步伐的同时，每年也有大量海外子公司没能"走下去"（生存绩效），更没能"走上去"（国际竞争新优势），大量海外子公司在消失，海外子公司存活率和国际竞争新优势（即创新能力）并不理想。全球海外华侨华人约有 6000 万，海外华侨华人社团网络逾 2.5 万个（邓江年，2016）[1]，作为社会关系网络的海外华侨华人群体具有本土化与国际化双重特征，中国 OFDI 子公司自然会嵌入到东道国海外华侨华人网络之中，这是中国企业"走出去"的一个天然优势。但是学术界对海外华侨华人网络如何影响中国企业"走出去"的进程还缺乏深入的、机理性的剖析和思考（衣长军等，2017）[2]。在此背景下，研究分布全球的华侨华人网络对中国跨国企业创新能力影响的机制机理，探究中国跨国企业既要"走出去"、还要"走下去"与"走上去"的政策和管理建议，则具有重要的理论价值与现实意义。

本文以中国 OFDI 企业为研究对象，结合社会网络理论、网络嵌入理论和组织学习理论，采用最小二乘法和工具变量法对海外华侨华人网络、组织学习与企业 OFDI 逆向技术创新效应之间的关系进行研究。本文的学术贡献主要是从理论上论证华侨华人网络与 OFDI 逆向技术创新效应的"倒 U 型"关系假说，并在实证检验中解决内生性问题。本文的主要创新点在于考虑到一个在以往研究中容易被忽略的重要事实：在当今社会，创新能力是企业乃至国家持续发展的重要条件，追求创新能力的提升已经成为企业 OFDI 的重要目的。这也意味着企业 OFDI 逆向技术创新效应高的东道国对海外华侨华人的吸引力可能也越大，即东道国华侨华人网络与中国企业 OFDI 逆向技术创新效应之间很可能存在双向因果关系。为了克服这一可能的内生性问题对实证结果的影响，本文分别采用最小二乘法 OLS 和工具变量 GMM 方法进行回归及对比分析，不仅保证估计结果的一致性和稳健性，而且进一步揭示内生性问题对结果的影响，为目前关于海外华侨华人网络对企业 OFDI 逆向技术创新效应的研究提供新的思路。

二、文献回顾与研究假设

（一）海外华侨华人网络与企业 OFDI 逆向技术创新效应

早期文献主要关注移民网络对国际贸易和外商对华直接投资（FDI）的促进作用（Baghdadi & Cheptea，2010）[3]。随着"走出去"战略的实施和我国对外直接投资规模的不断扩大，相关研究开始关注海外华侨华人网络对 OFDI 的影响（贺书锋和郭羽诞，2010）[4]。吴群锋和蒋为（2015）[5]基于全球 195 个国家（地区）的华人分布数据和中国对全球 132 个经济体对外直接投资的流量与存量数据，研究发现海外华人网络促进了中国企业"走出去"，中国企业在华人分布密集的地区更容易实现对外直接投资。张吉鹏和李凝（2014）[6]、衣长军和徐雪玉（2016）[7]利用企业层面数据进行实证研究，发现东道国华侨华人网络对中国企业对外直接投资有显著的促进作用。这些研究大多关注海外华侨华人网络对中国企业 OFDI 区位选择的影响，而且倾向于从文化和制度的角度进行解释。此外，这些研究大多采用简单的回归分析方法进行实证研究，并没有考虑到可能存在的双向因果关系导致的内生性问题对实证结果的影响。

社会关系网络已经成为企业自身发展的重要战略资源之一，在"走出去"战略背景下，海外华侨华人网络作为本国族裔关系网络的延续，是跨国企业社会关系网络的重要组成部分，其对 OFDI 企业在东道国生存与发展的影响也是值得深入探讨的学术问题。根据社会网络理论，良好的外部关系网络可以创造更多技术共享的机会，促进技术扩散，提高技术创新绩效和培育国际竞争新优势。汪占熬和张彬（2013）[8]将海外华侨华人网络视为重要的社会关系网络，指出 OFDI 企业通过海外移民一般更容易与东道国本土企业形成稳固的人际关系网络。"走出去"的中国企业必然会嵌入于东道国的华侨华人网络之中。显然，中国 OFDI 企业对知识的获取与吸收会受到该关系网络的影响。根据这一解释，东道国华侨华人网络活跃程度越大，越有利于中国企业 OFDI 逆向技术创新效应的实现。然而，根据网络嵌入理论，网络成员的行为以及其所获得资源会受到网络关系结构和其所处的网络位置的影响。Uzzi（1997）[9] 提出网络嵌入性关系的理想强度是处于中间状态，既不能太紧无法解散关系，也不能太松以至于无法形成关系。因此，从社会关系网络和网络嵌入性视角来看，良好的外部关系网络有利于网络成员（企业）之间的资源流动，并且能够在一定程度上降低交易成本；但是当网络关系过于紧密时，不仅需要付出过高的维系关系的成本，而且也不利于网络成员（企业）与网络外部的交流和互动，从而存在"过犹不及"的现象（周欢怀，2016）[10]。由此可见，海外华侨华人网络与中国企业 OFDI 逆向技术创新效应之间并不仅仅是简单的线性关系，而可能存在非线性关系。

综上分析，本文提出假设 1：海外华侨华人网络与中国企业 OFDI 逆向技术创新效应之间存在非线性关系，具体表现为"倒 U 型"关系。当东道国华侨华人网络没有达到阈值之前，华侨华人网络能够增强中国企业 OFDI 逆向技术创新效应，而当其达到阈值之后，则会抑制中国企业 OFDI 逆向技术创新效应。

（二）组织学习与企业 OFDI 逆向技术创新效应

组织学习是创新理论关注的焦点，是企业创新绩效的关键影响因素。自 March（1991）[11] 提出"探索"和"利用"概念并将之应用于组织学习领域以来，探索式学习和利用式学习已经成为组织学习理论的主导分析框架（Levinthal & March，1993；Gupta et al.，2006；McGrath & Gordan，2011）[12][13][14]。组织学习有利于企业识别外部环境中的机会和威胁，并充分利用企业自身的能力和资源以满足市场需求，从而为企业提供持续的竞争优势（曾萍和蓝海林，2011；马鸿佳等，2015）[15][16]。关于组织学习对 OFDI 企业影响的研究文献相对较少。Petersen & Pedersen（2002）[17] 研究发现，在 OFDI 前期，跨国公司进行组织学习可以极大降低海外投资东道国经营环境的不确定性。Zhou 等（2016）[18] 研究发现，探索式学习与利用式学习对中国跨国企业新产品绩效均具有正向影响，表明海外子公司可以通过组织学习获取新的管理方式、创新能力、营销技能以及其他无形资产，并将其传递给母公司实现逆向知识转移，从而提高跨国公司整体创新绩效。衣长军等（2018）[19] 利用 2005–2015 年企业层面数据考察组织学习对制度距离与企业 OFDI 逆向技术创新效应的调节作用，发现探索式学习能够有效地正向调节非正式制度距离的负效应。

探索式学习和利用式学习是两种不同的组织学习模式，对企业产生的影响也有所不同。探索式学习涉及新技术的搜寻和新知识的探索（Abebe & Angriawan，2014）[20]，往往具有一定的风险性和不确定性，难以保证短期绩效。同时，从长期来看，企业对新技术和新知识的寻求以及成功经验的不足，极易使其陷入"试验－失败－试验"的恶性循环（王凤彬等，2012；朱朝晖和陈劲，2008）[21][22]。利用式学习是对已有知识的一种延伸性学习，注重现有知识和资源的获取和利用。然而，从长期来看，容易导致企业的"学习锁定"、"路径依赖"和"技术惰性"，使其局限于已取得的成功经验，难以发展新的能力应对环境变化，导致核心刚性（朱朝晖和陈劲，2008；He & Wong，2004；Gupta et al.，2006）[22][22][13]。

当企业刚刚进入东道国或东道国华侨华人网络强度较弱时，企业对东道国的社会、文化和政治环境比较陌生，与当地企业的联系较弱，面临着较大的"外来者劣势"。此时，若盲目地进行探索式学习，将不利于企业稳定经营；而利用式学习对于绩效的影响在较短时间内就能够得以体现，通过利用式学习，企业则可以充分利用已有的华侨华人网络资源，发挥其桥梁和纽带作用克服"外来者劣势"，实现稳定经营，从而获取更多的知识或资源；或者能够帮助企业更好地获得异质性知识并将其传递给母公司，提升企业创新能力。而当东道国华侨华人网络强度过高时，通常情况下，企业容易产生"路径依赖"，从而不利于异质性知识的获取。此时，若过于注重利用式学习，则容易加重"路径依赖"，从而不利于 OFDI 逆向技术创新效应的提升；而探索式学习则有利于企业保持与其他企业的联系，减少"路径依赖"产生的可能性。可见，海外子公司采取不同的组织学习模式能够对其与东道国华侨华人网络的关系以及与网络外部企业的关系产生不同的影响，从而影响其所能够获得的资源，进而影响企业 OFDI 逆向技术创新效应。

基于此，本文提出假设 2：组织学习能够调节海外华侨华人网络与中国企业 OFDI 逆向技术创新效应之间的关系。与利用式学习模式相比，探索式学习模式更能够负向调节海外华侨华人网络对中国企业 OFDI 逆向技术创新效应的"倒 U 型"关系。

综上所述，本文从社会关系网络和网络嵌入性两个视角，构造了海外华侨华人网络对中国企业 OFDI 逆向技术创新效应的一个理论模型，如图 1 所示。

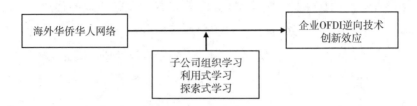

图 1　海外华侨华人网络与中国企业 OFDI 逆向技术创新效应概念模型

三、计量模型、变量与数据

（一）样本选择

为了验证上述理论假说，本文进行实证研究。数据主要来源于《中国工业企业数据库》和商务部《境外投资企业（机构）名录》。首先，根据《中国工业企业数据库》和《境外投资企业（机构）数据库》匹配出 2005-2013 年期间进行境外投资活动的企业名单以及相应的微观数据；其次，基于数据的准确性进一步对数据进行筛选。同时，为了使实证结果更具有说服力，剔除投资于港、澳、台地区以及维尔京群岛、开曼群岛、百慕大群岛等"避税天堂"国家与地区的企业。经过以上匹配和筛选，最终得到 OFDI 企业 3969 家，拥有海外子公司 5498 个，涉及东道国数目为 73 个。

（二）指标设计与数据说明

表 1　变量说明及其数据来源

变量类型	变量名称	测量指标	标识	数据来源
被解释变量	OFDI 逆向技术创新效应	全要素生产率，取对数	tfp	《中国工业企业数据库》
解释变量	海外华侨华人网络	东道国中国移民存量与东道国人口比例	chi	《联合国移民数据库》

续　表

变量类型	变量名称	测量指标	标识	数据来源
调节变量	组织学习	根据海外子公司经营范围确定，探索式学习取值为 1，利用式学习取值为 0	learn	商务部《境外投资企业（机构）名录》
工具变量	双边伙伴关系	划分成 8 个不同层次，依次赋值为 0~7	partner relationship	中华人民共和国外交部网站
	两国建交时间	各年东道国与中国的建交时间之差	jtime	
控制变量（宏观）	制度距离	采用 Kogut-Singh 距离指数公式计算各东道国与中国总体的制度距离	insdis	《世界银行全球治理指标数据库》
	东道国对外开放程度	东道国进出口总额，取对数	trade	《世界银行世界发展指标数据库》
	东道国信息发展水平	东道国当年固定电话和移动电话的拥有率、计算机普及程度和互联网应用水平的几何加权平均数，取对数	ict	
	经济距离	东道国与中国人均 GDP 的绝对值之差，取对数	ecodis	
	东道国经济发展速度	东道国 GDP 增长率	growth	
	东道国经济稳定性	东道国各年通货膨胀率	inflation	
控制变量（微观）	企业规模	企业销售额，取对数	size	《中国工业企业数据库》
	企业年龄	当年年份与企业开业年份之差，取对数	age	
	盈利能力	营业利润与企业销售额之比	profit	
	出口密集度	出口交货值与企业销售额之比	expshare	
	人均管理成本	管理费用与从业人数之比，取对数	pmanage	
	企业所有制结构	将所有制结构分为民营、外资、国有，分别赋值为 1、2、3	state	

各变量的描述性统计分析结果如表 2 所示。

表 2 　主要变量描述性分析

变量名	平均值	标准差	最小值	最大值
全要素生产率	−0.0039	0.9524	−7.8224	5.5069
东道国华侨华人网络	0.0565	0.1651	−0.0697	0.8458
组织学习	0.4466	0.4972	0.0000	1.0000
两国建交时间	3.5985	0.3912	0.0000	4.1589
双边伙伴关系	2.9250	1.7369	0	7
东道国对外开放程度	27.3062	1.3898	21.2304	28.9942
东道国信息发展水平	3.3527	0.9952	−0.9635	4.2299
制度距离	2.5252	1.6701	0.1057	6.2044
经济距离	29.1971	0.7004	24.4933	30.0141
东道国经济发展速度	0.0295	0.0328	−0.0827	0.3450
东道国经济稳定性	4.1371	4.0093	−4.8633	31.4406
企业规模	12.4165	1.9730	6.9801	19.2842
企业年龄	2.2289	0.6862	0.6931	4.1589
盈利能力	0.0610	0.1750	−5.4604	11.4128
出口密集度	0.3317	0.3546	0.0000	1.0000
人均管理成本	0.9832	0.6062	−5.9175	2.4291
企业所有制结构	1.4657	0.6603	1.0000	3.0000
N=23686				

（三）相关性分析

各变量之间的相关系数如表 3 所示。

表 3 　变量相关系数矩阵

变量	chi	learn	trade	ict	insdis	ecodis	growth
chi	1						
lean	0.002	1					
trade	−0.017**	0.002	1				
ict	0.244***	0.075***	0.509***	1			

续　表

变量	chi	learn	trade	ict	insdis	ecodis	growth
insdis	0.409***	0.079***	0.521***	0.659***	1		
ecodis	0.073***	−0.101***	0.282***	−0.028***	−0.057***	1	
growth	0.071***	−0.048***	−0.395***	−0.521***	−0.427***	0.080***	1
inflation	−0.171***	−0.062***	−0.411***	−0.561***	−0.601***	0.095***	0.429***
size	0.090***	0.097***	−0.064***	−0.038***	−0.036***	0.051***	0.056***
age	0.040***	0.043***	−0.022***	−0.015**	−0.029***	0.053***	0.001
profit	0.016**	0.046***	0.019***	0.010	0.014**	0.013**	0.009
expshare	−0.049***	−0.067***	0.071***	0.062***	0.048***	0.006	−0.096***
pmanage	0.052***	0.117***	0.029***	0.024***	0.029***	0.025***	−0.095***
state	0.042***	0.051***	−0.035***	0.001	0.013*	−0.009	−0.001

续表3　变量相关系数矩阵

变量	inflation	size	age	profit	expshare	pmanage	state
inflation	1						
size	0.021***	1					
age	−0.009	0.390***	1				
profit	−0.002	0.114***	0.035***	1			
expshare	−0.040***	−0.143***	−0.027***	−0.063***	1		
pmanage	−0.012	0.345***	0.219***	0.044***	0.005	1	
state	−0.013*	0.315***	0.082***	0.000	−0.010	0.189***	1

注：***、**、* 分别代表显著水平为 1%、5%、10%，括号内数值为 t 统计量。

为了进一步检验变量间是否存在多重共线性，测算相关变量的方差膨胀因子（简称 VIF），结果如表 4 所示，所有变量的 VIF 值均值为 1.58 远小于 5，表明各变量不存在显著的多重共线性。

表 4　变量的多重共线性检验

变量	chi	learn	trade	ict	insdis	ecodis	growth
VIF 值	1.42	1.04	2.59	2.98	2.57	1.07	1.61

续表4 变量的多重共线性检验

变量	inflation	size	age	profit	expshare	pmanage	state
VIF 值	1.76	1.47	1.20	1.02	1.04	1.18	1.12
平均 VIF 值 =1.58							

（四）计量模型设定

本文首先设定仅包含控制变量的基础模型：

$$tfp_{kj} = u_k + \beta_1 trade_{ij} + \beta_2 insdis_{ij} + \beta_3 ict_{ij} + \beta_4 ecodis_{ij} + \beta_5 growth_{ij} +$$

$$\beta_6 inflation_{ij} + \beta_7 size_{kj} + \beta_8 age_{kj} + \beta_9 profit_{kj} + \beta_{10} expshare_{kj} + \beta_{11} pmanage_{kj} + \qquad （1）$$

$$\beta_{12} state_{kj} + \varepsilon_{kj}$$

其中，k 表示企业，i 表示东道国国别，j 表示年份，例如 tfp_{kj} 表示第 j 年 k 企业的全要素生产率；$trade_{ij}$ 表示第 j 年，i 东道国的对外开放程度。u_k 表示随企业不同而变化的企业个体效应；ε_{kj} 为随机扰动项。

为了检验华侨华人网络对 OFDI 逆向技术创新效应的可能的非线性影响，将华侨华人网络的一次项（chi_{ij}）及二次项（$chi2_{ij}$）加入基础模型。此外，为了避免加入交互项之后带来的多重共线性问题，对华侨华人网络变量进行了中心化处理，得到其二次项。令 $X_{ij}k$ 代表上述 12 个控制变量，β 代表其相应系数，则具体模型如下：

$$tfp_{kj} = u_k + a_1 chi_{ij} + a_2 chi2_{ij} + \beta' X_{ijk} + \varepsilon_{kj} \qquad （2）$$

为了检验组织学习对华侨华人网络与 OFDI 逆向技术创新效应之间关系的调节效应，在模型（2）的基础上分别加入了组织学习变量（$learn_{kj}$）、组织学习与中心化处理后的华侨华人网络一次项和二次项的交互项，分别构建了模型（3）和模型（4），具体模型如下：

$$tfp = u_k + \alpha_1 chi_{ij} + \alpha_2 chi2_{ij} + \alpha_3 learn_{kj} + \beta' X_{ijk} + \varepsilon_{kj} \qquad （3）$$

$$tfp_{kj} = u_k + \alpha_1 chi_{ij} + \alpha_2 chi2_{ij} + \alpha_3 learn_{kj} + \alpha_4 learn_{kj} * chi_{ij} + \alpha_5 learn_{kj} * chi2_{ij} +$$
$$\beta' X_{ijk} + \varepsilon_{kj} \qquad （4）$$

其中，$learn_{kj}*chi_{ij}$ 和 $learn_{kj}*chi2_{ij}$ 分别表示组织学习与华侨华人网络的一次项和二次项的交互项。

四、实证结果分析

（一）海外华侨华人网络与企业 OFDI 逆向技术创新效应关系检验

1. OLS 估计结果

采用固定效应模型对模型（2）进行回归，结果如表 5 所示。

表 5　主效应回归结果及稳健性检验结果

变量	模型 1	模型 2（FE）	模型 3（FE_robust）	模型 4（IV_GMM）
trade	−0.034	−0.121***	−0.121***	−0.020**
	（−1.10）	（−3.63）	（−2.73）	（−2.56）
ict	0.248***	0.292***	0.292***	0.047***
	（11.01）	（12.47）	（9.50）	（4.35）
insdis	−0.041	−0.045	−0.045	−0.052***
	（−1.41）	（−1.51）	（−1.36）	（−3.24）
ecodis	−0.001	−0.002	−0.002	0.012
	（−0.09）	（−0.17）	（−0.13）	（1.00）
growth	0.962***	1.037***	1.037***	2.330***
	（5.48）	（5.88）	（5.02）	（8.63）
inflation	−0.011	−0.002	−0.002	0.010
	（−0.69）	（−0.13）	（−0.15）	（0.53）
size	0.526***	0.521***	0.521***	0.256***
	（65.42）	（64.53）	（30.00）	（59.29）
age	−0.318***	−0.332***	−0.332***	−0.228***
	（−22.25）	（−23.02）	（−12.99）	（−24.42）
profit	0.151***	0.150***	0.150	0.354***
	（5.62）	（5.59）	（1.55）	（2.79）
expshare	−0.515***	−0.501***	−0.501***	−0.191***
	（−25.38）	（−24.63）	（−19.71）	（−11.94）
pmanage	−0.198***	−0.192***	−0.192***	−0.023**
	（−21.11）	（−20.43）	（−12.91）	（−2.00）

续　表

变量	模型 1	模型 2（FE）	模型 3（FE_robust）	模型 4（IV_GMM）
state	0.179***	0.181***	0.181***	−0.153***
	(10.27)	(10.41)	(4.12)	(−15.67)
chi		5.897***	5.897***	2.853***
		(7.85)	(5.70)	(3.83)
chi2		−4.445***	−4.445***	−4.628***
		(−6.33)	(−4.59)	(−4.77)
时间	是	是	是	是
地区	是	是	是	是
Kleibergen–Paap Wald rk LM 统计量				1163.271***
Kleibergen–Paap Wald rk F 统计量				347.835
Sargan–Hansen 统计量				0.089
N	23686	23686	23686	23686

注：***、**、* 分别代表显著水平为 1%、5%、10%，括号内数值为 t 统计量。

　　从模型 3 可以看出，海外华侨华人网络（chi）及其二次项系数（chi2）均在 1% 水平上显著。华侨华人网络的一次项系数 a1 为 5.897，而二次项系数 a2 为 −4.445，即 a2<0，−a1/(2a2)=0.6633，去心化后的华侨华人网络的取值区间为（−0.0697，0.8458），对称轴值 0.6633 在该区间内，说明海外华侨华人网络与中国企业 OFDI 逆向技术创新效应存在显著的"倒 U 型"关系。换言之，当华侨华人网络没有达到阈值之前，华侨华人网络能够增加企业 OFDI 逆向技术创新效应，而当其达到阈值之后，则会抑制企业 OFDI 逆向技术创新效应的增加，这一实证结果支持了假设 1。

　　在 OFDI 逆向技术创新效应实现的过程中，东道国华侨华人网络主要通过影响海外子公司资源的获取与传递，进而影响 OFDI 逆向技术创新效应。从社会网络关系的角度，海外华侨华人网络作为中国企业的一种特殊"关系资产"，有利于海外子公司克服"外来者劣势"，能够更快地融入当地环境，与当地企业建立良好的关系网络，获得较多的异质性的知识，从而提高 OFDI 逆向技术创新效应。然而，从嵌入性的角度分析，当东道国华侨华人网络强度过大时，一方面，网络所提供的知识异质性下降，企业容易形成"路径依赖"，不利于成长；另一方面，当网络嵌入性过高时，企业与网络外部企业交流的意愿也可能会降低。这两个方面的问题都会导致海外子公司所能获得和传递的知识减少，并且其异质性也会下降，从而不利于 OFDI 逆向技术创新效应的提升。因此，海外华侨华人网络与中国企业 OFDI 逆向技术创新效应之间不仅仅是简单的线性关系，而是非线性的"倒 U 型"关系。

2. 内生性问题及工具变量 GMM 估计结果

本文采用工具变量法（IV）解决内生性问题，选用双边伙伴关系和两国建交时间作为东道国华侨华人网络的工具变量，其合理性在于：一是从外生性的角度来看，双边伙伴关系（partner relationship）属于政治因素，受到国家宏观调控的影响比较大；而两国建交时间（jtime）是历史因素，它们显然都是外生的，不会对当前企业 OFDI 逆向技术创新效应产生影响；二是从与内生变量的关系看，国家之间较高层次的伙伴关系能够为"走出去"企业带来一定的便利，现有研究也验证了双边伙伴关系对中国企业对外直接投资区位的影响，即较高层次的双边伙伴关系有利于吸引中国企业对该国进行直接投资（衣长军和徐雪玉，2016）[7]。由于海外华人往往以亲友关系形成族群网络从事跨国商业活动，因此，较高层次的双边伙伴关系能够增强该东道国的华侨华人网络强度。而历史上两国建交时间越长，则双边移民存量可能越多，当地的华侨华人网络强度越大。从以上分析可以看出，双边伙伴关系和两国建交时间是东道国华侨华人网络较为理想的工具变量。

相对于一般的最小二乘法，GMM 方法可一致估计模型参数值，而且还可以使用具有异方差的稳健性标准误（Hall，2005）[ ]，因此，采用两阶段 GMM 方法进行估计。在进行估计之前，需要对工具变量的合理性进行判断：（1）首先，不可识别检验。Kleibergen-Paap rk LM 统计量在 1% 水平上拒绝了"工具变量识别不足"的原假设，即不存在工具变量不存在不可识别问题；（2）其次，检验是否存在弱工具变量问题。为了考察工具变量与内生变量的相关性，计算了 Stock & Yogo（2005）[ ] 的最小特征值统计量（Kleibergen–Paap Wald rk F 统计量）为 347.835，远大于 Stock–Yogo 检验 10% 水平上的临界值 13.43，拒绝工具变量是弱识别的假定；（3）最后，过度识别检验。Sargan–Hansen 过度识别检验的相伴随概率为 0.7657，因此不能在 10% 的显著水平上拒绝工具变量是过度识别的原假设，由此可以判断所选取的工具变量是外生的。

从表 5 可以看出，在控制内生性问题后，东道国华侨华人网络变量的一次项和二次项系数的显著性及符号与 OLS 估计结果一致，表明 OLS 估计结果具有较强的稳健性。但是，从解释变量的系数大小来看，考虑了模型的内生性问题后，海外华侨华人网络变量的系数有所变化，即内生性问题导致了估计结果的强度偏差。为了更为直观地观察内生性问题对估计结果的影响，绘制了两种估计方法下海外华侨华人网络变量与中国企业 OFDI 逆向技术创新效应变量的关系对比图，如图 2 所示。

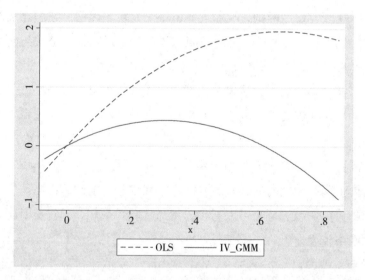

图 2　两种估计方法下海外华侨华人网络与 OFDI 逆向技术创新效应之间关系对比图

从图 2 中可以看出，无论是否考虑解释变量与被解释变量之间的双向因果关系引起的内生性问题，海外华侨华人网络与中国企业 OFDI 逆向技术创新效应之间都呈"倒 U 型"关系，假设 1 依然成立。然而，对比两条曲线的切线斜率不难看出，若不考虑内生性问题，当海外华侨华人网络强度较小时，往往容易高估其对中国企业 OFDI 逆向技术创新效应的促进作用；而当海外华侨华人网络强度逐渐变大时，则往往容易低估其对中国企业 OFDI 逆向技术创新效应带来的抑制作用，这显然不利于中国"走出去"企业对东道国华侨华人网络的合理评估与运用。换言之，内生性问题影响了海外华侨华人网络对中国企业 OFDI 逆向技术创新效应的影响强度的评估，从而掩盖了海外华侨华人网络与中国企业 OFDI 逆向技术创新效应之间的真实关系，这可能是以往研究往往忽视或高估海外华侨华人网络对中国企业"走上去"的重要影响的主要原因之一。

（三）组织学习的调节效应检验

本文采用固定效应 OLS 方法和二阶段 GMM 方法进一步考察组织学习对海外华侨华人网络与中国 OFDI 逆向技术创新的调节效应。

1. OLS 估计结果

为避免多重共线性问题，先将解释变量进行标准化处理，然后在模型中分别加入解释变量与调节变量（learn）的交互项，以此来检验调节效应。如果交互项系数显著则表明组织学习对华侨华人网络与 OFDI 逆向技术创新效应之间的关系有调节作用；相反，若交互项系数不显著，则表明没有调节作用；而交互项的系数则表明不同的组织学习模式对解释变量与被解释变量之间关系的影响的差异。

表 6　调节效应回归结果

变量	模型 3 （FE_robust）	模型 4 （IV_GMM）	模型 5 （OLS）	模型 6 （IV_GMM）
chi	5.897***	2.853***	6.502***	5.125***
	(5.70)	(3.83)	(4.37)	(4.40)
chi2	−4.445***	−4.628***	−5.086***	−8.234***
	(−4.59)	(−4.77)	(−5.39)	(−5.23)
learn			0.093	−0.212***
			(1.48)	(−6.58)

续　表

变量	模型3 （FE_robust）	模型4 （IV_GMM）	模型5 （OLS）	模型6 （IV_GMM）
chi*learn			−1.277***	−4.821***
			（−3.37）	（−5.50）
chi2*learn			1.424**	7.790***
			（2.28）	（6.15）
控制变量	是	是	是	是
时间	是	是	是	是
地区	是	是	是	是
Kleibergen–Paap Wald rk LM 统计量		1163.271***		569.982***
Kleibergen–Paap Wald rk F 统计量		348.835		181.347
Sargan–Hansen 统计量		0.089		1.632
N	23686	23686	23686	23686

注：① ***、**、* 分别代表显著水平为 1%、5%、10%，括号内数值为 t 统计量；
② 限于篇幅，表中未详细列出"控制变量"的估计结果。

从表 6 的模型 5 中可以看出，组织学习变量与华侨华人网络变量的二次项的交互项系数（chi2*learn）为 1.424，在 5% 水平上显著，这一结果表明组织学习对海外华侨华人网络与中国企业 OFDI 逆向技术创新效应之间关系具有显著的调节作用，即不同的组织学习模式（探索式组织学习与利用式学习）对海外华侨华人网络与中国企业 OFDI 逆向技术创新效应之间关系的影响存在着显著的差异。

进一步地，在模型 5 中华侨华人网络变量的二次项的系数为 −5.086，在 1% 水平上显著，表明当子公司选择利用式学习模式时，华侨华人网络对 OFDI 逆向技术创新效应的影响的系数为 −5.086；组织学习变量与华侨华人网络变量的二次项的交互项系数为 1.424，在 5% 水平上显著，由此不难得出，当子公司选择探索式学习模式时，华侨华人网络对 OFDI 逆向技术创新效应的影响的系数为 −3.662（−3.662=−5.086+1.424）；绝对值为 3.662<5.086，根据相关知识，

二次项系数的绝对值越小，则"倒 U 型"曲线的开口越大。表明与利用式学习相比，探索式学习模式更能负向调节海外华侨华人网络对中国 OFDI 逆向技术创新的关系。即与利用式学习方式相比，探索式学习更能够弱化海外华侨华人网络与中国企业 OFDI 逆向技术创新之间的"倒 U 型"型关系，初步验证了假设 2。

对这一结果的一个解释是，探索式学习和利用式学习是两种不同的组织学习模式，对跨国企业产生的影响也有所不同。探索式学习往往涉及新技术的搜寻和不断地引入新知识（Abebe & Angriawan，2014）[20]，注重对新知识的获取；而利用式学习是对已有知识的一种延伸性学习，注重对现有知识和资源的利用。当东道国华侨华人网络强度较小时，企业在东道国的资源相对薄弱。探索式学习具有一定的风险性，若专注于探索式学习则不利于企业稳定经营，从而不利于知识的吸收与传递。而利用式学习则能够使企业更加注重对现有资源的利用，在稳定经营的基础上寻求更多的发展机会。当东道国华侨华人网络强度过高时，企业容易产生"路径依赖"，阻碍海外子公司与其他东道国企业网络的交流，从而不利于异质性知识的获取。与探索式学习相比，利用式学习则能使企业更加依赖于网络所提供的资源，而怠于与其他企业进行交往，加重"路径依赖"，从而不利于 OFDI 逆向技术创新效应的提升。因此，当东道国华侨华人网络强度较大，或者达到一定程度后，与利用式学习相比，探索式学习更能够削弱华侨华人网络强度增大给母国 OFDI 企业逆向技术创新效应的获得带来的不利影响。因此，从总体上看，与利用式学习相比，探索式学习更能够弱化海外华侨华人网络与中国企业 OFDI 逆向技术创新之间的"倒 U 型"型关系。

2. 内生性问题及工具变量 GMM 估计结果

表 6 中的模型 6 是以双边伙伴关系和两国建交时间为工具变量，采用二阶段 GMM 方法对可能存在的内生性问题进行修正的估计结果。如表 6 所示，在模型 6 中工具变量的有效性均通过检验。此外，从模型 6 的回归结果可以看出，无论采用 OLS 方法还是采用工具变量法，组织学习对海外华侨华人网络与中国企业 OFDI 逆向技术创新效应之间的调节效应均存在，且结论一致。

为了更为直观地表示出组织学习对海外华侨华人网络与中国企业 OFDI 逆向技术创新效应的影响以及内生性问题对估计结果的影响，绘制了 OLS 方法下和工具变量法下的调节效应图，如图 3（a）和图 3（b）所示（其中，ERL 表示探索式学习模式；EIL 表示利用式学习模式）。

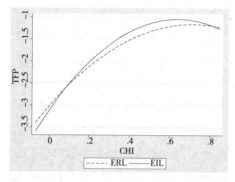 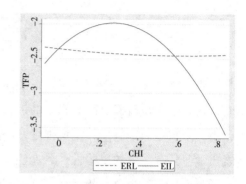

图 3（a）OLS 法估计组织学习的调节效应图   **图 3（b）工具变量法估计组织学习的调节效应图**

如图 3（a）所示，在不同的组织学习模式下华侨华人网络对 OFDI 逆向技术创新效应的影响是不同的。在调节效应图中，重点关注的是不同模式对"海外华侨华人网络 – 中国企业 OFDI 逆向技术创新效应"关系的相对影响。对比图 3（a）中，探索式学习模式下和利用式学习模式下海外华侨华人网络与中国企业 OFDI 逆向技术创新效应的关系曲线的切线斜率，不难看出，当东道国华侨华人网络强度没有达到一定程度（并不特指"倒 U 型"曲线的阈值）之前，利用式学习模式下，"海外华侨华人网络 – 中国企业 OFDI 逆向技术创新效应"关系曲线的切线斜率大于探索式学习模式下该关系曲线的切线斜率；而当东道国华侨华人网络强度达到一定程度（并不特指"倒 U 型"曲线的阈值）之后，则情况相反，表明与利用式学习相比，探索式学习更能够弱化华侨华人网络与 OFDI 逆向技术创新之间的"倒 U 型"关系，从而支持了假设 2。

图 3（b）呈现了采用工具变量法估计的组织学习对海外华侨华人网络与中国企业 OFDI 逆向技术创新效应之间关系的调节作用，不难看出，图 3（b）同样支持了假设 2。由此可以看出，无论是否考虑内生性问题，组织学习对海外华侨华人网络与中国企业 OFDI 逆向技术创新效应之间的关系都具有调节作用。然而，通过对比图 3（a）和图 3（b）不难看出内生性问题对估计结果的影响。

与 OLS 法估计的结果相比，考虑了内生性问题的工具变量法估计的结果中组织学习的调节效应更加明显，这也可能是以往研究中往往忽略组织学习的调节作用的原因之一。

五、结论与建议

本文结合社会网络理论、网络嵌入理论和组织学习理论，从社会关系网络视角和网络嵌入性视角出发，探究了海外华侨华人网络、海外子公司组织学习对我国企业 OFDI 逆向技术创新的影响作用，并创新性地将双边伙伴关系和两国建交时间作为工具变量，采用工具变量法考察海外华侨华人网络、组织学习与我国企业 OFDI 逆向技术创新效应之间的关系，避免了内生性问题而产生的估计偏差。通过实证研究发现：（1）海外华侨华人网络与 OFDI 逆向技术创新效应之间存在非线性关系，表现为显著的"倒 U 型"关系。在考虑内生性问题后这一结论仍然成立，此外，研究还发现，在不考虑内生问题的情况下，往往容易低估华侨华人网络对中国企业 OFDI 逆向技术创新效应的负作用；（2）组织学习能够调节华侨华人网络与 OFDI 逆向技术创新效应之间关系。与利用式学习模式相比，探索式学习模式更能够负向调节海外华侨华人网络对中国企业 OFDI 逆向技术创新效应的关系。同样地，在考虑了内生性问题后，结论依然成立，并且在控制内生性问题的情形下，组织学习的调节作用更加明显。

基于上述结论，提出以下政策建议：（1）OFDI 是中国企业提升创新水平的主要渠道之一。政府应该加大对"一带一路"倡议和"走出去"战略推进力度，引导中国企业不断"走下去"和"走上去"。同时，加强与海外华商的交流，扩大和巩固海外华侨华人网络。（2）海外华侨华人与我国具有天然的联系，在我国企业对外直接投资过程中可发挥重要作用。首先，在投资决策阶段，应当选择华侨华人网络较为活跃、影响力较大的东道国；其次，在海外经营过程中应该积极建立东道国华侨华人网络之间的联系，充分利用政府提供的交流平台；最后，应该正确处理与东道国企业的关系，应当注意到海外华侨华人网络与 OFDI 逆向技术创新效应存在明显的非线性关系，适度地嵌入华侨华人网络，避免"过犹不及"。（3）海外子公司对东道国知识的获取与吸收是母国企业获得 OFDI 逆向技术创新效应过程中的重要环节。海外子公司作为经营主体，必然能够根据经济环境、社会环境乃至政治环境的不同，对企业的经营做出适当的调整。因此，建议母国企业重视与海外子公司的联系，根据与当地华侨华人网络的交流情况，及时调整海外子公司的组织学习模式，提升企业逆向技术创新水平。

参考文献

[1] 邓江年：海外华侨华人经济与"一带一路"战略的互动机制 [J].《华南师范大学学报（社会科学版）》，2016，3：18-22.

[2] 衣长军，李赛，陈初昇：海外华人网络是否有助于 OFDI 逆向技术溢出 ?[J].《世界经济研究》，2017(7)：74-87.

[3] Baghdadi L, Cheptea A. Migrant Associations, Trade and FDI[J]. Annals of Economics & Statistics, 2010, 71(97/98):71-101.

[4] 贺书锋，郭羽诞：对外直接投资、信息不对称与华商网络 [J].《山西财经大学学报》，2010(2)：15-21.

[5] 吴群锋，蒋为：全球华人网络如何促进中国对外直接投资 ?[J].《财经研究》，2015，41(12)：95-106.

[6] 张吉鹏，李凝：文化距离、海外华人网络与中国企业对外直接投资区位选择 [J].《特区经济》，2014(1)：93-95.

[7] 衣长军，徐雪玉：海外华人网络、双边伙伴关系与中国 OFDI 空间格局 [J].《华侨大学学报 (哲学社会科学版)》，2016(3)：116-125.

[8] 汪占熬，张彬：社会关系网络与我国对外直接投资嵌入研究 [J].《求索》，2013(7)：9-12.

[9] Uzzi B. Social Structure and Competition in Interfirm Networks: The Paradox of Embeddedness[J]. Administrative Science Quarterly, 1997, 42(1):35-67.

[10] 周欢怀：社会网络、路径依赖与产业集群的形成——以海外华人产业集群为例 [J].《生产力研究》，2016(7)：71-75.

[11] March J G. Exploration and Exploitation in Organizational Learning[J].

Organization Science, 1991, 2(1):71-87.

[12] Levinthal D A, March J G. The myopia of learning[J]. Strategic Management Journal, 1993, 14(S2):95–112.

[13] Gupta A K, Smith K G, Shalley C E. The Interplay between Exploration and Exploitation[J]. Academy of Management Journal, 2006, 49(4):693-706.

[14] Mccarthy I P, Gordon B R. Achieving contextual ambidexterity in R&D organizations: a management control system approach[J]. R & D Management, 2011, 41(3):240–258.

[15] 曾萍，蓝海林：组织学习对绩效的影响：中介变量作用研究综述 [J].《研究与发展管理》，2011，23(1)：44-53.

[16] 马鸿佳，侯美玲，宋春华等：创业战略态势、国际学习与国际创业绩效的关系研究 [J].《科学学研究》，2015, 33(8)：1203-1214.

[17] Petersen ,B., and T. Pedersen .2002.Coping with liability of foreignness: Different learning engagements of entrant firms. Journal of International Management 8 (3):339-350.doi: 10.1016/S1075-4253(02)00068-6.

[18] Zhou, Y., L. Lu, and X. Chang.2016.Averting risk or embracing opportunity? exploring the impact of ambidextrous capabilities on innovation of chinese firms in internationalization. Cross Cultural & Strategic Management 23 (4):569-589. doi: 10.1108/CCSM-07-2014-0085.

[19] 衣长军，徐雪玉，刘晓丹，等：制度距离对 OFDI 企业创新绩效影响研究：基于组织学习的调节效应 [J].《世界经济研究》，2018(5).

[20] Abebe, M. A., and A. Angriawan. Organizational and competitive influences of exploration and exploitation activities in small firms. Journal of Business Research , 2014,67 (3):339-345.

[21] 王凤彬，陈建勋，杨阳：探索式与利用式技术创新及其平衡的效应分析 [J].《管理世界》，2012(3)：96-112

[22] 朱朝晖，陈劲：探索性学习和挖掘性学习：对立或协同?[J].《科学学研究》，2008，26(5)：1052-1060.

[23] Hall A R. Generalized Method of Moments[M]Generalized method of moments. Oxford University Press, 2005:xii,400.

[24] Stock J H, Yogo M. Testing for Weak Instruments in Linear IV Regression[J]. Nber Technical Working Papers, 2005, 14(1):80-108.

跨境电商、华商网络与 OFDI

陈初昇　燕晓娟　衣长军*

摘要： 全球互联网经济时代，影响中国对外直接投资（OFDI）的因素除了华商网络、制度环境与经济因素之外，跨境电商对 OFDI 也有重要的影响。选取与中国有对外直接投资和国际贸易往来的 103 个国家面板数据，研究华商网络对 OFDI 的影响，并深入研究跨境电商对华商网络 OFDI 的影响和不同类别的跨境电商对华商网络 OFDI 的差异化影响。实证结果表明，华商网络会正向促进中国 OFDI；跨境电商对华商网络 OFDI 有正面的积极效应；B2B 跨境电商贸易对华商网络 OFDI 的影响要比 B2C 跨境电商贸易大，跨境电商出口贸易对华商网络 OFDI 的影响要比跨境电商进口贸易显著。本文提出鼓励跨国企业与东道国华商网络合作，重视企业与华商网络交流平台建设；利用跨境电商的优势，将华商网络与跨境电商结合，进一步促进中国企业对外直接投资的有序发展。

关键词： 跨境电商；华商网络；OFDI

2018 年国家社科基金重点项目： 全球华侨华人网络对中国跨国企业子公司生存与国际竞争新优势影响研究（18AGL004）JEL Classification: F21, F22, F23

---

*作者简介：陈初昇，华侨大学副教授；燕晓娟，华侨大学研究生；衣长军，华侨大学主任、教授。

一、引言

进入 21 世纪以来，中国政府相继提出"走出去"战略和"一带一路"倡议，中国对外直接投资（Outward Foreign Direct Investment，简称 OFDI）规模迅速增长。2016 年，中国 OFDI 创下 1961.5 亿美元的历史新高，在全球占比达到 13.5%，蝉联全球第二；截至 2016 年底，中国 2.44 万家跨国企业设立海外子公司 3.72 万家，分布在全球 190 个国家和地区，中国已进入双向直接投资项下资本净输出的新时代。中国是全球海外移民大国，海外华侨华人约有 6000 万，海外华侨华人社团网络逾 2.5 万个，作为社会关系网络的海外华商网络具有本土化与国际化双重特征，中国 OFDI 子公司自然会嵌入到东道国海外华商网络之中，这是中国企业海外投资的一个天然优势。

随着互联网和通信技术的发展，电子商务已经成为全球经济必不可少的交易平台，跨境电商更是为全球企业以及消费者提供了更加低廉的价格和更加丰富的全球商品种类（Kim 等，2017）。2017 年，中国跨境电商交易总规模为 8.06 万亿元人民币，2013 到 2017 年，年复合增长率高达 26%，跨境电商渗透率（跨境电子商务交易规模占进出口贸易总额的比例）从 2013 年的 12% 上升到 29%。跨境电商提供了新的贸易平台，扩大国际贸易规模，而国际贸易对 OFDI 可能有正向的促进作用（Tham 等，2018）。跨境电商本身作为一种贸易形式理应对 OFDI 产生一定的影响，而中国海外投资子公司自然会嵌入到东道国华商网络中，海外华商网络也理应为中国企业跨境电商、对外直接投资牵线搭桥，学术界也需要为跨境电商、华商网络与对外直接投资关系研究提供理论支撑与实践指导。详细检索发现，关于跨境电商的研究大多集中于跨境电商的影响因素（Gomez-Herrera 等 2014；Yang 等，2014；）、跨境电商物流（Giuffrida 等，2017；Liu 等 2015）以及跨境电商对国际贸易的影响（Yang 等 2017；Martens，2013；Wang 等 2017），跨境电商对基于华商网络效应 OFDI 的影响机制研究目前处于缺位状态。

本文主要贡献为，第一，学术界鲜见关注到华商网络对对外直接投资的影响，本文对由华商网络效应引起的对外直接投资进行了明确界定，引入华商网络 OFDI 变量，并给出测算方法；第二，探索性研究跨境电商对中国 OFDI 的影响作用，并将华商网络纳入到跨境电商与 OFDI 的关系研究中；对跨境电商贸易进行分类（B2B、B2C；出口贸易、进口贸易），研究不同种类跨境电商对华商网络 OFDI 的差异化影响。第三，考虑到华商网络与跨国公司 OFDI 可能存在双向因果关系导致的内生性问题，在研究方法上采用工具变量对内生性问题进行修正，验证了实证结果的稳健性。

二、文献回顾与研究假设

（一）华商网络与 OFDI

随着全球化发展，移民在整个社会早已是司空见惯，移民网络在国与国之间经济合作中发挥的作用也进一步得到学术界认可。Epstein 和 Gang（2004）将种族网络定义为一种通过建立信任、克服非正式障碍（风险和不确定性等）来替代国际合同执行困难的方法。移民可以充当东道国境内潜在投资者和母国商业界之间的中间人，启动新的生产活动或促进伙伴关系，或充当母国对外直接投资的本地合作伙伴，作为一个"信息者"，移民能够促进、吸引外国直接投资流入其母国（Federici 和 Giannetti，2010）。移民相较于母国企业拥有更多关于东道国的市场信息，能够有效地减少母国与东道国在投资方面的壁垒，因此移民对 OFDI 可能会存在正向的促进作用（Gheasi 等，2013）。

早期文献主要集中在移民网络对国际贸易的影响研究上。Gould（1994）、White 和 Tadesse（2007）、Jansen 和 Piermartini（2009）均认为移民网络可以通过降低贸易成本促进双边贸易发展。Rauch 和 Trindade（2002）通过研究华商网络对中国与东南亚国家之间的双边贸易指出，华商网络能够降低非正式的双边贸易壁垒，促进国际贸易。移民网络还可以通过提供信息渠道，减少摩擦，促进贸易关系，从而降低母国和东道国之间的贸易成本（Hatzigeorgiou，2010）。Fagiolo 和 Mastrorillo（2014）认为双边贸易不仅受到移民数量的影响，更受到移民在东道国社会网络的相对嵌入性的影响，网路嵌入性越强，对双边贸易的影响就越大。

关于移民网络对 OFDI 的影响由于研究方法的差异，导致研究结论并不一致。Sanderson 和 Kentor（2008）以发达国家为例，分析外商直接投资与国际移民之间的关系，认为国际移民对外商直接投资没有直接影响。但 Hernandez（2011）的研究却表明移民网络对吸引外资有显著的正向影响。华商网络是族群网络的一种，可以通过非正式网络高效的传播市场信息（Baghdadi 和 Cheptea，2010）。中国作为国际化的"后来者"，在国际竞争中往往面临外来者劣势（Xu 等，2004），这些劣势主要源于双边文化差异（Johanson 和 Vahlne，2009）。跨国公司通过与东道国华商网络之间的联系可以减少因文化等非正式制度因素给企业带来的负面影响，华商网络还可以帮助跨国公司获得完善的东道国市场信息，降低对外直接投资成本；当企业投资到制度不完善的国际或地区时，华商网络能够减少交易双方的机会主义行为（Rauch 和 Trindade，2002；范兆斌和杨俊，2015），为跨国公司提供合约保障。其传导机理过程为：跨国公司子公司通过嵌入东道国华商网络→降低外来者劣势→提升海外子公司生存经营能力→促进跨国公司 OFDI 绩效。因此，东道国的华商网络在中国企业对外直接投资过程中发挥着重要正向作用（Jiantao，2012；衣长军和徐雪玉，2016；袁海东和朱敏，2017），根据以上分析，提出以下假设：假设 H1：华商网络对 OFDI 有正向作用，即华商网络有助于促进 OFDI 的增长。

（二）跨境电商与华商网络 OFDI

华商网络对中国企业 OFDI 可能有正向促进效应，本文采用华商网络对中国 OFDI 的影响系数，乘以中国对外直接投资金额来衡量华商网络 OFDI，表示由于华商网络效应所引起的对外直接投资变动金额（简称华商网络 OFDI）。

随着移动信息技术的不断发展，移动终端购物呈现出爆炸式增长，各种电子商务的模式导致传统企业要面向互联网，电子商务不断迭代系统更趋于成熟，电子商务已经成为中国经济发展的重要趋势（Miao 等，2018）。经济全球化也使得电子商务不再只局限于本国，越来越多的企业通过电子商务走出国门，进而产生跨境电商。跨境电商作为一种贸易形式，其对传统贸易产生重要影响。跨境电商的出现大大减少与距离相关的贸易成本，并且减少其他与文化和信息有关的贸易费用（Martens，2013）；跨境电子商务可以重新分配运输成本、缩短快递运输时间，也因其有竞争力的价格和广泛的产品组合而更具吸引力（Kim 等，2017）。在"一带一路"的背景下，跨境电商对中国国际贸易体系产生深刻影响：一方面，跨境电子商务颠覆了传统的电子商务，对外贸易方式多样化、国际交流方式多样化、支付方式多样化，物流模式也在发生着高速的变化和发展；另一方面，跨境电子商务也重建了中国对外贸易产业链，建立了完善的产业标准，实现了企业规模效应，给企业的发展带来新的活力（Yang 等，2017）。Wang 等（2017）的研究也证实跨境电商可以通过降低国际交易成本，对国际贸易规模产生显著的促进作用。跨境电商对中国的对外贸易也产生了显著的促进作用，根据《2016 年度中国电子商务市场数据监测报告》显示，2016 年，中国跨境电商交易规模 10090 亿美元，同比增长 24%，跨境电商在中国的对外贸易中发挥着举足轻重的作用。

Moran (2000) 认为，对外直接投资出现在产品生命周期的后期，贸易与投资的关系表现为前期出口贸易不断地积累，导致后期对外投资的产生。出口贸易有利于对外直接投资（Damijan 等，2010），关于中国市场的研究也证实了这一观点。Cross 等（2007）通过对中国对外直接投资的计量研究结果表明：中国对外直接投资与进出口贸易具有正相关关系。跨国公司通过国际贸易会积累起大量东道国市场的特点和规模等信息（Dau，2015），这些信息将有助于其在东道国市场进行投资，即国际贸易对 OFDI 有正向促进作用。跨境电商对华商网络 OFDI 的影响主要有以下两种传导机理过程：（1）跨境电商→促进国际贸易→带动华商网络 OFDI；（2）跨境电商→为海外华商转型升级提供新途径→促进华商网络扩张→带动中国 OFDI 扩展。具体而言，第一，跨境电商对国际贸易有显著促进作用。根据国际贸易会促进 OFDI 的结论，跨境电商作为国际贸易的新模式，对 OFDI 可能会产生积极作用。跨境电商作为一种国际贸易模式，可以被跨国企业利用，也可以被华商网络利用，降低华商网络交易、信息以及运输成本，充分利用跨境电商的优势可以帮助扩大华商网络效应，促进华商网络 OFDI 的增长；第二，跨境电商的出现为海外华侨华人经济转型升级提供新的机遇和途径，跨境电商使得海外华商不再局限于企业自有资本与地理区位，跨境电商的低进入门槛，使得更多的东道国华侨华人能以更低成本成为中国跨境电商的一员参与到国际经济中；跨境电商规模的扩张使得华商网络的范围边界和人员规模不断扩大，成为海外华商共享中国国际化红利、搭乘中国经济快速发展便车的有效途径。华商网络的扩张对中国企业对外直接投资的影响效应也自然会被进一步扩大。根据以上分析，提出以下假设：假设 H2：跨境电商对华商网络 OFDI 有正向作用，即跨境电商有助于促进华商网络 OFDI 的增长。

上述文献综述表明：第一，华商网络对 OFDI 可能有正向促进作用，然而，迄今为止，经过我们详细的学术检索，华商网络所引致的对外直接投资变动尚未得到学术界的足够重视。本文创新性地引入华商网络 OFDI 变量展开研究；第二，跨境电商已经成为中国新的贸易增长点，但是国内外关于跨境电商的研究大多集中在其对国际贸易效应研究上。跨境电商降低交易费用、信息成本、运输成本的功能对华商网络 OFDI 会有怎样的影响？基于以上分析，本文分两阶段探讨跨境电商对华商网络 OFDI 的影响。第一阶段验证华商网络对 OFDI 的影响，得到华商网络对 OFDI 的影响系数；第二阶段计算华商网络 OFDI 金额，研究跨境电商对华商网络 OFDI 的影响效应。最后根据《2016 年度中国电子商务市场数据监测报告》对跨境电商进行分类，研究不同类别跨境电商对华商网络 OFDI 的影响，并提出相关政策建议。

三、研究设计

（一）指标说明与模型设计

1. 被解释变量

对外直接投资额。选取 2011-2016 年《对外直接投资统计公报》公布的中国对各国对外直接投资存量来衡量对外直接投资的水平，并取对数消除异方差的影响。

华商网络 OFDI。将华商网络对中国 OFDI 的影响系数乘以中国对各国的对外直接投资额，得到基于华商网络效应的对外直接投资额。该变量表示由于华商网络效应所引起的对外直接投资变动金额，取对数以消除异方差的影响。

2. 解释变量

华商网络

根据联合国人口司公布的世界移民数据，利用中国在各国的移民存量计算各国的华人人口比例。该数据每五年公布一次，2011–2014 年的华人人口比例用 2010 年和 2015 年的华人人口比例的平均数代替，2016 年的华人人口比例用 2015 年和 2017 年的华人人口比例的平均数代替。

跨境电商。借鉴田文和王超男（2018）的研究，运用公式计算跨境电商贸易额 $CBEC_j = CBEC_i \times \left(ICT_j / \sum_{j=1}^{n} ICT_j \right)$，其中 i 表示母国，j 表示东道国，ICT 表示某一国的技术发展水平，$ICT_j^t = \left(X_{j1}^t \times X_{j2}^t \times X_{j3}^t \right)^{\frac{1}{3}}$，$X_{j1}^t$ 表示 j 国每百人拥有的固定电话线路，X_{j2}^t 表示 j 国每百人拥有的移动电话数，X_{j3}^t 表示 j 国每百人的互联网用户数。

企业与企业跨境电商贸易额。主要是表示不同国家企业与企业之间通过跨境电商平台进行贸易往来和交易所产生的交易额。

企业与消费者跨境电商贸易额。主要是指不同国家的企业和消费者通过跨境电商平台进行交易所产生的交易额。

跨境电商出口额。表示跨境电商贸易额中属于出口部分的贸易额。

跨进电商进口额。表示跨境电商贸易额中属于进口部分的贸易额。

3. 控制变量

根据 Ramasamy 等（2012）的研究，东道国经济规模、劳动力成本、技术水平以及母国和东道国之间的地理距离都会影响母国对外直接投资。用东道国的经济生产总值表示东道国的经济规模；用东道国的人均国民收入表示东道国的劳动力成本；用东道国的高科技产品出口额占总制成品出口额的比例表示东道国技术水平；母国和东道国之间的地理距离用北京和东道国首都之间的距离表示。母国和东道国之间的经济距离往往反映了要素成本和技术能力的差异，是影响母国对外直接投资决策重要因素（Tsang 和 Yip，2007），文中用东道国与母国之间的人均 GDP 差的绝对值衡量。东道国的贸易开放程度（Sun 和 Shao，2017）和东道国的自然资源禀赋（Wang 和 Yu，2014）也是影响母国对外直接投资的重要指标。用东道国的进出口贸易额占 GDP 的比重来衡量东道国的贸易开放程度，用东道国燃料、矿石和金属出口占商品出口总额的比重来表示到东道国自然资源禀赋。Aguilera-Caracuel 等（2013）的研究表明，正式制度距离和非正式制度距离是跨国公司对外投资决策不可忽略的因素。正式制度距离的测量参考 Wiig 和 Kolstad(2010) 的研究，采用世界治理指标（WGI）数据库提供的世界各国制度质量评价体系，包括：话语权和问责、政府稳定与暴力、政府效能、监管质量、法治程度和腐败控制。文章采用 Hofstede 文化评价指数衡量母国与东道国之间的非正式制度距离，由于部分国家的数据缺失，本文从权力距离、个人主义、男性主义、不确定性四个维度母国与东道国的文化特征进行量化。

采用 Kogut 和 Singh(1988) 提出的对正式制度距离和非正式制度距离的测量方法，计算公式如式（1）所示：

$$InsDis_i = \sum_{j=1}^{n}\left[\left(I_{ij} - I_{cj}\right)^2 / V_j\right]/n \tag{1}$$

I_{cj} 表示母国的第 j 项指标，I_{ij} 表示第 i 国的第 j 项指标，V_j 表示第 j 项指标的方差，n 表示指标个数。

4. 工具变量

护照费用。表示中国居民办理各国护照的费用，高护照费用与较低的移民水平有关。数据来源于 Mckenzie（2007）提供的世界各地护照费用。

本文所涉及变量的类型、名称、标识与数据来源如表 1 所示。

表 1　变量说明及其数据来源

变量类型	变量名称	标识	数据来源
被解释变量	对外直接投资额	LnOFDI	2011-2016 年《中国对外直接投资统计公报》
	华商网络 OFDI	LnCOFDI	
解释变量	华商网络	CHI	《联合国移民数据库》
	跨境电商	CBEC	国际电联数据库
	企业与企业跨境电商贸易额	B2B	中国电子商务研究中心
	企业与消费者跨境电商贸易额	B2C	
	跨境电商出口额	EXPORT	
	跨进电商进口额	IMPORT	

续　表

变量类型	变量名称	标识	数据来源
工具变量	护照费用	CUSD	数据来源于 Mckenzie（2007）提供的世界各地护照费用
控制变量	正式制度距离	FID	《世界银行全球治理指标数据库》
	非正式制度距离	IID	Hofstede Insights 网站
	东道国对外开放程度	OPEN	《世界银行世界发展指标数据库》
	经济距离	DE	
	东道国经济规模	GDP	
	东道国技术水平	DB	
	东道国劳动力成本	DB	
	自然资源禀赋	ZF	
	地理距离	DIS	www.timeanddate.com

如前所述，本文通过两个阶段来研究跨境电商对华商网络 OFDI 的影响。

第一阶段模型：

$$LnOFDI = \alpha_1 CHI + \alpha_2 GDP + \alpha_3 DIS + \alpha_4 DP + \alpha_5 OPEN + \alpha_6 DE + \alpha_7 FID + \alpha_8 IID + \alpha_9 DB + \alpha_{10} ZF + \xi$$

第二阶段模型：

$$LnCOFDI = \beta_1 CBEC + \beta_2 GDP + \beta_3 DIS + \beta_4 DP + \beta_5 OPEN + \beta_6 DE + \beta_7 FID + \beta_8 IID + \beta_9 DB + \beta_{10} ZF + \varepsilon$$

（二）变量相关性分析

1. 单位根检验

结合 Dickey 和 Wayne(1979) 提出的 ADF–Fisher 单位根检验法以及 Phillips 和 Perron(1988) 提出的 Fisher–PP 单位根检验法对各面板序列进行单位根检验，检验结果如表 2 所示。由表 2 可以看出各变量的 p 值均小于 10% 从而拒绝原假设，表明各面板序列不存在单位根，具有良好的稳定性。

表 2　描述性统计及各变量单位根 p 值和 VIF 检验结果

变量名	N	平均值	标准差	最小值	最大值	单位根 p 值	VIF 值
GDP	612.000	25.360	2.003	20.002	30.555	0.000	1.55

续　表

变量名	N	平均值	标准差	最小值	最大值	单位根 p 值	VIF 值
DIS	612.000	8.937	0.562	6.863	9.866	0.000	1.11
DP	612.000	0.169	1.018	0.000	17.475	0.000	1.01
OPEN	612.000	1.000	3.885	0.000	45.540	0.000	1.16
DE	612.000	8.839	1.324	3.689	11.486	0.000	2.38
FID	612.000	2.020	1.849	0.071	6.907	0.000	3.88
IID	612.000	1.578	0.962	0.208	3.889	0.000	2.36
DB	612.000	0.090	0.014	0.000	0.116	0.000	4.34
ZF	612.000	0.212	0.266	0.000	1.000	0.000	1.19

2. 多重共线性检验

为保证检验结果的稳健性，对文章所有自变量进行方差膨胀因子 (Variance Inflation Factor，简称 VIF) 分析，VIF 的值越大，说明多重共线性问题越严重。表 2 中显示所有变量的 VIF 值都远小于 5，表示模型中的变量之间不存在多重共线性问题。

3. 模型选择

本文实证模型采用面板数据模型，模型选择的检验步骤如下：第一，F 检验结果为 p=0.000，拒绝"混合效应模型是可以接受的"的原假设，固定效应模型优于混合回归模型；第二，LM 检验结果为 p=0.000，拒绝"不存在个体随机效应"的原假设，与混合回归模型相比，随机效应模型更好；第三，Hausman 检验选择固定效应模型和随机效应，原假设为"应该使用随机效应模型"，检验结果为 p =0.0866，不能拒绝原假设，随机效应模型更优。

四、实证结果分析

（一）华商网络对 OFDI 影响

根据第一阶段模型，检验华商网络对 OFDI 的影响，检验结果如表 3 所示。华商网络对 OFDI 的回归系数为 0.051，在 5% 的水平上显著为正，表明华商网络对 OFDI 有正向的促进作用，即华商网络的活动越活跃，中国跨国公司的 OFDI 就越高，假设 H1 成立。

表 3　华商网络对 OFDI 的影响分析

| 变量 | LOFDI | | | |
| | RE（随机效应） | | CUSD（工具变量） | |
	系数	t 统计量	系数	t 统计量
CHI	0.051**	2.009	0.216**	2.089
GDP	0.991***	7.758	1.134***	12.333
DIS	−0.521	−1.189	−0.087	−0.216
DP	0.0180	0.361	2.242	0.892
OPEN	0.0110	0.462	0.067*	1.898
DE	0.214**	2.550	−0.236	−1.253
FID	−0.0400	−0.265	−0.022	−0.068
IID	−0.819**	−2.545	0.041	0.059
DB	−7.056	−0.822	−62.103*	−1.827
ZF	−0.908***	−3.415	1.365**	2.046
cons	−10.511*	−1.948	−11.935***	−3.094
N	612.000		504.000	
R2	0.060		0.223	
最小特征值统计量			10.704	
Kleibergen–Paaprk LM 统计量			10.711***	
Hausman			22.350***	

（二）稳健性检验

运用工具变量进行稳健性检验。移民网络会影响对外直接投资，反过来对外直接投资增加母国对东道国的净移民（Sanderson 和 Kentor，2008）。中国对外直接投资会影响海外华商网络的分布，华商网络与中国 OFDI 之间可能存在双向因果关系。工具变量可以有效地解决内生性问题，选择护照成本（CUSD）

作为华商网络的工具变量主要是基于以下考虑：一是从与内生变量的关系看，办理护照成本上升会增加移民的成本，与移民存在负相关关系；二是从外生性的角度考虑，办理护照的成本费用是由各国自由设定，与对外直接投资之间是相互独立的，不会对对外直接投资产生影响。综上所述，本文选取护照成本作为华商网络的工具变量。

使用工具变量进行的估计结果如表 3 所示。采用以下统计检验判断工具变量选择是否合适：（1）工具变量与内生变量的相关性。计算 Stock 和 Yogo（2005）的最小特征值统计量为 10.704，因此，拒绝"弱工具变量"的零假设，说明工具变量与内生变量之间具有较强的相关性；（2）Kleibergen–Paap rk LM 检验在 1% 水平上拒绝工具变量识别不足的零假设；（3）通过 Hausman 检验，在 5% 的显著性水平上拒绝华商网络是外生的零假设。综上，本文选择的工具变量是合理的。在引入 CUSD 工具变量有效的控制内生性问题之后，华商网络系数在 5% 的水平上显著为正，没有实质性变化，再次验证假设 H1。

（三）跨境电商对华商网络 OFDI 影响

由第一阶段回归结果得出华商网络的系数为 0.051%，将该系数与对外直接投资额相乘即可以得到华商网络 OFDI 的值，根据第二阶段模型，检验跨境电商对华商网络 OFDI 的影响。如表 4 所示，模型 1 包括所有控制变量，模型 2 加入变量 CBEC。检验结果如表 4 所示。

表 4　全样本回归结果

| 变量 | LNCOFDI | | | |
| | 模型 1 | | 模型 2 | |
	系数	t 统计量	系数	t 统计量
GDP	0.608***	8.515	0.512***	7.257
DIS	−0.527**	−2.184	−0.631**	−2.563
DP	0.014	0.434	0.023	0.906
OPEN	0	0.027	0.014	1.158
DE	0.153***	2.929	0.033	0.776

| 变量 | LNCOFDI | | | |
| | 模型 1 | | 模型 2 | |
	系数	t 统计量	系数	t 统计量
FID	0.036	0.423	−0.003	−0.042
IID	−0.533***	−2.998	−0.607***	−3.477
DB	−7.437	−1.397	−9.811**	−2.303
ZF	−0.709***	−4.284	−0.140	−1.023
CBEC			0.602***	17.454
cons	−7.553**	−2.512	−16.116***	−5.276
N	612.000		612.000	
R^2	0.066		0.435	

表 4 中模型 2 显示，跨境电商（CBEC）的系数为 0.602，在 1% 的水平上显著，表明跨境电商的贸易额每增长 1%，华商网络 OFDI 增长 0.602%，跨境电商与华商网络 OFDI 呈现正相关关系，华商网络通过跟跨境电商结合，华商网络对 OFDI 的效应得到加强，假设 2 得到验证。根据产品生产周期理论，国际投资会在国际贸易之后产生，企业前期通过对外贸易进行资本积累，为后期对外直接投资奠定基础。跨境电商完善的跨国运输渠道、快速的信息搜集系统可以帮助华商网络在前期更加快速的积累资本，也帮助华商网络在前期对外贸易和后期对外直接投资过程中节省了大量的时间和运营成本。跨境电商的出现促使更多的华侨华人成为国际经济的参与者，扩大了华商网络和国际贸易的规模，为海外华商搭乘中国经济发展快速列车提供了途径，也为海外华商转型升级经营模式提供了机遇，从而促进中国企业持续开展对外直接投资活动。

（四）不同种类跨境电商对华商网络 OFDI 影响

将跨境电商分为两大类：第一类包括 B2B 跨境电商和 B2C 跨境电商；第二类包括出口贸易和进口贸易。将第二阶段的模型中的自变量变换为 B2B 贸易额（B2B）、B2C 贸易额（B2C）、跨境电商出口额（EXPORT）、跨境电商进口额（IMPORT），得出四个新的方程，以此来分析不同种类的跨境电商对华商网络 OFDI 的影响。回归结果如表 5 所示。

第一种分类的回归结果如模型 3 和模型 4 所示。模型 3 和模型 4 中 B2B 和 B2C 的系数都为正，且在 1% 的水平上显著，说明企业与企业之间的跨境电商贸易、企业与消费者之间的跨境电商贸易对华商网络 OFDI 都有正向促进作用。B2B 的系数为 0.629，B2C 的系数为 0.336，说明 B2B 对华商网络 OFDI 的正向促进作用更大。B2B 是企业与企业之间的交易，其市场信息收集更加全面；相较于 B2C 模式，企业与企业之间的交易量更大，交易双方的信任度也更高，逆向选择与道德风险发生的概率也会降低，更有利于企业打开海外市场，开拓海外合作伙伴。所以，B2B 跨境电商更能够促进华商网络 OFDI。

第二种分类的回归结果如模型 5 和模型 6 所示。模型 5 和模型 6 中 EXPORT 和 IMPORT 的系数都为正，且在 1% 的水平上显著，说明跨境电商出口贸易和跨境电商进口贸易对华商网络 OFDI 都正向促进作用。EXPORT 的系数为 0.646，IMPORT 的系数为 0.375，说明跨境电商出口贸易要比跨境电商进口贸对华商网络 OFDI 的正向促进作大。中国跨境电商进出口产品主要以制成品为主，根据高扬（2017）的研究，进口制成品在一定程度上会挤压国内相关产业的市场份额，而中国目前国内工业产业处于产能过剩阶段，随着制成品进口额的增加会加剧中国国内的企业竞争，过度竞争将不利中国 OFDI 布局；出口制成品的企业通过寻求海外市场可以解决产能过剩和成本过高的问题，企业通过出口寻求更多的商业机会，进一步获取市场，为企业的海外投资转移做准备，对中国的 OFDI 有显著的促进作用。所以，跨境电商出口贸易对华商网络 OFDI 的促进作用更明显。

综上，不同种类的跨境电商贸易对华商网络 OFDI 都有正向促进作用，但是 B2B 跨境电商和跨境电商出口贸易的促进作用更大。这也进一步验证了假设 2，跨境电商与华商网络 OFDI 存在正相关关系。

为了进一步证明所得结论的合理性，将使用护照费用工具变量所得出的华商网络对外直接投资的影响系数乘以对外直接投资额，重新计算华商网络对对外直接投资额，并运用第二阶段模型进行回归，回归结果如表 6 所示。

如表 6 所示，跨境电商（CBEC）和不同种类跨境电商（B2B、B2C、EXPORT、IMPORT）的回归系数依然在 1% 的显著性水平上显著为正，且系数大小与之前研究所得回归结果没有太大差异，说明本文的研究结果是稳健的，即跨境电商对华商网络 OFDI 有正向促进作用，不同种类跨境电商对华商网络 OFDI 的影响具有差异性。

表 5 不同种类跨境电商对华商网络 OFDI 的影响

变量	LNCOFDI							
	模型 3		模型 4		模型 5		模型 6	
	系数	t 统计量	系数	t 统计量	系数	t 统计量	系数	t 统计量
GDP	0.510***	7.221	0.524***	7.518	0.511***	7.227	0.514***	7.348
DIS	−0.628**	−2.550	−0.650***	−2.660	−0.627**	−2.543	−0.650***	−2.646
DP	0.022	0.887	0.020	0.822	0.023	0.925	0.016	0.669
OPEN	0.014	1.095	0.017	1.411	0.014	1.120	0.014	1.194
DE	0.033	0.782	0.031	0.765	0.035	0.812	0.028	0.692
FID	−0.006	−0.079	−0.005	−0.067	−0.004	−0.051	−0.010	−0.135
IID	−0.615***	−3.521	−0.477***	−2.767	−0.630***	−3.600	−0.475***	−2.746
DB	−9.986**	−2.335	−8.934**	−2.157	−9.879**	−2.302	−9.747**	−2.350
ZF	−0.162	−1.178	−0.055	−0.406	−0.150	−1.090	−0.141	−1.058
B2B	0.629***	17.254						
B2C			0.336***	18.795				
EXPOT					0.646***	17.083		
IMMPORT							0.375***	18.733
cons	−16.630***	−5.425	−9.710***	−3.249	−16.990***	−5.534	−10.377***	−3.457
N	612.000		612.000		612.000		612.000	
R²	0.431		0.460		0.428		0.461	

表 6　加入工具变量的华商网络 OFDI 回归结果

变量	LNCOFDI									
	模型 7		模型 8		模型 9		模型 10		模型 11	
	系数	t 统计量	系数	t 统计量	系数	t 统计量	系数	t 统计量	系数	t 统计量
GDP	0.602***	7.254	0.600***	7.220	0.615***	7.498	0.601***	7.228	0.604***	7.332
DIS	−0.689**	−2.375	−0.686**	−2.361	−0.711**	−2.467	−0.684**	−2.355	−0.711**	−2.454
DP	0.025	0.860	0.025	0.842	0.022	(0.776	0.026	0.879	0.018	0.627
OPEN	0.019	1.325	0.018	1.263	0.022	1.575	0.019	1.286	0.019	1.364
DE	0.037	0.753	0.037	0.759	0.035	0.743	0.039	0.788	0.032	0.673
FID	−0.002	−0.019	−0.005	−0.055	−0.004	−0.042	−0.003	−0.028	−0.009	−0.107
IID	−0.743***	−3.621	−0.753***	−3.663	−0.597***	−2.940	−0.769***	−3.738	−0.594***	−2.918
DB	−10.472**	−2.114	−10.665**	−2.145	−9.516**	−1.974	−10.541**	−2.113	−10.429**	−2.160
ZF	−0.143	−0.898	−0.167	−1.050	−0.045	−0.290	−0.155	−0.966	−0.143	−0.922
CBEC	0.677***	16.911								
B2B			0.708***	16.714						
B2C					0.378***	18.206				
EXPORT							0.727***	16.554		
IMPORT									0.422***	18.135
cons	−18.135***	−5.045	−18.712***	−5.188	−10.911***	−3.100	−19.122***	−5.293	−11.653***	−3.296
N	612.000		612.000		612.000		612.000		612.000	
R^2	0.417		0.413		0.442		0.410		0.442	

五、结论与建议

学术界对于华商网络对 OFDI 的影响研究相对匮乏，鲜见涉及由华商网络效应引起的对外直接投资变动既华商网络 OFDI 的内涵与外延界定。本文首次对华商网络 OFDI 进行界定，并给出具体测算方法。将华商网络 OFDI 定义为由于华商网络的效用所引起对外直接投资额的变动，用华商网络对 OFDI 的影响系数乘以对外直接投资额来测算华商网络 OFDI。还使用护照费用工具变量验证所选模型的稳健性与合理性。

本文进一步丰富了华商网络 OFDI 的影响机理，明确了跨境电商与华商网络 OFDI 的关系。随着互联网和通信技术的发展，跨境电商在国际经济中发挥着越来越重要的作用。但是学术界关于跨境电商的研究大多集中于跨境电商对国际贸易的影响研究，很少有涉及跨境电商与 OFDI 之间关系的研究。以中国为研究对象，运用中国对外直接投资的宏观数据，将跨境电商加入到对华商网络 OFDI 的研究中，丰富了对外直接投的研究内涵，也为未来跨境电商的研究提供了新的视角。本文还创新性的研究了不同种类的跨境电商对华商网络 OFDI 的影响。

实证结果支持华商网络对 OFDI 有正向作用的假设，即东道国华商网络越活跃越有利于投资母国在该国进行直接投资。世界经济一体化，跨国公司在进行 OFDI 的过程中要充分考虑华商网络这种非正式网络影响。一方面，各国政府应当维护国际移民环境，支持国际移民组织（IMO）的政策，增强和维护企业与华商网络的交流平台建设；另一方面，跨国企业应当与东道国华侨华人组织交流沟通，通过华商网络与当地主流社会增进交流，扩大自身的优势，增进理解跨国文化的差异，避免不必要的海外投资摩擦与 OFDI 交易成本。

实证结果也支持跨境电商对华商网络 OFDI 有正向作用的假设。B2B 跨境电商贸易对华商网络 OFDI 的促进作用要大于 B2C 跨境电商贸易，跨境电商出口贸易对华商网络 OFDI 的促进作用要大于跨境电商进口贸易。通过运用跨境电商可以有效地降低贸易成本和进入门槛，更有利于促进移民网络对外直接投资。因此，应当进一步扩大全球跨境电商的交易规模，放宽跨境电商企业的国际准入条件，鼓励资本进驻跨境电商企业。鼓励对外直接投资企业将华商网络与"互联网 +"结合，发挥跨境电商低成本和便捷的优势，利用跨境电商扩大华商网络的效应，推进华商网络与跨国企业的持续经营。

由于条件限制，本文也存在一定的不足。首先，本文实证数据年限较短，主要是由于中国跨境电商贸易起步较晚，从 2011 年才开始公布跨境电商数据；其次，虽然中国跨境电商与对外直接投资近年来发展迅速，华人移民网络遍布全球，研究华人移民网络与中国企业国际化有一定的代表性和典型性，但是国际移民是世界性的普遍现象，中国人向外移民只是国际移民潮流中的一个组成部分，并不是中国独有的现象，如犹太移民、印度移民、非洲移民等。未来应该采用更多的移民样本，丰富和拓展全球移民网络与国际经济的研究内容。

参考文献

[1] 范兆斌 , 杨俊 : 2015. 海外移民网络、交易成本与外向型直接投资《 财贸经济》4:96-108.

[2] 高扬 : 2017. 我国进出口贸易结构与对外直接投资区位选择的相关性分析 . 吉林大学 . doi: CNKI:CDMD:2.1017.165642.

[3] 田文 , 王超男 : 2018. 跨境电商对华商网络贸易的效应分析 .《南京审计学院学报》1:35-45.

[4] 衣长军 , 徐雪 : 2016. 海外华人网络、双边伙伴关系与中国 OFDI 空间格局 .《华侨大学学报 (哲学社会科学版)》3:116-125. doi:10.16067/j.cnki.35-1049/c.2016.03.012.

[5] 袁海东 , 朱敏 : 2017. 海外华人网络对中国对外投资的影响研究——基于东道国异质性的视角 .《国际商务 (对外经济贸易大学学报)》5:79-89. doi:10.13509/j.cnki.ib.2017.05.007.

[6] Aguilera-Caracuel J., N. E. Hurtado-Torres, and J. A. Aragón-Correa, and A. M. Rugman. 2013. Differentiated effects of formal and informal institutional distance between countries on the environmental performance of multinational enterprises. Journal of Business Research 66(12):2657-2665. doi: 10.1016/j.jbusres.2013.04.002.

[7] Baghdadi, L., and A. Cheptea. 2010. Migrant associations, trade and FDI. Annals of Economics & Statistics 71(97/98): 71-101. doi: 10.2307/41219110.

[8] Cross, A. R., P. J. Buckley, and L. J. Clegg, H. Voss, M. Rhodes, P. Zheng, and X. Lui. 2007. An econometric investigation of Chinese outward direct investment. Cheltenham, UK; Northampton, MA: Edward Elgar.

[9] *Damijan, J.P., S. Polanec,* and *J. Prasnikar.* 2010. Outward FDI and productivity: Micro-evidence from Slovenia.World Economy 30(1):135-155. doi:10.1111/j.1467-9701.2007.00876.x.

[10] Dau, L. A. 2015. A model of the firm's sources of experiential knowledge in the internationalization process. Academy of Management Proceedings 65-90. doi:10.1007/9781137467720_6.

[11] Dickey, D. A., and A. F. Wayne. 1979. Distribution of the estimators for autoregressive time series with a unit root. Journal of the American Statistical Association 74(366):427-431. doi:10.2307/2286348.

[12] Epstein, G. S., and I. N. Gang. 2004. Ethnic networks and international trade. Social Science Electronic Publishing 85-103. doi:10.1007/978-3-540-31045-7_6.

[13] Fagiolo, G., and M. Mastrorillo. 2014. Does human migration affect international trade? A complex-network perspective. PloS One 9(5):e97331. doi:10.1371/journal.pone.0097331.

[14] Federici, D., and M. Giannetti. 2010. Temporary migration and foreign direct investment. Open Economies Review 21(2):293-308. doi:10.1007/s11079-008-9092-6.

[15] Gheasi, M., P. Nijkamp., and P. Rietveld. 2013. Migration and foreign direct investment: Education matters. Annals of Regional Science 51(1):73-87. doi:10.1007/s00168-012-0533-1

[16] Giuffrida, M., R. Mangiaracina, A. Perego, and A. Tumino. 2017. Cross border B2C e-commerce to greater China and the role of logistics: A literature review. International Journal of Physical Distribution & Logistics Managemen 47(6):00-00. doi:120.210.117.227 At 19:09 14.

[17] Gomez-Herrera, E., B. Martens, and G. Turlea. 2014. The drivers and impediments for cross-border e-commerce in the EU. Information Economics & Policy 28(1):83-96. doi:10.1016/j.infoecopol.2014.05.002.

[18] Gould, D. M. 1994. Immigrant links to the home country: empirical implications for U.S. bilateral trade flows. Review of Economics & Statistics 76(2):302-316. doi:10.2307/2109884.

[19] Hatzigeorgiou, A. 2010. Migration as trade facilitation: Assessing the links between international trade and Migration.The B.E. Journal of Economic Analysis & Policy 10(1). doi:10.2202/1935-1682.2100.

[20] Hernandez, E. 2011. Immigrant social capital and firm strategic heterogeneity: effects on foreign entry and firm performance. University of Minnesota, Nisuda, US.

[21] Jansen, M., and R. Piermartini. 2009. Temporary migration and bilateral trade flows. World Economy 32(5), 735-753. doi:10.1111/j.1467-9701.2009.01167.x.

[22] Jiantao, L. U. 2012. A social-network behavioural approach to overseas Chinese and overseas non-Chinese investments in China. Tijdschrift Voor Economische En Sociale Geografie 103(4):426-442. doi:10.1111/j.1467-9663.2011.00695.x.

[23] Johanson, J., and J. E. Vahlne. 2009. The uppsala internationalization process model revisited: from liability of foreignness to liability of outsidership. Journal of International Business Studies 40(9): 1411-1431. doi:10.1057/jibs.2009.24.

[24] Kim, T. Y., R. Dekker, and C. Heij. 2017. Cross-border electronic commerce: Distance effects and express delivery in European Union markets. International Journal of Electronic Commerce 21(2):184-218. doi:10.1080/10864415.2016.12 34283.

[25] Kogut, B., and H. Singh. 1998. The effect of national culture on the choice of entry mode. Journal of International Business Studies 19(3):411-432. doi:10.1057/palgrave.jibs.8490394.

[26] Liu, X., D.Chen, and J. Cai. 2015. The operation of the cross-border e-commerce logistics in China. International Journal of Intelligent Information Systems 4(2-2):15-18. doi:10.11648/j.ijiis.s.2015040202.14.

[27] Martens, B. 2013. What does economic research tell us about cross-border

e-commerce in the EU digital single market? Institute for Prospective Technological Studies, Joint Research Center, Working Papers. doi:10.2139/ssrn.2265305.

[28] Mckenzie, D. 2007. Paper walls are easier to tear down: Passport costs and legal barriers to emigration. World Development 35(11):2026-2039. doi:10.1016/j.worlddev.2006.11.009.

[29] Miao, Q., D. Xie, and W. Zhong. 2018. Platform externality, asymmetric information, and counterfeit deterrence in e-commerce. Emerging Markets Finance and Trade. doi: 10.1080/1540496X.2017.1378639.

[30] Moran, T. H. 2000. The product cycle model of foreign direct investment and developing country welfare. Journal of International Management 6(4):297-311. doi:10.1016/S1075-4253(00)00031-4.

[31] Phillips, P. C. B., and P. Perron. 1988. Testing for a unit root in time series regression. Biometrika 75(2):335-346. doi:10.2307/2336182.

[32] Ramasamy, B., M. Yeung, and S. Laforet. 2012. China's outward foreign direct investment: location choice and firm ownership. Journal of World Business 47(1):17-25. doi:10.1016/j.jwb.2010.10.016.

[33] Rauch, J. E., and V. Trindade. 2002. Ethnic Chinese networks in international trade. The Review of Economics and Statistics 84(1):116-130. doi:10.1162/003465302317331955.

[34] Sanderson, M. R., and J. Kentor. 2008. Foreign direct investment and international migration a cross-national analysis of less-developed countries, 1985—2000. International Sociology 23(4):514-539. doi:10.1177/0268580908090726.

[35] Stock, J. H., and M. Yogo. 2005. Testing for weak instruments in linear IV regression. Nber Technical Working Papers 14(1):80-108. doi:10.1017/CBO9780511614491.006.

[36] Sun, C., and Y. Shao. 2017. An empirical analysis of the spatial links in China's outward foreign direct investment. International Conference on Logistics. IEEE.

doi:10.1109/LISS.2016.7854409.

[37] Tham, S. Y., S. K. Goh,and K. N. Wong, and A. Fadhli. 2018. Bilateral export trade, outward and inward FDI: A dynamic gravity model approach using sectoral data from Malaysia. Emerging Markets Finance & Trade 9:2718-1735. doi:10.1080/1540496X.2017.1402176.

[38] Tsang, E. W. K. and P. S. L. Yip. 2007. Economic distance and the survival of foreign direct investments. The Academy of Management Journal 50(5):1156-1168. doi:10.2307/20159917.

[39] Wang, P., and Z. Yu. 2014. China's outward foreign direct investment:the role of natural resources and technology. Economic and Political Studies 2:89-120. doi: 10.1080/20954816.2014.11673846.

[40] Wang, Y. (Wang (Avery W), Yu), Y. Wang, and S. H. Lee. 2017. The effect of cross-border e-commerce on China's international trade: an empirical study based on transaction cost analysis. Sustainability 9(11):1-13. doi:10.3390/su9112028.

[41] White, R., and B. Tadesse. 2007. Immigration policy, cultural pluralism and trade: evidence from the white australia policy. Pacific Economic Review, 12(4), 489-509. doi:10.1111/j.1468-0106.2007.00368.x.

[42] Wiig, A., and I. Kolstad. 2010. Multinational corporations and host country institutions: A case study of CSR activities in Angola. International Business Review 19(2):178-190. doi:10.1016/j.ibusrev.2009.11.006.

[43] Xu, D., Y. Pan, and P. W. Beamish. 2004. The effect of regulative and normative distances on MNE ownership and expatriate strategies. Management International Review 44(3):285-307. doi：10.2307/40835993.

[44] Yang, J., N. Yang, and L. Yang. 2014. The factors affecting cross-border e-commerce development of smes—an empirical study. Bioresource Technology 102(3):3322-3329. doi:10.1016/j.biortech.2010.10.111.

[45] Yang, N., J. Fu, and Y. Wang. 2017. Study of the impact of the cross-border e-commerce model based on the belt and road on China's international trade system. Revista de la Facultad de Ingeniería U.C.V. 32(8):490-496.

第三部分

中美经贸摩擦与应对

基于动态 CGE 模型的中美贸易战经济效应分析

郭　晴　陈伟光[*]

一、引言

中美两国自 1979 年建交和签署双边贸易协定以来，经贸关系得到较快发展。美国是除欧盟以外中国的第二大贸易伙伴，而中国则在 2015 年首次超越加拿大成为美国第一大贸易伙伴。一直以来，美国均存在贸易失衡现象，其中，美中贸易逆差从 2002 年的 1030 亿美元增加至 2017 年的 3755 亿美元，美国贸易逆差中国占比也上升至 2017 年的 47%（中美经济报告，2018）。根据经合组织和世贸组织的统计标准，考虑到统计方法和转口贸易，贸易逆差将会减少 1/3（人民日报，2018），但美中贸易逆差巨大是不争的事实。从贸易类别来看，美国从中国进口的商品大类主要是机电产品，进口额占美对中商品进口总额 50.8%；其他低附加值的劳动密集型产品如家具、玩具、纺织品等也占据一定份额。中国从美国进口的商品类别则主要是运输设备、机电产品。通过双边贸易结构可以看出，中国可以算得上是贸易大国，但还不能算是贸易强国。同时美国对外贸易结构并非单一逆差，其中美国对中国货物贸易是逆差，但服务贸易却一直为顺差（邓仲良，2018）。

中美贸易失衡原因有其历史性及结构性因素，主要原因在于美国的巨额贸易逆差，但中美巨额贸易逆差的实际原因却主要是由于两国经济结构的差异，

---

[*] 作者简介：郭晴，广东外语外贸大学广东国际战略研究院助理研究员；陈伟光，广东外语外贸大学广东国际战略研究院教授、博士生导师。

274

两国在全球价值链的所处环节不同，美元的特殊地位，美国经济的低储蓄率和高消费模式，以及对中国的技术产品出口的严格限制造成的（Zhang，2018）。为了扭转巨额贸易逆差，美国总统特朗普上台后推行"美国优先"原则，提出一系列针对中国的贸易政策。最引人关注的是2017年8月，美国对中国发起的"301调查"，正式拉开新一轮中美贸易战的序幕。2018年8月，美国开始对中国出口到美国价值500亿美元的产品加征25%的关税，同日，中国也宣布开始对美国出口到中国同等数额产品加征25%的关税。进一步，2018年9月，美国开始对2000亿美元中国商品加征10%的关税，并将在2019年1月1日起提高至25%。同时，美国进一步宣称，若中国采取报复措施，美国将对剩下约2670亿美元的中国商品加征关税。中美是现今世界上最大的两个贸易国，贸易总量占到了全球1/5，中美贸易战对两国乃至全球经济都将产生深远影响。

二、文献综述

当前中美贸易战正处于紧锣密鼓的谈判中，迄今为止围绕贸易战中美双方已经进行九轮谈判，谈判的结果目前尚未可知。中美贸易战成为学界和政界持续关注的热点话题。以"中美贸易战"或"中美贸易摩擦"为关键词进行检索，剔除与此主题无关的选题。重点关注国内外采用可计算一般均衡（CGE）模型来对中美贸易战进行研究的典型文献。

国内学者采用CGE模型来研究中美贸易战得到较多有益启示，为本文研究奠定了坚实的基础，同时也为本文进一步深入研究指明了方向。崔连标（2018）基于GTAP 9.0版数据库，研究表明，美国对中国500亿美元制造业进口商品加征25%关税会让中国福利下降0.23%，而美国福利则会小幅增加0.03%。李春顶等（2018）运用一般均衡模拟考虑中美相互加征25%、35%、45%和55%的进口关税带来的经济影响，结果表明在相互加征45%的关税情形下，中国出口和进口分别减少11.767%和2.673%，美国出口和进口则分别减少6.113%和4.576%。刘元春（2018）采用标准静态GTAP对中美贸易摩擦的影响进行模拟分析发现，中美双方各自对对方340亿美元的商品加征25%的关税，中国居民福利下降83.78亿美元，GDP下降0.34%。李昕（2012）利用

GTAP 多国多部门可计算一般均衡模型，对中美或将发生的局部贸易摩擦及不同程度的全面贸易制裁进行模拟。结果显示，当中美出现全面贸易制裁，中国实际经济增长将下降 1.67–4.51%，一般出口贸易将会下降 0.14–0.15%，一般进口将会下降 0.20–1.74%。黄鹏等（2018）基于第 9 版 GTAP 数据库，研究发现，美国扩大"301 调查"制裁产品的清单至 2000 亿美元规模，美国实际 GDP 降低 94.68 亿美元、居民福利损失 56.35 亿美元，中国实际 GDP 和居民福利损失将分别达到 309.43 亿美元和 553.23 亿美元。周曙东（2019）运用一般均衡模型及 GTAP9.0 数据库分析中美两国分别加征 25% 的关税对双方农业的影响，研究结果表明，中国农产品总进口减少 6.59%，出口反而增加 4.97%，美国农产品进口减少 2.05%，出口减少 5.37%。由此可以看出，当前国内学者主要是基于 2011 年的 GTAP9.0 数据库，运用静态 CGE 模型研究中美双方加征不同关税情境下的短期效应较多，由于研究时间较早，基础数据陈旧，情境设置与中美贸易战的实际情形相差较大，导致研究结果与现实结果存在一定差距。

国外也有大量学者运用 CGE 模型来研究中美贸易战问题，进一步拓宽研究视角。Dong 和 Whalley（2012）基于可计算一般均衡模型（CGE），研究结果表明，当中美双方相互加征 25% 的关税时，美国居民福利将会增加 597.53 亿美元，中国居民福利将会减少 187.44 亿美元。Guo 等（2017）基于多部门和多国一般均衡模型，针对美国征收 45% 的关税，通过探索中国和其他国家选择是否进行报复的四种情景，结果表明，在所有情境下，美国对进口征收很高关税，将会给国际贸易带来灾难性影响，中国在居民福利方面几乎没有任何负面影响，而美国成为最大的输家之一。Dixon（2017）基于 GTAP9.0 数据库模拟美国对中国加征 45% 关税的影响，结果表明全球贸易将会由此减少 1/3，中美双方的 GDP 都将下降。Rosyadi 和 Widodo（2018）采用 GTAP 模型模拟美国对中国单方面加征关税的短期效应，结果显示中美两国 GDP 将会分别减少 4.1% 和 0.92%，居民福利将分别减少 1009.95 亿美元和 908.81 亿美元。进一步 Bollen 和 Romagosa（2018）加入中国和欧盟反制的情景，美国与这些国家的贸易摩擦将会导致美国的进口分别减少 10.50% 和 13.50%，中国进出口分别减少 8.40% 和 8.20%。此外，Erken 等（2018）采用全球计量经济模型（NiGEM）以当前中美两国正在实施的贸易保护措施为例，研究中美贸易战的影响，研究结果显示，贸易战将导致 2030 年中美两国 GDP 将分别下降 1.6% 和 0.9%，中美两国人均居民福利将分别减少 400 美元和 600 美元。IMF（2018）运用全球货币财政一体化模型（GIMF）研究中美贸易战对 2018–2023 年中美两国 GDP 的累积效应，研究结果表明，中美的 GDP 将会分别下降 0.50% 和 1.0%。由此可见，国外文献已经利用 CGE 模型对中美贸易战作了较多研究，基于不同的情境和模型假设得到有关的结论。缺陷是大多数研究数据较为陈旧，且数据规模较小，由于研究时间尚早，情境假设也大多与当前中美贸易战的实际情况存在较大差距。

　　与现有文献相比，本文有以下三个方面的创新：一是，研究模型和数据的创新。采用当前最新版本的 GTAPv10.0 模型和数据库进行动态定量模拟，考察长期影响，更加符合当前中美贸易战的实际情况；二是，加征关税税率冲击计算的创新。根据美国 USTR 官网加征关税清单和中国财政部官网加征关税清单数据与 GTAP 数据里面 GTAP 行业（GSC）进行对应匹配，在详细的 HS 水平上计算各自的关税冲击，最后利用贸易数据对冲击进行加权；三是，研究方案的创新。完全根据最新贸易战的发展情况设置 5 种情境，根据研究需要将全球划分为 17 个区域，32 个产业部门，动态模拟分析中美贸易摩擦对 2018–2015 年世界经济和贸易的影响。

　　基于 GTAPv10.0 数据库和动态 CGE 模型，结合中美贸易战的实际情形和未来可能的走向科学合理地设置 5 种不同研究情境，采用 2014 年全球 4 万多家上市公司财务数据，将投资、资本存量数据、投资行为细分到行业的办法就中美贸易战的经济效应进行定量评估。本文的边际贡献主要体现在以下三个方面：第一，定量测算中美贸易战导致全球各区域 GDP 百分比的变化和实际值的变化，支撑了中美贸易战谈判过程中中方立场。第二，定量测算中美贸易战导致全球各区域居民福利百分比的变化和实际值的变化，有助于基于全球视角提出中国在贸易战中的针对性策略。第三，定量测算中美贸易战对全球贸易转移的影响，为中国产品出口寻找新的出路提出前瞻性建议。

三、研究方法和数据来源及模型设定

（一）研究方法

目前，国内外研究关税变化对经济和贸易影响的文章，主要是采用可计算一般均衡模型（Computable General Equilibrium，简称 CGE 模型）模拟真实场景进行预测研究。可计算一般均衡模型（CGE）最早由约翰森（Johansen）1960 年提出，是一种经典的计量经济学方法（Amman, et al., 1996）。根据模型所包含的区域，CGE 模型可以分为单国 CGE 模型、多国 CGE 和全球 CGE 模型；根据模型所研究的时间长短则可以分为标准静态 CGE 模型和动态 CGE 模型。CGE 模型经常被用来分析税收、公共消费变动、关税以及其他外贸政策的变动对国家或区域福利、产业结构、贸易、劳动力市场和收入分配的影响。CGE 模型最为成功的地方在于他能将经济的各个组成部分关联起来，建立起数量关系，能够考察经济的某一部分扰动对经济另一部分的影响。对投入 - 产出模型相而言，主要是产业投入产出的联系和关联效应，而 CGE 模型则是在整个经济的约束范围内，把每个部门和产业关联起来，从而超越了投入 - 产出模型。鉴于全球 CGE 模型能够将世界各区域的多边贸易关系联系起来，故本文采用全球 CGE 模型进行模拟分析，研究中美贸易战对全球经济贸易的影响。

动态 GTAP 模型是一种模拟世界经济运行的动态递归的应用型一般均衡模型（AGE），它扩展了标准的 GTAP 模型，在其中加入跨地区的资本流动、资本累计以及投资的适用性预期等机制。我们对 GTAP 数据库在以下几个方面做了改变，得到动态 GTAP 数据库。一是在标准的 GTAP 数据文件（basedata.har）中新增 3 个有关居民跨境收入的数组：区域居民从国际信托得到的收入、国际信托从区域公司得到的收入和区域居民从本地公司得到的收入。尽管数组的维度不变，但由于引入了该跨境收入，区域储蓄（SAVE）与标准 GTAP 变得不同。二是创建新的动态递归文件（dyn.har），该文件包含投资曲线区间参数、资本对预期回报率的弹性、资本历史平均增速、历史平均实际融资成本、区域家庭财产分配的刚性、企业资金来源的刚性等 6 个新参数。三是在动态数据文件（dyn.har）中引入区分部门投资和资本数据：年初区域部门的资本存量、年末区域资本的存量、区域部门的资本折旧价值和区域部门的投资量。四是在动态数据文件（dyn.har）里面，添加 4 个用于处理滞后运算的数组：当期区域居民消费几个指数、上一期区域居民消费价格指数、年初区域资本购买价格指数、年末区域资本购买价格指数。五是引入工资粘性机制，创建一个新的数据文件（WDAT.har）用于存放劳动力市场相关指数和参数，两个指数分别为区域就业指数和区域税前实际工资，两个控制劳动力供应的参数分别为劳动力短期供给对工资的弹性和劳动长期供给对工资的弹性。

（二）数据来源

本研究采用的数据主要来源于全球贸易发展计划（GTAP，Global Trade Analysis Project）数据库，GTAP 具有非常完备的数据集，是社会核算矩阵的一个超集（SAM），其中包括投入－产出数据、全球各区域多边贸易数据、关税和贸易壁垒等数据。本文使用的是由美国普渡大学开发的目前全球最新的 GTAP 第 10 版的数据库。GTAP v10.0 数据库集成 2014 年的数据，其规模已经达到 140 个国家或地区、57 个国民经济部门。由于 GTAP 在全球经济和贸易分析中的巨大作用，自 1992 第 1 版问世以来，目前已经受到经济学和政策研究的广泛重视，基于庞大而完整的数据库，可以进行国际贸易、经济增长、气候变化的等问题研究，被越来越多地运用到全球贸易谈判的政策模拟当中。

由于当前最新版本的 GTAPv10.0 数据库也只更新到 2014 年，为了更加符合客观实际，本文对贸易数据和关税数据进行了更新使其更符合客观实际。所采用的模型与数据的另一个主要创新是把标准 GTAP 没有细分行业资本和投资的模型和数据库，拆分到行业。这样避免政策模拟的失真，能更好地描述资本在短期内的粘性，全球 GTAPISM 模型在标准 GTAP 数据库基础上，结合全球 4 万多家上市公司财务数据，将投资、资本存量数据、投资行为细分到行业。本研究将首先采用 GTAPAgg 软件将全球各区域和各部门进行归并处理，然后根据中美贸易战的具体情形设置模拟情境，进而确定模型闭合和冲击的参数，最后通过 RunDynam 编程来运行求解。

（三）动态 CGE 模型的设定

GTAP v10 版数据库是基于 2014 年全球数据，本文将采用动态递归的办法对 GTAP v10 版数据库进行更新。步骤如下：由于 GDP 在模型中是内生变量，因而参照 Ianchovichina 和 Walmsley(2012) 的方法将 GDP 转化为外生变量；其次，对 GDP、人口、熟练劳动力、不熟练劳动力、资本等外生变量进行逐年冲击，将数据更新至 2025 年，形成基准情景，以描述中美之间未发生贸易战的经济状态。

1. 动态 CGE 模型的区域设定

GTAP 是由美国普渡大学汤姆斯·赫特（Thomas W. Hertel）教授所领导的全球贸易分析计划发展出来的，目前已被广泛应用于贸易政策和国际谈判的分析。最新的 GTAP v10.0 版本，数据库里已包含全球 140 个国家或地区、57 个国民经济部门的经济贸易和能源等数据。对于模型的区域分类，除了考虑中美两国外，还考虑到其他主要的贸易大国和组织，如世界第一贸易组织欧盟，北美自贸区成员加拿大和墨西哥，以及亚洲主要贸易大国日本和韩国，同时还将世界上主要贸易大国巴西、阿根廷、印度、阿根廷、澳大利亚、东盟等单列出来。最终把全球划分为美国、加拿大、墨西哥、英国、欧盟（27 国）、土耳其、中国、中国台湾、日本、韩国、巴西、俄罗斯、印度、阿根廷、澳大利亚、东盟、世界其他地区等 17 个区域（见表 1）。

表 1　模型的区域划分

序号	区域	序号	区域
1	美国	10	韩国
2	加拿大	11	巴西
3	墨西哥	12	俄罗斯
4	英国	13	印度
5	欧盟（27 国）	14	阿根廷
6	土耳其	15	澳大利亚
7	中国	16	东盟
8	中国台湾	17	世界其他地区
9	日本		

资料来源：根据 GTAPAgg 软件对 GTAPv10.0 数据库进行选取和划分。

2. 动态 CGE 模型的部门设定

对于行业的考虑，由于中美贸易战主要是对农业和制造业加征关税。所以尽可能地保留农业部门和制造业部门，服务部门加总程度较高。对于重点考察部门，如汽车、电子电器、金属制品、肉类等相关行业都予以保留。将各国的经济划分为谷物、水果和蔬菜、油籽和植物油、其他农业、糖、乳业、牛肉、猪肉和家禽、食品制造业、饮料和烟草业、林业和木制品业、渔业、化石燃料、矿产品、纺织品和服装、化学制品与橡胶和塑料、黑色金属有色金属、金属制品、汽车及零部件、运输设备、电子电器设备、机械设备、其他制造业、建筑业、贸易、运输业、通讯服务业、金融服务业、商业服务业、娱乐业、其他服务业和公用事业等 32 个部门（见表 2）。

表 2 模型的部门划分

序号	部门	序号	部门
1	谷物	17	黑色金属
2	水果和蔬菜	18	有色金属
3	油籽和植物油	19	金属制品
4	其他农业	20	汽车及零部件
5	糖	21	运输设备
6	乳业	22	电子电器设备
7	牛肉	23	机械设备
8	猪肉和家禽	24	其他制造业
9	食品制造业	25	建筑业
10	饮料和烟草业	26	贸易
11	林业和木制品业	27	运输业
12	渔业	28	通讯服务业
13	化石燃料	29	金融服务业
14	矿产品	30	商业服务业
15	纺织品和服装	31	娱乐业
16	化学制品、橡胶和塑料	32	其他服务业和公用事业

资料来源：根据 GTAPAgg 软件对 GTAPv10.0 数据库进行选取和划分。

3. 动态 CGE 模型的情境设定

目前，中美两国正在进行紧张的贸易谈判过程中，将 RunDynam 软件将数据库中 2014 年的数据递推到 2018 年，以 2018 年中美贸易摩擦开始作为基准年，设置 2018 年不征收碳关税（基准情景，不加征关税，S0），2018-2025 年双方对 500 亿美元产品加征 25% 的关税（情景一，开战情境，S1）；在前述情境基础上，2018 年中美分别再对 600 亿和 2000 亿美元产品加征 10% 的关税（情景二，当前情境，S2）；假定谈判不佳，2019 年中美分别对 600 亿和 2000 亿美元产品提高到 25% 的关税（情景三，谈判不佳，S3）；假定谈判破裂，在前述情境基础上，2019 年美国对剩余 2670 亿美元产品加征 10% 的关税，中国对余下 200 亿美元产品加征 10% 的关税（情景四，谈判破裂，S4）；假定最终中美贸易断绝往来（情境五，贸易脱钩，S5），中美完全终止所有产品贸易往来（见表 3）。

表 3　模拟情景设置

代码	情境描述
S0	基准情景（不加征关税）：中美不发生贸易战；
S1	情景一（开战情境）：中美双方各自对价值 500 亿美元的商品加征 25% 的关税；
S2	情景二（当前情境）：在前述情境基础上，中美分别再对 600 亿和 2000 亿产品加征 10% 的关税；
S3	情景三（谈判不佳）：中美分别对 600 亿和 2000 亿产品提高到 25% 的关税（也即双方分别对 1100 亿和 2500 亿产品加征 25% 关税）；
S4	情景四：（谈判破裂），前述基础上，中国对余下 200 亿产品加征 10% 的关税，美国对剩余 2670 亿产品加征 10% 的关税；
S5	情景五（贸易脱钩）：中美贸易完全终止所有产品贸易往来；

资料来源：根据相关资料结合实际情况整理而得。

之所以选择模拟的最终年份是 2025 年，主要是基于中美贸易摩擦发端于美国遏制中国崛起的 "301 条款"，这个条款主要针对中国的 "2025 计划" 来制定。所以，本文也意在研究中美贸易摩擦将会对中国 2025 年产生的影响有多大。

需要加以说明的是，美国 "301 调查" 所涉及的产品种类繁多，且非常具体，无法完全与 GTAP 数据库进行完全匹配，参考 WITS、Villoria Nelson（2014）

和 Horridge 等（2012）的关于 HS 和 GSC 的匹配关系，将 HS 码与 GTAP 中的 GSC 行业进行匹配。在没有获取更详细的关税税率数据时，采用 GTAP 数据库中已有的税率作为代替，对应的 HS8 位码都使用同一税率。再根据 HS8 和 HS6 分别匹配上贸易数据和 GTAP 的进口数据（VIWS），这样可以计算出加征项占整个 GTAP 进口数据的比例，算出贸易权重。所以本文采用的方法是，先计算各个小类商品的冲击，最后用贸易将冲击进行加权，这也是本文的一大创新点所在。

四、研究结果分析

中美两国作为全球经济总量最大的两大经济体，双方加征关税，无疑会对全球经济和贸易产生巨大影响，本文考察 2018–2025 年共 8 年世界经济和国际贸易 5 种情境（S1 至 S5）与基准情境（S0，不加征关税）的差值，以考察不同政策情境对经济和贸易产生的冲击。尽管当前中美两国在紧锣密鼓地进行谈判过程中，但是要回到贸易战之前的情况的可能性微乎其微，所以中美贸易战将会是一个长期而持续的过程。研究结果分析所选取的数据主要是 2025 年，以考察中美贸易战的长期影响。

（一）对全球宏观经济的影响

对于中国和美国，当间接税（关税）增加时，将会挤压企业的利润，在劳动力和技术条件不变的情况下，导致区域的资本存量减少，为世界释放出更多的资本，从而使得其他地区得益。其中，加拿大和墨西哥从长期来说将成为最大受益者。美中贸易战将会大大促进加拿大和墨西哥对美出口，导致加拿大和墨西哥宏观经济显著改善。

1. 对全球 GDP 的影响

整体而言，同基准情境（S0，不加征关税）相比，在 5 种情境下，双方互征关税并没有提升本国 GDP 的增长速度，反而导致中美两国 GDP 增速下滑，并且随着贸易摩擦的加剧，对 GDP 的损害逐渐增加，世界其他国家或地区却会因中美贸易摩擦加剧而获益增加（见表 4）。

表4　中美贸易战对全球 GDP 的影响

区域	真实 GDP 变化（%）					真实 GDP 变化（亿美元）				
	S1	S2	S3	S4	S5	S1	S2	S3	S4	S5
美国	−0.07	−0.18	−0.32	0.50	−1.70	−144.52	−382.90	−688.05	−1071.77	−3613.45
加拿大	0.09	0.21	0.31	0.37	0.76	21.17	49.36	72.55	85.41	175.10
墨西哥	0.23	0.41	0.61	0.85	1.75	34.04	60.88	92.05	127.25	262.13
英国	0.03	0.04	0.05	0.06	0.12	9.45	12.67	15.98	19.58	39.03
欧盟 27 国	0.03	0.05	0.06	0.06	0.12	61.09	85.08	106.20	121.66	235.75
土耳其	0.04	0.03	0.02	0.01	0.10	4.29	3.51	2.61	1.41	10.28
中国	−0.31	−0.47	−0.65	−0.81	−1.77	−604.52	−923.42	−1264.26	−1575.41	−3458.89
中国台湾	0.05	0.11	0.17	0.24	0.50	2.76	6.37	10.27	14.27	30.02
日本	0.05	0.08	0.11	0.13	0.23	23.19	39.40	54.45	64.86	113.80
韩国	0.07	0.13	0.19	0.25	0.48	14.54	26.87	39.24	50.38	97.29
巴西	0.10	0.11	0.12	0.11	0.25	24.60	27.15	28.92	28.10	62.18
俄罗斯	0.01	0.01	0.01	0.00	0.02	1.44	1.23	1.13	0.60	2.96
印度	0.02	0.03	0.05	0.08	0.24	8.57	14.12	19.85	35.63	100.32
阿根廷	0.09	0.10	0.11	0.11	0.28	6.61	7.38	8.14	8.52	20.52
澳大利亚	0.01	0.01	0.01	0.00	0.06	1.37	1.43	1.20	0.03	10.83
东盟	0.04	0.09	0.14	0.23	0.60	19.07	39.11	63.34	105.85	270.72
世界其他地区	0.02	0.03	0.04	0.05	0.14	26.53	35.80	46.12	59.48	162.50

资料来源：根据 RunDynam 软件计算而得。

（1）S1 情境下（开战情境）：中国 GDP 增速将下降 0.31 个百分点，美国下降 0.07%。获益国家排序分别是：墨西哥（0.23%）、巴西（0.10%）、加拿大（0.09%）、阿根廷（0.09%）、韩国（0.07%）、中国台湾（0.05%）、日本（0.05%）、土耳其（0.04%）、东盟（0.04%）、英国（0.03%）、欧盟（0.03%）、印度（0.02%）、世界其他地区（0.02%）、俄罗斯（0.01%）、澳大利亚（0.01%）。由于美国出口的大量出口转移，墨西哥、巴西、加拿大等美国贸易伙伴增速较快。中国实际 GDP 将减少 604.52 亿美元，美国将减少 144.52 亿美元。GDP 增加值最多的将会是欧盟、墨西哥和世界其他地区，他们的 GDP 将分别增加 61.09 亿美元、34.04 亿美元和 26.53 亿美元。

（2）S2 情境下（当前情境）：中国 GDP 增速将下降 0.47 个百分点，美国下降 0.18%。获益国家排序分别是：墨西哥（0.41%）、加拿大（0.21%）、韩国（0.13%）、巴西（0.11%）、中国台湾（0.11%）、阿根廷（0.10%）、东盟（0.09%）、日本（0.08%）、欧盟（0.05%）、英国（0.04%）、印度（0.03%）、土耳其（0.03%）、世界其他地区（0.03%）、俄罗斯（0.01%）、澳大利亚（0.01%）。同 S1 相比，韩国和中国台湾的排序上升，说明随着贸易摩擦的加剧，与中国地理位置临近，贸易往来密切的国家 GDP 增速将会加快。中国实际 GDP 将减少 923.42 亿美元，美国将减少 382.90 亿美元。GDP 实际增加值最多的将会是欧盟、墨西哥、加拿大，GDP 将分别增加 85.08 亿美元、60.88 亿美元和 49.36 亿美元。

（3）S3 情境下（谈判不佳）：中国 GDP 增速将下降 0.65 个百分点，美国下降 0.32%。获益国家排序分别是：墨西哥（0.61%）、加拿大（0.31%）、韩国（0.19%）、中国台湾（0.17%）、东盟（0.14%）、巴西（0.12%）、日本（0.11%）、阿根廷（0.11%）、欧盟（0.06%）、英国（0.06%）、印度（0.05%）、世界其他地区（0.04%）、土耳其（0.02%）、俄罗斯（0.01%）、澳大利亚（0.01%）。同前两种情景相比，与美国贸易密切的墨西哥、加拿大始终居于前列，与中国贸易密切的韩国、中国台湾、东盟排名不断挺近，这说明中美贸易战的结果是美国将主要把贸易转向墨西哥、加拿大，而中国则增加与韩国、中国台湾、东盟的贸易往来。中国实际 GDP 将减少 1264.26 亿美元，美国将减少 688.05 亿美元。GDP 增加值最多的将会是欧盟、墨西哥、加拿大，GDP 将分别增加 106.20 亿美元、92.05 亿美元和 72.55 亿美元。

（4）S4 情境下（谈判破裂）：中国 GDP 增速将下降 0.81 个百分点，美国下降 0.50%。获益国家排序分别是：墨西哥（0.85%）、加拿大（0.37%）、韩国（0.25%）、中国台湾（0.24%）、东盟（0.23%）、日本（0.13%）、巴西（0.11%）、阿根廷（0.11%）、印度（0.08%）、欧盟（0.06%）、英国（0.06%）、

世界其他地区（0.05%）、土耳其（0.01%）、俄罗斯（0.00%）、澳大利亚（0.00%）。与情景三大致保持一致，日本和印度的排名略有上升，墨西哥获益最为凸显，还略高于中国 GDP 下降程度。中国实际 GDP 将减少 1575.41 亿美元，美国将减少 1071.77 亿美元。GDP 增加值最多的将会是墨西哥、欧盟、东盟，GDP 将分别增加 127.25 亿美元、121.66 亿美元和 105.85 亿美元。

（5）S5 情境下（贸易脱钩）：中国 GDP 增速将下降 1.77 个百分点，美国下降 1.70%。获益国家排序分别是：墨西哥（1.75%）、加拿大（0.76%）、东盟（0.60%）、中国台湾（0.50%）、韩国（0.48%）、阿根廷（0.28%）、巴西（0.25%）、印度（0.24%）、日本（0.23%）、世界其他地区（0.14%）、英国（0.12%）、欧盟（0.12%）、土耳其（0.10%）、澳大利亚（0.06%）、俄罗斯（0.02%）。由此可以看出，美国的贸易伙伴墨西哥、加拿大增速最高，但是二者差距较大；中国的贸易伙伴东盟、中国台湾、韩国等国家和地区增速比较均衡。中国实际 GDP 将减少 3458.89 亿美元，美国将减少 3613.45 亿美元。GDP 增加值最多的将会是东盟、墨西哥、欧盟，GDP 将分别增加 270.72 亿美元、262.13 亿美元和 235.75 亿美元。

以上分析可以发现，中美贸易战整体而言对中国 GDP 增长的负面影响要大于美国，但是在贸易战面前，即便是在 S4 情境（谈判破裂），中国 GDP 受影响的程度也不会超过 1%（仅下降 0.81%），这说明贸易战带来的实际影响远低于心理预期。S5 情境（贸易脱钩），中国 GDP 增速下降的程度（1.77%）也仅略高于美国（1.70%），美国实际 GDP 的减少（3613.45 亿美元）还大于中国（3458.89 亿美元）。

2. 对全球居民福利的影响

整体而言，在 5 种情境下，中美互征关税并没有提升本国居民福利，反而导致中美两国居民福利的下滑，并且随着贸易战的愈演愈烈，对居民福利的负面效应逐渐增加，除俄罗斯以外的世界其他国家和地区却会因中美贸易摩擦加剧而福利增加（见表 5）。

表 5　中美贸易战对全球居民福利的影响

区域	居民福利变化（%）					居民福利变化（亿美元）				
	S1	S2	S3	S4	S5	S1	S2	S3	S4	S5
美国	−0.12	−0.25	−0.41	−0.61	−2.10	−216.21	−451.71	−746.77	−1107.90	−3812.46
加拿大	0.16	0.38	0.56	0.65	1.37	30.50	70.57	103.77	121.61	255.63
墨西哥	0.39	0.70	1.06	1.46	3.00	48.12	86.20	130.70	180.41	371.26
英国	0.05	0.07	0.10	0.13	0.26	13.55	19.45	25.81	32.97	67.72
欧盟 27 国	0.05	0.08	0.10	0.12	0.25	84.48	126.21	165.02	197.54	400.88
土耳其	0.06	0.05	0.05	0.04	0.19	5.33	4.89	4.38	3.73	17.11
中国	−0.36	−0.61	−0.87	−1.14	−2.44	−556.96	−929.45	−1334.96	−1736.87	−3722.14
中国台湾	0.09	0.23	0.37	0.53	1.15	4.39	10.85	17.84	25.07	54.81
日本	0.09	0.16	0.22	0.27	0.48	35.86	63.98	90.61	109.78	196.04
韩国	0.12	0.23	0.35	0.45	0.89	18.98	37.48	56.08	72.63	143.41
巴西	0.16	0.18	0.19	0.19	0.43	33.97	37.42	40.05	39.32	88.85
俄罗斯	−0.01	−0.01	−0.01	−0.01	0.02	−0.89	−1.42	−1.52	−1.86	3.84
印度	0.04	0.06	0.09	0.15	0.46	12.19	20.72	29.97	53.84	159.21
阿根廷	0.15	0.16	0.17	0.18	0.45	9.36	10.23	11.14	11.66	29.08
澳大利亚	0.02	0.02	0.01	0.00	0.11	2.33	2.42	2.18	0.14	17.72
东盟	0.08	0.17	0.27	0.45	1.17	31.63	63.99	103.16	170.86	442.30
世界其他地区	0.02	0.03	0.04	0.06	0.20	21.61	30.20	41.52	54.78	192.24

资料来源：根据 RunDynam 软件计算而得。

（1）S1 情境下（开战情境）：中国居民福利下降 556.96 亿美元，美国下降 216.21 亿美元。获益国家排序分别是：欧盟（84.48 亿美元）、墨西哥（48.12 亿美元）、日本（35.86 亿美元）、巴西（33.97 亿美元）、东盟（31.63 亿美元）、加拿大（30.50 亿美元）、世界其他地区（21.61 亿美元）、韩国（18.98 亿美元）、英国（13.55 亿美元）、印度（12.19 亿美元）、阿根廷（9.36 亿美元）、土耳其（5.33 亿美元）、中国台湾（4.39 亿美元）、澳大利亚（2.33 亿美元）、俄罗斯（下降 0.89 亿美元）。从增加幅度来看，中国的居民福利将下降 0.36%，美国的居民福利下降 0.12%，墨西哥、巴西、加拿大的居民福利增幅最大，分别上升 0.39%、0.16% 和 0.16%。结合后面全球贸易转移的数据来看，大量美国出口产品转向其贸易伙伴墨西哥、加拿大，致使其国民福利大幅增加。

（2）S2 情境下（当前情境）：中国居民福利下降 929.45 亿美元，美国下降 451.71 亿美元。获益国家排序分别是：欧盟（126.21 亿美元）、墨西哥（86.20 亿美元）、加拿大（70.57 亿美元）、东盟（63.99 亿美元）、日本（63.98 亿美元）、韩国（37.48 亿美元）、巴西（37.42 亿美元）、世界其他地区（30.20 亿美元）、印度（20.72 亿美元）、英国（19.45 亿美元）、阿根廷（10.23 亿美元）、土耳其（4.89 亿美元）、中国台湾（10.85 亿美元）、澳大利亚（2.42 亿美元）、俄罗斯（下降 1.42 亿美元）。从增加幅度来看，中国的居民福利将下降 0.61%，美国的居民福利下降 0.25%，墨西哥、加拿大、韩国、中国台湾的居民福利增幅最大，分别上升 0.70%、0.38%、0.23% 和 0.23%。

（3）S3 情境下（谈判不佳）：中国居民福利下降 1334.96 亿美元，美国下降 746.77 亿美元。获益国家排序分别是：欧盟（165.02 亿美元）、墨西哥（130.70 亿美元）、加拿大（103.77 亿美元）、东盟（103.16 亿美元）、日本（90.61 亿美元）、韩国（56.08 亿美元）、世界其他地区（41.52 亿美元）、巴西（40.05 亿美元）、印度（29.97 亿美元）、英国（25.81 亿美元）、中国台湾（17.84 亿美元）、阿根廷（11.14 亿美元）、土耳其（4.38 亿美元）、澳大利亚（2.18 亿美元）、俄罗斯（下降 1.52 亿美元）。墨西哥、加拿大、中国台湾居民福利增幅最大，将分别增加 1.06%、0.56% 和 0.37%。

（4）S4 情境下（谈判破裂）：中国居民福利下降 1736.87 亿美元，美国下降 1107.90 亿美元。获益国家排序分别是：欧盟（197.54 亿美元）、墨西哥（180.41 亿美元）、东盟（170.86 亿美元）、加拿大（121.61 亿美元）、日本（109.78 亿美元）、韩国（72.63 亿美元）、世界其他地区（54.78 亿美元）、印度（53.84 亿美元）、巴西（39.32 亿美元）、英国（32.97 亿美元）、中国台湾（25.07 亿美元）、阿根廷（11.66 亿美元）、土耳其（3.73 亿美元）、澳大利亚（0.14 亿美元）、俄罗斯（下降 1.86 亿美元）。墨西哥、加拿大、中国台湾居民福利增幅最大，将分别增加 1.06%、0.56% 和 0.37%。墨西哥、加拿大、中国台湾居民福利增幅最大，将分别增加 1.46%、0.65% 和 0.53%。

（5）S5 情境下（贸易脱钩）：中国居民福利下降 3722.14 亿美元，美国下降 3812.46 亿美元元，美国下降比中国多 90.32 亿美元。获益国家排序分别是：东盟（442.30 亿美元）、欧盟（400.88 亿美元）、墨西哥（371.26 亿美元）、加拿大（255.63 亿美元）、日本（196.04 亿美元）、世界其他地区（192.24 亿美元）、印度（159.21 亿美元）、韩国（143.41 亿美元）、巴西（88.85 亿美元）、英国（67.72 亿美元）、中国台湾（54.81 亿美元）、阿根廷（29.08 亿美元）、澳大利亚（17.72 亿美元）、土耳其（17.11 亿美元）、俄罗斯（3.84 亿美元）。墨西哥、加拿大、中国台湾居民福利增幅最大，将分别增加 1.06%、0.56% 和 0.37%。墨西哥、加拿大、东盟居民福利增幅最大，将分别增加 3.00%、1.37% 和 1.17%。

在 GTAP 模型中，度量居民福利的方法是希克斯等价变差（Hicks Equivalent Variation，HEV）与该地区总收入之比，这种度量方式考虑了一国人均总效用和该国总收入的综合影响（崔连标等，2018）。由于欧盟在人均总效用和该国总收入两个方面都比较突出，所以受中美贸易战的影响，居民福利增加最多，墨西哥和加拿大由于美国大量进口的转移，这两国的经济总量将在短期内迅速增加，所以居民福利也会上升较快。

（二）对全球贸易的影响

一国的进口相对于另一国则是出口，由于中美贸易战主要都是通过加征关税的形式来限制对方出口到本国，所以最直接的影响是双方出口的减少。中美贸易战将会导致中美两国直接贸易额的下降，大量出口转移到世界其他国家和地区，这些国家和地区的出口将会不同程度上升，但是整体上全球的贸易额将会大幅下降（见表 6）。中美贸易战将会导致全球贸易出现局部获益，整体受损的现象，最终全球经济发展也将受到伤害。

表 6　中美贸易战对全球贸易的影响

（单位：亿美元）

情境	出口\进口	美国	加拿大	墨西哥	欧盟27国	中国	中国台湾	日本	韩国	东盟	世界其他地区	总计
S1	美国	0.00	26.71	22.72	45.24	-671.84	3.00	12.29	7.49	21.04	46.89	-460.58
	加拿大	7.83	0.00	-2.22	-0.98	21.54	-0.10	-1.35	-0.35	-0.57	-1.23	21.92
	墨西哥	38.60	-5.68	0.00	-2.63	0.25	-0.18	-0.49	-0.48	-0.71	-4.47	22.77
	欧盟27国	83.79	-0.99	0.20	5.33	44.49	-0.67	-0.92	-1.18	-3.00	-15.84	109.12
	中国	-775.50	12.46	16.71	73.32	0.00	7.29	22.03	15.66	50.41	51.54	-472.09
	中国台湾	13.73	0.01	0.09	0.03	-5.11	0.00	-0.34	-0.55	-1.27	-0.16	6.27
	日本	41.70	-0.53	-0.20	-2.15	0.10	-1.97	0.00	-3.01	-6.37	-2.26	23.39
	韩国	22.38	-0.21	0.22	0.12	-1.80	-0.42	-0.59	0.00	-2.33	-1.36	15.35
	东盟	36.58	-0.25	0.04	-0.44	23.48	-1.26	-2.70	-1.79	-7.81	-4.61	39.91
	世界其他地区	-4.31	-2.17	-1.22	4.30	52.63	0.03	0.14	-0.13	-0.64	-3.76	46.27
	总计	-524.10	27.97	35.42	113.06	-443.73	4.38	25.66	13.10	39.81	45.02	-595.25
S2	美国	0.00	40.32	29.42	42.92	-1048.63	2.01	11.02	5.64	16.00	38.54	-842.89
	加拿大	61.54	0.00	-2.84	-4.25	16.91	-0.32	-2.54	-1.19	-2.27	-4.51	56.25
	墨西哥	82.83	-9.90	0.00	-6.17	-2.67	-0.37	-1.19	-1.02	-1.51	-10.51	45.41
	欧盟27国	202.38	3.02	2.25	-6.90	48.80	-0.87	-1.84	-1.64	-5.07	-31.63	194.66
	中国	-1667.06	34.05	38.83	167.83	0.00	19.22	56.43	42.53	130.21	126.07	-929.94
	中国台湾	30.59	0.06	0.13	-1.07	-3.33	0.00	-1.36	-1.51	-4.48	-0.93	16.74
	日本	83.53	-0.11	-0.06	-5.42	4.61	-3.55	0.00	-5.83	-13.10	-5.06	50.19

续　表

情境	出口＼进口	美国	加拿大	墨西哥	欧盟27国	中国	中国台湾	日本	韩国	东盟	世界其他地区	总计
S2	韩国	51.69	0.20	0.41	-1.70	4.01	-0.96	-1.89	0.00	-6.62	-4.56	36.63
	东盟	108.77	0.77	0.44	-4.83	24.46	-2.00	-5.96	-3.34	-15.48	-7.51	88.67
	世界其他地区	41.46	0.03	-0.17	8.44	41.96	-0.02	0.37	-0.47	-2.09	-5.49	84.87
	总计	-945.03	69.08	68.47	180.89	-829.45	11.88	50.53	30.54	84.83	69.76	-1111.02
S3	美国	0.00	48.43	34.34	35.48	-1354.56	0.28	8.25	2.11	8.37	25.20	-1182.20
	加拿大	111.83	0.00	-3.31	-7.22	13.20	-0.50	-3.59	-1.95	-3.71	-7.52	89.58
	墨西哥	135.74	-15.12	0.00	-10.40	-6.36	-0.61	-2.03	-1.67	-2.48	-17.58	72.30
	欧盟27国	342.61	7.02	4.84	-23.15	38.60	-1.13	-3.15	-2.40	-6.99	-47.84	281.81
	中国	-2619.29	59.19	66.53	275.96	0.00	32.98	94.49	73.07	222.96	211.38	-1383.28
	中国台湾	53.69	0.14	0.21	-2.24	-6.50	0.00	-2.53	-2.60	-7.69	-1.71	28.19
	日本	135.89	0.51	0.46	-8.33	-3.08	-5.02	0.00	-8.59	-19.29	-7.58	77.49
	韩国	89.47	0.71	0.87	-3.44	1.39	-1.50	-3.31	0.00	-10.64	-7.59	58.72
	东盟	207.77	1.56	1.00	-11.10	15.77	-2.97	-10.46	-5.47	-24.34	-11.16	147.27
	世界其他地区	95.76	2.27	1.05	11.73	29.04	-0.07	0.56	-0.82	-3.47	-7.73	128.24
	总计	-1331.25	107.37	107.22	249.32	-1198.08	20.25	75.55	48.94	140.10	97.69	-1553.76
S4	美国	0.00	37.26	31.83	13.49	-1620.00	-3.12	-0.28	-5.61	-4.28	-3.34	-1565.19
	加拿大	144.64	0.00	-3.47	-9.20	9.25	-0.64	-4.41	-2.56	-4.47	-9.78	109.06
	墨西哥	197.70	-21.75	0.00	-15.93	-10.91	-0.91	-3.21	-2.48	-3.68	-25.81	102.06
	欧盟27国	483.60	9.81	7.80	-63.86	43.25	-1.65	-5.88	-4.35	-7.34	-69.18	347.52
	中国	-3765.99	91.93	104.11	416.31	0.00	49.58	139.79	110.12	351.75	321.89	-1882.91

续　表

情境	出口＼进口	美国	加拿大	墨西哥	欧盟27国	中国	中国台湾	日本	韩国	东盟	世界其他地区	总计
S4	中国台湾	87.73	0.22	0.34	-3.45	-20.74	0.00	-4.04	-3.95	-10.39	-2.54	39.30
	日本	184.57	1.21	1.33	-9.74	-21.15	-6.20	0.00	-11.18	-22.46	-9.02	98.13
	韩国	134.44	1.19	1.59	-4.58	-16.23	-2.01	-4.93	0.00	-12.97	-10.01	76.42
	东盟	409.86	1.26	1.64	-27.02	-28.17	-4.92	-20.11	-10.42	-38.22	-19.23	238.68
	世界其他地区	182.33	4.16	2.74	10.96	-8.25	-0.15	-0.54	-2.82	-4.82	-12.11	168.75
	总计	-1747.00	129.10	150.34	293.19	-1620.32	28.71	92.85	63.11	228.69	119.74	-2105.07
S5	美国	0.00	108.00	93.87	125.88	-2801.56	1.61	17.96	6.47	37.19	80.45	-2284.17
	加拿大	254.92	0.00	-7.00	-16.29	29.91	-1.16	-8.26	-4.62	-6.76	-16.96	205.07
	墨西哥	376.40	-42.71	0.00	-29.41	-17.77	-1.68	-6.09	-4.59	-6.61	-46.29	201.63
	英国	106.32	2.06	0.96	-11.64	19.60	-0.11	-1.41	-1.08	-0.50	-14.47	94.26
	欧盟27国	973.23	9.81	9.87	-141.10	120.78	-3.62	-14.41	-10.72	-3.06	-124.47	737.22
	中国	-7155.29	173.41	200.08	850.74	0.00	99.00	275.38	219.60	757.32	659.44	-3312.65
	中国台湾	199.19	-0.47	0.33	-7.45	-56.49	0.00	-8.66	-8.24	-18.49	-5.12	86.97
	日本	346.59	0.00	0.66	-14.94	-48.69	-10.85	0.00	-20.32	-31.22	-13.78	193.60
	韩国	283.05	0.72	1.37	-8.36	-52.62	-3.80	-9.51	0.00	-18.60	-17.52	157.94
	东盟	1048.75	-2.92	0.89	-81.31	-67.91	-12.18	-52.05	-27.32	-83.68	-50.15	607.70
	世界其他地区	473.86	4.97	4.04	12.66	-11.44	0.70	0.07	-5.69	-2.37	-25.63	452.51
	总计	-2748.41	252.98	305.80	649.21	-2747.99	65.33	185.95	135.66	596.23	344.08	-2556.06

资料来源：根据 RunDynam 软件计算而得。需说明的是，对全球 17 个经济体均进行测算，但限于篇幅，仅列出测算结果变化相对较大的经济体。

（1）S1 情境下（开战情境）：美国对中国的出口将减少 671.84 亿美元，出口将会重点转向世界其他地区、欧盟、加拿大、墨西哥。具体而言，对世界其他地区、欧盟、加拿大、墨西哥的出口将分别增加 46.89 亿美元、45.24 亿美元、26.71 亿美元和 22.72 亿美元，未来美国的经贸压力将会在这些国家得到一定程度的释放。即便如此，美国总出口还将减少 460.58 亿美元。相比于出口，美国进口总额将会下降更多，达到 524.10 亿美元。在开战情境下，中国对美出口将减少 775.50 亿美元，未来将会把这部分出口转移到欧盟、世界其他地区和东盟，此情景下中国对欧盟、世界其他地区和东盟出口将分别增加 73.32 亿美元、51.54 亿美元和 50.41 亿美元，但中国总出口还是将会减少 472.09 亿美元，比美国多出 11.51 亿美元。除中美以外的世界其他国家和地区的出口都将得到不同程度地增加，欧盟由于出口到中国（44.49 亿美元）和中国（83.79 亿美元）的增加值都较大，所以出口总额将会上升 109.21 亿美元。世界其他地区由于出口到中国大幅增加（上升 52.63 亿美元），所以总出口额增加 46.27 亿美元。受中美贸易战的影响，全球出口总额将减少 595.21 亿美元。

（2）S2 情境下（当前情境）：美国将减少对中国的出口 1048.63 亿美元，对中国出口的减少将会大量转移到欧盟、加拿大、世界其他地区和墨西哥，美国对这四国出口分别增加 42.92 亿美元、40.32 亿美元、38.54 亿美元和 29.42 亿美元。同时，欧盟、东盟、日本、墨西哥、加拿大将会大量增加对美出口，这五国对美出口将会分别增加 202.38 亿美元、108.77 亿美元、83.53 亿美元、82.83 亿美元和 61.54 亿美元。欧盟、加拿大和墨西哥是与美国双边出口都较大的国家，这说明未来美国会通过与这三方加强贸易往来以缓解中美贸易战带来的出口困境。中美贸易战开战后，美国加紧与欧盟就自由贸易协定进行谈判正是这一策略的体现。同时在美国的牵头下，美国、加拿大和墨西哥达成了《美墨加三国协议》（简称 USMCA），未来美国的经贸压力将会在这两国得到进一步的释放。由于对中国对美出口额减少过多，其他国家需求量小，尚不足以在短时期内吸纳美国的大幅出口，美国总出口将减少 842.89 亿美元。在当前情境下，中国对美出口将减少 1667.06 亿美元，多于美国对中国出口减少额，中国对美出口受限，未来将会将会将这部分出口转移到欧盟、东盟和世界其他地区，此情景下中国对欧盟、东盟和世界其他地区出口将分别增加 167.83 亿美元、130.21 亿美元和 126.07 亿美元，但中国总出口还是会减少 929.94 亿美元。全球出口总额也因中美贸易战将减少 1111.02 亿美元。

（3）S3 情境下（谈判不佳）：美国将对中国出口减少 1354.56 亿美元，为了弥补这部分差额，转而将会对加拿大、欧盟和墨西哥分别增加出口 48.43 亿美元、35.48 亿美元和 34.34 亿美元。欧盟、东盟、日本、墨西哥、加拿大也将增加对美出口，分别增加 342.61 亿美元、207.77 亿美元、135.89 亿美元、135.74 亿美元、111.83 亿美元。由于中国对美国出口减少较多，短期内替代出口的国家不足以完全稀释掉因中美贸易摩擦造成的美国出口减少，所以除中国之外的世界绝大多数其他国家和地区，都会因为美国进口的转移而本国出口不同程度增加。同样中国也是如此，对美国大量出口的减少也会将其转移到欧盟、东盟和世界其他地区，由此中国对欧盟、东盟和世界其他地区的出口分别增加 275.96 亿美元、222.96. 亿美元和 211.38 亿美元。中国对东盟的出口增加较多，而美国对东盟的进口增加较多，可能的主要原因是中美之间的直接贸易额减少，而通过东盟进行间接贸易增加。由于中美贸易战全球出口总额将减少 1553.76 亿美元。

（4）S4 情境下（谈判破裂）：美国将对中国出口减少 1620 亿美元，除了对加拿大、墨西哥和欧盟出口分别增加 37.62 亿美元、31.83 亿美元和 13.49 亿美元外，对世界其他国家和地区的出口额都会不同程度小幅下降。而除中国之外的世界其他国家和地区对美国的出口都将不同程度增加。欧盟、东盟、墨西哥和日本将会分别增加对美出口 483.60 亿美元、409.86 亿美元、197.70 亿美元和 184.57 亿美元。中美贸易战越激烈，美国对中国产品的进口将会越少，并通过进口其他地区的产品进行替代。中国对美出口将会减少 3765.99 亿美元，与美国正好相反，中国对除美国以外的世界其他国家和地区的出口都是增加的。对欧盟、东盟和世界其他地区的出口增加较多，分别为 416.31 亿美元、351.75 亿美元和 321.89 亿美元，而除了欧盟和加拿大外，大多数国家对中国的出口都是减少。中国将对美大量贸易顺差转移到世界其他国家和地区。美国和中国的总出口还将会分别下降 1565.19 亿美元和 1882.91 亿美元。受中美贸易战的影响，全球出口总额将减少 2105.07 亿美元。

（5）S5 情境下（贸易脱钩）：美国将对中国出口减少 2801.56 亿美元，为了弥补大量出口减少，美国将会对欧盟、加拿大和墨西哥分别增加出口 125.88 亿美元、108 亿美元和 93.87 亿美元，对除中国外的其他国家的出口也会不同程度增加。相比于美国，中国将对美出口减少 7155.29 亿美元，大大高于美国对中国出口减少的额度。中国会将出口的重点转移到欧盟、东盟和世界其他地区，对欧盟、东盟和世界其他地区的出口将会分别增加 850.74 亿美元、757.32 亿美元和 659.44 亿美元。结合前面分析可见，欧盟由于本身体量大，进出口需求量都大，与中美两国的贸易都比较密切，未来会成为中美两国出口转移竞相拉拢的对象。除了欧盟外，美国出口主要转向其贸易伙伴加拿大和墨西哥，而中国则会主要转向东盟、世界其他地区，东盟很大程度上还会担负起中美间接贸易的"桥梁"角色。美国和中国的总出口将会分别下降 3312.65 亿美元和 2284.17 亿美元。从出口增加的角度来看，欧盟（737.22 亿美元）、东盟（607.70 亿美元）和世界其他地区（452.51 亿美元）将会是最大的受益方。由于中美两国是全球最大的经济体，受贸易战影响，全球出口也将减少 2556.06 亿美元。以上分析可见，中美贸易战最终出现征税国获损，部分国家受益，全球总体受损的局面。

五、结论及政策建议

1. 研究结论

文章利用动态 CGE 模型就中美贸易战的经济效应进行量化分析。根据贸易战不同阶段的中美双方所采取的贸易策略，模型设置 5 个场景进行模拟实验。模拟结果较全面反映了贸易战对全球宏观经济和国际贸易的影响。结果显示：

（1）中美贸易战将会对全球宏观经济产生显著影响。贸易战的结果是对加征关税双方的 GDP 增长和居民福利带来不利影响，当然相对而言中国损失更大，对世界其他国家和地区 GDP 增长和居民福利产生有利影响，出现正的外部性。中美贸易战越是激烈，中美双方发生的直接贸易将会越少，而中美双边贸易转移到世界其他国家和地区越多，由此世界其他国家和地区 GDP 增长和居民福利的增加就越大。其中，美国的贸易伙伴墨西哥和加拿大将会成为中美贸易战最大的获益者。这与大多数运用 CGE 模型来验证中美贸易战影响的国内外文献研究结果基本保持一致（黄鹏等，2018；Rosyadi 和 Widodo，2018；Erken 等，2018）。典型如：崔连标（2018）基于静态 GTAP 得出的结果比较一致，但该文完成于中美贸易战初期，情境设置与中美贸易战实际情形相差较远，对关税冲击的计算上采用整体行业匡算的办法而不是通过征税清单与GTAP 数据库匹配。由此得出的结果与本文方向上大致一致，但测算的具体数值与本文存在一定差异。

（2）中美贸易战将会极大改变全球贸易格局。在贸易战的过程中，中国与美国贸易紧张关系将会促使中国外贸转向美国以外的其他国家和地区，欧盟、东盟和世界其他地区将会替代美国市场成为中国主要的出口地区。对美国而言，长期来说通过关税大打贸易战并不能缩减其贸易逆差。美国大量进口将会转向欧盟、墨西哥和加拿大等国家或地区，贸易赤字并无太大改善，相反会因此产生贸易转移效应（trade diversion effect）。当然中美贸易战导致的中美直接贸易减少，通过东盟等第三国的间接贸易将会增加，本质上加重双边贸易的成本，有可能抬高美国物价水平及汇率。从经济利益角度来看，贸易战对美国而言也是得不偿失。研究结果大致与国内外其他学者比较一致（Bollen 和Romagosa，2018；Guo 等，2017）。典型如：李春顶等（2018）通过 CGE 模型中设置美双方加征 25%、35% 和 45% 的关税情形，结果也表明中美两国的就业、出口和进口将会双双出现下降。该文基于 2013 年世界经济运行数据，运用静态 CGE 模型测算中美贸易战短期效应。本文基于动态 CGE 模型，将数据通过递归的方式更新到 2018 年，根据当前贸易战的实际情况和未来的可能走向设置 5 种情境，重点考察中美贸易战对 2018-2025 年长期的经济影响。

2. 政策建议

基于以上研究结论，本文提出如下对策建议：

（1）加紧与美国谈判来寻找中美贸易战的均衡点。研究表明中美贸易战对双方都不利。贸易战的结果只能是"杀敌一千，自损八百"。对美国而言，贸易战并没有减少本国的贸易逆差，对中国贸易逆差的减少将会转移到对世界其他国家逆差的增加上，当然中国受贸易战的损失将会更大。中美两国应该通过协商一致的办法来共同解决两国经济发展过程中出现的问题。对中国而言，应该加强市场经济体系的建立，建立健全市场经济体制机制，进一步对外开放，严格对知识产权的保护，实现经济高质量发展。对美国而言，美国贸易逆差根源在于其国内产业结构、低储蓄高消费模式，美国应该根源上进行相关经济决策改革，而不是诉诸贸易战。

（2）积极扩大国内消费来减少中国对美贸易依存度。当前中国对美贸易依存度过高，贸易战的持续升级将会对中国经济发展和外贸出口非常不利。过高的贸易依存度，也会危及国家经济安全。与世界发达国家相比，我国消费对拉动经济增长的贡献率相对较低，中国还不是一个消费导向型大国。增加国内需求，积极扩大消费将有利于我国减少外部冲击，保持经济平稳健康发展，提升经济发展的质量。一是要降低国内税率水平，为企业减税来增强企业活力，调低个人所得税增强个人消费能力，从而刺激消费，稳定经济增长；二是健全社会保障体系，构建多层次的社会养老保险制度，建立失业保险和最低生活保障制度，让消费者增强消费的信心；三是增加政府对教育、医疗保险和文化卫生的投入力度，让居民有更多的财富用于实际生活消费，改善生活条件。通过这一系列的举措来增加对国内产品的消费需求，将大量产品留在本国消费掉，减轻贸易战对出口带来的不利影响。

（3）加强新兴市场的开发以实现中国外贸出口市场的多元化。一直以来，美国在我国对外出口的比例都很大，我国出口对美国的依赖程度特别高，贸易战将会对我国的出口贸易产生很大的负面影响。因此，中国应当积极调整外贸出口方向，提早开拓新的外贸出口市场，避免由于把"所有鸡蛋放入同一个篮子"造成的被动局面。一是加强与日本、韩国的经济联系，共同打造高质量的中日韩自贸区，同时加紧实现《区域全面经济伙伴关系协定》（RECP）的落地生效；二是全面深化与欧盟合作，实现双边贸易可持续发展。增加中欧之间以及对第三方进行的贸易与投资活动，进一步完善全球经济治理，共同维护国际规则和秩序；三是加快实施共建"一带一路"，发展开放型世界经济，将中国的巨大产能变成"一带一路"沿线国家经济增长的强大动力。争取做到未雨绸缪，将贸易战对中国的负面影响降到最低。

参考文献

[1] Bollen J., Romagosa H R..Trade Wars:Economic impacts of US tariff increases and retaliations[R].CPB Background Document,2018.

[2] Dong Y., Whalley J.. Gains,and Losses from Potential Bilateral U.S. -China Trade Retaliation [J].Economic Modelling, 2012,(29):2226-2236.

[3] Dixon J.. The Impact on Australia of Trump's 45 per cent Tariff on Chinese Imports[J]. Economic Papers, 2017, 36(3):266-274.

[4] Erken H., Giesbergen B, Vreede I. Re-assessing the US-China trade war, Rabobank/ RaboResearch, Utrecht, November 26, 2018.

[5] Guo M., Lu L., Sheng L., Yu M.. The Day after Tomorrow: Evaluating the Burden of Trump's Trade War[J]. Asian Economic Papers, 2018, 17(1):101-120.

[6] Horridge J.M., Pearson K.R., Meeraus A., Rutherford T.F..chapter entitled 'Solution Software for CGE Modeling', in: P.B. Dixon and D. Jorgensen (eds), Handbook of CGE modeling, Elsevier, 2012.

[7] Ianchovichina E., Walmsley T.L.. Dynamic Modeling and Applications for Global Economic Analysis[M]. Cambridge University Press, 2012.

[8] IMF,World Economic Outlook, October 2018: Challenges to Steady Growth[R]. World Economic Outlook Reports, 2018.

[9] Rosyadi S.A., Widodo T.. Impacts of Donald Trump's Tariff Increase against China on Global Economy: Global Trade Analysis Project (GTAP) Model [J]. Journal of Chinese Economic and Business Studies 2018,16(2):125-145.

[10] Villoria N. B..Concordance between ISO codes (current in 2014) and regions in GTAP databases Version 6, Version 8 and Version 8.1,2014.

[11] WITS Product Concordance. https://wits.worldbank.org/product_concordance. html.

[12] Zhang H..The Antagonistic Sino-US Trade Relations under The Trump Administration: US's Inclination Towards Anti-Globalization and the Ongoing Power Transition in International Order [D]Aalborg University,15 May 2018.

[13] 崔连标,朱磊,宋马林,郑海涛.中美贸易摩擦的国际经济影响评估 [J].财经研究,2018,44(12):4-17.

[14] 邓仲良.从中美贸易结构看中美贸易摩擦 [J].中国流通经济,2018,32(10):80-92.

[15] 黄鹏,汪建新,孟雪.经济全球化再平衡与中美贸易摩擦 [J].中国工业经济,2018(10):156-174.

[16] 李春顶,何传添,林创伟.中美贸易摩擦应对政策的效果评估 [J].中国工业经济,2018(10):137-155.

[17] 李昕.中美贸易摩擦——基于 GTAP 可计算一般均衡模型分析 [J].国际贸易问题,2012(11):50-65.

[18] 刘元春.中美贸易摩擦的现实影响与前景探究——基于可计算一般均衡方法的经验分析 [J].人民论坛·学术前沿,2018(16):6-18.

[19] 周曙东,郑建,卢祥.中美贸易争端对中国主要农业产业部门的影响 [J].南京农业大学学报(社会科学版),2019,19(01):130-141+167-168.

[20] 人民日报:细算中美经贸账 对华逆差至少要少 1/3,2018 年 04 月 23 日第 17 版,http://finance.sina.com.cn/stock/usstock/c/2018-04-23/doc-ifznefki0288401.shtml?source=cj&dv=1。

[21] 中美经济报告:2017 美国对中国贸易逆差 3750 亿美元,2018 年 6 月 14 日,https://www.prnasia.com/lightnews/lightnews-1-102-12509.shtml.

跨国企业对中美贸易额统计的影响

——基于所有权视角的研究

齐俊妍　　强华俊[*]

摘要：近年来中美贸易摩擦不断，美国常用"中国巨大贸易顺差"为借口对中国实施贸易制裁与打击，抑制中国对外贸易的发展。中国作为一个进行加工贸易的大国，真实的对美贸易规模和利益究竟有多大？这是一个值得深究的问题。中美经贸关系对全球经济大环境的稳定有重要影响。本文利 2004-2016 年 BEA(美国经济分析局) 的统计数据，在以所有权为基础的统计框架下，对中美之间的双边贸易利益进行重新估算，发现属地统计原则平均高估属权贸易差额达 56%，且真实的中美之间的贸易差额一直处在 1000-1400 亿美元这样一个平稳的、合理的范围之内。

关键词：中美；所有权；贸易差额；跨国企业

一、引言及文献综述

中国自加入 WTO 以来，对外贸易飞速发展，据中国海关统计，2018 年，中国对美出口总额达 4297 亿美元，进口总额 1539 亿美元，对美贸易顺差高达 2758 亿美元，中国不断地对美贸易顺差，引起美国政客的担忧和抗议。随着经济全球化的深入发展，现阶段的国际贸易和全球经济呈现出以跨国企业为纽带"你中有我，我中有你"的局面，跨国企业从事的大量中间品贸易替代了传统的国家间跨境销售成为国际贸易的主要形式 (宋玉华，2006)，贸易顺差指标仅仅从总量的角度衡量一国参与国际贸易的利益得失，而没有考虑 FDI 和外国商

---

* 作者简介：齐俊妍，天津财经大学经济学院教授；强华俊，天津财经大学经济学院研究生。

业存在对东道国贸易的影响，因而难以真实反映一国的贸易利益。对于像中国这样一个接收外商投资进行加工贸易的大国，传统贸易差额大大高估了中国真实的贸易水平。中美经贸关系是中美两国甚至世界关系稳定的"压仓石"，中美贸易摩擦不仅会给中美经济发展甚至全球经济一体化进程带来消极影响。特朗普上台后，一直强调"美国优先"的发展战略，其认为中国对美国巨大的贸易顺差给美国经济带来巨大的损害，从而开始对中国进行一系列的贸易打击。在全球价值链分工背景下，生产要素的国际流动使得传统贸易统计背离了国际交易当事方利得，那么中国究竟从对美贸易顺差中获取了多少利益、真实的中国对美贸易差额是多少呢？如何真实测度中国对美贸易利益是一个急需解决的问题。

近年来，国内外学者对中美贸易统计差额问题已经进行了广泛的学术研究。研究方法大致可以分为两个方面，一是基于增加值视角的贸易利益测度，二是基于所有权视角的重新测度。增加值的统计方法虽然考虑了全球价值链背景下，中间品的跨国流动对一国生产并出口最终产品所产生的价值增值影响，但未考虑国际资本流动对一国国际贸易的替代和引致效应，从而无法反映国际资本流动背后实质性的贸易关系。所有权统计方法以商品所有权是否在国民间进行跨国转移为基础，考虑的是"跨境"而非"跨国民"和"跨国民"而"不跨境"的商业活动。基于所有权原则来探讨外商投资企业引发的国际贸易及其利益变动，能够进一步科学反映一个国家的真实贸易利得。高敏雪等（2010）在跨境贸易统计的基础上构建了属权贸易统计的核算框架，对中国货物贸易做了分布、分口径的调整测算，认为一国通过 FDI 在另一国设立企业然后从事市场经营，使跨国投资深入渗透到国际贸易中；林玲、葛明等（2013）构建了属权贸易利益测算的一般模型，发现属权原则统计下中国的对外贸易进、出口规模大幅增加，但贸易利益在缩减，且呈扩大趋势；姜鸿等（2014）利用 BEA 法对中美双边贸易额进行重新测算，发现与传统贸易统计数据相比，2004-2010年，中国对美出口额平均减少 51%，自美进口额平均增加 41%；王岚（2018）融合增加值和所有权两种统计方法建立核算模型，在剔除中国对美出口国外增加值基础上，进一步在中国国内增加值中剔除由外资企业获得的部分，在此基础上重新测度中美贸易差额以及中美两国在国际贸易中的利得；陈东阳等（2017）也从属地和属权贸易融合的视角对中国对美国的贸易顺差进行调整核算，认为中美贸易顺差是全球价值链上分工协作的体现，而非国际贸易上的竞争对抗。

在现有文献的基础上，本文的贡献在于：第一，建立基于所有权三国模型的核算框架，考虑模型中的所有贸易路径，利用 BEA 法实现对中美双边贸易利益的详细测度；第二，充分利用已有数据，详细测度所有权视角下中国对美贸易差额中外资所占成分；第三，利用 BEA 所提供的美国和中国跨国公司的经营数据以及《中国统计年鉴》数据，通过指标转化和估算，最大程度上避免因单边数据缺失而导致所有权下测算结果的不准确问题。

二、中国对美国的贸易利益测度

随着国际贸易投资一体化趋势日益增强，FDI 对当今国际贸易的影响不容忽视，跨国公司内部贸易在国际贸易中扮演着重要角色。只有把跨国公司的境内和跨境贸易纳入贸易统计框架，才能真实地反映一个国家的对外贸易差额和对外贸易利益。基于此，本文构建了所有权视角下贸易核算的三国模型。基于所有权原则的三国模型如下：

1. 模型假设

（1）世界上有三个国家 A、B、C，其中 C 代表除 A、B 两国之外的第三方国家。

（2）三个国家都有三个所有权不同的经济组织。N_A 表示 A 国的内资企业，M_{AB} 表示在 A 国的来自 B 国的外资企业，M_{AB} 的所有权属于 B 国；M_{AC} 表示在 A 国的来自 C 国的外资企业，M_{AC} 的所有权属于 C 国；N_B 表示 B 国的内资企业，M_{BA} 表示在 B 国的来自于 A 国的外资企业，M_{BA} 的所有权属于 A 国；M_{BC} 表示在 B 国的来自于 C 国的外资企业，M_{BC} 的所有权属于 C 国；N_C 表示 C 国的内资企业，M_{CA} 表示在 C 国的来自于 A 国的外资企业，M_{CA} 的所有权属于 A；M_{CB} 表示在 C 国的来自于 B 国的外资企业，M_{CB} 的所有权属于 B。

（3）模型中不考虑目标国 A 与 B 在第三方国家 C 的附属机构之间的贸易，也不考虑第三方国家 C 在两个目标国附属机构的贸易，但本文考虑第三方国家

C 在 A、B 两国的附属机构同 A、B 两国内资企业和外国附属机构的贸易。

（4）阿拉伯数字 1–30 分别表示不同的贸易路径，各个经济组织之间自由展开贸易，箭头指向的某个经济组织的进口或购买，箭头起始的某个经济组织表示该经济组织的出口或销售。

2. 模型建立

基于以上的假设，可以得到贸易统计的三国模型：

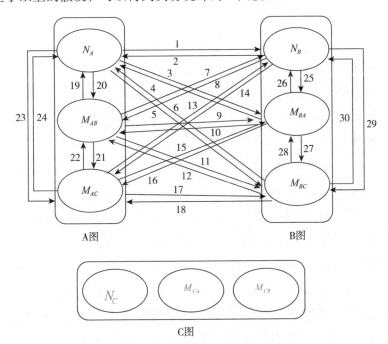

图 6　三国贸易模型

根据以上三国贸易模型，可以得到在传统的属地贸易统计方法下，A 国与 B 国之间的贸易核算公式：

（1）A 国对 B 国的出口模型为：

$$E(A)=1+3+5+7+9+11+13+15+17 \tag{1.1}$$

（2）A 国从 B 国的进口模型为：

$$I(A)=2+4+6+8+10+12+14+16+18 \tag{1.2}$$

（3）A 国对 B 国的贸易差额为：

$$G(A)=E(A)-I(A)=(1+3+5+7+9+11+13+15+17)-(2+4+6+8+10+12+14+16+18) \quad (1.3)$$

基于资产所有权的方法，A 国与 B 国之间的贸易核算公式为：

（1）A 国对 B 国的出口模型为：

$$E(A^*)=1+10+20+25 \quad (1.4)$$

（2）A 国从 B 国的进口模型为：

$$I(A^*)=2+9+19+26 \quad (1.5)$$

（3）A 国对 B 国的贸易差额为：

$$G(A^*)=E(A^*)-I(A^*)=(1+10+20+25)-(2+9+19+26) \quad (1.6)$$

3. 中美双边贸易利益测度

基于以上模型的建立，假设 A 代表中国，B 代表美国，C 代表除中美以外的世界其他国家，据此可以得到基于所有权的中美进出口贸易模型：

（1）出口模型：

$$E(A^*)=E(A)-(3+5)-(7+9+11+13+15+17)+[(25+27-27]+ [(20+22]-22]+10 \quad (1.7)$$

其中，（3+5）代表中国内资企业对在美外企的出口，（7+9+11+13+15+17）代表在华外资企业对美国的出口，（25+27）代表在美中资企业的销售，（20+22）代表在华美企在中国的购买。中国对美出口用文字表述为：

中国对美出口额 = 中国对美跨境出口—中国内资企业对在美外企的进口—在华外企对美国的出口 + 在美中资企业的销售—在美中资企业对在美其他外资企业的销售 + 在华美企在中国的购买—在华美企自在华其他外企的购买 + 在美中资企业对在华美资企业的出口

（2）进口模型：

$$I(A^*)=I(A)-(4+6)-(8+10+12+14+16+18)+[(19+21)-21]+[(26+28)-28]+9 \quad (1.8)$$

其中，（4+6）表示中国内资企业自在美外企的进口，（8+10+12+14+16+18）表示在华外资企业自美国的进口，（19+21）表示在华美企在中国国内的销售，（26+28）表示在美中资企业在美国的购买。中国自美进口用文字表述为：

中国自美进口额 = 中国自美的跨境进口—中国内资企业自在美外资企业的进口—在华外资企业自美国的进口 + 在华美企在中国国内的销售—在华美企对在华其他外资企业的销售 + 在美中企在美国的购买—在美中企自在美其他外

资企业的购买 + 在美中资企业自在华美资企业的进口

二、数据说明

（1）中国对美跨境出口、在美中资企业的销售、在美中资企业对在美其他外企的销售、在华美企在中国的购买这 4 项指标数据均来源于 BEA，在美中资企业对在美其他外资企业的销售这一指标，2010、2011、2013 与 2015 四年的数据缺失，由于这一指标规模较小，常年数额较低，考虑到对所有权核算的影响较小，故该四年的数值均取值为 0，；中国内资企业对在美外资企业的出口没有统计数据，用"中国母公司对在美中企的出口"替代，数据来源于 BEA；在华外企对美国的出口没有统计数据，用在华外企总出口额 *（中国对美跨境出口额 / 全国总出口额）估算，所需数据来源于《中国统计年鉴》；在华美企在中国的购买无直接数据，考虑姜鸿（2014）估算方法，在华美企在中国的购买 = 在华美企货物的销售成本、销售及行政开支 * 原材料、半成品比重 * 原材料、半成品国内采购率；在美中资企业对在华美资企业的出口无直接数据，用在美中资企业对外国附属机构的出口 *（美对中出口额 / 美国总出口额）估算，但据统计数据了解到在美中资企业对外国附属机构的出口规模很小，故此处在美中资企业对在华美资企业的出口可忽略不计；在华美企自在华其他外资企业的购买这一指标数据很小，忽略不计。

（2）中国自美跨境进口、在华美企在中国国内的销售、在华美企对在华其他外企的销售，这 3 项指标数据来源于 BEA；中国内资企业自在美外企的进口没有统计数据，用"中国母公司自在美中资企业的进口"替代（姜鸿，2014），中国母公司自在美中资企业的进口这一指标，2013 年的数据缺失，其他年份数据完整，此处用其余 12 年的均值替代；在华外资企业自美国的进口没有统计数据，用在华外资企业总进口额 *（中国自美跨境进口额 / 全国总进口额）估算，所需数据来源于《中国统计年鉴》；在美中资企业在美国的购买无具体数据，考虑姜鸿 (2014) 估算方法，在美中资企业在美国的购买 = 在美中企货物销售成本、销售及行政开支 *0.8—在美中企货物进口额 *0.9，所需数据来源于 BEA，但在美中企在美国的采购这一指标，2007 与 2011 年的数据存在缺失，考虑到该数据的重要性，这两年的数据均以相邻两年的数据平均数替代；在美中资企业自在华美资企业的进口没有统计数据，用在美中资企业自外国附属机构的进口＊（美从中进口额／美总进口额）估算，但据核算数据可知在美中企在外国附属机构的进口规模很小，故此处在美中资企业自在华美资企业的进口数据可忽略不计；在美中资企业自在美其他外资企业的采购这一指标数据很小，对所有权的核算影响微乎其微，忽略不计。

三、实证结果分析

三国模型下中美对美贸易利益实证结果如下：

表1　在华外企对中国对美国贸易的贡献

（单位：百万美元）

年份	在华外企对美出口额	在华外企自美进口额	在华外企对美贸易差额	外企对美出口贡献率	外企对自美进口贡献率	外企对中美差额贡献率
2004	71300	25816	45484	0.35	0.74	0.27
2005	94958	28546	66412	0.38	0.68	0.32
2006	118372	35348	83024	0.40	0.64	0.34
2007	132614	40627	91987	0.40	0.63	0.34
2008	139449	44498	94951	0.40	0.62	0.34
2009	123497	41999	81498	0.40	0.59	0.34
2010	154814	53993	100821	0.41	0.58	0.36
2011	170095	60569	109526	0.41	0.57	0.36
2012	175590	63693	111897	0.40	0.57	0.34
2013	174067	68327	105740	0.38	0.56	0.32
2014	181710	73792	107918	0.38	0.59	0.30
2015	180826	72944	107882	0.36	0.63	0.28
2016	168382	65259	103123	0.35	0.56	0.28

资料来源：根据BEA和《中国统计年鉴》中的数据计算得出，其中在华外企对对美出口／对自美进口／对中美贸易差额贡献率＝（在华外企对美出口／自美进口／对美贸易差额）／（中国对美出口／中国自美进口／中国对美贸易差额）。

（1）与中国对美跨境进出口额和贸易差额趋势相同，在华外企对美国的进出口额和贸易差额也大体上呈现不断增长的趋势，其中2004-2016年间，在华外企对中国对美国的出口平均贡献率为0.39、进口平均贡献率为0.61、贸易差额平均贡献率为0.32。所以，在华外国经济组织的存在严重影响了中国对美贸易差额。中国入世以来，深度融入全球价值链分工体系，利用比较优势积极融入跨国生产，但中国更多进行的是加工贸易，处于全球价值链的低端，在跨国加工贸易生产中获利较少，中国对美出口的最终产品很大一部分利润归在华外企的母国拥有。还原中国对美真实贸易水平，就必须考虑在华外商企业的存在，要把外商投资企业的所有权属性明晰清楚，把中美贸易差额中不属于中国的成分剔除掉，把应属于中国的成分加进来。

表2　基于资产所有权的中美双边贸易额

（单位：百万美元）

年份	出口总额		进口总额		贸易差额		$\dfrac{G(A^*)}{G(A)}$
	属地原则	属权原则	属地原则	属权原则	属地原则	属权原则	
2004	203673	155035	34833	53679	168840	101356	0.60
2005	251556	184567	41874	64559	209682	120008	0.57
2006	299386	214537	54813	81847	244573	132690	0.54
2007	334774	241471	64313	99665	270461	141806	0.52
2008	350504	256792	71346	119416	279158	137376	0.49
2009	307433	234043	70636	128711	236797	105332	0.44
2010	376735	282452	93059	155931	283676	126521	0.45
2011	412413	319120	105445	191426	306968	127694	0.42
2012	439832	353919	111855	220958	327977	132961	0.41
2013	455525	382439	122852	253704	332673	128735	0.39
2014	483677	433739	124728	321957	358949	111782	0.31
2015	499095	454904	116505	333493	382554	121411	0.32
2016	479244	453740	115942	338921	363302	114819	0.32

资料来源：根据BEA和《中国统计年鉴》中的数据计算得出。

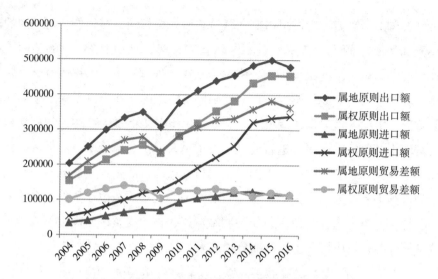

图1　2004–2016 基于资产所有权的中美双边贸易额

资料来源：根据表 2 中的数据绘制。

所有权贸易统计与跨境贸易统计方法的差异主要体现在两方面：一是美国在华外企的跨境贸易，计入跨境贸易统计，但不计入所有权贸易统计；二是美国在华外企在中国境内的交易，不计入跨境贸易，但计入所有权贸易。当能够了解外企购买的来源地和销售去向，就能在跨境贸易统计基础上准确核算中国对美所有权贸易数据。

中国对美所有权贸易核算结果如上表所示。可以看到，无论是基于属地原则还是属权原则，从 2004 至 2016 年，中国对美出口和进口总额的规模都呈现不断增长的趋势。中国对美跨境出口总额从 2004 年的 2036.73 亿美元增长到 2016 年的 4792.44 亿美元，增长幅度达 1.5 倍；中国从美国的跨境进口总额从 2004 年的 348.33 亿美元增长到 2016 年的 1159.42 亿美元，增长幅度将近 3 倍。但是基于所有权原则统计的中国对美出口总额，相比属地原则下的出口总额都出现大幅下滑，下降幅度分别为 24%、27%、28%、28%、27%、21%、25%、23%、20%、16%、10%、8%、5%，平均下降幅度为 18%，属权原则下对美出口额下降的主要原因是剔除了在华外资企业对美国的出口以及在美外资企业从中国的进口。与出口总额不同的是，基于所有权的进口总额比属地原则的进口总额高出很多，所有权统计的进口总额从 2004 年的 536.79 亿美元增长到 2016

年的 3389.21 亿美元，增长幅度高达 5.3 倍，比属地基础上的增长幅度高出 2.3
倍之多；属权原则的进口相比属地原则的进口，高出幅度从 2004 年至 2016 年
分别为 54%、54%、49%、55%、67%、82%、68%、82%、68%、82%、98%、
107%、158%、186%、192%，平均高出幅度高达 108%，基于所有权原则的中
国自美进口额大幅度提升的主要原因是，在核算中加入在华美企在中国国内的
销售，以及在美中企在美国的购买，在 FDI 不断扩张的全球经济全球化大背景
下，在华美企的规模和在美中企的规模都大幅增加，从而导致在华美企在中国
国内的销售以及在美中企在美国的购买额都急剧增长，进而导致所有权原则下
中国自美进口额一度扩张，从 2004 年到 2016 年，增幅高达 5.3 倍。属地原则
之下的中美贸易差额也呈现出不断增长的趋势，从 2004 年的 1688.4 亿美元增
加到 2016 年的 3633.02 亿美元，增幅达 1.15 倍，这说明中美两国之间的贸易
发展迅速，但是基于所有权原则的中美贸易差额大致处于平衡状态，2007 年的
贸易差额最大，差额为 1418.06 亿美元，2004 年的贸易差额最小为 1013.56 亿
美元，贸易差额最大的年份与最小的年份之间差距只有 40%；属权原则相比属
地原则的中美贸易差额出现大幅下降，从 2004 年到 2016 年，下降幅度分别为
40%、43%、46%、48%、51%、56%、58%、59%、61%、69%、68%、68%，
平均下降幅度为 56%，也就是说，传统属地统计原则下，中美贸易差额平均高
估真实中美贸易差额高达 56%。

中国对美国虽然存在贸易顺差，但是顺差规模远不及美方统计的那么大，
大致处于 1000 亿美元至 1400 亿美元之间，顺差的规模也没有随着中美贸易的
迅速发展不断扩大，而是基本处于平稳的状态，对于中国这样一个发展中的加
工贸易大国，中美贸易差额的规模基本处在一个合理的区间。

四、所有权统计方法和增加值统计方法的对比分析

1. 核算方法比较

（1）跨国生产分工背景下，中间品多次跨国流转导致传统的以商品总值为
统计口径的贸易规模存在"重复计算"问题。原材料投入通过中间品贸易形式
被多次统计，这一统计过程就是一国出口中来自外国提供的价值增值的累加过

程，其实质是本国创造的价值增值规模小于本国出口规模。而以价值增值为统计口径的增加值贸易统计体系，通过将贸易统计口径从商品总值缩小到增加值。Koopman 等 (2010) 将垂直专业化（VS）方法和 Wang&Wei(2009) 方法纳入到统一的框架首次形成规范的增加值贸易统计。增加值统计方法以世界投入产出表为基础，通过投入产出模型将一国总出口分离为国内价值增值（DVA）和国外价值增值（FVA）两部分，在此基础上，核算得到一国真实的对外贸易水平。

（2）增加值的统计方法虽然考虑了全球价值链背景下，中间产品的跨国流动对一国生产并出口最终产品所产生的价值增值影响，但这却只是跨国公司主导分工下的静态贸易利益，没有考虑到国际资本流动对一国际贸易带来的替代和引致效应，无法反映国际资本流动背后实质性的贸易关系，并且无法完全分离 DVA 中在跨国企业创造的价值增值，因此有可能对贸易利益存在高估。基于所有权的贸易统计方法能够剔除跨国企业对一国国际贸易的影响。该方法是从跨国公司视角研究一国对外贸易，以商品所有权是否在国民间进行跨国转移为基础，考虑的是"跨境"而非"跨国民"和"跨国民"而"不跨境"的商业活动。该方法基于跨国公司海外经营数据的调查数据，从企业视角分析贸易与投资的关联，从而对国际贸易收益按照要素的所有权在国家之间进行分解，这是传统和增加值贸易统计方法都无法做到的。在所有权贸易统计框架下，使用最广泛的是 BEA 法，由美国经济分析局自 1992 年起提出编制，把跨境贸易和跨国公司销售的净收入和支出的所有权分解，并计入美国整体经常项目中，在此基础上得到跨国公司影响下的美国对外贸易利益。基于所有权的贸易统计核算，需要完备的跨国企业海外经营的数据，目前只有美国有这方面较为详细的统计，其他国家企业的跨国经营数据十分缺乏，这一点也制约了所有权贸易统计方法的推广。

2. 核算结果比较

（1）两种统计方法均以跨境贸易统计为基础。这两种统计方法的研究结果都表明传统的跨境贸易统计夸大了中国的对外贸易水平。王岚（2018）通过增加值的方法，对 2009-2014 年中国制造业对美出口中国的真实贸易收益率进行了测算，测算结果显示，中国对美出口中的平均真实贸易收益率为 40%，这与本文测算的传统中美贸易差额平均高估真实中美贸易差额 56%，大体一致。另外，根据戴翔（2015）基于附加值贸易的估算，中国对外出口国内附加值从 1995 年的 84.21% 下降到 2011 年的 75.69%，葛明（2016）通过增加值方法的核算也得出中国出口获利能力下降的结论，相比较本文的估算，所有权统计方法下的中国对美贸易差额占传统贸易差额的比率呈下降趋势，也就是说，两种方法测算的结果都表明中国的对美贸易利益在下降，很大一部分的出口利益归在华外企所有。郑丹青和于津平（2016）对 1995-2011 年中美双边贸易增加值构成及利益分配格局进行重新测度后发现，无论是在国家层面还是行业层面，传统贸易统计方式相比增加值贸易统计方式高估了中美双边贸易失衡达 25%，且与本文基于所有权方法的测算结果一致，这种高估程度不断扩大，本文测算的平均高估程度达到 56%。通过增加值方法核算的对外贸易利益分配越来越不利于中国，中国以传统的比较优势参与国际分工的能力正在不断减弱。

（2）姜鸿（2014）基于资产所有权的方法重新估算了中美之间的双边贸易额，发现中国对美国的出口额平均减少 51%，自美国的进口额平均增加 41%，本文测算的结果为中国对美国的出口额平均减少 18%，自美国的进口额平均增加 108%；林玲等（2010）利用所有权统计方法对中国对美贸易差额进行重新估算，估算结果发现，所有权原则下中美贸易差额只占属地原则下中美贸易差额的 57%，意味着属地统计原则下的中美贸易差额高估了真实贸易差额高达 43%，本文核算的结果是属地统计原则下中美贸易差额平均高估真实中美贸易差额高达 56%，且两者都认为这种高估程度在不断扩大。测算的结果存在差异，这种差异主要来源于测算指标统计口径选择的不同和贸易路径的综合考虑不同，虽然有差异，但得出的结论趋于一致，即传统属地原则下的中国对美贸易差额大大高估了中国真实的对美贸易差额。

在经济全球化和全球价值链分工背景下，一国的贸易来源复杂化和分配主体多元化，难以找到一个指标来客观的反映一国的静态贸易利得。"所有权"原则和"增加值"视角的统计核算方法是当前还原一国贸易规模、反映贸易利益的前沿方法，两种方法的测度模型仍在不断演进和完善。

五、结论与建议

根据本文测算分析，传统属地原则统计的中美贸易差额能否表达真实的贸易差额，取决于以下因素：美国在华和中国在美 FDI 规模；美国在华附属机构与母国境内企业的贸易往来，与中国本土企业的贸易往来，与中国在第三国投资企业的往来；中国本土企业与美国在第三国投资企业的贸易往来以及第三国在美国投资企业的贸易往来；美国在第三国的投资企业与中国在第三国投资企业的贸易往来，第三国在中国投资企业与第三国在美国投资企业之间的贸易往来。通常来说，企业规模与企业的贸易往来呈正相关关系，所以对中国这样接收净 FDI 流入较多的国家，传统的属地统计原则往往会高估真实贸易规模和贸易差额。在所有权原则下核算中美贸易差额，需要获取所有权属于各个国家的企业组织之间的贸易数据，数据规模十分庞大，在涉及到中美在第三国的直接投资企业的贸易数据时，数据采集十分困难，而且，美国对华投资企业的贸易对象主要为中国市场和美国本土市场，与第三国贸易相对较少，基于数据的可获得性，已有文献的做法通常是将属地位于第三国的中美对外投资企业对双边贸易统计的影响予以忽略，本文在模型建立时，也同样忽略了第三国的中美对外投资企业对双边贸易统计的影响，这种忽略第三国影响的模型，可能造成中美双边贸易统计的误差，尤其对于美国 FDI 规模较大以及中国接收 FDI 规模较大这样的国家，这种忽略第三国影响的做法，可能造成的误差会更大。

本文基于所有权视角对中美双边贸易差额进行重新核算。重新核算的结果表明，中美双边贸易差额出现大幅下降，平均下降幅度高达 56%。诚然，中国对美存在贸易顺差，但顺差额远低于属地统计原则下的差额，2004-2016 年，中国对美贸易差额大致处于 1000 亿美元至 1400 亿美元之间，贸易差额基本处于一个合理的、平稳的区间。在经济全球化、生产国际化的背景下，通过将 FDI 纳入一国贸易统计模型可以弥补传统属地统计原则的缺陷，避免一国对外贸易的利益漏出和不属于本国的"伪利益"。鉴于以上分析，本文提出以下政策建议：（1）首先，中国应该建立一个涵盖跨国公司（包括外国在中国的投资企业和中国对外投资企业）的微观数据库，在海关贸易统计基础上，不断地丰富和完善这个数据库，微观数据库的建立有利于中国掌握在华跨国企业和中国对外投资企业的经营状况。（2）中国要不断完善外资政策，现有的外资优惠政策压缩了本土相关企业的发展，抑制了本土企业进行自主创新的能力，已经不再适应中国的经济发展。中国要加强对外资流入结构的政策性引导，减少加工制造业外资流入，同时中国要扩大服务业的开放，使外资多流入服务和高新技术等具有高附加值的行业，降低加工贸易在我国对外贸易中的比重。（3）中国要继续扩大对外开放与投资，鼓励中国企业走出去，利用国内和国外两个市场、两种资源来参与日趋激烈的国际竞争，规避东道国的贸易壁垒，带动中国国内产品和服务的出口，从而建立起一个与中国对外贸易规模相匹配的对外投资规模。

参考文献

[1] 李月芬：中国亟待建立一个以所有权为基础的贸易差额统计体系，《国际经济评论》2006 年第 1 期。

[2] 姚枝仲、刘仕国：中国国民对外贸易差额，《国际经济评论》2006 年第 5 期。

[3] 宋玉华、高莉、王玉华：以所有权为基础的贸易差额统计体系研究，《国际贸易问题》2006 年第 11 期。

[4] 万光彩：所有权原则、FDI 利得与中美贸易差额，《财贸研究》2009 年第 4 期。

[5] 贾怀勤：属权贸易统计核算的几个基本问题，《经贸论坛》2010 年第 6 期。

[6] 孙华妤、许亦平：贸易差额的衡量：基于所有权还是所在地，《国际贸易问题》2006 年第 5 期。

[7] 高敏雪、许晓娟：将外国商业存在引入国际贸易统计 ----- 针对中国对外货物贸易统计的研究与数据重估，《统计研究》2010 年第 7 期。

[8] 姜鸿、张艺影、梅雪松：基于资产所有权的贸易统计方法与中美双边贸易额矫正，《财贸经济》2014 年第 2 期。

[9] 陈东阳、张宏：中美双边贸易差额再测算及驱动因素研究 ------ 属地与属权

融合视角，《亚太经济》2007 年第 4 期。

[10] 吕婕、张子杰：中美贸易差额的重新估算 ----- 基于所有权贸易核算体系的改进，《国际贸易问题》2011 年第 5 期。

[11] 林玲、葛明、赵素萍：属权贸易统计与中美贸易差额重估，《国际贸易问题》2014 年第 6 期。

[12] 王岚：全球价值链视角下双边真实贸易利益及核算 ----- 基于中国对美国出口的实证，《国际贸易问题》2018 年第 2 期。

[13] 林玲、葛明、赵素萍：基于演进视角的中国属权贸易利益统计研究，《国际贸易问题》2013 年第 11 期。

[14] 葛明、赵素萍、林玲：中美双边贸易利益分配格局解构——基于 GVC 分解的视角，《世界经济研究》2016 年第 2 期。

[15] 戴祥：中国出口贸易利益究竟有多大——基于附加值贸易的估算，《当代经济科学》2015 年第 3 期。

[16] 郑丹青、于津平：增加值贸易视角下双边贸易利益再分解——以中美贸易为例，《世界经济研究》2016 年第 5 期。

[17] 李红艳、王岚：全球价值链视角下的贸易利益：研究进展评述，《国际贸易问题》2015 年第 5 期。

[18] Fung，K.C.，Lawrence J.Lau，Joeph S.Lee，U.S.Direct Investment in China. Washington：The AEI Press,2004.

[19] DAUDIN G，RIFLART C，Schweisguth D.Who Produces for Whom in the World Economy?[J].Canadian Journal of Economics，2011，44（4）：1403-1437.

[20] JOHNSON R C，NOGUERA G. Accounting for Intermediates：Production Sharing and Added[J]. FREIT Working Paper，2011，No.063.

[21] RAMONDO N，RODRIGUEZ-CLARE A. Trade，Multinational Production，and the Gains From Openess[J]，NBER Woking Paper，2012，No.18579.

[22] Feenstra，Robert，Wen Hai，Wing T.Woo and Shunli Yao，（1998)" The U.S.-China Bilateral Trade Balance：Its Size and Determininants," NBER Working Paper 6598.

第四部分

加快自由贸易试验区和自由贸易港建设

中国自贸试验区金融负面清单
发展沿革及启示

——对比 TPP、USMCA 和 KORUS 协定

龙飞扬　殷　凤[*]

摘要： 中国金融负面清单版本更新较快，但由于内容固化、限制手段单一、可操作性弱，导致其对外宣示作用大于实质性改革作用。从结构和内容两方面，将上海自贸试验区单独设置的金融负面清单与 TPP、USMCA 和 KORUS 协定进行详细对比，发现与国际高水准的协议文本还存在较大差异。本文对于现存问题进行了深入剖析，并在此基础上得出预留未来改革权限、灵活运用限制手段、制定互惠和特殊政策以及完善配套法律四点政策启示。

关键词： 金融负面清单；自由贸易试验区；不符措施；市场准入；国民待遇

在世界各国推进金融服务业开放进程中，负面清单管理模式被越来越多地采用。上海自贸试验区[①]作为中国金融改革创新的排头兵，通过局部先行先试探索金融业对外开放的新路径，取得了阶段性成果并在全国得以推广实施。2017 年 6 月 28 日，全国首张"金融服务业负面清单"《中国（上海）自由贸易试验区金融服务业对外开放负面清单指引（2017 年版）》（以下简称《指引》）

---

*作者简介：龙飞扬，上海大学博士研究生；殷凤，上海大学教授。

① 上海自贸试验区即中国（上海）自由贸易试验区的简称，下文同理。2013 年 9 月，中国批复设立中国（上海）自由贸易试验区；2015 年 3 月，批复设立中国（广东）、中国（天津）、中国（福建）自由贸易区；2016 年 8 月，批复设立中国（辽宁）、中国（浙江）、中国（河南）、中国（湖北）、中国（重庆）、中国（四川）、中国（陕西）自由贸易试验区；2018 年 10 月，批复设立中国（海南）自由贸易试验区。截至 2019 年 2 月，全国共计 12 个自由贸易试验区。

在上海自贸试验区发布，这是中国首次单独针对金融业对外资准入设置负面清单。《指引》的发布，对于金融服务业对外开放的范围和程度给出较详细的指导，彰显上海自贸试验区不断深化和扩大金融对外开放的鲜明态度，为中国金融业进一步扩大开放进行了有益探索。然而，金融服务负面清单的编制和谈判仍然是金融开放面临的一个极大挑战。

一、中国金融服务负面清单的发展沿革

考虑到中国的开放基础和抗风险能力，金融服务业采取逐步开放的政策，先采用"正面清单"模式，然后逐渐过渡到"负面清单"的模式。中国《外商投资产业指导目录》是比较系统的外商投资准入的正面清单，1997 年至 2017 年共发布七个版本的政策文本，金融服务业始终属于外商投资的限制类产业。迫于内部改革和外部开放压力，直至 2013 年 7 月，中方才同意以准入前国民待遇加负面清单模式与美方进行投资协定（BIT）的实质性谈判，这也是上海自贸试验区开展负面清单试点的直接原因（蒋传海和赵晓雷，2013）。此后，中国以《外商投资产业指导目录》为指导，采用延续型的研究途径 A 先后制定 2013 年、2014 年、2015 年、2017 年和 2018 年五个版本的自贸试验区外资准入负面清单，实行正负面清单"两条腿"一起走的发展道路。金融服务业在各个版本投资准入负面清单中都占据重要地位，属于重要且敏感的部门。表 1 系统梳理了中国自贸试验区金融负面清单政策文本的演变过程，初步将其界定为如下三个阶段。

表 1　中国自由贸易试验区金融负面清单的发展沿革

政策文件	发布时间、单位	适用范围	限制类别	特别管理措施（括号内为限制条款数）
《中国（上海）自由贸易试验区跨境服务贸易特别管理措施（负面清单）（2018 年）》	2018.9.29 上海市人民政府	中国（上海）自由贸易试验区	货币金融服务；资本市场服务；保险业；其它金融业	共计 31 项。货币金融服务（2）；资本市场服务（20）；保险业（2）；其它金融业（7）

① 所谓延续型的研究途径，即是通过延续负面清单实施之前的《外商投资产业指导目录》（简称指导目录），并且在这个目录的基础上对其加以改进完善，从而得到一个全新的负面清单的方法。

续　表

政策文件	发布时间、单位	适用范围	限制类别	特别管理措施（括号内为限制条款数）
《自由贸易试验区外商投资准入特别管理措施(负面清单)(2018年版)》	2018.6.30 国家发改委、商务部	全国 11 个自贸试验区	资本市场服务；保险业	共计 3 项。资本市场服务(2)；保险业（1）
《中国（上海）自由贸易试验区金融服务业对外开放负面清单指引（2017 年版）》	2017.6.28 上海市金融服务办公室、中国（上海）自由贸易试验区管理委员会	中国（上海）自由贸易试验区	股东机构类型；股东资产规模；股东经营业绩；资本金；股权结构；分支机构设立与运营；其它金融机构准入限制；业务范围；运营指标；交易所资格限制	共计 48 项。股东机构类型（13）；股东资产规模（6）；股东经营业绩（6）；资本金（2）；股权结构（10）；分支机构设立与运营（3）；其它金融机构准入限制（2）；业务范围（3）运营指标（1）；交易所资格限制（2）
《自由贸易试验区外商投资准入特别管理措施(负面清单)(2017年版)》	2017.6.5 国务院办公厅	全国 11 个自贸试验区	银行服务；资本市场服务；保险业	共计 28 项。银行服务（18）；资本市场服务(6)保险业(4)
《自由贸易试验区外商投资准入特别管理措施(负面清单)(2015年版)》	2015.4.8 国务院办公厅	全国 4 个自由贸易试验区	银行业股东机构类型；资质；股比；外资银行；期货公司；证券公司；证券投资基金管理公司；证券和期货交易；保险机构设立；保险业务	共计 26 项。银行业股东机构类型(8)；资质(4)；股比(1)；外资银行(4)；期货公司(1)；证券公司（2）；证券投资基金管理公司（1）；证券和期货交易（2）；保险机构设立（2）；保险业务（1）
《中国（上海）自由贸易试验区外商投资准入特别管理措施（负面清单）（2014 年版）》	2014.6.30 上海市人民政府	中国（上海）自由贸易试验区	货币金融服务；资本市场服务；保险业；其它金融业	共计 4 项。货币金融服务(1)；资本市场服务（1）；保险业（1）；其它金融业（1）
《中国（上海）自由贸易试验区外商投资准入特别管理措施（负面清单）（2013 年）》	2013.9.29 上海市人民政府	中国（上海）自由贸易试验区	货币金融服务；资本市场服务；保险业；其它金融服务	共计 5 项。货币金融服务(1)；资本市场服务（1）；保险业（1）；其它金融服务（2）

资料来源：中华人民共和国中央人民政府网、上海市人民政府网和中国（上海）自由贸易试验区官网，作者整理。

　　第一阶段：2013-2014 年，金融负面清单局部先行先试阶段。这个阶段主要依托金融改革前沿阵地上海自贸试验区，上海自贸试验区在 2013 和 2014 年连续两年发布外商投资准入负面清单。其中，2013 年涉及的金融业类别有货币金融服务、资本市场服务、保险业和其它金融服务 4 个大类、21 个中类以及 5 条特别管理措施；2014 年涉及的金融业类别有货币金融服务、资本市场服务、保险业和其它金融业 4 个大类和 4 条特别管理措施。这个阶段的金融负面清单限制条款较少，主要以股权限制为主，出现最多的语句是"参股比例不超过 49%"。另外，很多条款限制措辞不明晰，比如"投资银行业金融机构须符合现行规定"，并没有提供具体的法律依据标准；此外，条款"限制投资银行、财务公司、信托公司、货币经纪公司"，仅仅提出了限制对象却没有具体的限制措施。

　　第二阶段：2015—2017 年 6 月，金融负面清单在全国自贸试验区推广实施阶段。这个阶段主要依靠国家制定投资准入负面清单来扩大实施范围，2015年、2017 年发布两个版本的自贸试验区投资准入负面清单。2015 年，国务院办公厅发布适用于全国 4 个自贸试验区的金融负面清单，并且结构和内容较之前发生较大变化。表头从 2014 年的大类、中类和特别管理措施，变成序号、限制类别以及特别管理措施，层次更加清晰。另外，限制类别有了具体要求，包括股东机构类型要求、资质要求、股比要求、外资银行等 10 个类别，总计 26 项特别管理措施。2017 年，国务院办公厅发布适用于全国 11 个自贸试验区的金融负面清单，涉及银行服务、资本市场服务、保险业三个大类，共计 28 项特别管理措施。这个阶段的金融负面清单限制条款较多，限制手段也增多，除较多的股权限制，还有股东机构类型要求、运营资金以及业务限制方面的条款，例如"投资中资商业银行、信托公司的应为金融机构"、"外国银行分行应由总行无偿拨付不少于 2 亿元人民币或等值的自由兑换货币"等。存在的主要问题是很多限制措施没有明确表述，比如"需满足相关业务年限"、"受单一股东和合计持股比例限制"、"须符合中国保险监管机构规定的经营年限、总资产等条件"。这些未明确的措施给政策执行留下很多操作空间，影响政策实施的透明性和公平性。

第三阶段：2017 年 6 月之后，金融负面清单的专业化和细化阶段。2017 年 6 月发布的《指引》预示着中国自贸试验区开始走向独立设置金融负面清单的道路。2018 年 9 月发布《中国（上海）自由贸易试验区跨境服务贸易特别管理措施（负面清单）（2018 年）》对于金融服务的跨境提供提出更加细化的限制措施。前者针对专门的金融业，后者针对更加具体的金融跨境服务贸易，两者涉及到的特别管理措施分别多达 48 项和 31 项。对于限制条款做出更加详实和细致的说明，力求特色鲜明，操作性更强。值得关注的是，《指引》的文本格式突破以往所有版本只对部门和特别管理措施做出说明的基本格式，增添效力层级、措施来源以及措施描述等要素。变化最显著的就是增设法律法规依据并对于措施进行详细的描述，更加贴近国际通用的金融负面清单形式。这张负面清单不符措施条款有 10 个类别和 48 项特别管理措施。

二、TPP、KORUS 和 USMCA 和中国金融服务负面清单对比

为了提高金融服务业开放水平，对接国际高标准贸易标准，本文以国际上具有代表性的区域性贸易协定"跨太平洋伙伴关系协定"（TPP）、"美国 – 墨西哥 – 加拿大贸易协定"（USMCA）和自由贸易双边协定"美韩自由贸易协定"（KORUS）作为参照。

（一）按照限制类别划分

负面清单一般分为两个部分，第一部分（section A）是金融业的现行不符措施，列出具体部门的现行不符措施；第二部分（section B）是有权采取或保留某些措施的负面清单，通常采用"有权采取或保留任何措施"（reserves the right to adopt or maintain any measure）进行描述。各国按照两个部分进行划分。可以发现 TPP、USMCA 和 KORUS 中的绝大多数国家都是第一部分"现行不符措施"条款占较大比例，仅有新西兰和越南是以"保留不符措施"为主。因为越南之所以对外商投资不断放开准入，外部压力是主要原因（王中美，2014）。值得注意的是，中国只有 48 条现行的不符措施，没有保留任何未来可以采取的不符措施。

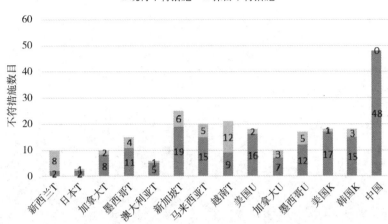

图 1　按限制类别划分的不符措施数目

数据来源：TPP、USMCA 和 KORUS 协议文本，经作者翻译和整理，下同。

注：T 代表 TPP 缔约国，U 代表 USMCA 缔约国，K 代表 KORUS 缔约国，下同。

（二）按照金融服务业类别划分

总体而言，银行及其它金融服务的不符措施在清单中占较大比例，特别是 TPP 中的新加坡和越南、KORUS 中美国和韩国，可以看出即使是金融业较为发达的国家也会在银行和其它金融服务方面列出较为严格的负面清单；而保险及保险有关的服务所占比例较小，加拿大甚至都没有对保险这一类别做出任何限制。而关于"所有行业"，墨西哥的约束条款较多，而美国没有此类约束条款出现。中国涉及金融和其它金融服务的负面清单条款有 38 条，保险及保险有关服务的条款有 10 条，结构和其它国家基本保持一致。

（三）按照所涉及的义务划分

负面清单每个条款都涉及其中一项或多项义务的不符措施，在"涉及义务"（Obligations Concerned）这一项可以看到具体有哪些义务①。各个国家涉及的

---

①　由于有些条款同时包括国民待遇、最惠国待遇、市场准入、高级管理层和董事会以及跨境贸易义务中的一项或多项不符措施，所以负面清单条款总数不等于按照涉及义务划分的不符措施总数。

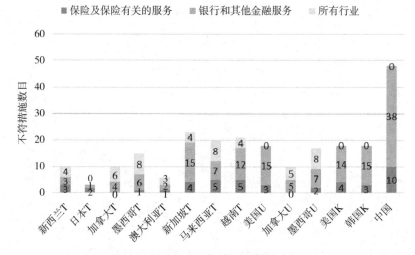

图 2　按金融服务业类别划分的不符措施数目

义务总数统计如表 2 所示。可以发现国民待遇和市场准入是各个国家负面清单涉及最多的两项义务，关于国民待遇的不符措施有 108 项，关于市场准入的有 105 项。这与中国金融负面清单的设计思路相同，中国负面清单的特别管理措施只涉及市场准入（42 项）和国民待遇（6 项）两项义务。

表 2　按涉及义务划分的不符措施数目

		国民待遇	最惠国待遇	市场准入	高级管理层和董事会	跨境贸易
TPP	新西兰	6	1	6	4	4
	日本	2	0	0	0	2
	加拿大	6	1	7	2	1
	墨西哥	7	0	7	2	3
	澳大利亚	5	1	3	2	1
	新加坡	11	1	15	2	4
	马来西亚	11	4	8	1	5
	越南	14	4	12	4	4
USMCA	美国	12	5	10	3	1
	加拿大	5	1	7	1	1
	墨西哥	11	0	13	3	0

续　表

		国民待遇	最惠国待遇	市场准入	高级管理层和董事会	跨境贸易
KORUS	美国	11	5	10	3	3
	韩国	7	0	7	1	3
合计		108	23	105	28	32
中国		6	0	42	0	0

数据来源：根据 TPP、KORUS 和 USMCA 协议的 ANNEX-III 整理。

（四）同一国家在不同协定中不符措施的结构和内容对比

如表 3 所示，加拿大在 TPP 和 USMCA 中的不符措施总数都为 10，现行和未来的不符措施以"8+2"和"7+3"的结构分布，而 10 条措施中有 8 条内容完全一致，1 条内容部分一致，1 条内容完全不一致。另外，美国在 KORUS 和 USMCA 中不符措施都为 18 条，银行、保险和所有服务的不符措施数以"14+4+0"和"15+3+0"的结构分布，18 条不符措施中有 16 条内容完全一致，2 条内容完全不一致。可见，对于不同的开放对象，各国会基于特殊的国情或敏感领域在条款内容上做一些调整，但条款数量基本保持平衡。总体来讲，同一个国家在全球范围内基本保持比较平等的开放格局，与各国之间的协议条款结构和内容大致相同，差异不会太大。

表 3　同一国家在不同协议中不符措施的结构和内容对比

条件			加拿大		墨西哥		美国	
			TPP	USMCA	TPP	USMCA	KORUS	USMCA
结构	限制类别	不符措施总数	10	10	15	17	18	18
		现行不符措施	8	7	11	12	17	16
		保留不符措施	2	3	4	5	1	2
	金融业类别	银行和其它金融服务	4	5	6	7	14	15
		保险与保险有关服务	0	0	1	2	4	3
		所有服务	6	5	8	8	0	0
内容		完全一致	8	8	9	9	16	16
		部分一致	1	1	5	5	0	0
		完全不一致	1	1	1	3	2	2

数据来源：根据 TPP、KORUS 和 USMCA 协议的 ANNEX-III 整理。

三、金融负面清单不符措施条款内容对比

根据 TPP、USMCA 和 KORUS 的条款内容，将其分成准入限制、业务限制、管理成员限制、互惠条款和特殊政策五个类别。根据统计结果，如表 4 所示，准入限制和业务限制是限制条款最多的两个类别，分别为 64 条和 40 条。这与中国金融负面清单的结构是一致的，中国金融负面清单涉及准入限制的条款高达 42 条，关于业务限制的有 3 条。值得关注的是，各国对于特殊政策的使用也较多，共有 31 条特殊规定。

表 4 负面清单不符措施条款的内容分布[①]

		准入限制	业务限制	管理成员限制	互惠条款	特殊政策
TPP	新西兰	0	3	2	0	4
	日本	1	1	0	0	0
	加拿大	3	2	1	0	1
	墨西哥	7	0	2	0	3
	澳大利亚	1	1	1	0	1
	新加坡	10	7	2	0	3
	马来西亚	9	5	1	2	4
	越南	9	4	1	0	6
USMCA	美国	4	4	2	3	2
	加拿大	3	2	0	0	1
	墨西哥	8	1	3	0	3
KORUS	美国	3	4	1	2	1
	韩国	6	1	1	0	2
合计		64	40	17	7	31
中国		42	3	0	0	0

资料来源：根据 TPP、KORUS 和 USMCA 协议的 ANNEX-III 整理。

---

① 分类依据：按照所有条款涉及的具体内容进行划分，尽可能覆盖较多的条款，但并没有覆盖所有的条款；另外，一项条款可能同时涉及多种限制类别，比如既涉及准入限制，又涉及管理成员限制。所以各限制类别的条款数之和跟不符措施条款总数并不相等。

（一）准入限制

根据市场准入的内涵，将市场准入划分为资质要求、股权要求、当地存在、禁止进入、设立形式和数量五个类别。发达国家的经验表明，设置市场准入的目的是维持秩序、保障效率，而不是抬高门槛、形成垄断（王喆和叶岚，2015）。如表5所示，各国对于机构资质进行限制的条款最多，完全禁止机构进入的条款较少。

表5 准入限制的类别

		资质要求	股权要求	当地存在	禁止进入	机构设立形式和数量
TPP	新西兰	0	0	0	0	0
	日本	0	0	1	0	0
	加拿大	2	0	1	0	0
	墨西哥	2	3	0	2	0
	澳大利亚	0	0	1	0	0
	新加坡	4	1	4	0	1
	马来西亚	4	2	1	1	1
	越南	7	1	0	0	1
USMCA	美国	2	0	1	1	0
	加拿大	2	0	1	0	0
	墨西哥	2	3	0	2	1
KORUS	美国	1	0	1	1	0
	韩国	3	2	0	0	0
合计		29	12	11	7	5
中国		31	10	0	1	0

资料来源：根据 TPP、KORUS 和 USMCA 协议的 ANNEX-III 整理。

资质要求是对于外国金融服务提供者在进入阶段的主体资格进行限制，包括股东机构类型、资产规模、母公司经营业绩、信用评级、利润率、授权进入等指标。韩国规定，外国金融机构只有符合"国际公认的金融机构"①的条件，才可以持有韩国商业银行或银行控股公司 10% 以上的股份；越南要求在国内设立分行的外国商业银行，母公司总资产要超过 200 亿美元。资质要求也是中国限制最多的类别，中国规定投资入股中资城市信用社或农村信用社的境外机构，最近一年年末总资产原则上不少于 10 亿美元。当地存在（local presence）的限制措施越多，说明东道国政府对跨境服务贸易提供者的直接限制就越多，这是因为当地存在与东道国的属地管辖权相联系，东道国的国内限制规范可直接适用于跨境服务贸易提供者（黄琳琳，2018）。很多国家对于外国银行的当地存在作了明确声明，比如，新加坡规定，金融公司以及保险经纪公司只能在新加坡注册成立；加拿大规定，银行分行必须直接隶属于在加拿大司法管辖区注册的外国银行。很多国家在股权方面也做出限制，比如，墨西哥规定，外方金融机构必须至少持有子公司 51% 的股本；越南规定，外国机构和个人持有越南股份制商业银行的总股本不得超过注册资本的 30%；中国规定，保险公司的外资股东出资或者持股比例不得超过注册资本的 25%，寿险公司外资比例不超过 50%。有些国家在机构设立的形式或数量上有一定的要求。比如韩国规定，在韩国提供某些电子金融服务的非金融机构，只能作为附属机构设立；新加坡规定，任何商业银行不得设立一个以上的客户服务网点。马来西亚规定，在当地注册的外国银行最多只能设立 8 家新的实体分行，并且规定空间分配格局比率为 1（市中心）：2（半城市）：1（非城市）。

（二）业务限制

根据协议内容，将业务限制划分为四个类别：经营主体资格、业务形式和范围、有条件开放和禁止开放，如表 6 所示。主体资格限制是指对提供某项服务的主体资格进行限定。比如，新加坡规定，只有根据《银行法》设立的票据交易所才能为支票和其它信贷工具提供票据交易服务；马来西亚规定，只有马来西亚国民才可以通过独资或合伙方式提供财务规划服务。业务形式和范围方

---

① "国际公认的金融机构"包括：评级水平（国际评级机构评定）可以被韩国相关监管机构接受的金融机构或者可以接受的以其它方式证明具有同等水平的金融机构。

面，澳大利亚规定，被授权为存款机构的外国银行分支机构不能接受低于25万澳元的个人和非法人机构的初始存款；新加坡规定，外国银行的营业场所不可超过一个，不可在境外设立 ATM 网络，不得通过电子转账方式在境内提供借记卡服务。中国也做出规定，外国银行分行不可从事"代理收付款项"、"从事银行卡业务"，除可以吸收中国境内公民不少于100万元的定期存款外，不得经营人民币存款业务。有些业务是禁止对外开放的，比如，加拿大规定，外国分支机构不得吸收存款；越南规定，外国自然人不允许在越南提供保险代理服务。

表6　业务限制的类别

		经营主体	业务形式和范围	条件开放	禁止开放
TPP	新西兰	0	2	0	1
	日本	0	1	0	0
	加拿大	0	0	1	1
	墨西哥	0	0	0	0
	澳大利亚	0	1	0	0
	新加坡	4	3	0	0
	马来西亚	1	1	2	1
	越南	1	0	1	2
USMCA	美国	2	0	2	0
	加拿大	0	0	1	1
	墨西哥	1	0	0	0
KORUS	美国	2	0	2	0
	韩国	4	1	0	1
合计		15	9	9	7
中国		0	0	1	2

数据来源：根据 TPP、KORUS 和 USMCA 协议的 ANNEX-III 整理。

（三）互惠条款

互惠条款是指一个国家在向缔约方开放某个领域或者授予某种权限时，以另一个国家提供相同或对等待遇作为交换条件或前提的条款。美国规定，另一国获得其债券发行唯一受托人的权限以互惠原则为前提，成为美国政府债券的主要交易商也以互惠条件为前提；马来西亚规定，持牌的银行机构、保险公司或伊斯兰保险运营商将其任何业务外包到国外的申请，须得到申请人所在国的互惠待遇；在马来西亚当地注册的外国银行可以配备场外自动柜员机，但须得到持牌外国银行母国的对等待遇。中国不涉及任何的金融服务互惠条款。

（四）特殊条款

很多国家都制定针对本国的特殊优惠政策，大部分都属于保留采取的措施，主要包括对于本国的国有企业、小微企业、金融机构或金融基础设施以及公共服务目标而进行的特殊规定。新西兰保留采取或维持为国有法人实体提供补贴或资助的权利，包括与这些实体私有化相关的措施；韩国承诺向多家政府资助金融机构（government-sponsored institutions，简称 GSIs）提供资助并且给予特殊待遇，包括为 GSIs 发放贷款、为债券提供担保或允许发行比类似的非GSIs 更多的人均债券。

四、结论

（一）总结

结构方面：第一，从限制类别角度看，其它各国基本都涉及现行和未来的不符措施，而中国只有现行不符措施，没有为未来改革留出多余的政策空间；第二，从所涉及义务看，市场准入和国民待遇是各国负面清单中涉及最多的义务，中国的设计思路也是如此。但是，中国负面清单条款只涉及市场准入和国民待遇，不包含高级管理层和董事会、最惠国待遇、跨境贸易等例外条款，限制的维度比较狭窄；第三，通过国家本身在不同协定中的比对，发现同一个国家在不同的协议中，其金融负面清单的结构和内容大致相同。

内容方面：第一，国际金融负面清单中，准入限制和业务限制是限制条款最多的两个类别，这与中国是一致的；第二，在准入限制中，各国对于机构资质和股权进行限制的条款最多，这与中国也是一致的。但是，中国对于市场准入的限制，多是对于股东机构类型、母公司资产规模、经营绩效、信用评级等基本的传统指标进行限定，限制手段原始固化，缺乏灵活性和创新性；第三，在业务限制中，各国对于经营主体以及业务的形式和范围约束较多，而中国并没有相关限制；第四，中国金融负面清单没有提及互惠条款以及对于特殊领域或行业的保护措施；另外，中国负面清单文本中没有关于金融审慎、公共服务、数据信息传递、透明度以及争端解决相关的例外规则，缺乏配套规章制度的支撑。

（二）对策启示

动态优化，预留未来改革权限。国际贸易环境和规则在不断变动，负面清单的制定不可能"一锤定音"，但也不能"朝令夕改"，因为这会浪费极大的人力和物力。因此，在制定负面清单时要赋予其与时俱进的特性，使其能够在较长时期内适应主要国际潮流。对未来措施的保留条款可以单独设置一个部分，特别是在涉及国家安全、公共服务、特殊行业等领域设计一些保留措施，对他们将来可能面临的威胁和竞争状态有一定的预判，保留一定的可操控空间，实现负面清单的动态优化。

对标国际，限制形式灵活多样化。针对中国金融负面清单限制维度狭窄、手段固化的缺陷，需要结合本国经济发展状况和国际贸易规则做出相应调整。一方面，可以在市场准入方面逐渐减少传统的指标性的资质审核，加入新的限制方式。比如，对于机构设立的形式和数量、机构分布格局（参照马来西亚）等方面提出更加具体的要求；在业务限制方面，可以增加在业务形式、人员调配（参照韩国）等方面的条款；另外，负面清单文本还应附上对于透明度、新金融服务、跨境数据传输和争端解决机制等方面的条款，以此提高负面清单的规范性和完备性。

平等为基，制定互惠条款和特殊政策。涉及"国际协定型"的负面清单，应以平等为前提，研究对方具有优劣势的行业或部门，对照本国的具体情况，在某些可以互相补充或交换的领域达成互惠条款；另外，每个国家都处于不同的经济发展阶段和开放程度，难免有一些想要保护或扶持的产业或部门，所以在金融负面清单制定中要对于这些领域进行特殊的规定。中国可以在金融基础设施建设、小微企业发展和公共服务方面给予补贴、资助、担保、税收减免等差别待遇。

有法可依，完善金融服务配套法律。中国负面清单呈现出条款陈旧、形式固化、内容重复的特征，很大程度上是由于所依据的法律内容固化、更新速度慢，没有多样化的条款内容所导致的。2013 年以来，中国不同政府层级已经相继制定多个版本的投资准入负面清单，在国内投资准入立法方面努力探索并取得阶段性成果，也为负面清单的多样化、灵活化提供法律基础。对于国内"单边开放型"金融负面清单，中国仍需在国内相关立法上深入研究多下功夫。而对于"国际协定型"负面清单，除了参照国内立法，还可以尝试在多边或双边谈判中和缔约国进行深度磋商，形成区域性或国际性合作协议，以此作为补充的规章制度和法律依据。

参考文献

[1] 田丰：新版负面清单释放的金融开放新机遇 [J].《中国外资》，2018（17）：32-33.

[2] 王喆，叶岚：金融服务业推行负面清单管理模式研究 [J].《经济纵横》，2015（1）：87-91.

[3] 吕文洁：金融服务业负面清单及自贸试验区改革研究 [J].《世界经济研究》，2016（9）：110-117+134+137.

[4] 杨嬛，赵晓雷：TPP、KORUS 和 BIT 的金融负面清单比较研究及对中国（上海）自由贸易试验区的启示 [J].《国际经贸探索》，2017,33（4）：69-81

[5] 曾辉，张薇薇：TPP 金融服务贸易条款解析及评价 [J].《黑龙江金融》，2017（1）：17-20.

[6] 蒋传海，赵晓雷：2014 中国（上海）自由贸易试验区发展研究报告 [M]. 上

海：上海财经大学出版社，2013：44-52

[7] 王中美："负面清单"转型经验的国际比较及对中国的借鉴意义 [J].《国际经贸探索》，2014,30（9）：69-81

[8] 黄琳琳：上海自贸区跨境服务贸易负面清单制定的法律问题 [J].《国际商务研究》，2018,39（1）：86-96.

我国自贸港外资准入负面清单设计思路

季剑军 *

摘要： 我国自由贸易港的功能定位是制度开放高地，自贸港的外资准入规则势必要在更高的平台上探索升级，而目前我国已出台的全国版和自贸区版外资准入负面清单涵盖行业范围较广，限制方式较为复杂，需要进一步对标香港、新加坡、迪拜等国际高水平自贸港开放度，借鉴其在外资准入管理方面的做法和经验，为我国自由贸易港的建设提供参考，为实现更高层级的开放提供示范。

关键词： 自贸港；外资准入；负面清单；设计思路

作为改革开放新高地，自贸港建设势必要求进一步放宽市场准入，这对外资准入负面清单管理的能力和水平提出更高要求，而我国现行外资准入负面清单在行业开放度、限制方式、内容规范等方面均存在一些亟待解决的问题，既制约自贸港建设的有序开展，更不利于充分发挥中国特色自贸港在新时代对外开放进程中的引领作用。

一、全球经验借鉴

国际高水平自贸港在市场准入水平、外资管理等方面的做法对我国自贸港建设具有较高参考价值，通过对标各自贸港开放程度和管理水平，梳理其经验做法，有利于找准我国现行外资准入负面清单存在的问题，为下一步出台自贸港外资准入负面清单提供有益借鉴。

---

* 作者简介：季剑军，国家发展和改革委员会对外经济研究所副研究员。

（一）禁止和限制进入的行业极少

各自贸港禁止和限制外资进入的领域极少，基本不设外资控股比例限制。禁止外资进入的行业集中在赌博、国防军工等极少数关系到国家安全的领域，限制外资进入的行业集中在金融、零售、能源、交通、医药等行业，但只要满足一定条件，如申请许可和牌照等，仍可自由进入。

表1　全球主要自贸港外资行业准入情况

	行业准入		投资行为限制
	禁止进入	限制进入	
新加坡	除国防相关行业和少数特定行业外，新加坡对外国投资者的进入不设任何进入限制，几乎所有行业都向外国投资者完全开放。	金融、保险、证券等特殊领域需向主管部门报备，不允许外资银行进入银行零售业务市场；银行、保险和证券经纪公司，在注册公司前需要申请特别准证；生产某些货品，例如雪茄和鞭炮，也必须事先申请特别牌照；承包工程需申请建筑资质。	外资进入新加坡无投资方式的限制。限定外资银行对本国银行的持股比率，外国投资者在新闻业、广播业的持股比率分别不得超过30%和49%，绝大多数产业领域对外资的股权比例等无限制性措施。
香港	严格管制赌博业。	对电子通讯、广播、交通、能源、酒类销售、餐饮、医药、金融、公众娱乐场所等，要求进行商业登记，还要向政府相关行政部门单独申请经营牌照；除银行、保险等少数金融行业之外，香港特区政府也没有对需要申领经营牌照行业投资者的进入条件做出特别限定。	其他绝大多数投资领域进入及经营均是由投资者自我决策，对设立企业没有所有制、融资规模、控股比例等限制，投资者均可100%控股。
迪拜	外资进入酒店、医院受限制。		允许外资不受阿联酋公司法中"外资低于49%"比例限制，企业可以拥有100%的所有权，不限制企业雇佣外国劳动力。

资料来源：作者整理。

（二）对外资准入管制不单独发布负面清单

各自贸港对于限制进入的行业都有相应法律依据，比如，香港《公众娱乐场所条例》第4条就公众娱乐场所牌照要求做出明确规定：

（1）任何人如无根据本条例批出的牌照，不得经营或使用任何公众娱乐场所。

（2）任何人违反第 (1) 款的规定，即属犯罪，一经定罪，可处第 4 级罚款及监禁 6 个月，并可就罪行持续的期间，另处罚款每日 $2000。

此外，国际高水平自贸港对外资准入的管制均有国内法律条例和行政条例等依据，注重采用法律方式规制市场主体行为，对于外资进入的投资行为限制较少。

表2　香港《赌博条例》中有关赌博例外条款的规定

第二节第三条有关赌博的例外条款	（1）如博彩游戏乃在私人处所内的社交场合中进行，而且并非以生意或业务的形式筹办或经营，亦非为任何人的私有收益 (以博彩游戏的博彩者或在博彩游戏中博彩的人的身分赢得者不计) 而筹办或经营，则该等博彩乃属合法。 （2）在下述情况，如博彩游戏使用骰子、西洋骨牌、麻将牌、天九牌或纸牌，则该等博彩乃属合法： (a) 该博彩游戏乃在下述处所的社交场合中进行： (i) 根据《公众卫生及市政条例》(第 132 章) 获发酒楼牌照的处所； (ii) 根据任何条例获发牌照或其他授权书出售令人醺醉的酒类的处所；或 (iii) 已符合《会社 (房产安全) 条例》(第 376 章) 第 4(2) 条所指的 2 项条件中的其中一项的会址； (b) 进入该处所无须缴费； (ba) 博彩游戏并非由任何掌管、管理或涉及营办该处所或该会址的人或任何受雇于该处所或该会址的人进行； (c) 在该博彩游戏中，并不涉及与一个由一名或多名博彩者独占做庄的庄家对赌；及 (d) 该博彩游戏并非以生意或业务的形式筹办或经营，亦非为任何人的私有收益 (以博彩游戏的博彩者或在博彩游戏中博彩的人的身分赢得者不计) 而筹办或经营。 （3）在下述情况，如博彩游戏使用麻将牌或天九牌，则该等博彩乃属合法： (a) 该博彩游戏在： (i) 根据《公众卫生及市政条例》(第 132 章) 获发酒楼牌照的处所内进行；或 (ii) 已符合《会社 (房产安全) 条例》(第 376 章) 第 4(2) 条所指的 2 项条件中的其中一项的会址内进行； (b) 进入该处所无须缴费； (ba) 博彩游戏并非由任何掌管、管理或涉及营办该处所或该会址的人或任何受雇于该处所或该会址的人进行； (c) 在该博彩游戏中，并不涉及与一个由一名或多名博彩者独占做庄的庄家对赌；及 (d) 该博彩游戏并非以生意或业务的形式 (收取不超过订明款额的牌租者除外) 在该处所内筹办或经营，亦非为任何人的私有收益 (以博彩游戏的博彩者或在博彩游戏中博彩的人的身分赢得者不计) 而筹办或经营。

续　表

	（4）如博彩游戏属下述性质，并获第 22 条所指的牌照批准组织或经营者，则该等博彩即属合法： (a) 有奖娱乐博彩游戏； (b) 丞波拿博彩游戏；或 (c) 推广生意的竞赛。 （5）在下述情况博彩属合法： (a) 该博彩游戏使用麻将牌或天九牌；及 (b) 该博彩游戏乃在根据第二十二条获发有关牌照的处所内进行。 （6）如众人之间进行打赌，而其中并无人因此而犯有第 7 条所订的罪行，则该等打赌即属合法。 （7）凡获《广播条例》(第 562 章) 或《博彩税条例》(第 108 章) 批准或根据该等条例获准进行的赌博，均属合法。
第二节第四条 有关奖券活动 的例外条款	凡获《博彩税条例》(第 108 章)、《政府奖券条例》(第 334 章) 批准或获第 22 条所发牌照批准或根据该等条例或该牌照获准的奖券活动，均属合法。 参予合法的奖券活动碰机会者，乃属合法。

资料来源：香港法律服务网站：https://www.elegislation.gov.hk.

（三）对外资行为采取"软约束"方式管理

国际高水平自贸港基本不干预外资具体投资行为，不设资格要求、股权比例等限制。以新加坡自贸港为例，政府通过企业资质评级实现对外资行为的管理，根据不同评级给予相应的经营活动许可，引导企业主动合规经营。比如，新加坡建设局（BCA）规定，外国承包商在新加坡承包工程需向 BCA 申请建筑资质，BCA 根据其已完成工程的记录、企业经济规模和人才储备等方面的情况给出资质评级，评级越高，业务范围就更广。这种资质管理将政府直接干预投资行为的"硬监管"转为"软约束"，促进市场准入向有竞争优势的主体倾斜，极大地提高政府管理效率。

（四）通过分类许可实现不同区块差异化功能定位和产业集聚

对于地域面积较大的自贸港而言，为了实现既定的功能定位和产业发展目标，当地政府或自贸港的管理方会通过分类许可的方式引导不同行业的投资进入相应区块，在准入环节主动实现差别化产业集聚。以迪拜七大自贸区为例，各区实行分类许可管理模式，在注册时颁发不同种类的营业执照，并明确不同营业执照所涵盖的商业活动种类。具体而言，根据在自贸区内设立公司的股东数量以及商业活动的性质，分为 Branch、FZE、FZCO 三种公司形式，营业执照则有综合贸易（General Trading）、一般贸易（Trading）、工业（Industrial）、服务（Service）四种，并详细列明经营活动范围，根据七大自贸区所侧重发展的行业不同，不同自贸区颁发的营业执照种类也不完全相同。

表 3　迪拜自贸区可设立的公司种类

公司种类	多股东有限责任公司（2-50 个个人或法人）	Free Zone Company (FZC) Public Listed Company (PLC)
	单一股东有限责任公司（个人或单一法人）	FreeZone Establishment (FZE)
	已有实体分支机构（branch）	任何自贸区外的公司均可在自贸区内设立由母公司拥有 100% 股权的分支机构

资料来源：杰贝阿里自贸区管理局网站 Jebel Ali Free Zone。

表 4　迪拜自贸区三级准入许可管理

营业执照目录	许可涵盖的经营活动
贸易许可	贸易相关活动
产业许可	产业活动
服务许可	服务活动
电子商务许可	通过电子网络或其他电子手段买卖商品或服务
国家产业许可	51% 及以上股份由海合会国家持有的制造业活动
创新许可	产品和服务创新
离岸注册	建立离岸有限责任公司

资料来源：杰贝阿里自贸区管理局网站 Jebel Ali Free Zone。

表5 迪拜七大自贸区行业准入分类情况

	行业准入	主要入驻行业
南城自贸区（迪拜航空城）	颁发综合贸易、一般贸易、服务、教育、物流、航空等六类执照，可进行轻加工，禁止重加工	贸易、航空、物流和教育为主
机场自贸区	颁发综合贸易、一般贸易、服务类执照，可进行轻加工，禁止重加工	贸易、物流、互联网等行业
多种商品交易中心	颁发综合贸易、一般贸易、服务类，和商务中心执照	大宗商品贸易平台，主要针对黄金、钻石、珍珠、能源、钢材以及咖啡、棉花等产品
硅谷自由区	颁发综合贸易、一般贸易、服务类执照	主要针对电信、生物技术、工程、航空航天、新能源、石油和天然气等行业
杰贝阿里自贸区	颁发综合贸易、一般贸易、服务（限于已在当地有服务资质），工业、电商、创新等类型执照	综合性自贸区
阿基曼自贸区	颁发综合贸易、一般贸易、服务，工业、电商、等类型执照	综合性自贸区，适合对成本较为敏感的创业者和私有中小企业
拉斯海马自贸区	颁发综合贸易、一般贸易、服务，工业等类型执照	

资料来源：作者整理。

（五）市场准入门槛对内外资一致

国际高水平自贸港对投资准入的管理基本无内外差别，基本没有针对外资的特别规定，仅在极少数情况下会就某一具体事项对外资做出特殊规定，如迪拜杰贝阿里自贸区，不允许非阿联酋投资人获得服务营业执照，但这种针对外资的差别性规定并不多见。

二、我国外资准入负面清单存在问题

（一）禁止和限制外资进入的行业仍较多

2018年自贸区版外资准入负面清单设置45项特别管理措施，共覆盖14个门类、34 个行业大类，许多已有相关法律或未来应由法律规制的投资行为也被纳入，导致清单过于冗长。

（二）对外资投资行为限制较多

现行负面清单存在大量针对外资具体投资行为的限制，如投资比例、投资形式等限制。许多准入后监管事项也被纳入清单，不仅违背国民待遇原则，也导致准入环节的审批改备案无法真正落实。

表 6　2018 版自贸区外资负面清单中具体管制措施出现的次数

股比限制	8 次
中方控股	12 次
合资企业数量限制	1 次
法定代表人国籍要求	3 次
限于合资、合作	3 次
中方主导	1 次
理事会、董事会等中方人员数量要求	1 次
中国境内定居要求	1 次

资料来源：作者整理。

（三）清单表述字段不清晰

现行负面清单只列明行业门类、大类和特别管理措施三项内容，缺乏对应的国际通用行业分类、涉及义务、国内法律等必要项目，对于外国投资者而言缺乏指导性和参考价值。国外负面清单中的不符措施大多要求提供本国法律依据，即相应的国内法律条款、所违背的义务原则等内容。以美韩 FTA 附件二《投资和服务不符措施》中的韩方清单为例，在涉及所有部门的投资中，韩方保留对新建投资和外国并购以维护公共秩序、威胁公共利益为由采取措施的权利，其中，列明保留义务，即最惠国待遇和业绩要求，并给出采取此项措施的法律依据，即《外国投资促进法》（2007 年）第 4 款以及《外国投资促进法实施条例》第 5 款。目前我国负面清单中特别管理措施缺乏法律依据，负面清单对应的法律基础较为薄弱。此外，各级政府均有较多的行政管理规章、产业发展规划、指南等，其中针对外资也有很多特殊规定，但未明确地与外资准入负面清单进行对接，还应进一步明确不符措施所对应的各级政府层面的发展计划、阶段性规划等内容。

（四）行业分类未与国际标准接轨

现行负面清单根据《国民经济行业分类》进行分类，与国际标准产业分类、世界贸易组织《服务贸易总协定》服务部门分类、联合国统计司制定的产品总分类等国际通行标准无法直接对接，致使外资进入我国市场可能出现行业或部门基础性对接脱节问题，也无法为我国开展国际投资协定谈判提供参照。

三、自贸港外资负面清单设计思路

作为我国对外开放制度高地，自贸港的整体开放水平需要超越现有的自贸区，但建立自贸港负面清单管理制度仍需根据当地的资源和条件，以及其所处的发展阶段和发展定位，在对标国际高标准的基础上，适当借鉴国际自由贸易港区通行规则，先行先试，按照"极简版、高标准、超前性"的改革方向，形成中国特色自贸港外资准入顶层设计。

（一）出台极简版负面清单

对标国际自贸港制定极简版负面清单，将大量针对投资行为的限制从清单中移除，转而通过资质管理、许可管理等事后监督手段进行：

一是部分公共事业、军工等涉及国家安全的领域需要列入负面清单。此外，对于现有市场体系尚不成熟，以及产业发展处于起步期，政策保护尚不到位的领域，应列入负面清单，待相关领域市场规范和本土企业竞争力进一步提升后，再移出清单。如文物保护，具有一定的文化传承和保护价值，为避免对尚不成熟的国内艺术品市场造成冲击，导致文物走私、价格不合理等问题，需暂时将其纳入清单进行保护。

二是参照我国已签订的多双边经贸协定中以及地方特殊开放政策，将针对外资的进一步扩大开放政策纳入自贸港。比如，《内地与香港关于建立更紧密经贸关系的安排》（CEPA）中对两地部分服务业执业资格的互认等做法可在自贸港试行，允许境外律师成为自贸港律所合伙人，仅提供涉外法律相关服务。

三是国内法律已经明确禁止准入的领域不需列入负面清单，如博彩业、部分涉及基因安全、生物生态安全、列入保护名录的畜禽遗传资源的研究试验等领域，尤其是对内外资均一致禁止或限制的领域，为更好体现国民待遇原则，不必列入负面清单。

（二）强化不符措施描述的规范性

目前，我国负面清单对于外资的投资方式、股权比例等仍有一定限制，股权比例限制可能会影响外资方的决策权，亦会降低各项信息的透明度，势必会影响外资投入自由贸易港的积极性。如果从产业安全、保护国内市场的角度考虑，这种限制外资具体投资行为的规定未必能够发挥作用，在准入环节设置这样的门槛并不十分必要。并且对于外资投资行为的管制属于事后监管范畴，纳入负面清单管制范围会导致清单的冗长繁杂，导致开放程度不降反增，因此，大量针对外资行为的限制应删除，改为实施资质管理，并逐步实现内外资一致，引导外资合规经营。如专业技术服务业实行资格认证制度，设立资金规模、企业执业资格认证标准，对企业授予不同的资质等级，允许从事相应等级范围内的业务；在具备条件的自贸港内可实行外国专业人员执业资格互认，允许外国专业人员为外国投资者或仅对涉外事务提供专业服务。

（三）拓展清单表述字段

首先，梳理行业编码、政府层级、涉及义务等可以直接完善的内容，政府层级分为中央政府和地方政府两大层级，并列出相关法律条例以及涉及的义务原则，包括国民待遇、最惠国待遇、业绩要求、商业存在、高级管理人员和董事会、市场准入等。

其次，在我国自贸区外资领域法律完善的基础上，逐渐完善负面清单中涉及国内法律、行政法规的内容，注明每一项不符措施所依据国内法律及法律层级、有关行政法规、发展规划、计划、指南以及涉及的行政部门等，梳理地区出台的各项地方发展计划、行动指南等内容，与负面清单进行一一对应。

（四）推进国内标准和国际惯例的衔接

建立国民经济行业分类与国际主要通行行业分类标准的对应表，不同行业领域可酌情对应不同的国际分类标准。由于外资准入负面清单行业分类与国际标准行业分类（ISIC）较为接近，可先设计与 ISIC 的对照表。在服务业领域，则可对照使用较为广泛的联合国统计司制定的产品总分类（CPC）分类标准，建立与 CPC 标准的对照表，并在自贸港外资负面清单中的《国民经济行业分类》后面注明国际行业标准分类代码，方便外国投资者理解负面清单，也使我国未来参与国际经贸谈判时更方便地与国际惯例衔接。

四、健全自贸港负面清单配套制度体系

（一）尽快出台适用于自贸港的外商投资实施条例

作为制度开放水平更高的特殊经济功能区，自贸港必须最大限度地容纳外资，这就意味着自贸港在制度建设方面将会突破现有的外资准入尺度，需要有特殊法律规则和管理条例的支撑，需要在各类要素流动、税费减免、进一步降低准入门槛等各方面对于现有外商投资框架进行突破，允许对一系列特殊政策进行试点先行，需要自贸港管辖范围内出台特殊外商投资法实施办法，奠定相应的法理基础。

（二）保留未来采取不符措施的权利

考虑到产业安全等因素，可专门设计未来有权采取措施和进一步保留的清单，针对未来可能出现的产业以及其他不确定性，保留制定和采取不符措施的

表 7 自贸港外资准入负面清单设计

行业大类①	行业小类	涉及的 ISIC 行业分类代码②	涉及的义务	现存措施	不符措施
农、林、牧、渔业	渔业	0311、0312	国民待遇、市场准入	《中华人民共和国渔业法》第八条、《中华人民共和国渔业法实施细则》第十六条	保留现有政策不变（禁止投资中国管辖海域及内陆水域水产品捕捞）
电力、热力、燃气及水生产和供应业	核力发电	3510	当地成分	《中华人民共和国民用核设施安全监督管理条例》第八条	保留现有政策不变（核电站的建设、经营须由中方控股）
制造业	中药饮片加工及中成药生产	1079、2100	市场准入、国民待遇	《中华人民共和国药品管理法》第七条、《中华人民共和国药品管理法实施条例》第十四条、《中药品种保护条例》第三十五条第二款、《科学技术保密规定》	禁止投资中药饮片的蒸、炒、炙、煅等炮制技术的应用及中成药保密处方产品的生产
租赁和商务服务业	法律服务	6910	市场准入、国民待遇	《外国律师事务所驻华代表机构设立管理条例》第十五、十六条	允许在独资设立外国律所代表机构或与中国律所进行联营，但不得办理涉及中国法律事务，不得聘用内地执业律师，中国律所可向外资律所代表机构派驻中国执业律师担任法律顾问。可聘请外籍律师担任外国法律顾问
	市场调研和公共民意测验服务	7320	市场准入、国民待遇	《涉外调查管理办法》第七条、第八条、第九条	涉外调查资格和社会调查项目需经政府认定和审批，并仅限为本地居民和外籍居民服务

① 国民经济行业分类（GB/T4754—2017）。

② 国际标准行业分类（ISIC）修订本第四版（2009年）。

续　表

行业大类	行业小类	涉及的ISIC行业分类代码	涉及的义务	现存措施	不符措施
金融业	保险业	6511、6512、6520、6621、6622	当地成分、市场准入	《保险公司管理规定》第六十七条《中华人民共和国保险法》第七条《中华人民共和国外资保险公司管理条例》第三条《外资保险公司管理条例实施细则》第七条	面向中国居民的业务限制不变；对仅针对外籍居民提供金融服务的金融机构不设限制
	资本市场服务	6430、6611、6612、6630	当地成分、市场准入	《外商投资证券公司管理办法》第五条《证券投资基金管理办法》第九条《外商投资期货公司管理办法》第七条	
教育	教育	8510、8521、8522、8530、8549	市场准入、国民待遇	《中华人民共和国民办教育促进法》（2018修正）第十一条、第十九条《中华人民共和国中外合作办学条例》第六条、第十一条、第六十一条、第六十二条	学前、普通高中和高等教育机构仅限为本地居民和外籍居民服务，不设股比限制；禁止投资举办义务教育及军事、警察、政治、宗教等特殊领域教育机构。
交通运输、仓储和邮政业	水上运输业	5011、5012、5021、5022	当地成分	《中华人民共和国船舶登记条例》第二条《中华人民共和国国际海运条例》第二十九条	保持现有政策不变（国内水上运输公司和船舶代理公司须由中方控股）
	航空客货运输	5110、5120	高级管理层和董事会、当地成分	《中华人民共和国民用航空法》第九十二条《公共航空运输企业经营许可规定》第七条、第八条《外商投资民用航空业规定》第六条	公共航空运输公司须由中方控股，且一家外商及其关联企业投资比例不得超过25%，法定代表人须由中国籍公民担任
	机场和空中交通管理	5223	市场准入	《中华人民共和国民用航空法》第七条《通用航空飞行管制条例》第五条《中华人民共和国飞行基本规则》第三条、第二十八条	禁止投资空中交通管制

续　表

行业大类	行业小类	涉及的 ISIC 行业分类代码	涉及的义务	现存措施	不符措施
文化、体育和娱乐业	新闻出版	5811, 5813, 5819,	市场准入、当地成分、国民待遇	《出版管理条例》第二十六条 《出版物市场管理规定》第三条、第十四条 《网络出版服务管理规定》第九条第二款、第十条	新闻出版、文化娱乐、影视等领域的内容提供环节保持现有政策不变，包括但不限于图书、报纸、期刊、音像制品和电子出版物\网络出版物的出版和制作、网络出版服务、电影制作、文艺表演团体等，但在有严格审查许可程序前提下，允许外资独资或合资企业制作专门在境外播放的电视节目和新闻
	广播电视播出、传输、制作、经营	6010, 6020	市场准入、当地成分、国民待遇	《广播电视管理条例》第三十九条 《中外合资、合作广播电视节目制作经营企业管理暂行规定》第四条、第五、第六款、第十一条	
	电影制作、发行、放映	5911, 5912, 5913, 5920	市场准入、当地成分、国民待遇	《电影制片、发行、放映经营资格准入暂行规定》第三条第二款、第十一条、《外商投资电影院暂行规定》第三条、第四条第四款	
	文物及文化保护	文物保护	市场准入、国民待遇	《中华人民共和国文物保护法》第五十五条	禁止投资文物拍卖的拍卖公司、文物商店和国有文物博物馆。（当代艺术与奢侈品等除外）

资料来源：作者整理。

权利，针对产业发展趋势和可能出现的商业模式，保留敏感行业和未来需要培植国内企业竞争力的新兴产业领域，注明未来可能采取的与国民待遇、最惠国待遇、业绩要求、高级管理人员、董事会成员与人员入境等义务不符的措施，保留一定的自由裁量权。

（三）强化外资安全审查的托底作用

极简负面清单必然带来外资开放"飞地"效应，无疑加大了外资安全审查压力，为提高极简版负面清单的安全性，需要在自贸港层面建立独立的外资安全审查体系，下放外资安全审查权利，针对敏感外资项目以国家安全、公共利益名义及时启动安全审查程序。

参考文献

[1] 卢进勇，余劲松，齐春生：国际投资条约与协定新论 [M]. 北京：人民出版社，2007.19-20；

[2] 柴静玉：基于增加值贸易的中国服务业全球价值链国际分工地位探讨 [J].《商业经济研究》，2016(2)：131-133；

[3] 陆建明，杨宇娇，梁思焱：美国负面清单的内容、形式及其借鉴意义——基于 47 个美国 BIT 的研究 [J].《亚太经济》，2015(2)：55-60；

[4] 钱晓萍：渔业产业负面清单保护研究——以美国晚近 FTA 为研究对象 [J].《西南政法大学学报》，2017（8）：22；

[5] 高维和，孙元欣，王佳圆：美国 FTA、BIT 中的外资准入负面清单：细则与启示 [J].《外国经济与管理》，2015(3)：87-95；

[6] 李钢：新时期我国扩大服务业开放的战略与实施路径 [J].《国际贸易》，2015(3)：4-9；

[7] 沈铭辉：美国双边投资协定与 TPP 投资条款的比较分析——兼论对中美 BIT 谈判的借鉴 [J].《国际经济合作》，2014(3)：21-25；

[8] 柯静嘉：粤港澳大湾区投资合作的法律机制及其构建 [J].《广东财经大学学

报》，2018(5)：91；

[9] 佟家栋：中国自由贸易试验区的改革深化与自由贸易港的建立 [J].《国际商务研究》，2018(1)：17-18；

[10] 佟家栋：中国自由贸易试验区改革深化与自由贸易港建设的探讨 [J].《国际贸易》，2018(1)：19；

第五部分

推动"一带一路"建设高质量发展

"一带一路"沿线国家外资政策协调对我国 OFDI 的影响

——基于双边、多边政策协调的分析视角

邓富华　贺　歌　姜玉梅[*]

摘要："一带一路"沿线国家外资政策协调对于保障中国企业"走出去"的投资安全发挥着重要作用。基于 2008-2017 年中国对 54 个"一带一路"沿线国家直接投资的面板数据，基于双边、多边投资政策协调视角考察"一带一路"沿线国家外资政策协调对中国 OFDI 的影响。结果显示，中国与"一带一路"沿线国家签订双边投资协定 (BIT) 会促进中国 OFDI，而"一带一路"沿线国家加入国际投资争端解决中心 (ICSID) 对中国 OFDI 产生负向影响；进一步考虑双边政治关系的调节效应，发现双边政治关系会强化 BIT 对中国 OFDI 的正向效应，减弱 ICSID 对中国 OFDI 的负向效应；以 ICSID 为代表的多边投资协调机制会部分抵消双边投资政策协调机制对中国 OFDI 的积极影响，而 BIT 会弱化 ICSID 对中国 OFDI 的负向效应。现阶段我国应依托 BIT 深化双边投资合作，主动参与 ICSID 等多边投资协调机制改革，同时注意加强与"一带一路"沿线国家的双边政治联系，以有效发挥跨国投资政策协调对我国 OFDI 的积极影响。

关键词：一带一路；外资政策协调；OFDI；BIT；ICSID

---

* 作者简介：邓富华，西南财经大学国际商学院、中国（四川）自由贸易试验区综合研究院院长助理（讲师、硕士生导师）；贺歌，中国（四川）自由贸易试验区综合研究院学生；姜玉梅，中国（四川）自由贸易试验区综合研究院院长、教授、博士生导师。

一、问题的提出

自 2003 年以来，中国对外直接投资 (OFDI, Outward Foreign Direct Investment) 迅猛增长，尤其是"一带一路"倡议提出后，中国企业加快"走出去"的步伐。2018 年，中国对外直接投资额达 1205 亿美元，其中，对"一带一路"沿线国家的直接投资额为 156 亿美元，增长 8.9%[①]。然而，对外投资快速发展的同时也会伴随着法律风险和投资争端事件的上升。截至 2018 年 12 月 31 日，全球范围内针对东道国的投资争端仲裁案件数量高达 942 起，相比 2017 年底增长 60.47%[②]。随着"一带一路"建设的深入推进，中国在投资环境相对复杂的沿线国家和地区开展直接投资遭遇投资争端事件也逐渐增多。在如何构建合适的跨国投资政策协调机制，为跨国投资者提供公平公正的投资争端解决途径，进而有效保障中国企业"走出去"的合法权益，已成为当前学术界和实务部门都亟待研究解决的一项重要议题。

现阶段专门针对东道国与投资者的投资争端解决途径有多种，既包括东道国制定的行政、司法、仲裁等单边制度安排，也涵盖以双边投资协定 (BIT, Bilateral Investment Treaty) 为代表的外资协调双边机制、以东道国是否加入国际投资争端解决中心 (ICSID, International Centre for Settlement of Investment Disputes) 为代表的外资协调多边机制[③]。由于东道国享有属地管辖权，当地政府可能会根据情势变更原则，单方面更改或撤销跨国投资相关的显性或隐性契约，甚至引用国家主权豁免原则逃避违约责任 (李国学，2018)。相较而言，BIT、ICSID 等双、多边协调机制带有"去当地化"特征，往往成为国际投资争端解决的主要选择。其中，BIT 是由母国和东道国政府签署的双边法律制度安排，旨在降低企业对外投资风险和门槛；ICSID 由第三方国际组织参与国际投

[①] 数据来源为中国国家统计局《2018 年国民经济和社会发展统计公报》。

[②] 数据来源于联合国贸发数据库 (UNCTAD)。若考虑一些处于保密状态的投资争端案件，实际的投资争端仲裁案件数量可能会更高。

[③] 目前全球范围内具有普遍管辖效力的多边争端解决机构主要有根据《华盛顿条约》设立的"解决投资争端国际中心"(ICSID) 和 WTO 的"争端解决机构"(DSB)。但由于 DSB 主要限于解决国家间"与贸易有关的投资措施"的争议，覆盖范围有限，而本文主要研究投资争端解决的多边协调机制，并未局限于与贸易有关的投资争端。

资协调与仲裁，既保护跨国投资者的利益，也避免因母国滥用特权或者外交保护致使东道国利益受损。

我国一直以来都积极寻求双边和多边投资协调机制来保障企业"走出去"的合法权益。据中国商务部统计数据显示，我国自 1982 年与瑞典签订第一个 BIT 以来，截至 2017 年底，已与 130 多个国家签订 BIT，特别地与"一带一路"沿线 56 个国家签署 BIT。与此同时，我国于 1990 年 2 月 9 日成为 ICSID 成员国，并于 2018 年 1 月 23 日由中央全面深化改革领导小组会议审议通过《关于建立"一带一路"国际商事争端解决机制和机构的意见》，为我国企业在"一带一路"沿线国家和地区开展直接投资保驾护航①。那么，目前"一带一路"沿线国家既有的外资政策协调政策是否有利于中国 OFDI？关于外资政策协调的既有研究多集中于 BIT，虽然近年来一些学者开始关注 ICSID 等多边协调机制的影响，但较少探讨其对中国 OFDI 的影响及其作用机制，尤其缺乏相关实证研究。

二、文献综述

国内外大量学者探讨我国 OFDI 的影响因素：(1) 东道国因素，如经济规模、自然资源禀赋 (王永钦等，2014; 王晓颖，2018)、科技发展 (张宏和王健，2009)、制度质量 (王永钦等，2014; 刘娟，2018；王培志等，2018；文淑惠等，2019) 等；(2) 母国因素，如经济规模、外汇储备等；(3) 母国与东道国的双边因素，如两国之间的地理距离（Head 和 Ries，2008）、文化差异（Kang 和 Jiang，2012）、双边政治关系 (杨连星等，2016)、腐败距离 (胡兵和邓富华，2014)、双边投资协定 (宗芳宇等，2012)。诸如上述文献为中国 OFDI 的影响因素研究打下重要的基础，尤其是近年来越来越多的学者从 BIT、双边政治关系等方面考察我国 OFDI 的影响因素，提供了不少丰富的理论蕴含。

已有不少研究表明，BIT 的签订有利于吸引外国直接投资。王培志等

---

① 自 20 世纪 90 年代以来，ICSID 逐渐暴露出种种问题，如损害公众利益，缺乏合法性、一致性和可预见性等 (邓婷婷，2017)。

(2018) 实证研究表明,BIT 的签订对于制度环境相对中国较差的国家而言会明显促进中国对其直接投资。随着"一带一路"建设的逐步推进,越来越多的学者考察 BIT 对我国向"一带一路"沿线国家直接投资的影响。余鹏翼等 (2019) 基于 2003–2016 年中国签订 BIT 的 132 个国家的相关数据,运用倾向得分匹配和双重差分模型展开实证检验,发现 BIT 的签订和生效会促进中国 OFDI。另有一些文献发现,签订 BIT 对中国 OFDI 的影响并不明显 (Bonnitcha,2012;董有德和赵星星,2014)。王军杰和石林 (2018) 认为,我国与"一带一路"沿线国家间的双边投资条约,大多规定了"东道国救济"条款,无法较好地实现在我国"资本输出国"地位凸显的情况下对国内投资者利益的保护。协天紫光等 (2017) 实证发现,投资者保护力度和 BIT 对于政府稳定性、腐败等政治风险的防范作用较弱,同时双边投资协定对我国对外直接投资的影响可能存在国别差异,但针对具体的差异内容仍存在分歧。张中元 (2013) 构建面板门槛回归模型,发现 BIT 的签订会抑制中国 OFDI 流向中等收入水平经济体。杨宏恩等 (2016) 发现,BIT 对中国与发达国家直接投资的影响不明显,而对发展中国家 OFDI 有着显著的积极影响。

Michael 和 Benedikt(2019) 在考察 BIT 对国际直接投资的影响时,提出增加国际争端解决制度供给,会更有利于发挥 BIT 对国际直接投资的积极效应。然而,国内外学者很少探讨多边投资协调机制 ICSID 对国际直接投资的影响。虽然石慧敏和王宇澄 (2018) 发现,中国 OFDI 不少分布在投资者—国家争端解决机制 (ISDS) 案件数较多的东道国,却忽视了 ISDS 对中国 OFDI 的影响。当然,既有文献不乏从仲裁的角度对 ICSID 展开法律层面分析,只是对于 ICSID 机制存在一定的意见分歧。不同于过去一些学者基于"去政治化"等视角支持 ICSID 机制的适用性,近年来更多学者对这一机制提出质疑。Franck(2005) 探讨国际投资仲裁机制中的"正当性危机",指出该机制存在裁决缺乏一致性且程序缺乏透明度的问题。Eberhardt 和 Cecilia(2012) 也强调仲裁不一致导致的公平问题。而针对仲裁员的选任,Waibel 和 Wu(2017) 通过严密的数据分析指出,仲裁员往往具有一定的政治偏好,会对与自己所处法律体系相同的东道国更加宽容,从而对仲裁结果产生重要影响。

可见，以往研究主要从双边视角考察 BIT 对中国 OFDI 的影响，几乎未涉及 ICSID 等多边协调机制，相关实证研究尤为鲜见。况且，既有研究并未注意到 BIT、ICSID 的有效发挥可能受到双边政治关系的约束，以及 BIT 与 ICSID 的替代或互补效应。与既有文献相比，本文尝试从两个方面丰富和拓展既有研究：一是基于双边、多边协调视角考察 BIT、ICSID 对中国 OFDI 的作用机制，并且搜集最新数据资料展开实证研究。二是运用理性选择制度主义理论和不完全契约理论，探讨外资政策协调机制 (BIT、ICSID) 及其与双边政治关系的交互对中国 OFDI 的影响。（3）实证考察 BIT、ICSID 的互动对中国 OFDI 的影响，以识别影响中国 OFDI 的双边、多边投资政策协调政策之间的替代或互补关系。

三、理论假设

（一）双边政策协调对我国 OFDI 的作用机理

根据理性选择制度主义的观点，制度安排作为一种信号和承诺载体，会通过提高事后机会主义行为成本来增加承诺的可信性。作为一种双边制度安排，双边投资协定可通过提高政府违约的事后成本促使政府对外来投资者做出可置信承诺。具体而言，BIT 对吸引直接投资的作用机制包括信号机制 (Fearon，1997; Kerner，2009) 和承诺机制 (Hallward-Driemeier，2003)。其中，信号机制认为，东道国签订 BIT 会向缔约国家释放出积极的"信号"——东道国保护外国投资者的决心，以减少其可能由于不健全的制度形成的"坏声誉"，从而吸引外国直接投资（刘晶，2017）；承诺机制则认为，BIT 是东道国承诺给予外来投资者的权益保障，若东道国不履行其承诺义务，之前签订生效的 BIT 将使其遭受声誉损失，直接影响其外交利益 (Kerner，2009)。

不完全契约理论认为，市场主体的机会主义行为、信息的不完全性以及交易事项的不确定性，会使得明晰产权的成本过高，导致完全契约难以实现，往往以不完全契约的形式存在。在跨国直接投资过程中，由于"外来者劣势"会引发较高的缔约成本，跨国企业与东道国通常会形成不完全契约，存在东道国"敲竹杠"等隐患，进而影响投资决策 (Antràs 和 Helpman，2006；Seidel，

2015)。而母国和东道国的结构性权力博弈会加速 BIT 的产生，减少跨国企业与东道国缔约成本偏高所引致的契约不完全 (李国学，2018)。随着 BIT 的签订，跨国企业与东道国的契约会趋向于完全，从而企业更愿意在该国开展直接投资活动。因此，中国与"一带一路"沿线国家签署 BIT 容易促进中国企业对沿线国家开展直接投资活动。尤其对于一些发展中国家，因其较差的投资环境容易导致契约不完全程度更高，更有必要通过签署 BIT 来吸引中国 OFDI。

BIT 为母国与东道国保护跨国投资提供了重要途径，而跨国投资权益保护的有效性受制于跨国企业的谈判话语权。良好的双边政治关系为跨国企业提供了一种新的制度所有权优势 (张建红和姜建刚，2012)。遵循理性选择制度主义的理论逻辑，良好的双边政治关系会增强两国政治互信，帮助东道国强化 BIT 的正向信号机制，降低跨国投资者对其被东道国征收或国有化的风险预期，进而吸引投资者增加对该东道国的直接投资。况且，由于良好的双边政治关系意味着两国为维持彼此共享的政治收益付出一系列努力，如两国高层领导经常性的会晤，以及两国相关部门、城市之间密切的友好往来等，若东道国违反签署的双边投资协定，跨国企业可能会转而向母国寻求外交保护，必然损害两国政治关系，影响东道国的外交利益。可见，良好的双边政治关系相当于母国赋予跨国企业一定的所有权优势，使得东道国更倾向于遵守 BIT，可有效保障跨国投资者的权益，从而更加有利于促进我国 OFDI。由此，提出如下假设：

H1a：中国与"一带一路"沿线国家签署 BIT 会促进中国对该国 OFDI，尤其当该国为发展中国家时；

H1b：双边政治关系会强化 BIT 对中国 OFDI 的正向效应。

（二）多边政策协调对我国 OFDI 的作用机理

ICSID 作为解决国际投资争端的多边国际组织，提供调解和仲裁两种投资争端的解决方式，彼此相互独立。ICSID 投资条约仲裁可使得投资者与东道国之间的争端脱离政治化，为跨国投资者提供控告东道国政府的一个特殊场所和专设机构，从而保障跨国投资者的海外权益。ICSID 的投资条约仲裁有说服特定类型的外国投资者将资本投入特定东道国的能力，可有效地促进资本的国际

流动 (Shihata, 1986；Lauge, 2018)。这种能力被称为"结构性权力"，是行为主体通过各种正式或非正式的制度安排对他者施加影响与控制的制度性权力 (斯特兰等，1990)。母国可以利用其在国际组织如 ICSID 中的结构性权力影响东道国政府在国际组织中的声誉和信用，促使不完全契约自我履行。

1. ICSID 的法律适用性

ICSID 的体制并未包含实体规制，若当事人事先在条约或协定中未作法律选择，会出现双方对公约的法律适用性各执一词的情形。在当前行政解释和仲裁实践中，ICSID 往往倾向于扩大国际法的适用，而国际法大多是基于英美国家的法律制度条文，其解释主要遵循发达国家的标准，故 ICSID 条约规则的制订主要由欧美国家主导。目前"一带一路"沿线多为发展中国家，尤其是对于处于大陆法系的中国而言，在 ICSID 缺乏话语权，很难通过其来敦促东道国履行不完全契约。因此，西方国家主导的 ICSID 与"一带一路"投资争议管辖的契合性较差，容易导致 ICSID 的仲裁机制在"一带一路"沿线国家及投资者之间的公信力低下。

2. ICSID 的管辖权确定

ICSID 负责审理投资者与东道国之间的投资争端，而投资争端管辖权的确定是 ICSID 获得争端审理权利的首要步骤。中国对"一带一路"沿线国家的投资多为基础设施投资，通常由国有企业采用项目建设方式开展投资活动，但存在国有企业的投资者地位认定问题。国有企业有可能承担双重角色，即既需要承担对外援助等政治任务，又存在出于商业目的考虑的海外投资，很有可能无法满足 Broches 标准中的"投资者"定义，难以通过 ICSID 寻求投资救济①。

3. ICSID 的仲裁有效性

ICSID 的仲裁存在裁决不透明、仲裁结果不一致以及仲裁员倾向于认可西方发达国家价值观等短板，以至于 ICSID 可能做出对发展中国家不利的裁决。即使在 ICSID 做出裁决后，跨国企业仍然会面临裁决结果的承认与执行问题。

目前，大多"一带一路"沿线国家在加入《华盛顿公约》时提出"互惠保留"，可能使得仲裁的执行受阻，导致仲裁程序效率不高，仲裁结果无法被严

---

①ICSID 的 Broches 标准用于判定国家投资者和私有投资者，认为前者主要担任一国政府代理人角色。

格执行，最终难以真正解决投资争端（杨荣珍和魏倩，2018）。况且，《华盛顿公约》并未排除各缔约国的主权豁免原则，而许多国家会利用这一原则拒绝执行仲裁结果，如 2004 年，英国法院受理的美国国际集团 (AIG) 诉哈萨克斯坦案等。ICSID 仲裁裁决承认与执行机制运行多年来的实践也表明，一些 ICSID 成员国若未制定与 ICSID 相适应的国内法，在遭遇败诉时可能以本国法律为由，混淆、拖延或拒绝履行裁决，导致跨国投资者仍然蒙受损失。

表 1　基准检验结果

变量	全样本		发展中国家		发达国家	
	（1）	（2）	（3）	（4）	（5）	（6）
bit	0.877***	0.909***	1.430***	1.437***	0.854	0.316
	(0.236)	(0.225)	(0.228)	(0.223)	(0.802)	(0.741)
icsid	−0.452**	−0.553***	−0.577***	−0.599***	1.506***	1.456***
	(0.195)	(0.186)	(0.184)	(0.182)	(0.494)	(0.450)
gdp	0.727***	0.693***	0.548***	0.539***	1.653***	1.664***
	(0.058)	(0.055)	(0.056)	(0.055)	(0.123)	(0.113)
lan	0.325	0.389*	0.301	0.316	−0.092	−0.153
	(0.214)	(0.204)	(0.235)	(0.229)	(0.352)	(0.321)
dis	−3.163***	−3.119***	−2.614***	−2.605***	−8.981***	−7.416***
	(0.203)	(0.193)	(0.199)	(0.195)	(1.107)	(1.063)
dprin	0.259***	0.193***	0.364***	0.354***	−0.138	0.197*
	(0.046)	(0.047)	(0.046)	(0.065)	(0.084)	(0.107)
res	0.286	0.383*	0.436	0.450*	−1.288***	−0.684*
	(0.237)	(0.226)	(0.269)	(0.264)	(0.390)	(0.378)
cons	14.830***	14.560***	13.434***	12.890***	32.753***	26.793***
	(2.112)	(1.981)	(2.222)	(1.964)	(11.355)	(10.157)
时间效应	N	Y	N	Y	N	Y
Obs.	432	432	288	288	144	144
R^2	0.577	0.617	0.662	0.678	0.686	0.740

注：括号内为标准误，*** p<0.01，** p<0.05，* p<0.1，下表同。

可见，ICSID 在仲裁与执行机制方面都存在很多问题，难以有效协调"一带一路"沿线东道国和投资者的利益，而且仲裁周期长、耗资大，一些中小型企业往往难以承担，致使 ICSID 可能很难有效保障跨国企业的合法权益。

4. ICSID 的调解有效性

现阶段 ICSID 的仲裁机制尚存在诸多问题，但跨国企业也可以选择调解的方式来解决投资争端。虽然在 ICSID 注册的调解案件较少，但是"一带一路"沿线国家的东方文化色彩较浓，尤其是对于中国来说，调停和磋商更符合其自古以来的东方文化和外交特色[①]。况且，依靠仲裁等纯"准司法"性质的争端解决方法有时达不到预期效果，有必要修正 ICSID，融入以利益为基础的争端解决方法，比如替代争端解决程序 (ADR，Alternative Dispute Resolution)。

当然，在 ICSID 的调解过程中，国家之间的双边政治关系也会影响和解协议的达成。在偏好给定的条件下，国际制度可以通过改变市场主体在信息和利益分布上的既有均衡状态来影响国内政治的结果，而良好的双边政治关系可以增强母国与东道国的政治互信，减少信息不对称，使两国的承诺达到较高的可信度，从而更容易促使跨国企业与东道国在调解上达成一致。由此，良好的双边政治关系可通过强化调解机制的有效性发挥来弥补 ICSID 仲裁的不足，更好地平衡东道国与投资者的利益关系，从而有利于促进我国 OFDI。

基于上述讨论，提出如下假设：

H2a："一带一路"沿线国家加入 ICSID 并不会促进我国 OFDI。

H2b：良好的双边政治关系可以缓解 ICSID 机制对于 OFDI 的抑制作用。

（三）双边与多边投资政策协调的互动关系

当前 ICSID 在法律适用性、管辖权确定和仲裁有效性等方面存在一定的缺陷。若某个"一带一路"沿线国家与中国签署 BIT 的同时，也加入了 ICSID，而 ICSID 的内在固有缺陷会降低跨国企业投资该东道国的积极性，减弱 BIT 信号和承诺机制的有效发挥，表现为 ICSID 会部分抵消 BIT 对中国 OFDI 的积极

---

①2011 年，ICSID 第一次单独任命 10 名调解员并将他们写入调解员名册，而以往 ICSID 的仲裁员名册和调解员名册是相同的，表明 ICSID 开始重视调解在解决国际投资争端中的作用。

影响。同样地，若某个"一带一路"沿线国家加入 ICSID 的同时，也与中国签署 BIT，而 BIT 可以通过释放双边信号和承诺机制来强化母国在 ICSID 的结构性权力，减少仲裁的信息不对称和促使东道国提高仲裁执行效率，对 ICSID 具有内在固有缺陷的多边投资争端协调机制形成一种补充，进而弱化 ICSID 对中国 OFDI 的负向效应。因此，提出如下假设：

H3a：ICSID 会部分抵消 BIT 对中国 OFDI 的促进作用。

H3b：BIT 会减弱 ICSID 对中国 OFDI 的负面效应。

四、结果分析

（一）基准检验

基于 2008-2017 年中国对"一带一路"沿线 54 个国家直接投资的跨国面板数据，实证检验"一带一路"沿线国家外资政策协调对我国 OFDI 的影响，估计结果列于表 1。其中，模型 (1)、(2) 为全样本检验，模型 (3)、(4) 为发达国家样本检验，模型 (5)、(6) 为发展中国家样本检验。

模型 (1)-(2) 中，bit 在 1% 的水平上显著为正，表明 BIT 的签署会明显促进中国 OFDI，验证假设 1a。$icsid$ 的系数在 1% 的水平上显著为负，表明东道国成为 ICSID 成员国对我国 OFDI 有显著的抑制作用，与假设 2a 相符。

考虑到"一带一路"沿线国家由于经济发展水平各异，外资政策协调对中国 OFDI 的影响也可能有所差异，在模型 (3)-(6) 中区分样本国家的经济发展水平差异[①]。模型 (3)-(4) 考察了外资政策协调机制对中国在发展中国家直接投资的影响。结果显示，bit 的系数在 1% 的水平上显著为正，表明 BIT 会促进我国对发展中国家直接投资，这可能是因为发展中国家的制度环境往往不够完善，而 BIT 可有效弥补东道国制度环境缺陷，提高东道国对中国投资的吸引力 (杨宏恩等，2016)。$icsid$ 的估计系数在 10% 的显著性水平上为负，表明东道国加入

---

① 由于"一带一路"沿线国家中严格意义上属于发达国家的较少，分样本检验存在样本不足的问题。因此本文中将人类发展指数为极高，生活水平接近发达国家，但不是国际货币基金组织 IMF 标准的发达经济体或中央情报局 CIA《世界概况》中的发达经济体的国家也计入发达国家之列来展开检验。

ICSID 对我国 OFDI 具有显著的抑制作用，这与假设 2a 相符。

模型 (5)–(6) 主要检验发达国家样本，结果显示，*bit* 的估计系数并不显著，表明 BIT 对我国对发达国家 OFDI 的影响并不明显，可能是因为发达国家的国内投资环境相对稳定，投资的不确定性因素较少，而 BIT 对改善投资环境的作用有限，难以明显促进中国 OFDI。*icsid* 的估计系数在 1% 的水平上显著为正，这可能是因为发达国家的法律体系更加契合国际法，与《华盛顿条约》仲裁裁决承认与执行机制的适应度更高，发生混淆、拖延或拒绝履行裁决的情况很少，因而东道国加入 ICSID 可以更好地保护我国投资者的利益。

对于模型 (1)–(6) 中控制变量，"一带一路"沿线国家经济总量 (*gdp*) 的估计系数为正，均通过 1% 水平的显著性检验，表明东道国的市场规模越大，对我国 OFDI 的吸引力越高，意味着我国 OFDI 具有一定的"市场搜寻"动机 (姚树洁等，2014)；东道国与我国的地理距离 (*dis*) 的估计系数为负，均通过了 1% 的显著性检验，表明东道国与我国的地理距离越大，跨境经营成本越高，对我国企业的吸引力越小，较好地契合了原始投资引力模型的基本结论；对于中国与东道国的语言共通性 (*lan*)，其回归结果除模型 (2) 外均不显著，可能是随着我国语音交互技术的逐步推广，语言相似性在我国对外投资中的重要性逐步降低；东道国资源禀赋 (*res*) 的估计系数在对发展中国家样本检验中为正，对发达国家样本检验中为负，表明我国对"一带一路"沿线发展中国家的直接投资有一定的自然资源寻求动机，对沿线发达国家的直接投资并没有自然资源寻求动机。中国与东道国的制度距离 (*dprin*) 与我国 OFDI 存在显著的正相关关系，与冀相豹 (2014)、胡兵和邓富华 (2014) 的检验结果较为一致，表明我国对"一带一路"沿线国家的投资并不具有明显的制度相似性偏好。

（二）拓展检验

参考邓富华等 (2018) 的研究，以中国与伙伴外交关系的等级赋值衡量双边政治关系，实证考察 *bit* 和 *icsid* 与双边政治关系的交互对中国 OFDI 的影响，估计结果略。

（三）稳健性检验

1. 对极端观测值进行缩尾处理

为了消除变量数据极端值对模型检验结果的影响，对连续变量观测值中99% 以上、1% 以下的极端值进行缩尾处理，再次展开检验，估计结果略。

2. 采用 FGLS 估计方法

为了排除模型选择对检验结果的影响以及处理面板数据异方差的问题，使用可行广义最小二乘法 (FGLS) 进行估计，结果略。

3. 以建交年份衡量双边政治关系

改用两国建交年份数来衡量双边政治关系 (杨连星等，2016)，再次检验双边政治关系在变量 *bit*、*icsid* 影响中国 OFDI 的调节作用，估计结果略。

4. 拓展样本年份

目前可获取的中国对各国直接投资数据一般为 2003-2017 年的数据，而鉴于 2003-2007 年部分样本国家的 OFDI 值存在缺失的问题，故采用 Heckman 两步法进行检验，以解决数据缺失引发的样本自选择问题，估计结果略。相应的检验结果均与上文一致，表明本文的研究结论具有较好的稳健性。

五、结论与启示

基于中国对"一带一路"沿线国家直接投资的跨国面板数据，实证检验"一带一路"沿线国家外资政策协调对我国 OFDI 的影响，得出以下结论：

（1）BIT 的签订会促进我国对"一带一路"沿线国家 OFDI，且 BIT 对于我国 OFDI 的影响可能存在国别差异：BIT 对我国对发展中国家的 OFDI 促进效果显著，但对发达国家的 OFDI 则不显著。

（2）东道国加入国际投资争端解决中心对我国的 OFDI 具有显著的抑制作用，且对我国 OFDI 的影响可能存在国别差异：东道国加入 ICSID 会抑制我国对发展中国家的 OFDI，却会促进中国对发达国家的 OFDI。

（3）双边政治关系会强化 BIT 对中国 OFDI 的正向效应，减弱 ICSID 对中国 OFDI 的负向效应。

（4）当前 ICSID 为主的多边投资协调机制会部分抵消掉双边协调政策对中国 OFDI 的积极影响；但 BIT 会弱化 ICSID 对中国 OFDI 的负面效应。

上述研究结论表明，中国应当积极依托 BIT 深化双边投资合作，主动参与 ICSID 等多边投资协调机制改革，同时注意加强与"一带一路"沿线国家的双边政治联系，以有效发挥跨国投资政策协调对我国 OFDI 的积极影响。第一，在当前有效的多边投资体系尚未建立健全的情况下，我国应积极推动中欧、中美高标准 BIT 谈判取得关键性突破，尽早提升现有 BITs 水平，为中国企业国际化创造一个更有利的竞争环境。第二，针对 ICSID 仲裁机制面临的困境，一方面，我国要主动参与国际投资规则制定，尝试替代争端解决方法融入仲裁程序中，促进 ADR 在投资者—国际争端解决中的应用，将替代争端解决办法作为多种解决方法中的一种方式；另一方面，我国应积极加入欧加越等主导的投资争端解决机制谈判，努力参与和推动国际投资政策协调机制的改革，为进一步完善目前的多边投资争端解决机制贡献具有"中国智慧"的解决方案。第三，中国要继续夯实与"一带一路"沿线国家的双边政治关系，不断深化双边政治互信，有效保障沿线国家外资政策协调对我国 OFDI 的积极效应。

参考文献

[1] 李国学：不完全契约、国家权力与对外直接投资保护 [J].《世界经济与政治》，2018(07):122–141.

[2] 王永钦，杜巨澜，王凯：中国对外直接投资区位选择的决定因素：制度、税负和资源禀赋 [J].《经济研究》，2014,49(12):126–142.

[3] 王晓颖：东道国自然资源禀赋、制度禀赋与中国对 ASEAN 直接投资 [J].《世界经济研究》，2018(08):123–134.

[4] 张宏，王建：东道国区位因素与中国 OFDI 关系研究——基于分量回归的经验证据 [J].《中国工业经济》，2009(06):151–160.

[5] 刘娟：东道国制度环境、投资导向与中国跨国企业 OFDI 研究——基于"一带一路"沿线国家数据的 Heckman 模型分析 [J].《外国经济与管理》

,2018,40(04):56−68.

[6] 王培志，潘辛毅，张舒悦：制度因素、双边投资协定与中国对外直接投资区位选择——基于"一带一路"沿线国家面板数据 [J].《经济与管理评论》，2018,34(01):5−17.

[7] 文淑惠，胡琼，程先楠："一带一路"国家金融发展、制度环境与中国 OFDI [J/OL].《华东经济管理》:1−11[2019−05−05].

[8] 毛凯丰：中国对美国直接投资产业选择的资源基础条件研究 [J].《求索》，2017(04):117−123.

[9] HEAD K, RIES J. FDI as an Outcome of the Market for Corporate Control: Theory and Evidence[J]. SSRN Electronic Journal, 2008, 74(1):0−20.

[10] KANG Y, JIANG F. FDI location choice of Chinese multinationals in East and Southeast Asia: Traditional economic factors and institutional perspective[J]. Journal of World Business, 2012, 47(1):45−53.

[11] 杨连星，刘晓光，张杰：双边政治关系如何影响对外直接投资——基于二元边际和投资成败视角 [J].《中国工业经济》,2016(11):56−72.

[12] 胡兵，邓富华：腐败距离与中国对外直接投资——制度观和行为学的整合视角 [J].《财贸经济》,2014(04):82−92.

[13] 宗芳宇，路江涌，武常岐：双边投资协定、制度环境和企业对外直接投资区位选择 [J].《经济研究》,2012,47(05):71−82.

[14] 余鹏翼，刘先敏，陈文韬：双边投资协定促进了中国对外直接投资吗——兼论对中美 BIT 谈判的启示 [J].《国际经贸探索》,2019,35(01):70−87.

[15] BONNITCHA, J, 2012,'Outline of a normative framework for evaluating interpretations of investment treaty protections', in Brown, C. and Miles, K. (Eds.), 2012,'Evolution in Investment Treaty Law and Arbitration', University of Sydney, 2012.

[16] 董有德，赵星星：自由贸易协定能够促进我国企业的对外直接投资吗——基于跨国公司知识－资本模型的经验研究 [J].《国际经贸探索》，2014,30(03):44−61.

[17] 王军杰，石林：论"一带一路"沿线"投资者－东道国"争端解决的路径与机制 [J].《西南民族大学学报 (人文社科版)》,2018,39(06):99－103.

[18] 协天紫光，张亚斌，赵景峰：政治风险、投资者保护与中国 OFDI 选择——基于"一带一路"沿线国家数据的实证研究 [J].《经济问题探索》,2017(07):103－115.

[19] 张中元：东道国制度质量、双边投资协议与中国对外直接投资——基于面板门限回归模型 (PTR) 的实证分析 [J].《南方经济》,2013(04):49－62.

[20] 杨宏恩，孟庆强，王晶，李浩：双边投资协定对中国对外直接投资的影响：基于投资协定异质性的视角 [J].《管理世界》,2016(04):24－36.

[21] Michael Frenkel, Benedikt Walter. Do bilateral investment treaties attract foreign direct investment? The role of international dispute settlement provisions[J]. The World Economy, 2019, 42(5):1316－1342.

[22] 石慧敏，王宇澄：评估中国对外投资风险——通过投资者—国家争端解决案件的角度 [J].《经济理论与经济管理》,2018(09):103－112.

[23] FRANCK S D. The Legitimacy Crisis in Investment Treaty Arbitration: Privatizing Public International Law Through Inconsistent Decisions[J]. Fordham law review, 2005, 73(4):1521－1625.

[24] EBERHARDT PIA, Cecilia Olivet. Profiting from Injustice: How Law Firms, Arbitrators and Financiers Are Fuelling an Investment Arbitration Boom. Transnational Institute, 27, 2012.

[25] Waibel M, Wu Y. Are Arbitrators Political? Evidence from International Investment Arbitration[R].Working Paper, 2017,01.

[26] FEARON, D. J. Signaling Foreign Policy Interests: Tying Hands versus Sinking Costs[J]. Journal of Conflict Resolution, 1997, 41(1):68－90.

[27] KERNER A. Why Should I Believe You? The Costs and Consequences of Bilateral Investment Treaties[J]. International Studies Quarterly, 2009, 53(1):73－102.

[28] HALLWARD－DRIEMEIER MARY. Do Bilateral Investment Treaties Attract Foreign Direct Investment? Only a Bit…And They Could Bite[R]. World Bank

Policy Research Working Paper, No.3121, 2003.

[29] 刘晶：双边投资协定与 FDI: 研究进展述评及展望 [J].《中南财经政法大学学报》,2017(01):123−131.

[30] Antràs P, Helpman E. Contractual Frictions and Global Sourcing[C]. Harvard Institute of Economic Research Discussion Paper, No.2127, 2006.

[31] Seidel Tobias. Foreign Market Entry Under Incomplete Contracts[J]. The World Economy, 2015, 38(6):899−912.

[32] 张建红,姜建刚.双边政治关系对中国对外直接投资的影响研究 [J].世界经济与政治,2012(12):133−155.

[33] Shihata I F I. Towards a Greater Depoliticization of Investment Disputes: The Roles of ICSID and MIGA[J]. ICSID Review, 1986, 1(1):1−25.

[34] LAUGE N, SKOVGAARD POULSEN. Politics of Investment Treaty Arbitration，forthcoming in Schultz Thomas & Ortino Federico(eds.),Oxford Handbook of International Arbitration, Oxford: Oxford Press, 2018.

[35] 斯特兰等：国际政治经济学导论：国家与市场 [M]. 北京：经济科学出版社,1990.

[36] 杨荣珍,魏倩："一带一路"倡议下国际直接投资规则及中国方案研究 [J].《国际贸易》,2018(04):38−44.

[37] ANDERSON J, Van Wincoop E. Trade Costs[J]. Journal of Economic Literature, 2004, 42(3):691−751.

[38] 冀相豹：中国对外直接投资影响因素分析——基于制度的视角 [J].《国际贸易问题》,2014(09):98−108.

[39] 姚树洁,冯根福,王攀,欧璟华：中国是否挤占了 OECD 成员国的对外投资? [J].《经济研究》,2014,49(11):43−57.

[40] 邓富华,霍伟东,张永山：双边政治关系与跨境贸易人民币结算——基于国际政治经济学视角的实证分析 [J].《国际贸易问题》,2018(01):154−163.

"一带一路"贸易便利化评估
及其影响因素研究

高贤婷[*]

摘要：通过建立综合的便利化指标体系全面评估"一带一路"沿线国家的贸易便利化水平，探究沿线不同地区贸易便利化水平之间的差异。结果表明，在沿线四个地区中，亚洲地区的贸易便利化水平最高，而非洲地区的贸易便利化水平则处于较低位置。为进一步探究贸易便利化的影响因素，对沿线各国利用扩展的引力模型进行实证研究，根据实证研究结果，可以看出，对于"一带一路"沿线国家而言，诸多因素对贸易便利化水平都具有显著的影响。但是，各因素对不同贸易便利化指标的影响存在较大差异。经济发展水平存在差异的国家，诸因素对贸易便利化的影响也不尽相同，甚至有很大差别。

关键词：贸易便利化；"一带一路"；引力模型

一、引言

1996 年，贸易便利化议题在新加坡部长级会议上首次被列入世贸组织议程以来，一直广受关注；经过 13 年的艰苦谈判，《贸易便利化协定》终于在世贸组织第九次部长级会议上得以达成并通过，该协定自生效以来，在促进世界经济、贸易合作的深化与发展上发挥了重要作用；2015 年 9 月，中国正式签订《贸易便利化协定》，自签订以来，中国始终致力于提高相关口岸的运输效率，进一步简化和规范通关所需的程序和手续，从而降低贸易成本，促进贸易便利化，以期在更大程度上促进自身对外贸易水平的深化和发展。

"一带一路"倡议提出和实施以来，沿线国家间经济贸易合作程度不断深

＊作者简介：高贤婷，天津财经大学经济学院国际经济贸易系研究生。

化,贸易规模日益扩大,贸易便利化发挥着日益突出的作用。进一步提高沿线国家的贸易便利化水平,有利于促使"一带一路"沿线国家逐渐形成全方位的开放格局,从而拓宽国家间的贸易合作范围,激发合作潜能。不难看出,提高贸易便利化水平俨然成为促进中国与沿线国家经济、贸易合作深度和宽度进一步发展的主要任务和重要抓手。

对于贸易便利化的含义,诸多中外学者和国际组织都给出各自的解释:世界海关组织(WCO)(2001)将其定义为"简化和统一海关程序";经合组织(OECD)认为,"贸易便利化是指在国际货物流通的过程中,对相关的程序和信息的流动进行简化和标准化";世界贸易组织(WTO)将贸易便利化定义为,"简化和协调贸易程序以及相关的法律法规";谭晶荣,潘华曦(2015)指出,贸易便利化旨在"减少跨境贸易的体制和物流壁垒,降低贸易成本,提高政策透明度"。综上可见,迄今为止,国际上并没有对贸易便利化的统一定义,但是结合以上各国际组织和学者所述,基本可以得出,贸易便利化就是简化和规范贸易程序、手续,提高通关效率,降低贸易成本,削减贸易过程中的体制障碍等。

本文首先对"一带一路"主要国家的贸易便利化水平进行评估,找出其在贸易便利化方面存在的问题,其次利用扩展的引力模型研究影响贸易便利化水平的因素,并在此基础上,为促进沿线各国经贸合作的进一步发展,提高贸易便利化水平提出政策建议。

二、贸易便利化评估指标体系的建立及数据处理

(一)贸易便利化评估指标体系的选取和建立

曾铮、周茜(2008)构建的贸易便利化综合评价体系,主要包括"港口效率、税收环境、规章制度、电子商务和商业人员流动性"等五个指标;沈铭辉(2009)利用《全球竞争力报告》等多种数据,对东亚地区的若干国家的贸易便利化水平进行排序并做出分析;孔庆峰、董虹蔚(2015)构建了四个一级指标口岸(即"物流效率,海关与边境管理,规制环境和金融电子商务")以

及若干二级指标，全面评估"一带一路"沿线主要国家的贸易便利化水平；杨青龙、吴倩（2018）借鉴 Wilson et al.(2003) 的思想，构建了以"口岸效率，海关环境，规制环境和电子商务环境"等四个指标为一级指标和若干二级指标的贸易便利化体系，对"一带一路"沿线主要国家贸易便利化水平进行测度和分析，结果表明口岸效率与沿线主要国家贸易额的关联度最高，其次是规制环境，与贸易额关联最低的是海关环境；夏春光（2016）在世界经济论坛所提出的相关指标的基础上，构建了包含基础设施质量，制度环境，商品流通效率，电子商务成熟度等方面的指标体系，评估和分析了"一带一路"国家的贸易便利化水平和贸易潜力。

综上所述，诸学者在对贸易便利化进行研究和测算时，并没有统一的标准，多数都是采用 Wlison Mann 和 Otsuki（2003）的基本思想构建测评体系。显然，该思想已经得到国内为诸学者的普遍认同。因此，本文仍旧借鉴 Wlison Mann 和 Otsuki（2003）的基本思想，并结合杨青龙、吴倩（2018），毕红毅、江璐（2017）以及张亚斌（2016）和孔庆峰，董虹蔚（2015）等诸多学者研究的基础，构建出如下贸易便利化指标体系（见表 1）。

该指标体系主要包含口岸效率（P），规制环境（R），海关环境（C）以及电子商务和营商环境（E）等 4 个一级指标，以及 17 个二级指标，每个指标得分取值范围、数据来源（其中 GCR 表示《全球竞争力报告》）均已在表 1 中明示，各指标取值越大，则表明该国在这一方面的表现越好；取值越小，则说明该国在这一方面的表现越差，如：港口效率取值范围为 1~7，则越接近 1 表明该国的港口设施效率越低，越接近 7 则表明该国在港口设施方面的运行效率越高。

表 1　贸易便利化综合指标体系

一级指标	二级指标	code	Value range	Source
口岸效率（P）	港口设施质量	P_1	1–7	GCR
	铁路设施质量	P_2	1–7	GCR
	航空基础设施质量	P_3	1–7	GCR
	公路基础设施质量	P_4	1–7	GCR
规制环境（R）	非常规支付和贿赂	R_1	1–7	GCR
	政府决策透明度	R_2	1–7	GCR
	司法独立性	R_3	1–7	GCR
	法规执行的可靠性	R_4	1–7	GCR
	政府管制负担	R_5	1–7	GCR
海关环境（C）	海关程序负担	C_1	1–7	GCR
	贸易壁垒盛行的程度	C_2	1–7	GCR
	解决争端的效率	C_3	1–7	GCR
电子商务和营商环境（E）	互联网的使用	E_1	0–100	GCR
	新技术的可得性	E_2	1–7	GCR
	国外市场规模	E_3	1–7	GCR
	国内市场规模	E_4	1–7	GCR
	知识产权的保护	E_5	1–7	GCR

（二）数据的处理及说明

1. 数据的处理

由于各二级指标的统计口径千差万别，因此取值范围也各有不同，如互联网的使用这一指标的取值范围为1–100，而金融服务的成本这一指标的取值范围是1–7，这就导致在对这些数据进行计算和比较时可能会存在一定的问题。为了解决这一问题，在处理数据时借鉴李晨、杜文奇（2016）对原始指标进行标准化处理的方法，具体处理方法是将各二级指标除以该项指标的最大值，即：

$$Z_i = X_i / X_i^{max} \qquad (1)$$

其中 Z_i 表示对第 i 个二级指标进行标准化处理后的结果，X_i 表示第 i 个二级指标的数值，X_i^{max} 表示第 i 个二级指标的最大值。

利用这一方法，将所有指标的取值范围固定在 0–1 之间（指标取值越接近于 0 表明贸易便利化水平越差，越接近于 1 则表明贸易便利化水平越好）。然后将各二级指标计算出平均值便可以得出各一级指标的得分，计算一级指标的平均值则便是平均贸易便利化水平（TIF），即：

$$Y_j = \frac{1}{n} \sum_{i=1}^{n} Z_i \qquad (2)$$

$$\text{TIF} = \sum_{j=1}^{4} Y_j / 4 \qquad (3)$$

其中，Y_j，j=1、2、3、4 表示第 j 个一级指标的分值，TIF 表示各国贸易便利化水平的平均得分。

自 2013 开始实施 "一带一路" 倡议以来，"一带一路" 的规模日益扩大，不断有新的国家加入进来。本文以截至 2019 年 1 月的 "一带一路" 沿线国家为样本，全面评估其贸易便利化水平。鉴于数据的可得性，仅选取沿线 80 个国家 2009 年 –2017 年（9 年）的数据进行研究分析。

2. 符号说明

下文分析中所用到的符号均在表 2 中列出，表中所示各个指标的得分越高就说明该国在这一方面的表现越好，得分较低则说该国在这些方面的政策措施还不够完善，有待进一步提高。

表 2　文中所用符号及其含义

符　号	含　义
TIF	平均贸易便利化水平得分
PTIF	口岸效率指标得分
RTIF	规制环境指标得分
CTIF	海关环境指标得分
ETIF	电子商务和营商环境指标得分

三、"一带一路"国家贸易便利化评估结果分析

（一）"一带一路"分区域贸易便利化评估结果

根据前文所建立的指标体系测算"一带一路"沿线国家各贸易便利化指标的得分，根据得分情况，做出如下分析：

本文将"一带一路"沿线国家按照地理位置划分为4个区域，分别是亚洲，欧洲，非洲和美洲（南美洲和北美洲），为了进一步研究中国的贸易便利化水平在"一带一路"沿线各区域中的地位，将中国进行单独列示，评估结果见表3。

表3　分区域贸易便利化评估结果

	亚洲	欧洲	非洲	美洲	中国
PTIF	0.59	0.61	0.50	0.56	0.73
RTIF	0.68	0.59	0.60	0.58	0.72
CTIF	0.70	0.66	0.63	0.62	0.72
ETIF	0.68	0.70	0.51	0.63	0.85
TIF	0.66	0.64	0.56	0.60	0.75

数据来源：根据 GCR 数据整理所得。

如表3，上述四个区域贸易便利化水平从高到低分别是：亚洲、欧洲、美洲（北美洲和南美洲）、非洲，而且相比较四个地区来说，中国的贸易便利化程度明显处于较高水平，可见，在"一带一路"沿线国家中，中国在贸易便利化方面具有更为完善的政策措施，而其他区域国家则应该进一步提高贸易便利化水平，特别是非洲，该区域国家的贸易便利化水平明显落后于其他区域的国家，更与亚洲、欧洲和中国等地相去甚远。显然，贸易便利化水平同经济发展水平之间具有一定的相关关系。根据分区域贸易便利化评估结果可知，中国以及上述四个地区在海关环境方面均具有较好的表现，也就是说中国及沿线各国的海关办事效率以及解决争端的效率较高；中国在电子商务和营商环境方面的得分明显高于其他指标，也明显高于沿线其他地区该指标的得分，但是，亚洲

和欧洲国家在电子商务和营商环境方面的表现还有所欠缺，有待进一步提高；亚洲、非洲和美洲国家在口岸效率方面得分均较低，说明前述三个地区在交通基础设施的建设等方面还有待进一步完善和发展。

（二）"一带一路"沿线国家贸易便利化水平发展趋势

在以上分析的基础上，考察 2009 年 –2017 年（9 年）的平均贸易便利化水平的变化趋势，就单个地区而言，2013 年以前，亚洲国家的贸易便利化水平都呈现出连续性的上升趋势，2013 年达到峰值后开始有所下降，2014 年以后又开始回升；欧洲和美洲国家贸易便利化水平的变动趋势与亚洲国家有较大差异，均在 2014 年出现最大值，之后开始不同程度的下降，尤其是美洲地区，下降幅度较大，而欧洲地区后来则出现小幅度回升；非洲地区的贸易便利化水平始终处于较低水平且波动不大，但是总体上仍然呈现上升趋势，但上升幅度较小。综上可知，自 2009 年以来，各地区在提高贸易便利化水平方面都做出了不同程度的努力。

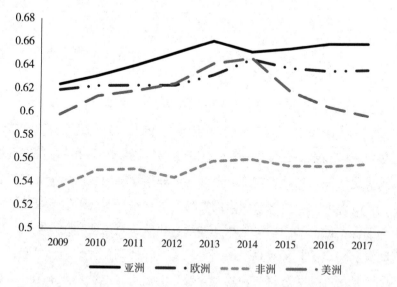

图 1　2009 年 –2017 年四个地区平均贸易便利化水平走势图

数据来源：根据《全球竞争力报告》整理所得数据绘制。

（三）"一带一路"贸易便利化指标得分的分布情况

利用核密度图，对沿线 80 个国家的 4 个一级贸易便利化指标得分（2017年）的分布情况进行研究分析。将沿线 80 个国家（限于数据的可得性等原因只选择了其中 80 个国家）按照人均 GDP 进行分组，分别考察人均 GDP 高于 10000 美元（以下称作"经济发达的国家"）和人均 GDP 低于 10000 美元的国家（以下称作"经济欠发达的国家"）不同贸易便利化指标得分的分布情况（图 3 中蓝色实线表示经济欠发达的国家，红色实线表示经济发达的国家）。

口岸效率（PTIF）：对于口岸效率这一指标而言，经济发达的国家在该方面的得分集中于较高水平（0.7 分左右），而经济欠发达的国家在该方面的得分集中于相对较低的水平（0.45 分左右），说明经济发达的国家拥有更加完善的基础设施，尤其是在交通运输等方面，而经济欠发达的国家则需要进一步促进其基础设施健全和优化发展，从而提高其贸易便利化水平。

规制环境（RTIF）：无论是经济欠发达的国家还是经济发达的国家，在规制环境这一方面的得分主要都集中于 0.4 分到 0.7 分之间，由此说明二者在这一方面的差距较小，且都处于中等水平，所以二者在都应该进一步健全其国内的法律法规体系，提高其司法独立性等，进而改善自身的制度环境。

海关环境（CTIF）：相较于其他指标而言，"一带一路"沿线国家在该指标方面的得分明显高于其他指标，而且大部分沿线国家得分均处于较高水平（大于 0.6 分）。可以看出，和其他方面相比，沿线各国在海关环境方面的政策措施更为完善，其海关程序负担、国家间的贸易壁垒较小，各国在处理贸易争端等方面也都具有更高的效率。

电子商务和营商环境（ETIF）：经济欠发达的国家该指标得分的分布较为分散，跨度较大（0.2-0.8 之间），而经济发达的国家在该方面的得分则集中于在 0.6 分到 0.9 分之间。显然，经济欠发达的国家在电子商务和营商环境方面的发展水平参差不齐，存在较大差异，而经济发达的国家在该方面则较为完善。

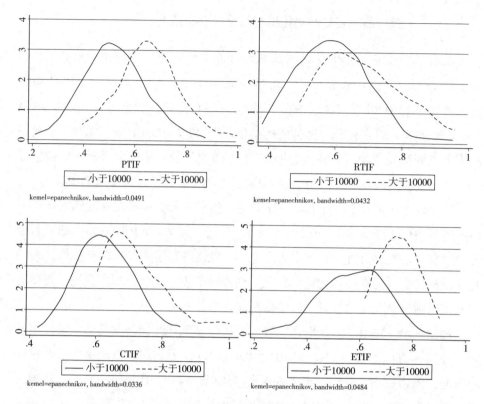

图 2　一级指标核密度图

数据来源：根据《全球竞争力报告》整理所得数据绘制。

四、贸易便利化影响因素分析

（一）模型构建及指标描述

　　虽然影响贸易便利化水平的因素有很多，但为简化分析，只列举可能对贸易便利化有较为主要影响的几个因素，所选取的因素分别为人均国内生产总值（avgdp）、国内生产总值（gdp）、人口（pop）、国土面积（square）和贸易额（trade）。在对已有研究进行整理和分析的基础上，建立如下扩展的引力模型来研究上述 5 个因素对贸易便利化的影响：

$$lntif_{it} = C_0 + \beta_1 lnsquare_{it} + \beta_2 lnpop_{it} + \beta_3 lnavgdp_{it} + \beta_4 lntrade_{it} + \beta_5 lngdp_{it} + \varepsilon_n$$

其中, i 和 t 分别代表国家和年份, tif_{it}^1 表示第 i 国第 t 年的贸易便利化数值, 根据 GCR 数据整理所得; $square_{it}$ 表示第 i 国第 t 年的国土面积, 数据来源于世界银行; pop_{it} 表示第 i 国第 t 年的人口数量, 数据来源于世界银行; $avgdp_{it}$ 表示第 i 国第 t 年的人均国内生产总值, 数据来源于世界银行; $trade_{it}$ 表示第 i 国第 t 年的贸易额（出口总额）, 数据来源于 UN Comtrade ; gdp_{it} 表示第 i 国第 t 年的国内生产总值, 数据来源于世界银行; β_n（n=1、2、3、4）表示各变量对各个贸易便利化指标的边际贡献, ε_n 表示随机误差项。

（二）变量说明及数据处理

选取"一带一路"沿线 61 个国家作为实证研究的对象, 其余国家由于贸易便利化指标无法获得或是其他变量数据无法获得而剔除。文中所涉及的 4 个贸易便利化一级指标均是根据《全球竞争力报告》（GCR）的数据进行简单整理所得, 计算方法在前文已经说明。另外, 为了增强回归结果的可靠性, 选用 2009 年 –2017 年的面板数据（共 9 年）。

（三）实证结果分析

根据以上实证分析框架, 作为参照, 首先采用混合面板的方法进行回归分析, 在进一步修正回归模型之前, 首先绘制了残差与拟合值的散点图（见图 3）, 从图中可以直观地看出明显存在异方差, 然后对其进行 white 检验, 显然, white 检验的结果[1] 显著的拒绝了同方差的原假设, 即明显存在异方差。

由于存在异方差, 使用普通标准误进行回归分析则会缺乏准确性, 所以在使用混合面板模型进行估计时, 采用稳健标准误对其进行修正, 以期得到更优的回归结果; 除此之外, 还分别采用固定效应模型和随机效应模型来分析各个因素对贸易便利化水平的影响, 并在此基础上进行 hausman 检验。检验结果表明随机效应模型更优。鉴于文章篇幅所限, 因此只汇报 hausman 检验之后的结果和混合面板回归的结果（见表 4）。

---

[1] White 检验的结果为 TIF: chi2(18)=122.75, Prob > chi2= 0.0000。

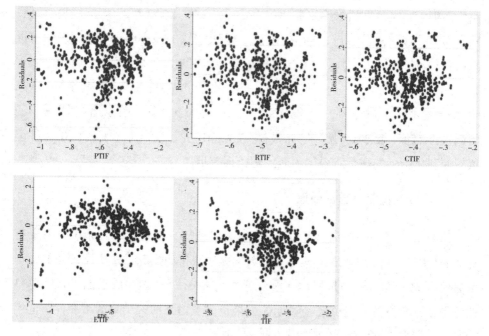

图 3　残差与拟合值的散点图

　　整体而言，上述诸因素对贸易便利化水平具有显著影响，根据表 5 实证结果可见：在 1% 的显著性水平下，贸易额对平均贸易便利化水平具有正向的促进作用（随机效应模型也显示出同样的结果），而国土面积则会对贸易便利化水平具有阻碍作用（混合面板）；人口与平均贸易便利化水平负相关（混合面板），经济规模与平均贸易便利化水平正相关（混合面板），且均在 1% 的显著性水平下统计显著。

表 4　实证分析结果

	TIF	
	随机效应	混合面板
ltrade	0.0281	0.0243
	(3.23)***	(3.30)***
lpop	0.412	−1.878
	−0.81	(−3.20)***

续　表

	TIF	
	随机效应	混合面板
lsquare	−0.0122	−0.013
	(−1.06)	(−2.81)***
lavgdp	0.467	−1.811
	−0.91	(−3.08)***
Lgdp	−0.411	1.887
	(−0.81)	(3.22)***
_cons	−1.508	−1.709
	(−8.43)***	(−19.48)***
N	550	550
R2		0.604

注：***、**、*分别表示1%、5%、10%的显著性水平，各变量估计系数括号内对应的值为标准差。

　　"一带一路"沿线国家地理位置相近，要素禀赋差异较大且沿线各国经济发展水平、国家规模以及发展特点各有不同。为前述诸因素对贸易便利化水平的影响在不同经济发展水平国家之间的差别，本文将沿线国家按照经济发展水平分为两组，即经济发达的国家和经济欠发达的国家，并对其分别进行实证研究。

　　根据以上实证分析过程，可以看出，在做实证分析时，存在明显的个体效应，所以在下文的实证分析中并未采取混合面板的估计方法，另外，hausman检验的结果发现，对于上述两个区域而言，随机效应模型更优，因此限于文章篇幅，只汇报随机效应模型的结果，如表6所示。

　　显然，对于经济发展水平存在差异的国家，上述因素对贸易便利化的影响也存在较大差异。相比较于经济欠发达国家，贸易额的增长更能促进经济发达国家的平均贸易便利化水平的提高；另外，对于经济发达的国家，人口数量的增加会加重贸易成本从而不利于其贸易便利化水平的提高，但是对于经济欠发达的国家而言，人口数量的增加却能提高其办事效率，促进其平均贸易便利化水平的提高；与之类似的是人均国内生产总值对平均贸易便利化水平的影响，在经济欠发达的地区，经济发展水平的提高可以显著的促进该地区贸易便利化水平的提高，但是在经济发达的地区，估计值与预期存在出入的原因可能在于：其已经具有很高的贸易便利化水平，贸易便利化的相关政策措施已经相当完善，即使经济发展水平进一步提高，但贸易便利化水平也很难再取得突破性进展；但是与上述两者恰恰相反的是，国内生产总值对经济发达地区的平均贸易便利化水平具有正的估计系数，但是对经济欠发达地区的平均贸易便利化水平具有负的估计系数；无论是经济发达国家还是经济欠发达国家，土地面积对平均贸易便利化水平的影响均不显著。

对于经济发展水平不同的国家，不同因素对四个一级指标的影响也存在较大差异。根据实证分析结果，可见，贸易额的扩大可以显著的促进两组国家口岸效率以及电子和营商环境的提高和完善，而且贸易额对经济发达国家的海关环境也具有正向的促进作用；对于经济发达国家而言，人口数量的增加会加剧其海关程序负担，增加其交通运输压力和降低办事效率，不利于贸易便利化水平的提高，但是对经济欠发达地区而言，人口对规制环境、海关环境以及电子商务和营商环境均具有显著的正向作用；类似的，人均国内生产总值对两组国家的估计系数也存在较大差异，也就是说对于经济欠发达的国家而言，提高经济发展水平有利于其相关贸易便利化措施的完善和发展，而对于经济发达国家而言，贸易便利化水平与经济发展水平并不同步；国土面积对两组国家的电子商务和营商环境的健全和发展都具有阻碍作用，但是对其他贸易便利化指标的影响还有待进一步研究；最后，经济发达国家的国内生产总值的提高对和口岸效率的提高，规制环境、海关环境的完善以及电子商务和营商环境的完善和发展具有显著的促进作用，而经济欠发达国家的国内生产总值对规制环、境海关环境以及电子商务和营商环境的估计系数为负，也就是说经济规模的扩大可能会对加重该组国家的政府管制负担，扩大贸易争端规模，不利于海关办事效率的提高和贸易便利化水平的提高。

表6　经济发达国家混合经济欠发达国家的随机效应模型回归结果

经济发达国家	PTIF	RTIF	CTIF	ETIF	TIF
ltrade	0.104	0.0166	0.0342	0.0620	0.0556
	(3.92)***	(0.79)	(1.71)*	(4.84)***	(4.25)***
lpop	−7.740	−10.26	−13.38	−6.366	−9.177
	(−3.33)***	(−5.80)***	(−7.16)***	(−4.80)***	(−8.11)***
lsquare	−0.0193	−0.00526	−0.0170	−0.0206	−0.0175
	(−0.81)	(−0.23)	(−1.12)	(−2.50)**	(−1.41)
lavgdp	−7.656	−10.12	−13.27	−6.369	−9.105
	(−3.30)***	(−5.73)***	(−7.12)***	(−4.81)***	(−8.07)***
lgdp	7.673	10.20	13.33	6.390	9.141
	(3.30)***	(5.76)***	(7.14)***	(4.82)***	(8.09)***
_cons	−1.881	−0.453	−0.771	−2.190	−1.342
	(−3.77)***	(−1.00)	(−2.24)**	(−10.58)***	(−5.25)***
N	205	205	205	205	205
lTradeValue	0.0887	0.00719	−0.0239	0.0200	0.0184
	(4.95)***	(0.46)	(−1.63)	(1.68)*	(1.61)
lpop	−0.672	1.486	2.610	1.491	1.223
	(−0.71)	(1.76)*	(3.22)***	(2.24)**	(2.01)**
lsquare	0.0340	0.00123	−0.0118	−0.0334	−0.0109
	(1.01)	(0.05)	(−0.57)	(−2.12)**	(−0.55)
lavgdp	−0.615	1.512	2.649	1.572	1.265
	(−0.65)	(1.79)*	(3.27)***	(2.35)**	(2.07)**
lgdp	0.565	−1.493	−2.568	−1.394	−1.205
	(0.60)	(−1.77)*	(−3.18)***	(−2.09)**	(−1.98)**
_cons	−0.921	−0.771	−1.122	−3.664	−1.636
	(−2.32)**	(−2.39)**	(−4.26)***	(−18.17)***	(−6.91)***
N	327	327	327	327	327

注：***、**、* 分别表示1%、5%、10%的显著性水平，各变量估计系数括号内对应的值为标准差。

五、结论与启示

（一）主要结论

"一带一路"沿线国家经济发展水平参差不齐，各国贸易便利化水平也大不相同；实证分析结果表明，影响贸易便利化的因素有很多，且不同因素对贸易便利化的影响也不尽相同。

1. 对"一带一路"沿线国家按照地域进行分组，从分析结果可以明显看出贸易便利化水平在"一带一路"不同区域之间存在很大差异。总的来说，亚洲的贸易便利化水平最高，欧洲次之，然后是美洲，非洲最低。就上述四个一级贸易便利化指标来说，各地区在海关环境方面的制度措施更为完善和健全，而且除了非洲以外，中国及其他各地区都在不断优化其电子商务和营商环境并在该方面取得较大进展，但是沿线各地区在其他方面还有待进一步完善。

2. 通过核密度图研究结果，基本可以看出，经济发展水平不同的国家各贸易便利化指标得分的分布情况也存在差异，但是总的来说，相较于经济欠发达国家，经济发达国家的四个一级贸易便利化指标得分均明显集中于更高的水平。

3. 就"一带一路"国家而言，贸易额的扩大可以显著促进贸易便利化水平的提高；国土面积过大势必会引起管理成本和贸易成本的增加，从而会对贸易便利化水平的提高产生阻碍作用；另外，经济规模的扩大能够促进贸易便利化水平的额提高，但是经济发展水平对贸易便利化的影响还有待进一步深化研究。

4. 根据分组回归分析的结果，可以得知对于经济发展水平不同的国家而言，各个指标对其贸易便利化水平的影响也存在较大差异。对于经济发达国家来说，贸易额的扩大对平均贸易便利化水平的促进作用更为显著，人口、人均国内生产总值以及国内生产总值对贸易便利化水平的影响在上述两组国家之间也存在较大差异，但是国土面积对两组国家的平均贸易便利化水平的影响并不显著。

（二）政策启示

"一带一路"沿线国家资源禀赋丰富，具有很强的经济互补性，因而沿线国家之间具有巨大的经贸合作潜力和发展空间，而进一步促进贸易便利化水平的提高将有利于经贸合作的深入发展：

1. "一带一路"国家应着力提高其贸易便利化水平，特别是对于非洲国家来说，要更加注重提高其自身的贸易便利化水平，加强基础设施建设，完善公路、海路、铁路、空运等交通运输方式，建立全面的运输网络，提升该地区的口岸运输效率。

2. 进入 21 世纪以来，科学技术在经济发展中的作用不断提高，尤其是互联网的发展和电子商务的出现。为进一步促进沿线国家经贸合作以及经济发展水平，应不断推动电子商务的发展和互联网技术在经济和程序管理中的应用，降低程序性费用、政府管理成本和管理负担，进一步促进沿线国家的贸易便利化水平的提高。

3. 中国在提高贸易便利化水平的路上还需要做出更大的努力，尤其是要不断加强自身基础设施建设，利用自身优势，加强对"一带一路"沿线国家的投资，促进沿线国家协同发展；完善金融市场的发展，加强法律体系的建设，更好地发挥信息技术在政府管理决策、信息公开以及经济发展中的作用。

4. 中国应加强与沿线经济发达国家之间的贸易合作，并应充分发挥亚洲基础设施投资银行和丝路基金的作用，加大对沿线经济较为落后的国家的基础设施建设的投资，促进其贸易便利化水平的提高，以促进沿线国家间的优势互补。

5. 中国及沿线国家应该进一步完善国内信息公开机制，完善国家海关网站，提高贸易相关信息和政府决策的透明度，便于查阅相关政策信息，降低其获取信息的成本，从而进一步提高其总体贸易便利化水平。

6. 中国应积极推动与沿线国家就有关贸易便利化议题进行磋商和谈判，积极促进双边或多边自由贸易协定的签订。以减少沿线国家之间的贸易壁垒，促进各国贸易便利化水平的提高和经贸合作的深化发展。

参考文献

[1] 曾铮，周茜：贸易便利化测评体系及对我国出口的影响 [J].《国际经贸探索》，2008（10）：4-9.

[2] 孔庆峰，董虹蔚："一带一路"国家的贸易便利化水平测算与贸易潜力研究 [J].《国际贸易问题》，2015（12）：158-168.

[3] 段景辉，黄丙志：贸易便利化水平指标体系研究［J].《科学发展》，2011(7):45-46.

[4] 夏春光："一带一路"沿线国家贸易便利化水平对中国出口影响的实证分析［J].《海南金融》，2016（5）:8-13.

[5] 杨青龙，吴倩："一带一路"国家的贸易便利化水平测算及评价［J].《江淮论坛》，2018（4）:50-56.

[6] 王隆重："一带一路"质量合作与贸易便利化［J].《上海质量》，2018（2）：31-34.

[7] 谭晶莹，潘华曦：贸易便利化研究文献综述［J].《经济与管理》，2015（12）:81-83.

[8] 盛斌：WTO《贸易便利化协定》评估及对中国的影响研究［J].《国际贸易》，2016（1）:4-13.

[9] 李向阳：论海上丝绸之路的多元化合作机制［J].《世界经济与政治》，2014（11）:4-17.

[10] 沈明辉：金砖国家合作机制探索—基于贸易便利化的合作前景［J].《太平洋学报》，2011(10):28-35.

[11] 岳静：贸易便利化对我国与东盟成员国贸易的影响 [D].天津：南开大学，2010.

[12] AMIN M, HAIDAR J I. Trade Facilitation and Country Size[M]. The World Bank, 2013.

[13] Melitz M J,The Impact of Trade on Intra — Industry Reallocations and Aggregate Industry Productivity［J］. Econometrica, 2003(71）: 1695 — 1725.

[14] Persson M, Trade Facilitation and the Extensive Margin [J]. The Journal of International Trade & Economic Development, 2013(22) : 658 — 693.

[15] WILSON J S, MANN C L, OTSUKI T. Trade Facilitation and Economic Development: A New Approach to Quantifying the Impact[J]. The World Bank Economic Review, 2003, 17(3): 367-389.

[16] Moise E, Sorescu, S. Trade Facilitation Indicators: The Potential Impact of Trade Facilitation on Developing Countries' Trade [R] .OECD Trade Policy Papers,No.144, 2013.

对外援助、政治关系与中国的对外直接投资

吕　越　崔建筑[*]

摘要：利用 2003-2014 年 Aiddata 数据库的中国对全球援助数据和《中国对外直接投资统计公报》的投资数据，以及中国与其他国家双边政治关系指标，实证研究中国对外援助、政治关系以及中国对外直接投资之间的关系问题。本文的主要发现是：第一，中国对外援助可以通过改善政治关系来促进我国企业到该国投资；第二，中国对外援助主要通过社会基础设施援助、生产部门援助以及包括紧急援助在内的其他部门援助来改善政治关系进而促进投资；第三，相对于自然资源匮乏的国家来说，我国可以通过对资源丰富的国家进行援助来满足自身的资源需求；第四，制度风险的高低并不影响援助改善双边关系对投资的促进作用；第五，金融危机以来，中国低速增长的对外直接投资，可以通过援助改善政治关系来促进 OFDI 投资的增长；第六，援助通过政治关系对投资的中介效应，在"一带一路"沿线国家中表现尤为突出。

关键词：政治关系；援助；对外直接投资；"一带一路"倡议

引　言

根据《中国对外直接投资统计公报》统计，中国自 2012 年以来一直是世界三大投资国之一。伴随"一带一路"倡议的深化，建立在"五通"基础上的中国对沿线国家的直接投资不断增加，其中政策沟通更是"五通"之首。共建"一带一路"5 年多来，在各方共同努力下，政策沟通范围不断拓展，共建"一带一路"合作取得的早期收获，经贸和投资合作又上新台阶，为各国和世界经济增长开辟了更多空间。与此同时，对外援助作为一国实现国家战略目标以及

* 作者简介：吕越，对外经济贸易大学中国世界贸易组织研究院副研究员；崔建筑，对外经济贸易大学中国世界贸易组织研究院硕士研究生。

缓解改善国家间双边关系的重要外交工具，在现有文献中已有所提及（周永生 2002；Wedel，2005）。根据《中国的对外援助 (2014) 白皮书》，2010-2012 年，中国对外援助金额为 893.4 亿元人民币。因此，在当前"一带一路"倡议不断深化发展的背景下，深入研究援助对政治关系的改善作用，降低各国间因冲突带来的不利影响，对保障和促进我国的对外直接投资，加速中国实现对外投资强国具有十分重要的理论和现实意义。

早期研究对外直接投资的理论大多从发达国家的视角进行研究，如邓宁的国际生产折衷理论（Dunning,1981；Dunning,1988）。伴随一大批新兴市场国家对外直接投资的兴起，人们发现这些国家往往并不完全具备发达国家对外投资的传统竞争优势（陈岩等，2012a；Wang 等，2012）。这使得一些学者从其他各个角度对新兴市场国家 OFDI 的动因进行分析，如制度、市场、规避贸易壁垒等（刘阳春，2008；陈岩等，2012b）。其中，双边稳定的政治关系对维持双边健康良好的经贸关系，促进对外直接投资具有越来越重要的地位。双边关系对跨国公司投资区位选择的重要影响已被诸多文献所证实，如 Desbordes 等（2005）和 Buthe 等（2008）实证检验了政治因素以及外交关系对投资的显著影响，张建红等（2012）利用中国的投资数据验证了良好政治关系对投资的保障和促进作用。

与政治关系密切相关的对外援助是一国实现国家战略目标以及缓解改善国家间双边关系的重要外交工具（周永生 2002；Wedel，2005；刁莉等，2008；周玉渊，2010）。援助国在对受援国进行经济援助的过程中，使受援国获得大量经济、技术等方面的帮助，很大程度上促进了本国企业到受援国投资，并且改善了双边政治关系（Karakaplan 等，2005；Bandyopadhyay，2014；Michael，2018），但目前针对这一问题研究的实证分析仍然比较少见，尤其是有关援助能否通过改善政治关系来促进对外直接投资的讨论，这也是本文研究的重点所在。

本文基于中介效应模型，利用 2003-2014 年援助、政治关系及对外直接投资的国家层面数据探究中国对外援助、政治关系以及 OFDI 之间的关系，为中国以一带一路为重点在全球范围内构建伙伴关系，促进中国企业走出去提供经验支持。在已有文献基础上，本文可能的边际贡献有：（1）在现有研究中，虽然已有对援助与政治关系的探讨（周永生 2002；Wedel，2005；刁莉等，2008；周玉渊，2010），但是缺少数据对两者关系的验证，本文以 Aiddata 和外交部网站的数据对两者之间的关系进行实证探究。（2）虽然援助与政治关系、援助与 OFDI 以及政治关系与 OFDI 两两之间的关系都已有研究进行分析，但是三者之间的关系在现有文献中还较少提及，本文对三者之间的关系进行研究，拓展了援助对投资产生影响的影响渠道。（3）本文还从"一带一路"沿线国家的视角进行异质性分析，探究援助、政治关系以及援助的关系，为促进我国企业对"一带一路"沿线国家的投资的影响效应问题提供新视角。

一、文献回顾

国家之间的政治关系对其经贸关系会产生重大的影响，而与政治关系密切相关且被各国广泛应用的援助，也是学者们研究影响投资因素的重要视角之一。并且援助和政治关系不仅是影响投资的两个重要因素，两者之间也有着密切的联系。

（一）政治关系与对外直接投资

政治关系与投资之间的关系主要分为政治关系与投资之间的直接关系以及政治关系对投资的影响机制两个方面：第一，政治关系对投资的直接影响，主要分为两个角度进行。首先，两国之间的政治矛盾、军事冲突标志着两国之间双边关系的紧张，这增加了企业未来收益的不确定性进而抑制企业到该国的投资（Nigh，1985；Xing，2016）；其次，两国之间拥有密切的政治交流，以及其他各方面良好交往则会促进投资（Banddelj，2002；Zhang，2005）。第二，政治关系对投资的间接影响，两国之间签订双边投资协定（BIT）、高层领导人的互访以及建立伙伴关系等，可以弥补东道国制度不健全带来的不确定性以及制度风险，保障企业在东道国的投资安全，进而促进企业到该国的投资（Neumayer 等，2005；张建红等，2012；潘镇，2015；刘晓光等，2016；）。

（二）援助与对外直接投资

对外援助作为帮助落后国家发展经济、改善人民生活的重要工具，对当地带来的经济影响一直为学者们所关注，其中对外援助与对外投资之间的关系，是学者们关注的一个重要视角。关于援助对投资的促进作用，主要分为两类：第一，援助整体上对对外直接投资有促进作用，由于援助往往流向比较落后的国家，这些国家不但经济比较落后，他们的政权稳定性、制度体制以及基础设施等各方面都不完善。因此，现有文献中援助通过作为冲突后国家关系缓和的信号（Garriga等，2014），帮助落后国家发展基础设施、人力资本以及物质资本（Bhavan等，2011），降低征收风险（Asiedu等，2009），降低腐败的摩擦效应（杨亚平等，2018）等各方面促进了受援国的FDI。第二，虽然援助整体上对投资无显著影响，但是将援助根据去向划分为不同的部门时，某些部门会对投资产生促进作用（Kapfer等，2007；Amusa等，2016；）。

（三）援助、政治关系与对外直接投资

从《马歇尔计划》开始，对外援助政策就在国际和地区性冲突的善后中发挥着巨大作用（周弘，2002）。当前中国经济迅速崛起，与其他国家因双边经贸往来引起的摩擦不断增多，而且贸易保护主义有所抬头，国家间矛盾此起彼伏，在多边主义受到多重挑战的情况下，我国不断深入推进"一带一路"的建设，加强区域合作。国家主席习近平在第二届"一带一路"国际合作高峰论坛开幕式上的主旨演讲指出："我们应该构建全球互联互通伙伴关系，实现共同发展繁荣。"并且杨开鸿等（2010）表明对外援助是中国对外工作的重要组成部分，是促进中国与发展中国家友好合作关系的重要方式和渠道。

二、数据与模型设计

（一）模型设定

为了验证援助、政治关系以及对外直接投资之间的关系，采用温忠麟等

（2004）的中介效应模型，对三者之间的关系进行分析。构建出如下模型：

$$OFDI_{it} = \alpha_0 + \alpha_1 Aid_{it} + \alpha_2 Z_{it} + region_i + year_t + \varepsilon_{it} \tag{1}$$

$$relation_{it} = \beta_0 + \beta_1 Ait_{it} + \beta_2 Z_{it} + region_i + year_t + \gamma_{it} \tag{2}$$

$$OFDI_{it} = \theta_0 + \theta_1 Aid_{it} + \theta_2 relation_{it} + \theta_3 Z_{it} + region_i + year_t + \mu_{it} \tag{3}$$

其中 i 和 t 分别为国家和年份。$OFDI_{it}$ 表示 t 年中国对目标国家 i 的对外直接投资流量；Aid_{it} 表示 t 年中国对目标国家 i 的援助流量；$relation_{it}$ 为中国与 i 国在 t 年的政治关系变量；Z_{it} 为控制变量；α_i、β_i 以及 θ_i 为估计系数；还控制了区域和年份的固定效应，分别用 $region_i$ 来表示；ε_{it}、γ_{it} 以及 μ_{it} 为随机误差项。

在具体的实证分析中，根据温忠麟等（2004）对中介效应检验的步骤要求，分四步展开相应的分析。（1）检验回归系数 α_1，如果显著则进行第二步，否则终止检验。（2）依次检验 β_1 和 θ_2，如果都显著说明援助对 OFDI 的影响至少有一部分是通过政治关系实现的，并且第一类错误率小于或等于 0.05，继续第三步。如果至少有一个不显著，转到第四步。（3）检验系数 θ_1，如果显著说明是部分中介效应，即援助对 OFDI 的影响只有一部分是通过中介变量双边政治关系实现的；如果不显著，说明是完全中介效应，即援助对投资的影响都是通过中介变量实现的。（4）做 sobel 检验，如果显著，说明政治关系的中介效应显著，否则中介效应不显著。

（二）变量和数据

1. 被解释变量

选择 OFDI 作为本文的因变量，用中国每年的对外直接投资流量净额表示中国对东道国的投资规模。该数据从各年的《中国对外直接投资统计公报》中获得，涵盖 2003–2016 年中国对 187 个国家的对外直接投资净额（Outward Foreign Direct Investment, OFDI）。参考闫雪凌等（2019）我们剔除其中港澳台的数据。

2. 核心解释变量

援助：将援助作为自变量，表示特定年份中国对东道国的援助金额，单位为美元，数据来源于 Aiddata 数据库，包含 2000–2014 年中国对全球国家的

4373 个援助项目，共计 3544 亿美元。

政治关系：参考文献潘镇等（2015），选择中介变量如下：双边关系状态（relation）：表示中国与东道国在特定年份所处的关系状态，并且将双边关系状态由低到高分别赋值，然而与潘镇等（2015）不同的是，为了能更好地体现中国与其他国家的关系状态发展进程，进行更详细的划分。具体如下表：

表 1　政治关系的度量

关系状态	赋　值
未建交	0
建交	1
友好睦邻合作	2
全面合作	2.5
战略合作	3
全面战略合作	3.5
睦邻互信伙伴	4.5
全面合作伙伴	5
战略伙伴	5.5
全面战略伙伴	6
战略合作伙伴	6.5
全面战略合作伙伴	7

资料来源：数据来源于外交部网站。

为确保指标的准确性，还参考张建红等（2012）选择了另外两种政治关系指标的度量方法，即：（1）友好城市（city）：表示中国与目标国家建立友好城市的状况。用截至某年中国与东道国双边地方省、市之间建立友好城市的总量来度量，该数据从外交部网站手动收集；（2）领导人互访（visit）：表示在某一特定年份两国领导人互访的情况，该数据也是从外交部网站手动收集得到。

3. 其他控制变量

除了上述关键变量，还引入了其他控制变量，用来控制其他东道国的国家特征对投资产生的影响。具体包括:（1）国内生产总值（Gross Domestic Product, GDP）:参照张建红等（2012），选取东道国 GDP 来衡量东道国市场规模的大小，数据来源于世界银行;参照刘晓光（2016）选取:（2）人均国内生产总值（per capita Gross Domestic Product, pGDP）:东道国的人均 GDP 来衡量一国经济发展水平和劳动力成本，数据来源于世界银行数据库;（3）汇率（rate）选取联合国对国际货币基金组织（IMF）经过调整之后的 AMA 汇率;(4) 贸易开放度（open）:衡量一国对外开放的程度，用东道国贸易总额占该国 GDP 的比重来衡量，贸易数据来源于联合国商品贸易统计数据库（UN Comtrade）;（5）制度质量（institution, inst）:由于一国的制度环境越好，企业的经营环境就越安全，用来寻租等不必要的成本也就越低，因此选择世界银行的世界治理指标（WGI），将其加和得到 inst 用以衡量制度质量;（6）自然资源禀赋（resource）:参照杨亚平等（2018），选择世界银行的自然资源租金数据来衡量一国自然资源的丰富度;（7）金融发展（Financial Development, FD）:由于金融发展水平的高低代表了一个国家投资环境的好坏，并且金融水平越高，对 FDI 的吸引力越高（吕朝凤等，2018），为此选择金融发展作为控制变量，数据来源于 IMF;（8）地理距离（distance, dist）:两国之间的距离会增加投资的成本，用两国之间的地理距离来衡量投资的冰山成本，根据潘镇（2015），选择两国首都之间的地理距离作为控制变量，数据来源于法国国际经济研究中心（CEPII）数据库;（9）双边投资协定（Bilateral Investment Treaty, BIT）:两国之间签订双边投资协定既能够消除贸易和投资壁垒，弥补东道国制度的不足，还能弥补母国对企业的支持不足，进而促进对签约国的 FDI(宗芳宇等，2012)，因此选择双边投资协定作为控制变量，数据来源于世界银行的 ICSID 数据库和中国商务部网站。(10）自由贸易协定（Free Trade Agreement, FTA）:根据佟家栋等（2010），FTA 的签订将对投资产生重要的影响，FTA 的签订可能吸引投资进入该国，也有可能因为集聚效应的存在而不利于投资的进入，因此选择中国与其他国家签订的 FTA 作为控制变量。数据来源于中国自由贸易区服务网。

表 2 变量的描述性统计

变量	变量含义	样本量	均值	标准差	最小值	最大值
OFDI	中国对东道国的投资	1405	5.194	3.722	0	13.08
Aid	中国对东道国的援助	1405	10.034	8.908	0	24.32
city	友好城市数量	1405	1.097	1.098	0	5.056
visit	领导人互访次数	1405	0.578	0.891	0	6
relation	双边关系状态	1405	1.772	1.778	0	7
dist	地理距离	1381	9.050	0.566	6.862	9.868
GDP	东道国国内生产总值	1385	9.632	2.077	4.578	14.78
pGDP	东道国人均 GDP	1397	7.810	1.322	4.462	11.39
rate	东道国汇率	1405	3.823	2.579	0.238	10.16
open	东道国开放程度	1246	13.05	0.565	11.64	16.37
resource	东道国自然资源禀赋	1383	1.868	1.206	0	4.154
FD	金融行业的发展程度	1405	0.229	0.152	0.003	0.859
inst	制度质量	1405	1.014	2.087	−10.58	3.992
BIT	双边投资协定数量	1405	0.458	0.498	0	1
FTA	自由贸易协定	1405	0.0210	0.145	0	1

三、实证结果分析

(一)基准回归结果分析

本文采用普通最小二乘（Ordinary Least Square, OLS）方法进行基准回归。在进行回归之前，首先采用方差膨胀因子（VIF），对模型进行多重共线性检验，经计算方差膨胀因子的值均小于 10，表明没有严重的多重共线性问题（杨攻研等，2015）。基准回归的结果由表 3 可得，可以看到，当未加入控制变量只控制了年份和区域固定效应时，中介效应检验的（1）、（2）和（3）式的回归结果都显著为正。并且在加入控制变量之后，通过（1）式可以得到，中国对其他国家的援助可以促进中国企业到当地投资。（2）式的结果表明援助可以改善双边政治关系。通过（3）式的结果可以知道，援助通过改善政治关系对投资的中介作用显著为正，即中国对其他国家的援助可以通过改善与该国的政治关系来促进中国企业对当地的投资。也可以看到在加入控制变量的（1）式中，距离对中国企业到东道国投资，有着显著的负向影响。GDP 具有显著的正向效应，这表明东道国市场规模（GDP）对中国企业投资的吸引作用。还可以看到，制度质量（inst）显著为正，这表明中国企业更偏向于投资于制度健全的国家。并且，可以看到资源变量对 OFDI 的影响显著为正，这一定程度上支持了中国企业含有资源寻求的目的。此外，双边投资协议（BIT）和自由贸易协定（FTA）的系数也显著为正，这意味着中国与其他国家签订双边协议可以促进企业到该国投资。

表 3　基准回归结果

变量	OFDI	relation	OFDI	OFDI	relation	OFDI
Aid	0.062***	0.039***	0.043***	0.040***	0.030***	0.031***
	(0.01)	(0.01)	(0.01)	(0.01)	(0.01)	(0.01)
relation			0.495***			0.295***
			(0.03)			(0.03)
dist				−0.770***	−0.614***	−0.589***
				(0.18)	(0.15)	(0.18)
GDP				0.357***	0.222***	0.291***
				(0.04)	(0.03)	(0.04)
pGDP				−0.015	0.063	−0.034
				(0.06)	(0.05)	(0.06)
rate				−0.006	0.062***	−0.025
				(0.03)	(0.02)	(0.03)
open				0.106	−0.502***	0.254**
				(0.11)	(0.09)	(0.11)

变量	OFDI	relation	OFDI	OFDI	relation	OFDI
inst				0.064***	−0.051***	0.079***
				(0.02)	(0.02)	(0.02)
resource				0.185***	0.198***	0.126**
				(0.05)	(0.04)	(0.05)
FD				−0.004	1.772***	−0.527
				(0.61)	(0.49)	(0.59)
BIT				0.211*	0.337***	0.112
				(0.12)	(0.10)	(0.12)
FTA				0.794**	0.851***	0.543*
				(0.33)	(0.27)	(0.32)
Constant	0.604***	0.534***	0.340*	0.528**	0.297	0.440*
	(0.20)	(0.18)	(0.19)	(0.24)	(0.20)	(0.23)
N	1,405	1,405	1,405	1,223	1,223	1,223
R−squared	0.266	0.196	0.398	0.456	0.501	0.487
区域固定效应	YES	YES	YES	YES	YES	YES
年份固定效应	YES	YES	YES	YES	YES	YES

注：*、**、*** 分别表示在 10%、5% 及 1% 的显著性水平上显著。后表均同。

（二）援助类别异质性分析

由基准回归的结果可以得到，中国的援助总体上来说对投资有着显著的促进作用，并且其通过改善政治关系促进投资的中介作用也显著为正。但是，为了更清楚的了解每一种援助的作用，参考王譻等（2014）并根据 Aiddata 数据库对援助类型的划分，将援助分为四个部门，即社会基础设施部门援助、经济基础设施部门援助、生产部门援助和其他部门援助。社会基础设施部门主要包括：教育、医疗卫生以及政府与公民社会等项目；经济基础设施部门援助主要包括：交通、能源、通信以及金融服务等项目；生产部门包括：农业、制造业以及旅游业等项目；其他部门援助主要包括：一般预算支持以及紧急援助等项目。四个部门的分类回归结果由表 4 和表 5 可以得到。

在表 4 中，社会基础设施部门的援助通过改善政治关系促进投资的中介效应显著为正，且通过了 1% 的显著性检验。这可能是因为，中国通过对当地教育，医疗以及政府等方面的援助，提升了当地的人力资本以及劳动力素质，并且提高了当地对中国企业的认可度，促进了双边关系，吸引了中国企业到当地投资。但是对经济基础设施部门的援助，虽然援助对投资的系数是正的，但是中介效应检验的三段式并没有通过检验，这表明援助对投资的促进作用，但是并不显著。这可能是因为当地交通、通讯等基础设施的改善并不是吸引中国企业前往当地投资的主要原因。在表 5 中生产部门援助和其他部门援助通过改善政治关系促进投资的中介效用都显著为正。这说明中国的援助通过改善当地生产部门的设施及技术条件，并且通过对政府预算支持以及人道主义援助等，提升了中国在当地的国家形象，提高了当地人民和政府对中国以及其企业的认可度，为中国企业在当地的投资以及产品销售提供便利。

表 4　社会基础设施部门和经济基础设施部门的回归结果

变量	社会基础设施部门			经济基础设施部门		
	OFDI	relation	OFDI	OFDI	relation	OFDI
Aid	0.027***	0.025***	0.020**	0.024	0.021	0.018
	(0.01)	(0.01)	(0.01)	(0.02)	(0.02)	(0.02)
relation			0.293***			0.248***
			(0.05)			(0.05)
dist	−0.870***	−0.811***	−0.633**	−1.125***	−0.670**	−0.958***
	(0.27)	(0.22)	(0.27)	(0.36)	(0.33)	(0.35)
GDP	0.431***	0.221***	0.366***	0.439***	0.277***	0.370***
	(0.07)	(0.05)	(0.06)	(0.08)	(0.07)	(0.08)
pGDP	−0.075	0.066	−0.095	0.001	0.464***	−0.114
	(0.09)	(0.07)	(0.09)	(0.12)	(0.11)	(0.12)

续　表

变量	社会基础设施部门			经济基础设施部门		
	OFDI	relation	OFDI	OFDI	relation	OFDI
rate	0.006	0.069**	−0.014	−0.098**	0.060	−0.112**
	(0.04)	(0.03)	(0.04)	(0.04)	(0.04)	(0.04)
open	0.040	−0.347**	0.142	−0.293	−0.425**	−0.188
	(0.17)	(0.14)	(0.16)	(0.20)	(0.18)	(0.20)
inst	0.041	−0.048*	0.055*	0.00029	−0.082**	0.021
	(0.03)	(0.03)	(0.03)	(0.04)	(0.04)	(0.04)
resource	0.224***	0.142**	0.183**	0.525***	0.375***	0.432***
	(0.08)	(0.06)	(0.08)	(0.10)	(0.09)	(0.10)
FD	0.303	2.355***	−0.387	−1.282	1.437	−1.638
	(0.95)	(0.77)	(0.93)	(1.08)	(0.99)	(1.05)
BIT	0.223	0.117	0.188	−0.007	−0.052	0.006
	(0.17)	(0.14)	(0.16)	(0.21)	(0.19)	(0.21)
FTA	0.912*	0.469	0.775	0.139	0.848*	−0.071
	(0.50)	(0.41)	(0.48)	(0.47)	(0.43)	(0.46)
Constant	0.550	0.433	0.424	0.929*	1.124**	0.650
	(0.36)	(0.30)	(0.35)	(0.50)	(0.45)	(0.49)
N	638	638	638	405	405	405
R−squared	0.493	0.462	0.522	0.560	0.593	0.583
区域固定效应	YES	YES	YES	YES	YES	YES
年份固定效应	YES	YES	YES	YES	YES	YES

表 5　生产部门和其他部门的回归结果

变量	生产部门援助			其他部门援助		
	OFDI	relation	OFDI	OFDI	relation	OFDI
Aid	0.093***	0.043**	0.078***	0.061***	0.052***	0.051**
	(0.02)	(0.02)	(0.02)	(0.02)	(0.02)	(0.02)
relation			0.350***			0.198***
			(0.06)			(0.05)
dist	−1.107**	−1.037**	−0.744*	−1.212***	−1.228***	−0.969***
	(0.43)	(0.44)	(0.41)	(0.28)	(0.24)	(0.29)
GDP	0.387***	0.320***	0.275***	0.458***	0.264***	0.406***
	(0.10)	(0.10)	(0.09)	(0.08)	(0.06)	(0.08)
pGDP	−0.063	0.241	−0.148	0.027	0.346***	−0.041
	(0.14)	(0.15)	(0.14)	(0.11)	(0.09)	(0.11)
rate	0.030	0.131**	−0.016	0.025	0.050	0.015
	(0.06)	(0.06)	(0.06)	(0.04)	(0.04)	(0.04)
open	0.013	−0.09	0.043	0.263	−0.120	0.286
	(0.24)	(0.25)	(0.23)	(0.19)	(0.16)	(0.19)
inst	−0.033	0.0003	−0.033	0.085**	−0.018	0.088**
	(0.05)	(0.05)	(0.05)	(0.04)	(0.03)	(0.04)
resource	0.308***	0.192	0.241**	0.265***	0.142*	0.237***
	(0.12)	(0.12)	(0.11)	(0.09)	(0.08)	(0.09)
FD	0.935	1.447	0.429	−0.995	−0.472	−0.902
	(1.35)	(1.38)	(1.26)	(1.07)	(0.90)	(1.05)
BIT	−0.035	−0.294	0.068	−0.231	−0.060	−0.219
	(0.26)	(0.27)	(0.25)	(0.20)	(0.17)	(0.20)
FTA	0.977	0.481	0.808	1.752***	1.537***	1.448***
	(0.78)	(0.80)	(0.73)	(0.52)	(0.44)	(0.52)
Constant	−0.192	−0.005	−0.190	0.348	0.316	0.286
	(0.52)	(0.53)	(0.48)	(0.37)	(0.31)	(0.36)

续　表

变量	生产部门援助			其他部门援助		
	OFDI	relation	OFDI	OFDI	relation	OFDI
N	247	247	247	480	480	480
R-squared	0.613	0.539	0.663	0.533	0.506	0.546
区域固定效应	YES	YES	YES	YES	YES	YES
年份固定效应	YES	YES	YES	YES	YES	YES

（三）自然资源禀赋异质性分析

近年来，中国经济迅速发展，能源的需求不断提升，能源对外依存度不断提高，由此而引致的安全问题不得不重视（郑新业等，2019）。以采矿业为例，自 2003 年至 2017 年，我国对采矿业（主要为石油、天然气以及金属等）的投资存量不断上升，由 59 亿美元增长至 1576.7 亿美元，增长近 30 倍，这从一定程度上反映出我国不断上升的资源需求。

根据自然资源，计算出其中位数将样本分为两组，中位数之上为高自然资源组，中位数之下为低自然资源组，然后分别在高自然资源组和低自然资源组之中进行（1）、（2）以及（3）式的回归。具体的回归结果见表 6。由表 6 的回归结果可以看到，在资源丰富的国家中，中国的援助可以通过改善政治关系来促进对该国的投资，而在资源匮乏的国家这一机制并不可行。

表 6　自然资源异质性分析

变量	高自然资源			低自然资源		
	OFDI	relation	OFDI	OFDI	relation	OFDI
Aid	0.059***	0.026***	0.048***	0.012	0.009	0.009
	(0.01)	(0.01)	(0.01)	(0.01)	(0.01)	(0.01)
relation			0.393***			0.318***
			(0.049)			(0.05)
dist	−1.453***	−1.692***	−0.787**	−0.070	−0.744***	0.167
	(0.32)	(0.26)	(0.31)	(0.27)	(0.21)	(0.27)

GDP	0.528***	0.546***	0.314***	0.286***	0.097**	0.255***
	(0.07)	(0.05)	(0.07)	(0.06)	(0.04)	(0.05)
pGDP	−0.048	0.011	−0.053	−0.229**	−0.079	−0.204*
	(0.09)	(0.07)	(0.08)	(0.11)	(0.09)	(0.11)
rate	0.024	0.074**	−0.005	0.030	−0.043	0.043
	(0.04)	(0.03)	(0.03)	(0.05)	(0.03)	(0.04)
open	0.112	0.067	0.085	0.117	−1.016***	0.440***
	(0.16)	(0.14)	(0.15)	(0.16)	(0.12)	(0.17)
inst	−0.021	0.040	−0.036	0.135***	−0.101***	0.167***
	(0.03)	(0.03)	(0.03)	(0.03)	(0.03)	(0.03)
FD	−1.534*	0.900	−1.888**	2.409***	1.374*	1.973**
	(0.86)	(0.71)	(0.81)	(0.92)	(0.70)	(0.89)
BIT	0.424**	−0.335**	0.556***	0.048	0.987***	−0.266
	(0.18)	(0.15)	(0.18)	(0.18)	(0.14)	(0.18)
FTA	−0.081	2.277***	−0.976**	1.484***	−0.039	1.496***
	(0.48)	(0.40)	(0.47)	(0.44)	(0.34)	(0.43)
Constant	−0.877**	−0.348	−0.741*	1.166***	−0.007	1.168***
	(0.41)	(0.34)	(0.39)	(0.31)	(0.24)	(0.30)
N	569	569	569	658	658	658
R−squared	0.524	0.555	0.575	0.448	0.565	0.481
区域固定效应	YES	YES	YES	YES	YES	YES
年份固定效应	YES	YES	YES	YES	YES	YES

（四）制度风险异质性分析

在影响企业投资安全以及区位选择的因素中，制度因素是保障中国企业在当地投资安全以及顺利开展业务非常重要的因素。因此，利用世界银行的世界治理指标（WGI），将其加和得到 inst，数值越高代表制度风险越低，数值越低代表制度风险越高。随后依据制度质量将样本分为高制度风险与低制度风险两组,其中高制度风险即为制度质量低的国家,反之亦反。可以看到无论在高制度风险中还是在低制度风险中,援助通过改善政治关系对投资的促进作用都是显著的。这可能是因为援助降低了制度风险带来的不确定性,弥补了制度风险对投资的影响。

表 7 制度风险异质性分析回归结果

变量	低制度风险			高制度风险		
	OFDI	relation	OFDI	OFDI	relation	OFDI
Aid	0.046***	0.029***	0.037***	0.031**	0.022**	0.025**
	(0.01)	(0.01)	(0.01)	(0.01)	(0.01)	(0.01)
relation			0.296***			0.302***
			(0.05)			(0.05)
dist	−0.983***	−0.492*	−0.838***	−0.343	−0.802***	−0.101
	(0.33)	(0.29)	(0.32)	(0.27)	(0.20)	(0.26)
GDP	0.506***	0.345***	0.404***	0.327***	0.122***	0.291***
	(0.06)	(0.06)	(0.06)	(0.06)	(0.05)	(0.06)
pGDP	−0.209*	−0.062	−0.191*	0.016	0.087	−0.010
	(0.11)	(0.09)	(0.10)	(0.10)	(0.07)	(0.09)
rate	−0.083*	0.071*	−0.103**	0.020	0.065**	0.001
	(0.04)	(0.04)	(0.04)	(0.04)	(0.03)	(0.04)
open	0.311*	−0.532***	0.469***	0.056	−0.548***	0.221
	(0.16)	(0.14)	(0.16)	(0.19)	(0.14)	(0.18)
resource	−0.154*	0.181**	−0.208***	0.463***	0.076	0.441***
	(0.08)	(0.07)	(0.08)	(0.08)	(0.06)	(0.08)
FD	−1.150	1.211	−1.508*	0.572	4.304***	−0.726
	(0.92)	(0.80)	(0.89)	(0.95)	(0.72)	(0.95)
BIT	−0.189	0.158	−0.236	0.122	0.446***	−0.013
	(0.19)	(0.17)	(0.18)	(0.18)	(0.14)	(0.18)
FTA	1.117***	0.432	0.990***	1.648**	3.003***	0.742
	(0.39)	(0.34)	(0.38)	(0.83)	(0.63)	(0.83)

续　表

变量	低制度风险			高制度风险		
	OFDI	relation	OFDI	OFDI	relation	OFDI
Constant	0.756*	0.094	0.728*	0.820**	0.344	0.716**
	(0.39)	(0.34)	(0.38)	(0.33)	(0.25)	(0.33)
N	546	546	546	677	677	677
R-squared	0.498	0.491	0.532	0.461	0.568	0.490
区域固定效应	YES	YES	YES	YES	YES	YES
年份固定效应	YES	YES	YES	YES	YES	YES

（五）金融危机冲击的异质性分析

本文样本选择年份为 2003-2014 年，在此期间，全球金融危机导致国际资本流动格局发生了重大变化，流入新兴市场国家的 FDI 显著下降（项卫星等，2011），这可能会影响本文的分析结果。因此，以 2008 年为节点，将样本分为两组：2008 年之前为金融危机前，2008 年之后为金融危机后，以期对比金融危机前与金融危机后回归结果是否会产生变化。由表 8 可以看到，在金融危机之前援助显著促进中国对外直接投资，但是它通过政治关系对投资的中介并不显著，因此进行 sobel 检验，但是检验结果并没有通过。在金融危机之前，援助虽然可以促进投资，但是援助通过改善政治关系来促进投资的机制并不成立，而这个机制在金融危机之后是成立的。这可能是因为，在受到金融危机之后，世界许多国家经济受到了极大冲击，发展陷入困难，中国对其他国家的援助极大帮助了受援国度过困难，因而改善了双边关系，保障了中国企业的投资。

表 8　金融危机冲击的异质性分析

变量	金融危机前			金融危机后		
	OFDI	relation	OFDI	OFDI	relation	OFDI
Aid	0.028**	−0.001	0.028**	0.043***	0.048***	0.030***
	(0.01)	(0.01)	(0.01)	(0.01)	(0.01)	(0.01)

续　表

变量	金融危机前			金融危机后		
	OFDI	relation	OFDI	OFDI	relation	OFDI
relation			0.272***			0.261***
			(0.06)			(0.04)
dist	−0.647**	−0.524***	−0.504*	−0.976***	−0.744***	−0.781***
	(0.26)	(0.19)	(0.26)	(0.25)	(0.23)	(0.25)
GDP	−0.024	0.180***	−0.073	0.625***	0.228***	0.566***
	(0.06)	(0.04)	(0.06)	(0.06)	(0.06)	(0.06)
pGDP	−0.110	−0.019	−0.105	−0.008	0.079	−0.029
	(0.09)	(0.07)	(0.09)	(0.09)	(0.08)	(0.09)
rate	0.059	−0.002	0.060	−0.076**	0.108***	−0.104***
	(0.04)	(0.03)	(0.04)	(0.04)	(0.04)	(0.04)
open	−0.211	−0.571***	−0.055	0.375**	−0.454***	0.494***
	(0.18)	(0.13)	(0.18)	(0.15)	(0.14)	(0.15)
resource	0.220***	0.185***	0.169**	0.217***	0.213***	0.161**
	(0.07)	(0.05)	(0.07)	(0.07)	(0.07)	(0.07)
FD	3.007***	2.945***	2.205**	−1.527*	1.111	−1.818**
	(0.92)	(0.67)	(0.92)	(0.81)	(0.74)	(0.79)
BIT	−0.123	0.096	−0.149	0.291*	0.540***	0.149
	(0.18)	(0.13)	(0.17)	(0.17)	(0.16)	(0.17)
FTA	0.937	2.198***	0.339	0.462	0.459	0.342
	(0.92)	(0.67)	(0.91)	(0.36)	(0.33)	(0.35)
Constant	−0.018	−0.173	0.0291	1.934***	0.917***	1.694***
	(0.29)	(0.21)	(0.29)	(0.27)	(0.25)	(0.27)
N	509	509	509	617	617	617
R−squared	0.284	0.489	0.312	0.531	0.537	0.558
区域固定效应	YES	YES	YES	YES	YES	YES
年份固定效应	YES	YES	YES	YES	YES	YES

（六）一带一路与非一带一路国家的异质性分析

"一带一路"倡议作为中国为推动经济全球化深入发展而提出的国际区域经济合作新模式，对沿线国家的经济发展产生了积极的带动作用。因此对数据中的"一带一路"国家与非"一带一路"国家进行分组回归，对比回归结果是否会因"一带一路"倡议而产生变化。由表9可以看到，援助通过政治关系对投资的中介效应，在一带一路沿线国家中是显著的。而在非"一带一路"国家中，虽然援助可以促进中国企业对该国的投资，但是援助并不能通过改善政治关系来促进投资。并且再进行 sobel 检验之后，结果依然是不显著的。这可能是因为与非"一带一路"的发展中国家相比，我国与"一带一路"国家签订了更多的经贸合作协议，为企业的投资以及经营提供了更好的条件，并且中国与"一带一路"国家的交流更加密切，中国对该国的援助更能促进两国关系的提升，进而促进中国企业到该国的投资。

表9 "一带一路"与非"一带一路"国家的异质性分析

变量	一带一路国家			非一带一路国家		
	OFDI	relation	OFDI	OFDI	relation	OFDI
Aid	0.044***	0.058***	0.031*	0.031***	−6.59e−05	0.03***
	(0.02)	(0.02)	(0.02)	(0.01)	(0.01)	(0.01)
relation			0.234***			0.315***
			(0.06)			(0.05)
dist	0.004	−1.175***	0.279	−0.569**	0.279	−0.657**
	(0.39)	(0.36)	(0.39)	(0.26)	(0.18)	(0.26)
GDP	0.147	0.288***	0.080	0.317***	0.247***	0.239***
	(0.11)	(0.10)	(0.11)	(0.05)	(0.03)	(0.05)
pGDP	−0.162	−0.038	−0.153	0.0339	0.213***	−0.033
	(0.12)	(0.11)	(0.11)	(0.08)	(0.06)	(0.08)
rate	0.097*	0.213***	0.047	−0.054	−0.040*	−0.041
	(0.05)	(0.05)	(0.05)	(0.04)	(0.02)	(0.04)

续　表

变量	一带一路国家			非一带一路国家		
	OFDI	relation	OFDI	OFDI	relation	OFDI
open	0.421*	−0.117	0.449*	−0.103	−0.496***	0.053
	(0.24)	(0.22)	(0.24)	(0.14)	(0.09)	(0.14)
resource	0.439***	0.316***	0.365***	0.261***	0.284***	0.172**
	(0.11)	(0.10)	(0.11)	(0.07)	(0.05)	(0.07)
FD	2.151	0.862	1.950	0.910	4.212***	−0.419
	(1.40)	(1.28)	(1.37)	(0.74)	(0.50)	(0.75)
BIT	1.169***	0.584*	1.032***	0.006	−0.027	0.015
	(0.33)	(0.30)	(0.32)	(0.14)	(0.09)	(0.13)
FTA	2.339***	0.069	2.322***	−0.713	1.463***	−1.174***
	(0.48)	(0.44)	(0.47)	(0.44)	(0.30)	(0.44)
Constant	0.228	−1.171***	0.502	0.519*	0.971***	0.212
	(0.48)	(0.44)	(0.48)	(0.30)	(0.20)	(0.30)
N	368	368	368	855	855	855
R−squared	0.636	0.579	0.653	0.357	0.561	0.386
区域固定效应	YES	YES	YES	YES	YES	YES
年份固定效应	YES	YES	YES	YES	YES	YES

（七）稳健性检验

1. 政治关系的其他度量指标

为了保证研究结果的稳健性，选取两国领导人的互访次数（visit）和友好城市（city）来度量政治关系。由表 10 可以看到，领导人互访（visit）以及友好城市（city）两个政治关系度量的回归结果仍然显著成立，这说明援助通过政治关系对 OFDI 的中介效应较为稳健。

表 10　政治关系的再度量

变量	city	OFDI	visit	OFDI
Aid	0.010***	0.038***	0.012***	0.037***
	(0.004)	(0.01)	(0.004)	(0.01)
city		0.121*		
		(0.07)		
visit				0.201***
				(0.07)
dist	−0.406***	−0.721***	−0.611***	−0.647***
	(0.08)	(0.19)	(0.08)	(0.19)
GDP	0.179***	0.335***	0.062***	0.344***
	(0.02)	(0.04)	(0.02)	(0.04)
pGDP	−0.315***	0.023	−0.120***	0.009
	(0.03)	(0.07)	(0.03)	(0.06)
rate	−0.020*	−0.004	0.017	−0.010
	(0.01)	(0.03)	(0.01)	(0.03)
open	−0.293***	0.142	−0.018	0.110
	(0.05)	(0.12)	(0.05)	(0.12)
inst	−0.035***	0.068***	−0.009	0.066***
	(0.01)	(0.02)	(0.01)	(0.02)
resource	−0.119***	0.199***	0.0426*	0.176***
	(0.02)	(0.05)	(0.02)	(0.05)
FD	2.572***	−0.316	1.486***	−0.303
	(0.26)	(0.63)	(0.26)	(0.61)
BIT	0.451***	0.157	0.068	0.198
	(0.05)	(0.13)	(0.05)	(0.12)
FTA	−0.093	0.805**	0.458***	0.702**
	(0.14)	(0.33)	(0.14)	(0.33)

续　表

变量	city	OFDI	visit	OFDI
Constant	0.520***	0.465*	0.258**	0.476**
	(0.10)	(0.24)	(0.10)	(0.24)
N	1,223	1,223	1,223	1,223
R-squared	0.626	0.457	0.437	0.460
区域固定效应	YES	YES	YES	YES
年份固定效应	YES	YES	YES	YES

2. 替换回归方法的再分析

由于简单的 OLS 回归可能存在如下问题：第一，OFDI 会对之后的投资产生集聚效应（余珮等，2011；冼国明等，2006），即前期的投资会对未来投资产生影响。第二，援助对政治关系的改善可能需要一段时间才能体现出来，以及援助可能会流向前期政治关系好的国家。第三，援助承诺可能需要一段时间才能落实，才会吸引企业到当地投资，这也会导致援助对投资的促进作用需要一定的时间才能体现出来。这些问题可能会引起严重的内生性问题，由此导致估计结果的不准确。因此采用系统 GMM 来对这些问题进行解决，重新对样本进行估计。具体回归方程，见（4）、（5）以及（6）式。其中核心变量和系数与前文的定义相同，$OFDI_{it-1}$ 和 $relation_{it-1}$ 分别表示投资和政治关系的滞后一期。

$$OFDI_{it} = \alpha_0 + \alpha_1 OFDI_{it-1} + \alpha_2 Aid_{it} + \alpha_3 Z_{it} + \varepsilon_{it} \tag{4}$$

$$relation_{it} = \beta_0 + \beta_1 relation_{it-1} + \beta_2 Ait_{it} + \beta_3 Z_{it} + \gamma_{it} \tag{5}$$

$$OFDI_{it} = \theta_0 + \theta_1 OFDI_{it-1} + \theta_2 Aid_{it} + \theta_3 relation_{it} + \theta_4 Z_{it} + \mu_{it} \tag{6}$$

回归结果由 表 11 可得，二阶序列相关 AR（2）的检验结果表明不存在序列相关，并且 Hansen 检验的显著性水平也大于 10%。可以看到 OFDI 的滞后一期是显著的，这表明中国企业的前期投资，对后续投资有着促进作用。并且在（5）式中双边关系状态的滞后期对当期影响是显著的，这表明政治关系的惯性，但是援助对政治关系的改善依然显著为正以及稳健。并且援助通过改善政治关系对投资的中介作用，也依然是显著为正。因此，可以得出，在采用了处理潜在内生性问题的系统 GMM 方法后，本文的核心结论援助可以通过改善政治关系来促进 OFDI 依然显著成立。

表 11　系统 GMM 分析

变量	OFDI	relation	OFDI
L.OFDI	0.217***		0.245***
	(0.06)		(0.05)
relation			0.256***
			(0.07)
L.relation		0.899***	
		(0.03)	
Aid	0.139***	0.035**	0.085**
	(0.049)	(0.01)	(0.04)
Constant	0.485***	0.023	0.438***
	(0.17)	(0.03)	(0.15)
AR(1) test	1.06e−08	4.03e−05	3.88e−09
AR(2) test	0.278	0.905	0.330
Hansen p	0.312	0.829	0.647
N	1067	1067	1067

3. 样本数据的再处理

由于在对投资进行处理时直接删掉了 OFDI 中的负值，这可能导致一定的自选择问题，忽略掉一些重要信息，导致估计结果不准确。因此参考潘镇等（2015）采用 Busse 和 Hefeker（2007）的方法，对投资数据进行处理：$y = \ln(x + \sqrt{x^2 + 1})$。将处理后的样本进行了再估计，回归结果报告于表 12。可以看到结果依然显著成立，这表明本文的核心结论具有较高的稳健性。

表 12 OFDI 数据的再处理分析

变量	OFDI	relation	OFDI
Aid	0.047^{**}	0.029^{***}	0.041^{**}
	(0.02)	(0.01)	(0.02)
relation			0.198^{**}
			(0.08)
dist	-0.961^{**}	-0.610^{***}	-0.840^{**}
	(0.42)	(0.14)	(0.42)
GDP	$2.44e-06^{***}$	$1.88e-06^{***}$	$2.06e-06^{***}$
	$(5.09e-07)$	$(1.71e-07)$	$(5.32e-07)$
pGDP	$-5.07e-06$	$-2.89e-05^{***}$	$6.68e-07$
	$(1.57e-05)$	$(5.27e-06)$	$(1.59e-05)$
rate	0.106^{**}	0.034^{*}	0.10^{*}
	(0.05)	(0.02)	(0.05)
open	-0.069	-0.547^{***}	0.039
	(0.23)	(0.08)	(0.24)
inst	0.088^{*}	-0.012	0.090^{*}
	(0.05)	(0.02)	(0.05)
resource	-0.020	0.261^{***}	-0.072
	(0.11)	(0.04)	(0.12)
FD	-1.772	2.612^{***}	-2.290^{*}
	(1.19)	(0.40)	(1.21)
BIT	0.928^{***}	0.548^{***}	0.819^{***}
	(0.28)	(0.09)	(0.28)
FTA	1.407^{*}	1.257^{***}	1.157
	(0.74)	(0.25)	(0.74)
Constant	-0.289	0.126	-0.314
	(0.54)	(0.18)	(0.54)
N	1,297	1,297	1,297
R-squared	0.123	0.548	0.127

续　表

变量	OFDI	relation	OFDI
区域固定效应	YES	YES	YES
年份固定效应	YES	YES	YES

四、结论及政策建议

本文利用 2003–2014 年《中国对外直接投资统计公报》的投资数据和 Aiddata 数据库的中国对全球援助数据，以及手动收集的中国与其他国家双边政治关系指标，实证研究中国对外援助、政治关系以及中国对外直接投资之间的关系问题。本文的主要发现是：

第一，中国对外援助可以通过改善政治关系来促进我国企业到该国投资；第二，中国对外援助主要通过社会基础设施援助、生产部门援助以及包括紧急援助在内的其他部门援助来改善政治关系进而促进投资；第三，相对于自然资源匮乏的国家来说，我国可以通过对资源丰富的国家进行援助来满足自身的资源需求；第四，制度风险的高低并不影响援助改善双边关系对投资的促进作用；第五，中国援助在金融危机之后对政治关系的改善进而促进投资的机制表明，金融危机以来中国低速增长的对外直接投资，可以通过援助改善政治关系来促进 OFDI 的增长；第六，援助通过政治关系对投资的中介效应，在"一带一路"沿线国家中表现的尤为突出。

共建"一带一路"，关键是互联互通，通过构建全球互联互通伙伴关系，实现共同发展繁荣。其中通过积极对外援助和合作，实现良好的政治关系，是促进对外直接投资的有效路径，这也是本研究的关键所在。同时，在把"一带一路"的朋友圈不断做大的背景下，也应当重视在非"一带一路"国家中对外援助所带来的投资促进作用。此外，在援助的重点方向上，社会基础设施援助、生产部门援助以及包括紧急援助在内的其他部门援助，其通过改善政治关系带来的投资促进效应最为突出。最后，在后危机时代下，全球经济治理体系面临诸多不确定性的风险，充分发挥对外援助对政治关系的缓解效应，是促进中国企业"走出去"，从而实现对外投资大国的有益思路。

参考文献

[1] 陈岩,马利灵,钟昌标：中国对非洲投资决定因素：整合资源与制度视角的经验分析 [J].《世界经济》,2012b,35(10):91-112.

[2]] 陈岩,杨桓,张斌：中国对外投资动因、制度调节与地区差异 [J].《管理科学》,2012a,25(03):112-120.

[3] 刘晓光,杨连星：双边政治关系、东道国制度环境与对外直接投资 [J].《金融研究》,2016(12):17-31.

[4] 吕朝凤,黄梅波：金融发展能够影响 FDI 的区位选择吗 [J].《金融研究》,2018(08):137-154.

[5] 潘镇,金中坤：双边政治关系、东道国制度风险与中国对外直接投资 [J].《财贸经济》,2015(06):85-97.

[6] 祁春凌,邹超：东道国制度质量、制度距离与中国的对外直接投资区位 [J].《当代财经》,2013(07):100-110.

[7] 王翚,甘小军：官方发展援助影响 FDI 的理论分析与实证检验——基于结构视角 [J].《国际经贸探索》,2014,30(03):32-43.

[8] 温忠麟.张雷,侯杰泰,刘红云：中介效应检验程序及其应用 [J].《心理学报》,2004(05):614-620.

[9] 冼国明,文东伟：FDI、地区专业化与产业集聚 [J].《管理世界》,2006(12):18-31.

[10] 项卫星,王达：国际资本流动格局的变化对新兴市场国家的冲击——基于全球金融危机的分析 [J].《国际金融研究》,2011(07):51-58.

[11] 闫雪凌,林建浩：领导人访问与中国对外直接投资 [J].《世界经济》,2019,42(02):147-169.

[12] 杨攻研,刘洪钟：政治关系、经济权力与贸易往来：来自东亚的证据 ~[J].《世界经济与政治》,2015(12):110-130+159-160.

[13] 杨鸿玺,陈开明：中国对外援助：成就、教训和良性发展 [J].《国际展望》,

2010(01):46-56+99-100.

[14] 余珮,孙永平:集聚效应对跨国公司在华区位选择的影响 [J].《经济究》,2011,46(01):71-82.

[15] 张建红,姜建刚:双边政治关系对中国对外直接投资的影响研究 [J].《世界经济与政治》,2012(12):133-155+160.

[16] 周弘:对外援助与现代国际关系 [J].《欧洲》,2002(03):1-11+109.

[17] 周永生:官方发展援助的政策目标 [J].《外交学院学报》,2002(04):55-62.

[18] 宗芳宇,路江涌,武常岐:双边投资协定、制度环境和企业对外直接投资区位选择 [J].《经济研究》,2012,47(05):71-82+146.

[19] Amusa K, Monkam N, Viegi N. Foreign aid and Foreign direct investment in Sub-Saharan Africa: A panel data analysis[R]., 2016.

[20] Asiedu E, Jin Y, Nandwa B. Does foreign aid mitigate the adverse effect of expropriation risk on foreign direct investment?[J]. Journal of International Economics, 2009, 78(2): 268-275.

[21] Bandelj N. Embedded economies: Social relations as determinants of foreign direct investment in Central and Eastern Europe[J]. Social Forces, 2002, 81(2): 411-444.

[22] Bandyopadhyay S, Sandler T, Younas J. Foreign direct investment, aid, and terrorism[J]. Oxford Economic Papers, 2013, 66(1): 25-50.

[23] Bhavan T, Xu C, Zhong C. The relationship between foreign aid and FDI in South Asian Economies[J]. International Journal of Economics and Finance, 2011, 3(2): 143-149.

[24] Büthe T, Milner H V. The politics of foreign direct investment into developing countries: increasing FDI through international trade agreements?[J]. American Journal of Political Science, 2008, 52(4): 741-762.

[25] Desbordes R, Vicard V. Being nice makes you attractive: the FDI-international political relations nexus[C]. 2005.

[26] Dunning J H. The theory of international production[J]. The International Trade

Journal, 1988, 3(1): 21-66.

[27] Dunning J H, Mcqueen M. The eclectic theory of international production: a case study of the international hotel industry[J]. Managerial and Decision Economics, 1981, 2(4): 197-210.

[28] Garriga A C, Phillips B J. Foreign aid as a signal to investors: Predicting FDI in post-conflict countries[J]. Journal of Conflict Resolution, 2014, 58(2): 280-306.

[29] Kapfer S, Nielsen R, Nielson D. If you build it, will they come? Foreign aid's effects on foreign direct investment[C]. 2007.

[30] Karakaplan U, Neyapti B, Sayek S. Aid and foreign direct investment: International evidence[R]. Discussion Paper, 2005.

[31] Michael J. The effect of foreign aid on foreign direct investment iInflows: Evidence from Africa[J]. 2018.

[32] Neumayer E, Spess L. Do bilateral investment treaties increase foreign direct investment to developing countries?[J]. World development, 2005, 33(10): 1567-1585.

[33] Nigh D. The effect of political events on United States direct foreign investment: A pooled time-series cross-sectional analysis[J]. Journal of International Business Studies, 1985, 16(1): 1-17.

[34] Wedel J R. US foreign aid and foreign policy: building strong relationships by doing it right![J]. International Studies Perspectives, 2005, 6(1): 35-50.

[35] Xing Y. Economic and Political Factors for the Fall of Japanese Foreign Direct Investment in China[J]. East Asian Policy, 2016, 8(03): 110-120.

[36] Zhang J. An explanatory study of bilateral FDI relations: The case of China[J]. Journal of Chinese Economic and Business Studies, 2005, 3(2): 133-150.

第六部分

全球经济治理及多双边合作

数字贸易的国际法规制探究

——以 CPTPP 为中心的分析

董静然[*]

摘要：当前，数字贸易已成为国际贸易的重要组成部分，对全球经济的发展起到重要作用。数字贸易在全球的健康发展需要公正合理的国际规则为其保驾护航。美国曾认为 TPP 中的数字贸易规则是有史以来，为互联网和电子商务设计的最为宏大的贸易政策。尽管美国已经退出 TPP，但随后的 CPTPP 在数字贸易领域基本上保留了原 TPP 中的相关内容。CPTPP 不仅体现出高水平的数字贸易规则，也代表了未来数字贸易规则的基本模式。但在如何平衡数字贸易自由与国家规制之间的关系方面，CPTPP 仍然有进一步完善的空间。相比于 CPTPP 中的数字贸易规则，中国在自由贸易协定中对该领域的国际法规制还存在较大差距。我国应在充分认识和理解以 CPTPP 为代表的数字贸易规则前提之下，以多边规则为基础，提出符合国家利益和全球化发展方向的数字贸易国际法规制方案。

关键词：数字贸易；国际法规制；CPTPP；中国策略

近年来，以互联网为载体的数字贸易极大地推动了全球经济的增长。数字贸易有效地促进各行业的竞争，为企业的商业活动提供更多机会。目前，互联网用户已经超过全球人口的 3/4。并且，互联网已经成为各类商业活动不可或缺的工具。[①] 然而，数字贸易也面临着巨大的挑战：首先，数字化技术水平在各国之间存在巨大差异，数字贸易保护主义仍然存在；其次，数字贸易自由化

---

*作者简介：董静然，上海对外经贸大学贸易谈判学院讲师。

① See UNCTAD, World Investment Report 2017, pp.156–157.

会对国家安全、公共政策目标产生一定的影响，所以数字贸易，面临着来自国家规制权的挑战；最后，数字贸易缺乏全球普遍的规则体系，存在数字贸易规则的碎片化现象。①

一、数字贸易的内涵与特征

在《G20数字经济发展与合作倡议》中，将数字经济定义为"以使用数字化的知识和信息作为关键生产要素、以现代信息网络作为重要载体、以信息通信技术的有效使用作为效率提升和经济结构优化的重要推动力的一系列经济活动。"②作为融合性产业发展模式的数字经济是未来世界经济的发展趋势。③结合《G20数字经济发展与合作倡议》与美国相关数字贸易文件，"数字贸易"的概念应包括三个方面的内容：第一，数字贸易是传统贸易在数字经济领域的延伸；第二，数字贸易以现代互联网为载体，依托信息通信技术，从而实现传统货物、服务、数字产品、知识的有效交换；第三，数字贸易是能够推动"消费互联网"向"产业互联网"转型，并且实现制造业智能化的一种新型贸易。传统的电子商务条款是数字贸易的组成部分，数字贸易是电子商务为未来智能化发展的高级形态，强调数字技术与传统产业的融合。④

相对于电子商务概念来说，数字贸易是一个涵盖范围更广，内涵更为丰富的概念，既涵盖产品和服务在互联网上的销售，也包括实现全球价值链的数据流动、智能制造服务和其他平台的应用。⑤

数字贸易的概念在全球尚未达成一致的共识，且其范围还在不断扩大。⑥数

---

① Susan Ariel Aaronson, What Are We Talking Abourt When We Discuss Digital Protectionism? Working Paper for the Economic Research Institute of Asia, July 2017, pp.6–10.

② 参见《二十国集团数字经济发展与合作倡议》，http://www.cac.gov.cn/2016–09/29/c_1119648520. htm,2018年4月30日访问。

③ 王玉柱：数字经济重塑全球经济格局—政策竞赛和规模经济驱动下的分化与整合，《国际展望》2018年第4期。

④ 马述忠、房超、梁银锋：数字贸易及其时代价值与研究展望，《国际贸易问题》2018年第10期。

⑤ 来有为、宋芳秀：数字贸易国际规则制定：现状与建议，《国际贸易》2018年第12期。

⑥ 蓝庆新、窦凯：基于"砖石模型"的中国数字贸易国际竞争力实证研究，《社会科学》2019年第3期。数

字贸易的概念直接影响着数字贸易监管，此概念的扩大化使得数字贸易的监管范围愈发广泛。美国与欧盟的数字贸易监管也仍没有明确范围，处在变化中。[①] 这种数字贸易监管不确定性本身，加剧数字贸易壁垒的形成，影响数字贸易自由化发展。

二、CPTPP 中电子商务条款与数字贸易规制

自由贸易协定中的数字贸易规则是一个以电子商务条款为核心，以知识产权保护、远程通信、技术性贸易壁垒等为共同构成要件的一个综合性规则。有学者认为，数字贸易规则具有交叉性，应包括数字贸易领域中的数据本地化、隐私保护、跨境数据流动、贸易便利化、知识产权等内容。[②]

谈判之初，CPTPP 就被定位于 21 世纪高水平的贸易协定。为体现新时代的特征，CPTPP 包含以"电子商务"章节为核心的数字贸易规则。[③]电子商务的概念产生于数字贸易之前，根据联合国贸易法委员会的《电子商务示范法》"适用范围"的规定，电子商务是以数据电文形式开展的商业活动。[④]由于互联网的影响力不断增强，目前几乎所有商业活动都离不开互联网的支持。之前有学者提出，可以用一个更广的"网络商务"的概念来涵盖电子商务不包括的内容。[⑤]所以，电子商务条款现在看来仅是数字贸易规则的一部分，数字贸易规则具有更为广泛的含义。

（一）数据本地化：限制与例外

面对互联网、"云计算"（Cloud Computing）带来的法律挑战，越来越多的国家开始采取措施控制数据流动。数据的本地化（data localization）措施就是其中最为重要的方式。简单来说，数据本地化措施是指，任何要求公司将数据存

---

① 汤婧：国际数字贸易监管新发展与新特点，《国际经济合作》2019 年第 1 期。

② 郑玲丽：国际经济法中的"3D 打印"的规制，《法学》2017 年第 12 期。

③ See CPTPP Chapter 14 Electronic Commerce.

④ See UNCITRAL Model Law on Electronic Commerce 1996, Article 1.

⑤ 高富平：从电子商务法到网络商务法—关于我国电子商务立法定位的思考，《法学》2014 年第 10 期。

储和运行的数据中心设立在一国境内的规则或政策。这也是数字贸易保护最初的形式。随后，数据本地化发展出更为高级的形式，即要求在本国领域内对数据进行处理，限制数据传输到国外。①

CPTPP 严格限制数据本地化措施，强调每个缔约方在计算机设备使用方面应有其自身的规则需求，包括对交流的安全性和保密性需求。②缔约方不应将使用该缔约方的计算设施或将计算机设施置于该缔约方领土内作为在该缔约方境内从事商业活动的前置条件。③

在数据本地化方面，CPTPP 用"合法的公共政策目的"作为限制数据本地化的例外。同时，CPTPP 也为该"例外条款"设置一定的限制条件。具体来说，一项数据本地化措施要符合 CPTPP 的要求，需要满足四项条件：(1) 数字本地化措施是为了满足合法的公共政策目标；(2) 数字本地化措施不得构成武断地、不合理地歧视；(3) 数字本地化措施不得对贸易形成变相限制；(4) 数据本地化实施不能超过满足其合法目标的需要。④并且，这四项条件是一种并列的关系，即一项数据本地化措施必须同时满足上述四项条件才会在 CPTPP 项下获得合法性。

CPTPP 中对数据本地化的"例外条款"设置，类似于《TBT 协定》的规定，区别于 GATT 1994 第 20 条的规定。具体来说，GATT 1994 的例外条款以封闭式列举的方式，将例外情形严格限制在条款中所列出的情形之中。⑤《TBT 协定》中，尽管也列出合法目标的种类，指出"此类合法目标特别包括……"，随后列举四类合法目标。"特别包括"中的"特别"二字表明这其实是一个开放式列举，即"合法目标"除列举的四种外，还有其他类型。⑥在"例外条款"上，相比于封闭式列举，开放式列举能够囊括进更多的情形。这也就意味着，

①　伊万·沙拉法诺夫、白树强：WTO 视角下数字产品贸易合作机制研究—基于数字贸易发展现状及壁垒研究，《国际贸易问题》2018 年第 2 期。

②　See CPTPP Chapter 14, Article 14.13(1).

③　See CPTPP Chapter 14, Article 14.13(2).

④　See CPTPP Chapter 14, Article 14.13(3).

⑤　See GATT 1994 Article 20.

⑥　See TBT Agreement, Preamble para.6 and Article 2.2.

CPTPP 的数据本地化限制例外，有可能会面临着较为严峻的缔约国合法目标的挑战。因为越为模糊的"例外条款"，越容易扩大该条款的适用范围，也更容易形成争议。也有学者认为，这将导致 CPTPP 数据本地化"例外条款"适用的不确定性，甚至会出现滥用"例外条款"的情况出现。[①]

（二）个人信息保护：标准与兼容

CPTPP 文本中明确要求，每个成员国应建立法律框架为电子商务用户提供足够的保护。[②]这一点比亚太经合组织 (APEC) 的《隐私保护纲领》(APEC Privacy Framework) 要更为先进，因为《隐私保护纲领》并没有对成员国提出具有约束力的法律要求。[③]

CPTPP 注意到受信息技术水平和传统文化的差异，每个成员国采取的个人信息保护法律框架可能存在差异，为此，在规则设置上从两个方面进行考虑：

一方面，CPTPP 要求，成员国应考虑相关国际机构就个人信息保护所设置的指导原则。[④]该要求类似于《TBT 协定》第 2.4 条的内容，《TBT 协定》第 2.4 条要求成员国在设置技术法规时，如果存在相关国际标准，就应该基于国际标准来设置技术法规。同样，与《TBT 协定》第 2.4 条相似，CPTPP 中的该条款在适用过程中需要明确几个法律问题：其一，如何定义"国际机构"(international bodies)。CPTPP 就个人信息保护条款中所指的"国际机构"需要在实践过程中进一步明确此概念的构成要件；其二，"成员国考虑相关国际机构的个人信息保护原则"此规则中的"考虑"一词的约束力问题。"考虑"在该条款中是否具有强制性？尽管该条款提出国际机构指导原则的参照作用，但是在法律适用上可能还需要经过实践的进一步检验，这也给法律解释留下空间。

---

① Mira Burri and Pedro Roffe, Current Alliances in International Intellectual Property Lawmaking: The Emergence and Impact of Mega-Regionals, ICTSD and CEIPI 67, 79–80(2017).

② See CPTPP Chapter 14, Article 14.8.2.

③ APEC Privacy Framework (2005), https://www.apec.org/Publications/2005/12/APEC-Privacy-Framework, 2019 年 4 月 30 日访问。

④ See CPTPP Chapter 14, Article 14.8.2.

另一方面，CPTPP 鼓励成员国在机制上促进各类个人信息保护规则之间的兼容性。为实现不同成员国之间个人信息保护规则的协调与统一，CPTPP 希望成员国采取足够的努力来加强相关内容的信息交换。同时，通过双边安排和更为宽泛的国际框架结构来进一步促进个人信息保护规则的相互认可。[①]

不同于一般的货物服务贸易，电子商务由于其较多依赖信息技术，不同成员国因其信息技术水平的差异，难以在个人信息保护上提供相同或相似的保护标准。所以，如果按照国际机构的相关标准，一些国家碍于技术水平的不足，难以达到要求。因此，目前在个人信息保护规则上，重点应该放在促进不同个人信息保护规则之间的兼容性问题上。

为促进个人信息保护规则的兼容性，CPTPP 对"个人信息"这个概念实行较为宽泛的定义：个人信息是指任何可以识别自然人的数据。[②]这一定义也是被非 CPTPP 经济体所普遍接受的。因此，这样的定义更容易在全球范围内达成一致意见。无疑，CPTPP 为促进个人信息保护规则的协调和统一迈出重要一步。就目前来说，不同国家个人信息保护规则的兼容与协调比提升个人信息保护标准具有更为重要的意义。

（三）跨境数据流动：自由与例外

CPTPP 在鼓励跨境数据流动方面起到重要作用。CPTPP 首先承认每个成员国对跨境数据流动有各自的规则需求基础之上，[③]然后对电子商务中的跨境数据流动进行专门规定。CPTPP 要求每个成员国允许电子商务活动中，包括个人信息在内的跨境数据流动。[④]CPTPP 第 14.11 条跨境数据流动条款将该条款适用的范围限定于"covered person"所实施的"商业行为"。这里存在两个方面有待明确的问题：一方面，如何理解该条款中的"for the conduct of the business"。有些商业活动无关、不涉及金钱交易的跨境数据流动是否就难以包含在适用范

---

① See CPTPP Chapter 14, Article 14.8.5.

② See CPTPP Chapter 14, Article 14.1: Definitions.

③ See CPTPP Chapter 14, Article 14.11(1).

④ See CPTPP Chapter 14, Article 14.11(2).

围之中？如果进行更为狭义的解释，一些销售之前的促销行为恐怕也难以属于商业行为。同时，"商业行为"的范围也需要进一步厘清。商业行为是否必须与获取利润相关？一些与获取利润无关的行为，例如，免费搜索引擎服务、免费社交媒体服务和免费新闻服务等是否不能被定义为这里的"商业行为"？另一方面，根据 CPTPP 第 14.1 条的定义，"covered person"是指成员国的投资、投资者、服务提供者。[①] 这意味着非"covered person"实施的商业行为就无法涵盖在 CPTPP 跨境数据流动条款所涉范围之内。

与数据本地化中的例外条款相似，CPTPP 也为跨境数据流动在赋予自由流动的基础上设置了例外情形。成员国可以在满足例外条款四项构成要件的基础之上，采取限制数据流动的措施。不过，跨境数据流动的例外条款同样存在适用标准较为宽泛，法律解释的空间较大的问题。

三、CPTPP 中知识产权条款与数字贸易规则

知识产权与数字贸易密切相关。一方面，数字贸易中的版权、专利等权利内容需要结合知识产权条款进行规制；另一方面，知识产权可以作为数字贸易的壁垒，对数字贸易的自由化形成阻碍，所以需要对数字贸易中的知识产权进行规制。

WTO 体系下的《与贸易有关的知识产权协议》(TRIPs) 中并没有将数字贸易与知识产权相结合。这二者的结合开始于《世界知识产权组织版权条约》和《世界知识产权组织表演和录音制品条约》。在《反假冒贸易协定》中，初次规定网络服务提供者有信息披露义务。CPTPP 将知识产权章节规定得十分详尽，且又一次将知识产权与数字贸易相联系，强化相关执法措施。CPTPP 首次提到知识产权条款的执行应该不仅针对传统产品，同时也应该针对数字贸易环境下侵犯知识产权的行为。[②]

CPTPP 特别强调，数字贸易领域知识产权的保护标准，并加强相关条款的

---

① See CPTPP Chapter 14, Article 14.1.

② CPTPP Chapter Summary Intellectual Property, https://ustr.gov/sites/default/files/TPP–Chapter–Summary–Intellectual–Property.pdf, p.4.

约束力。① CPTPP 将知识产权也纳入"投资"的范畴，这也即表明知识产权也可以适用投资者—国家争端解决机制。② 这在本质上赋予企业就东道国侵犯其知识产权的行为提起诉讼的权利。

同时，CPTPP 也强调对商业秘密的保护，要求每个成员国应确保商业秘密不被非法泄露。并且，CPTPP 要求成员国对通过计算机系统故意侵害商业秘密的行为进行刑事惩罚。③CPTPP 中的知识产权章节致力于促进合法的数字贸易，传播像美国《数字千禧年版权法案》(Digital Millennium Copyright Act) 那样的数字版权规则。④CPTPP 在知识产权中的一项创新规则是"求每个成员国的顶级域名 (country-code-top‐level-domain) 管理系统提供可靠、精确的域名注册数据库，并使之符合每个成员国的隐私保护和个人信息保护法律法规"。⑤

CPTPP 知识产权条款与数字贸易规则较为相关的条款是"法律救济与安全港"条款。CPTPP 采取额外的措施以促进合法的数字贸易（包括线上的电影、音乐、软件、书籍的传播）。尤其是网络服务提供者的版权安全港条款，为安全港制度的范围提供可预测性和确定性。该条款要求成员国为网络服务提供者建立版权的安全港。在美国，安全港制度允许合法的网络服务提供者开展其相应的业务，同时也通过有效的方式帮助解决互联网版权侵犯行为。安全港制度存在的意义在于，该制度可以是互联网商业活动更为繁荣和活跃，使网络服务者在满足一定的条件下，能够更好地服务于数字贸易活动。CPTPP 同时也规定如何防止滥用安全港制度的行为。

CPTPP 就网络服务提供者的责任与私权保护之间的关系也进行了界定。一方面，成员国应在司法或行政规则上根据正当程序原则和私有权原则，提供与成员国法律体系一致的救济程序；另一方面，受到侵害的版权所有者有权立即

---

① Margot Kaminski and Jimmy Koo, The US Proposal for an Intellectual Property Chapter in the Trans-Pacific Partnership Agreement, 28 American University International Law Review105, 156–162(2012).

② See CPTPP Chapter 9 Investment, Article 9.1.

③ See CPTPP Chapter 18 Intellectual Property, Article 18.78.

④ David S. Levine, Bring in the Nerds: Secrecy, National Security, and the Creation of International Intellectual Property Law, 30 Cardozo Arts and Entertainment Journal 105, 115–128(2012).

⑤ See CPTPP Chapter 18 Intellectual Property, Article 18.28.

从网络服务者处获得侵权人的信息，以达到保护版权的目的。①

为保护权利管理信息提供有效的法律救济途径，CPTPP 要求成员国严厉禁止和打击三类侵害权利管理信息的行为：(1) 故意移除、修改权利管理信息；(2) 在明知权利管理信息未经授权而被修改，仍故意散布管理管理信息；(3) 在明知权利管理信息未经授权被移除或修改的情况下，仍为了传播、交流或向公众提供复制品而故意进口发行。并且，为了确保权利管理信息条款能够得到有效执行，CPTPP 要求成员国对为了商业利益故意违反前述规定的行为，进行刑事处罚。②

四、CPTPP 与数字贸易安全规则

数字贸易的安全性是顾客、公司乃至国家都特别关注的。数字贸易安全是保证数字贸易个体、法人积极参与的前提，同时数字贸易安全也是国家安全的重要组成部分。但是，如果过度关注网络安全也会对数字贸易产生消极影响。数字贸易规则应该一方面，确保政府能够采取风险防范措施维护数字贸易安全，另一方面使得数字贸易安全措施不给数字贸易形成障碍，从而实现一种平衡。CPTPP 在数字贸易安全方面的规则设置有其自身的特点。

在 GATT 1994 中，安全例外条款以其规则本身的宽泛性和适用范围的模糊性受到较多争议。③ 在 WTO 案例中，也较少出现专家组和上诉机构对该条款详细的法律分析。专家组和上诉机构也从未明确成员国是否具有自裁决权。④ 总之，该条款在 WTO 实践中，具有一定的不确定性。尽管有学者提到善意原则在安全例外条款适用中的作用。⑤ 但善意原则本身的约束力和可操作性又在多大程度上可以弥补安全例外条款的模糊性仍然存在疑问。

---

① See CPTPP Chapter 18 Intellectual Property, Article 18.82(7).

② See CPTPP Article 18.69.

③ Peter Lindsay, The Ambiguity of GATT Article XXI: Subtle Success or Rampant Failure, 52 Duke Law Journal 1277, 1277–1300(2003).

④ Alan S. Alexandroff & Rajeev Sharma, The National Security Provision–GATT Article XXI in The World Trade Organization: Legal, Economic, and Political Analysis, Springer US Press, 2005, pp.1572–1579.

⑤ 安陌生：WTO 安全例外条款分析，《国际贸易问题》2013 年第 3 期。

CPTPP 中的安全例外较之于 GATT 1994 第 21 条来说，表现出条款内容更为简单，模糊性更大的特点。根据 CPTPP 第 29.2 条的要求，成员方有权不公开其认为有违本国实质安全的信息。成员有权采取其认为必要的措施，以维持国际和平与安全，或者保护其本国的实质安全利益。

在国际数字贸易规则中，网络安全具有重要意义，因为其体现数字贸易自由与国内规制之间的关系。[①] 数字贸易规则会产生许多影响国家"实质安全利益"的新问题，详细具体、适用范围较窄的安全例外条款也许不太符合数字贸易发展需求。所以，从这个角度来说，安全例外的模糊性也许是应对数字贸易安全问题的优势。[②]CPTPP 中的安全例外比 GATT 1994 中的安全例外更具有模糊性。尽管这有利于囊括更多影响国家实质安全的情形，但是模糊性的消极影响是不容忽视的。模糊性越大，该条款能够得以适用或者借该条款能够抗辩成果的概率也就越小。

五、对中国的启示

数字贸易发展速度迅猛，同时也被各类经济领域所应用。数字贸易对世界经济起到重要的推动租用。[③] 所以，数字贸易自由化是世界经济发展的需要，中国应该主动接受并积极参与到数字贸易自由化进程中去，并努力成为国际数字贸易规则的引领者。但是，中国不应该忽视数字贸易自由化给国家安全和主权形成的潜在威胁，应合理设置安全例外条款，以平衡数字贸易自由化与数字贸易国家规制之间的关系。

---

① Susan Ariel Aaronson, What Are We Talking about When We Discuss Digital Protectionism?, Working Paper for the Economic Research Institute Asia, July 2017, p.24.

② Rostam J.Neuwirth & Alexandr Svetlicinii, The Economic Sanctions over the Ukraine Conflict and the WTO: Catch-XXI and the Revival of the Debate on Security Exceptions, 49 Journal of World Trade 891, 906–912(2015).

③ 参见《二十国集团数字经济发展与合作倡议》，http://www.cac.gov.cn/2016–09/29/c_1119648520. htm, 2018 年 4 月 30 日访问。

（一）中国数字贸易规则的缺陷

中国的数字贸易规则发展进程并没有像美国那样迅速。中国第一个涉及电子商务条款的自由贸易协定是《中国—新西兰自由贸易协定》，但只是附带的在技术性贸易壁垒章节有所提及。之后，较为详细设置电子商务规则的是《中国—韩国自由贸易协定》与《中国—澳大利亚自由贸易协定》。以《中国—韩国自由贸易协定》为例，中国的数字贸易规则主要存在两个方面的问题：

一方面，数字贸易规则范围局限。中国的自由贸易协定对数字贸易的规定虽然也集中在电子商务章节，但是核心内容仅包含：关税、电子认证和电子签名、个人信息保护、无纸贸易、电子商务合作等内容。① 这其中并没有对数据本地化、跨境数据流动等重点问题进行规定。在数字贸易规则的知识产权部分，也多以传统条款为主，仅在第 15.28 条提到反网络版权重复侵权的措施，其他涉及互联网数字贸易的内容较少。

另一方面，条款的约束力与执行力不足。首先，《中国—韩国自由贸易协定》规定，如果其他章节与电子商务章节存在不同，则以其他章节的规定为准。② 这从条款规定本身明确了该协定的其他条款优先于电子商务条款适用。其次，在对义务规则的措辞上，《中国—韩国自由贸易协定》较多采用"努力使、鼓励"等约束力较小的词汇，③ 而较少采用"应该、必须"等强制性词汇。最后，《中国—韩国自由贸易协定》第 13.9 条规定，电子商务条款下产生的纠纷不得适用该协定项下的争端解决条款。这表明即使是该协定中具有强制约束力的条款，其最后也可能难以得到切实地执行。④

（二）CPTPP 对中国数字贸易规则的启示

但是，CPTPP 中的数字贸易规则代表数字贸易规则最新发展方向，中国可以从 CPTPP 汲取有利于自身数字贸易规制发展的内容：

---

① 参见《中国—韩国自由贸易协定》第十三章。

② 参见《中国—韩国自由贸易协定》第 13.2 条。

③ 参见《中国—韩国自由贸易协定》第 13.4 条、第 13.6 条、第 13.7 条。

④ 参见《中国—韩国自由贸易协定》第 13.9 条。

其一，数据本地化规则的合理设置。目前，中国的自由贸易协定中鲜有对数据本地化规制的设置，几乎是直接回避数据本地化问题。CPTPP 中，尽管在条款上有限制数据本地化的措施，但是也有在满足一定条件下的"合法政策目标"这一例外条款。有学者将 CPTPP 中的数据本地化措施归纳为"原则 + 例外"的结构，即原则上规定数据自由流动与禁止数据本地化，但该原则不妨碍公共政策例外。中国应基于此结构展开国际合作。[①] 我国没有必要回避数据本地化规则，可以结合较为宽泛的例外条款设置为数据本地化限制提供必要的例外条款，以维护公共利益与国家安全。同时，鉴于中国的数据隐私保护相比于欧盟国家而言仍然较低，所以在此方面也应采取"原则 + 例外"的模式，将有益于中国特色的安全价值融入例外条款。[②]

其二，跨境数据流动规则的合理设置。与数据本地化规则一样，中国的自由贸易协定也缺乏对跨境数据流动规则的设置。结合 CPTPP 的相关内容和美国在该条款的发展模式，我国对跨境数据流动的规则设置至少可以逐步过渡到"应该"(shall) 的措辞方式。并且可以结合开放式列举的例外条款，对跨境数据流动自由进行合理的限制。

其三，合理安排具有数字贸易特点的安全例外条款。安全例外条款对于平衡数字贸易自由与数字贸易规制具有重要意义。为维护数字贸易安全和数字贸易中的国家主权，我国需要合理设计自由贸易协定中的例外条款。《中国—韩国自由贸易协定》第 21.2 条安全例外条款，仅规定 GATS 的安全例外修订后纳入本协定，并没有确定安全例外条款的具体内容。中国自由贸易协定中的安全例外不宜采用 CPTPP 中过于模糊的条款规定正如前文所述，模糊性较强的安全例外有利于涵盖更多数字贸易领域中的新问题，便于发展中国家处于自身国家利益对数字贸易自由进行限制。但是，也应该认识到安全例外条款的模糊性会降低该条款能够得以成功适用的概率。同时，模糊性还会加剧滥"安全例外"条款的滥用。所以，结合数字贸易特点，在安全例外条款中进一步细化该条款适用的指导标准。

---

① 彭岳：数据本地化措施的贸易规制问题研究，《环球法律评论》2018 年第 2 期。

② 彭岳：贸易规制视域下数据隐私保护的冲突与解决，《比较法研究》2018 年第 4 期。

（三）中国未来数字贸易规则发展方向展望

有学者认为，较为完善的数字贸易规则应包含：健全的争端解决机制、个人信息保护规则、数据自由化条款、国家安全与国家主权的维护等方面内容。[1]CPTPP 对数字贸易规则设置极高的标准，并且较为全面地包括数字贸易规则的各项条款。不过其过高的数字贸易自由化规则可能并不能在全球范围内得到各国一致认同。并且，CPTPP 的例外条款仍然存在有待完善和明晰的地方。

当今的数字贸易规则发展分歧主要存在于美国与欧盟之间，美国主张高水平自由化的数字贸易规则，而欧盟则出于隐私保护、国家安全等原因更倾向于有限制的数字贸易自由化。而这两种观点背后，是电子商务和互联网技术发展水平差异的本质。中国的数字贸易规则从范围和约束力上，都远不及发达国家主导的数字贸易规则。[2]

中国未来的数字贸易规则应倡导以 WTO 多边规则为主的发展模式。[3]2018年 4 月，美国向 WTO 提交"关于电子商务倡议的联合声明"，其核心内容包括三个方面：一是强调数字贸易对全球经济的重要意义；二是重申了数字贸易规则中保护数据自由流动和非歧视对待数字贸易的各类条款，包括跨境数据流动、数字产品的公平待遇、互联网服务的便利措施等；三是为回应国际社会的质疑，在个人信息保护、数字安全等方面做了合理的安排。[4]此份声明一方面表明美国对数字贸易规则发展方向的把握，另一方面更为重要地表现出美国仍然寄希望于通过像 WTO 这样的多边规则来促进数字贸易规则的全球治理。

数字贸易具有全球化特点，且传输速度快，影响力度大。WTO 一方面可

---

① 周念利、陈寰琦、黄建伟：全球数字贸易规制体系构建的中美博弈分析，《亚太经济》2017 年第 4 期。

② 李墨丝：超大型自由贸易协定中的数字贸易规则及谈判的新趋势，《上海师范大学学报（哲学社会科学版）》2017 年第 1 期。

③ Robert Howse, Regulatory Cooperation, Regional Trade Agreements, and World Trade Law: Conflict or Complementarities, 78 Law and Contemporary Problems138, 139–147(2015).

④ WTO General Council, Joint Statement on Electronic Commerce Initiative Communication from the United States, JOB/GC/178, 12 April 2018.

以为数字贸易规则的全球治理提供沟通平台,[1] 另一方面,WTO 一揽子协定中的 GATS、TRIPs 等多边协定为数字贸易的国际法规制提供重要的规则基础。[2] 因此, WTO 仍应该作为中国进行数字贸易规制的主要场所,同时国际数字贸易规制 要结合 WTO 现有的多边规则与数字贸易新特点进行相应的设置。

数字贸易自由化符合世界经济发展趋势。中国应该积极参与到数字贸易国 际规则的构建中来。数字贸易的国际法规制要以维护国家安全、国家主权为前 提,以促进数字贸易自由化为目标,以现有的国际多边、诸边协议为基础,同 时还要促进各国之间在物流、金融、电信等相关领域的合作。

---

① Rolf H. Weber, Digital Trade in WTO Law Taking Stock and Looking Ahead, 5 Asian Journal of WTO & International Health Law and Policy1, 18–22(2010).

② Lucian Cernat, Trade and Competition Policy in the Digital Era Towards a Regulatory Framework for Global e–Business,4 Journal of World Investment 987, 989–995(2003).

欧日EPA生效对制造业发展格局影响研究

——基于 GTAP 模型分析方法

赵灵翡　乔　晓　李雪亚[*]

摘要：2019 年 2 月 1 日，历经 6 年谈判的欧日经济合作协定（EPA）正式生效，世界最大规模的自由贸易区建立。本文通过显示性比较优势指数和 RELPSHR 指数对各经济体的优势产业进行分析；利用动态 GTAP 模型对欧日 EPA 生效后 15 年对世界主要经济体产生的影响进行模拟研究，并通过静态 GTAP 模型对主要经济体内低中高技术制造业部门的发展变化进行模拟计算。结果显示，欧日 EPA 生效后，日本和欧盟各国将在长期内受益，各国宏观经济和对外贸易指标都将显著提升，优势产业部门将得到进一步发展；中国和美国的宏观经济将在长期内受损，美国贸易条件的恶化程度将高于中国；欧日共同市场的形成对中国出口产生挤出效应。中国应当尽快调整对外贸易格局，适应国际贸易新规则，加快自贸区建设，增强应对国际新秩序和新格局的抗风险能力。

关键词：欧日 EPA；GTAP 模型；制造业

［中图分类号］F117［文献标识码］A［文章编号］1002—4670（2019）

---

*作者简介：赵灵翡.首都经济贸易大学讲师；乔晓.首都经济贸易大学；李雪亚.首都经济贸易大学。

一、引言

欧盟与日本的经济合作协定 (Economic Partner Agreement, EPA) 谈判启动于 2013 年 3 月，双方于 2017 年 12 月 8 日达成一致，并于 2019 年 2 月 1 日正式生效，欧盟承诺取消对日本 99% 的进口关税，日本将取消约 94% 对欧盟进口关税，其中，欧盟将立即取消对日本农产品征收的关税，日本将完全取消欧盟工业产品的进口关税。

在全球经济结构深刻调整的时期，欧日 EPA 的签署和生效不仅对日本和欧盟 27 国（假设英国脱欧进程能够顺利推进）的外贸发展提供新的契机，也对全球经济一体化发展提供思路。欧日 EPA 是安倍经济学的重要战略步骤，特别是在美国退出 TPP（Trans-Pacific Partnership Agreement）、日本主导 CPTPP（Comprehensive Progressive Trans-Pacific Partnership Agreement，CPTPP）谈判生效，英国脱欧谈判僵持不前，逆全球化势力抬头的背景下，日本和欧盟将继续高举自由贸易的旗帜，倡导更加自由和公平的国际贸易规则，创建世界范围内最大规模的经济一体化区域。

日本和欧盟的贸易市场具有较好的发展前景，欧日 EPA 的建立或将推动双方经贸关系的进一步发展；基于中美经贸关系的不确定性，中国或将在更广范围内寻求贸易合作伙伴，而日本和欧盟共同市场的形成有可能对中国的出口产生挤出效应，对中国外贸发展，特别是制造业产业结构调整产生影响。

随着区域经济一体化进程的推进，不同国家的学者利用一般均衡分析方法（Computable General Equilibrium，CGE）对 FTA 的经济影响进行大量研究，学者们采用利用全球贸易分析模型（Global Trade Analysis Project，GTAP）对各经济体互相取消关税后的宏观经济、对外贸易、社会福利等指标进行模拟，为经济研究建立了较为成熟的研究范式。

从研究方法方面，Ianchovichina, E. I. (1998) 率先将动态一般均衡量化方法应用在研究东亚经济危机对北美农业生产的影响中。Ianchovichina, E. I, R. A. McDougall, 和 T. W. Hertel (1999) 将动态 GTAP 研究方法引入国际资本流动的一般均衡模型中，模拟结果显示，东亚经济危机在当期（1999）造成了东亚各经济体衰退，并引起东亚 5 国（韩国，印度尼西亚，马来西亚，菲律宾，泰国）

资本回报率下降，在此情况下，投资者会相应降低投资回报预期，从而使得该区域整体投资下降。Terrie L. Walmsley, Betina Dimaranan 和 Robert A. McDougall（2000）在动态 GTAP 模型基础上，利用第四版 GTAP 数据库对未来 20 年世界经济发展情况进行了模拟预测，建立了政策冲击影响宏观经济的一般模型。

从研究内容方面，国内外学者对区域一体化的经济影响进行了大量研究。Sebastian Benz, Erdal Yalcin（2015）针对欧日 EPA 生效的影响进行预测，结果显示，欧盟和日本都将从中受益，日本获益程度高于欧盟，收益来源于增长的平均生产力而不是增加的就业。José Bernardo García, Camilo Pérez-Restrepo 和 María Teresa Uribe Jaramillo（2017）在研究中认为，亚太地区始终是区域经济一体化的重点区域，如太平洋联盟（Pacific Alliance, PA）在不断适应新的国际贸易环境，GTAP 模拟结果显示，关税减免和贸易便利化改革能够显著增加经济一体化组织的出口，太平洋联盟加入 RCEP 能够使得出口效益最大化。Shujiro Urata（2018）认为，随着特朗普提倡的"美国优先"的贸易保护主义势力抬头，WTO 在推动世界贸易、FDI 自由化和建立国际贸易秩序方面的影响力渐失，许多国家在世界范围内寻求建立 FTA 的可能性，东亚国家经过 20 年的尝试，在建立 CPTPP 和 RCEP 等区域一体化方面取得了成果。Inkyo Cheong 和 Jose Tongzon（2018）利用 CGE 模型量化模拟了美国实施贸易保护政策即增加进口关税情景下亚洲国家经济状况。Kenichi Kawasaki（2018）利用 GTAP 研究美国增加钢铁和铝进口加征关税产生的影响，结果发现贸易保护主义不仅会影响全球经济贸易，也会损害世界经济增长。Gabriel Felbermayra, Fukunari Kimurab, Toshihiro Okubo 和 Marina Steiningerd（2019）对欧日 EPA 生效的经济影响进行了量化分析。

随着欧日 EPA 谈判不断推进，国内学者对欧日 EPA 生效对世界各大经济体的影响进行研究，并提出中国的应对策略。黄凌云，王丽华，刘姝（2015）采用 GTAP 动态模型研究认为，欧日 EPA 生效使得日本、欧盟宏观经济全面受益，中国的宏观经济变量都受到负面影响。侯丹丹（2016）利用 GTAP 模拟对中国和韩国 FTA 成立对东亚国家经济影响进行了分析，研究认为，中韩 FTA 成立将对中国大陆、韩国带来正的经济效应。关兵（2018）通过 GTAP 静态模型模拟发现，欧日 EPA 生效将使得欧盟和日本产业部门获益，使得中国的劳动密集型产业受到较大冲击。宋锡祥，张贻博（2019）在对欧日 EPA 对中国产生的影响研究中认为，欧日 EPA 是"全面高标准"的双边贸易协定，中国应当通过建立全方位、综合性的自贸区战略布局内加以应对。

二、各经济体关税与产业竞争力分析

（一）中国、日本、欧盟、美国关税水平

WTO 统计数据显示（附表 1），2017 年，中国进口平均关税为 9.6%，美国进口平均关税为 4%，日本进口平均关税为 4.4%，欧盟进口平均关税为 4.7%，中国进口关税水平普遍高于其他主要经济体。

表 1　日本、欧盟、中国、美国贸易现状

单位：出口额：亿美元；占比：%

年份	日本出口欧盟		欧盟出口日本		中国出口日欧		日欧出口中国		美国出口日欧		日欧出口美国	
	出口额	占比	出口额	占比	出口额	占比	出口额	占比	出口额	占比	出口额	占比
2009	724.53	12.48	502.29	3.14	3354.71	27.92	2248.06	10.31	2950.37	25.07	3796.35	17.41
2010	870.83	11.31	572.66	3.17	4338.17	27.50	2988.12	11.60	3315.05	23.12	4350.73	16.89
2011	959.45	11.66	672.94	3.09	5060.35	26.66	3508.95	11.69	3692.09	22.19	4877.93	16.25
2012	815.07	10.21	704.86	3.23	4871.96	23.78	3287.07	11.04	3708.97	21.34	5147.29	17.29
2013	717.96	10.04	707.29	3.06	4893.24	22.15	3250.13	10.74	3649.45	20.45	5141.67	16.99
2014	716.69	10.38	698.18	3.09	5205.12	22.22	3437.35	11.65	3839.82	20.86	5403.28	18.31
2015	660.23	10.57	617.24	3.11	4917.39	21.63	2968.69	11.38	3747.99	21.83	5348.34	20.50
2016	737.76	11.44	632.96	3.28	4685.91	22.34	3003.39	11.66	3776.15	22.55	5302.74	20.59
2017	772.37	11.06	670.90	3.16	5095.92	22.51	3541.04	12.56	3969.90	22.26	5535.44	19.64

数据来源：UN Comtrade，计算得出。

整体来看，中国进口关税水平普遍高于美国、日本和欧盟水平，平均关税为上述三个经济体进口关税水平的近 2 倍，其中，农产品进口关税高于制造业

产品，高技术制造业产品进口关税高于其他层次制造业产品。欧日 EPA 生效或将对日本和欧盟进口产生较大影响，增加双方在农产品、制造业产品方面的进口。中国或将受到日欧进口替代效应的影响，制造业出口受到较大影响，但同时或将推进中国制造业结构调整，进出口产品结构变化。美国抑或将受到欧日 EPA 生效的影响，出口下降，加之与中国贸易关系不明确，美国的贸易条件或将恶化。

（二）中国、日本、欧盟、美国双边出口情况

日本和欧盟是中国重要的对外贸易合作伙伴，2009 年以来，中国出口日本和欧盟总额接近中国总出口的 1/4，出口总额由 3354.71 亿美元持续增长至5095.92 亿美元，超过日本总出口的 70%，占欧盟总出口近 25%。日本和欧盟对中国的出口额持续增长，2017 年，达到 3541.04 亿美元，占比中国出口额12.56%。美国出口至日本和欧盟的总额波动上升，2017 年，美国出口日欧总额达到 3969.9 亿美元，是近 10 年最大值，占比接近美国出口总额的 1/4。同时，美国也是日欧的重要贸易伙伴，日欧出口美国总额持续上升，约占日欧出口总额的 1/5。

（三）各经济体产业竞争力分析

本文采用两个指标衡量中国、美国、日本、欧盟四大经济体的制造业产业竞争力；同时，依据 2011 年经合组织（Organization for Economic Co-operation and Development, OECD）结构分析数据库 (STtructural ANalysis Statistics, STAN) 中数据，按照研发密集度（Research and Development Intensities, R&D)[①] 定义的制造业分类，对上述国家制造业所处的地位进行判断，从而为本文制造业发展的模拟研究进行铺垫。

---

① OECD Directorate for Science, Technology and Industry. ISIC REV. 3 TECHNOLOGY INTENSITY DEFINITION: Classification of Manufacturing Industries into Categories based on R&D Intensities. https://www. oecd.org/sti/sci-tech/48350231.pdf.

表 2 依据研发密集度的制造业产业分类

产业分类	全部制造业
高技术产业	航天航空
	医药
	办公、会计和计算设备
	无线电、电视和通信设备
	医用精密光学仪器
中高技术产业	电子设备
	机动车，拖车和半拖车
	化学制品
	铁路设备和交通设备
	机械装备
中低技术产业	造船
	橡胶，塑料制品
	石油制品，核燃料
	其他非金属产品
低技术产业	手工制造业，回收
	林产品，纸和纸制品，印刷和出版
	食品，饮料，烟草
	纺织，纺织产品，皮革及皮革制品

1. 显示性比较优势指数（RCA）

（1）显示性比较优势指数（Revealed Comparative Advantage, RCA）是 Balassa 在 1965 年提出的用于测算一国贸易专业化程度的指标，表示一国某种商品出口额占其出口总值的份额相对于世界出口总额中该类商品出口额所占的份额，计算公式如下：

$$RCA_{ij} = \frac{\dfrac{x_{ij}}{X_i}}{\dfrac{x_{aj}}{X_a}}$$

其中，x_{ij} 表示 i 国 j 商品的出口额，X_i 表示 i 国的出口总额；x_{aj} 表示 j 商品的出口总额，X_a 表示所有产业的出口总额。该指数表示，如果一国的某种商品在世界贸易中的份额高于平均水平，或者，一国某种商品的出口额高于世界平均水平，那么，本国在这种商品的出口上具有明显优势。通常情况下，RCA>2.5，表示比较优势很强；1.25 ≤ RCA ≤ 2.5，表示比较优势比较强；0.8 ≤ RCA<1.25，表明比较优势一般，RCA<0.8，则表示比较优势较弱。

本文依据 HS2007 分类中的 97 种商品，以 UNcomtrade 公布的 2017 年世界各国进出口数据，分别对中国、美国、日本、欧盟四大经济体的 RCA 指数进行计算。

对比来看，中国与美国的优势产品具有较为明显的互补性；中国与欧盟在制造业行业，特别是中低技术制造业具有较明显的相似性，在其他制造业行业具有互补性；中国基础制造业产品竞争优势较为稳定，欧盟在中高技术和高技术制造业既有普遍竞争优势；日本与欧盟的优势产品具有明显的互补性，与中国的优势产品亦具有一定的互补性。

2. RELPSHR 指数

RELPSHR（Relative Production Share）是 Edward N. Wolff 在 1999 年提出的用于测算贸易专业化的指标，定义为一个国家在某种产业中的份额相对于一国在总 GDP 中的份额，它通过一国集中生产产品所在产业来衡量该国的产业专业化程度。计算公式为：

$$\text{RELPSHR}_i^h = \frac{\dfrac{Y_i^h}{\sum_h Y_i^h}}{\dfrac{GDP^h}{\sum_h GDP^h}}$$

其中，$\dfrac{Y_i^h}{\sum_h Y_i^h}$ 表示 h 国的 i 商品的产出在世界 i 商品总产出中的占比，$\dfrac{GDP^h}{\sum_h GDP^h}$ 表示 h 国 GDP 在世界总 GDP 中的占比。RELPSHR 表示为一个分数，根据经验结果，一个拥有大型制造业部门的国家将往往有许多产业的 RELPSHR 值大于 1。

依据 WIOD 最新公布的 2014 年世界投入产出数据[①]，结合 UNCTADStat 对

---

① WIOD 公布的 2014 年世界投入产出表包含了 28 个欧盟成员国和 15 个重要经济体，以联合国统计署公布的 ISIC 第 4 版行业分类为准，对各国的投入产出进行了以"百万美元"为单位的统计。

世界宏观经济总量的统计，分别对中国、美国、日本、欧盟四大经济体的 RELPSHR 指数进行计算，进一步观测各经济体产业之间的关系。

对比分析可知，虽然欧盟的农林牧业专业化集中度不及中国高，但其 RELPSHR 分数与日本同类产业形成良好的互补关系；在制造业方面，日本与欧盟在相当部分的中低高技术制造业中都存在互补关系，双方在自由贸易区内将产生良好的互动；中国与美国在各行业的都存在明显的互补关系，双方贸易关系比较稳定，与日本在农林牧业和低技术制造业存在明显互补关系，但在中低技术、中高技术和高技术制造业具有较为近似的集中度；中国与欧盟在农林牧业、各类制造业均存在较为明显的互补关系。

根据上述分析预测，欧日 EPA 的建立和生效，将使欧盟和日本的宏观经济得到发展，欧日各行业普遍获益，中国各行业贸易总量遭受不同程度损失；其中，受到美国对中国商品加征关税的影响，中国的中低技术基础制造业将受到进一步损失，美国的制造业或将全面受损。

三、欧日 EPA 生效的经济影响分析

（一）动态 GTAP 模拟欧日 EPA 生效的经济影响

最终为了进一步验证预测，采用动态 GTAP 模型，模拟日本执行欧日 EPA 达成的关税减免计划，在 15 年内逐步降低关税所带来的经济影响，并对此期间，日本、欧盟 27 国、英国[①]、中国、美国 5 个经济体的宏观经济和经济体内部各行业发展变化进行分析。

为了合理设计动态 GTAP 模型冲击变量，分以下步骤进行：

第一，计算部门进口总额占比。

根据 UNComtrade 统计数据，2017 年，日本对欧盟进口总额 774.3 亿美元。其中，HS 编码 2 位 1-18 类农林牧商品进口总额为 43.7 亿美元，占比 5.65%；HS 编码 2 位 19-97 类工业产业产品进口总额为 730.6 亿美元，占比 94.35%。

---

① 2016 年英国脱欧谈判，常将欧盟 27 国与英国数据分别统计。

第二，计算整体关税下降幅度。

根据欧日 EPA 条款，日本将在 15 年内逐渐取消约 94% 欧盟进口商品关税，其中，取消约 82% 农林牧进口产品关税，完全取消其他制造业产业进口产品关税。根据 WTO 关税统计数据[1]，加权计算 2017 年 HS2012 产品种类和关税水平可知，日本农林牧业和制造业产业部门产品平均关税分别为 7.60% 和 4.00%；进一步计算可知，日本对欧盟对农林牧业和制造业产业部门的减税幅度分别为 0.35% 和 3.77%。将以上数据代入关税冲击 % 力度变化（tms）计算公式：

关税冲击力度 =[(当前关税冲击力度 − 关税下降幅度)/ 当前关税冲击力度 −1]*100

其中，当前关税冲击力度 =1+ 当前关税水平

由此可知，根据欧日 EPA 计划，日本对欧盟的进口关税冲击力度分别为 −0.33 和 −3.63。

第三，修改基准数据库关税水平。

这里应用 GTAP 第 7 版数据库，通过 GTAP 动态模型对数据库的基准年关税税率进行修改，通过操作 ALTERTAX，将数据库中日本对欧盟进口关税修改为 2017 年实际水平，这样再进行关税减免的冲击时，结果会更加准确[2]。

表 3　修改基准关税后的关税水平及冲击力度

GTAP 行业分类	调整后的关税水平	调整后关税冲击力度
粮食产品	34.7%	−5.6422
其他农产品	4.05%	−7.3042
采矿业	0.153%	−7.5886
食品制造业	37.7%	−2.9049
服装制造业	11.7%	−3.5810
基础制造业	0.488%	−3.9805
其他制造业	1.31%	−3.9483

数据来源：根据 GTAP 模拟结果计算得出。

---

[1] http://tariffdata.wto.org/ReportersAndProducts.aspx，采用加权平均法计算得到平均关税税率。

[2] 可联系作者进一步了解计算过程。

因为水稻类产品的现有关税已经为 0，所以不对该类产品关税水平再进行冲击。如此，按照关税冲击力度公式计算出，计算出 ALTERTAX 的关税冲击力度，如表 4。

表 4　欧日 EPA 生效后 15 年关税水平及冲击力度

EPA 生效年限	农林牧业部门		制造业部门	
	关税水平%	关税冲击力度	关税水平%	关税冲击力度
1	6.84	−0.33	3.16	−3.65
2	6.16	−0.33	2.50	−3.68
3	5.54	−0.33	1.97	−3.70
4	4.99	−0.33	1.56	−3.71
5	4.49	−0.33	1.23	−3.72
6	4.04	−0.34	0.97	−3.73
7	3.64	−0.34	0.77	−3.74
8	3.27	−0.34	0.61	−3.75
9	2.94	−0.34	0.48	−3.75
10	2.65	−0.34	0.38	−3.76
11	2.38	−0.34	0.30	−3.76
12	2.15	−0.34	0.24	−3.76
13	1.93	−0.34	0.19	−3.76
14	1.74	−0.34	0.15	−3.76
15	1.56	−0.34	0.12	−3.77

数据来源：根据 GTAP 模拟结果计算得出。

在已修正的关税水平下，基准年份的数据更接近真实关税水平，模拟结果将更加准确。

第四，计算欧日 EPA 生效后 15 年每年关税下降幅度，设置关税冲击。

为了准确计算关税减免的影响，分别计算农林牧业和制造业产业的关税下降幅度和关税冲击力度。由第二步计算可知，日本农林牧业和制造业产业部门产品平均关税分别为 7.60% 和 4.00%，根据欧日 EPA 内容，15 年后，两部门平均关税应分别降至 1.37% 和 0%。利用 EXCEL 函数 IRR 可计算可得农林牧业关税年均降幅为 10%，制造业产业关税年均降幅为 21%，于是可知 EPA 生效后 15 年中两类产业部门的关税水平。

由上述可计算，15 年中动态 GTAP 模拟中的税收力度变化，即 tms 冲击，如表 5。

表 5　各经济体不同产业部门进口变化

%

产业部门	美国	日本	中国	欧盟 27 国	英国	其他国家
农林牧业	10.18	10.96	−2.08	10.25	10.2	10.27
低技术制造业：副食饮料制造业	9.19	15.66	−0.26	10.2	10.29	10.46
低技术制造业：纺织服装制造业	0.94	15.17	−2.8	10.26	10.86	11.49
中低技术制造业：基础工业制造业	8.47	10.89	−0.57	10.11	10.25	10.41
中高技术制造业：电子机械设备制造业	1.57	13.44	−2.17	10.5	10.54	10.78
高技术制造业：精密仪器通信设备	10.59	11.39	−1.13	10	10.19	10.52
其他服务业	10.43	11.44	−0.7	10.05	10.18	10.57

数据来源：根据 GTAP 模拟结果计算得出。

1. 宏观经济变化

（1）GDP 增速

GDP 增速模拟结果显示，在欧日 EPA 生效后的 15 年后，中国和美国的 GDP 增长率将持续下降，在 2031–2033 年，GDP 增长率将分别下降 0.1%、0.9% 和 1.6%；同期内，欧盟 27 国、英国和日本的 GDP 增长率将明显上升，三个经济体在 2033 年的 GDP 增长率分别为 3.8%、2.5% 和 1.3%。整体来看，欧盟 27 国和日本的 GDP 增长率受关税减免的冲击影响比较明显，日本除 2019 年的 GDP 增长率出现下降外，自 2020 年至 2026 年 GDP 增长率连续 7 年保持上升，后在 2027 年至 2031 年经过 5 年下滑后，继续保持上涨；欧盟 27 国和英国的 GDP 增长率变化趋势与日本类似，GDP 增长率先短暂下滑，继而持续上涨，经过短暂下滑后，最终保持上升趋势。

（2）社会福利

从社会福利模拟结果来看，在欧日 EPA 生效后的前 7 年内，中国和美国的社会福利水平先继续保持增加，后持续降低，特别是美国的社会福利水平发生较大程度的下降，2024 年达到 −6921.05 百万美元；同期，欧盟 27 国、英国和日本的情况与之相反，福利水平先是经过短暂下降，继而持续上升，且上升幅度不断增强，三个经济体的福利水平都在 2024 年达到峰值，分别为 4695.5 百万美元，457.414 百万美元和 1085.852 百万美元。在后 8 年内，与 GDP 增长率变化趋势相似，美国和中国的社会福利水平先是逆转上升，后从 2031 年开始下降，2033 年，美国的社会福利水平将跌至欧日 EPA 生效以来的最低水平，下降了 17826.1 百万美元；欧盟 27 国、英国和日本的社会福利水平在 2027 年至 2031 年间持续下降，自 2032 年起强势反弹，欧盟 27 国、英国和日本的社会福利均在 2033 年达到 15 年内最高水平，分别为 8933.063 百万美元、944.215 百万美元和 1934.219 百万美元。

2. 对外贸易变化

（1）进出口产品数量

从五个经济体进口产品数量的模拟结果来看，中国和美国进口产品数量的变化趋势比较相似，欧盟 27 国、英国和日本的进口产品数量变化比较相似。具体来看，在欧日 EPA 生效的最初 3 年内，中国和美国的进口产品分别发生了 0.5%–12.3% 不等的上升，美国的进口数量增长快于中国，后两经济体的进口数量变化呈现下降和上升交替的趋势，在 2033 年，中国的进口数量减少 6.5%，美国的进口数量减少 47.9%，均达到 15 年的最低点。同期内，除 2020 年、2021 年和 2026 年外，欧盟 27 国、英国和日本的进口产品数量变化趋势与中国和美国相反，且在 2033 年，三个经济体的进口产品数量增幅达到 15 年内最大值，分别为 15.2%、9% 和 11.1%。日本和欧盟的进口数量在长期获得较大幅度增加，出口数量波动变化，最终在欧日 EPA 完全生效时，发生较大幅度下降。中国和美国进口数量变化与日本和欧盟的进口数量变化趋势相反。

从出口数量变化的模拟结果来看，整体上，美国的出口产品数量变化趋势与其他四个经济体的情况相反，美国在欧日 EPA 生效后的 15 年内，出口产品数量变化呈现规律性波动，变化周期为 4 年左右。除 2020 年外，中国在协议生效后的 7 年内，出口产品数量持续下降，后经过连续 5 年的平稳上升，最终在 2033 年大幅下降 5.8%，达到 15 年内的最低值。欧盟 27 国、英国和日本的出口产品数量变化趋势较为相似，在 2033 年，三者的出口产品数量均较大幅度下降。

（2）进出口产品价格

从产业分类模拟结果来看，美国、中国以及日本的农产品进出口价格普遍下降，欧盟 27 国和英国的农产品价格上升，且进出口价格的下降和上升幅度相近；所有经济体制造业产品的进出口价格普遍上涨，变动幅度最大的是欧盟 27 国和英国，最高涨幅达到近 20%，日本和中国次之。从经济体来看，中国、美国及日本除农产品外的其他制造业产品进出口价格均上涨，欧盟 27 国和英国的所有产品进出口价格均发生 10%–20% 的涨幅。

（3）贸易条件

根据贸易条件的模拟结果，自欧日 EPA 生效起，五大经济体的贸易条件均发生明显变化。具体来看，中国和美国贸易条件在协议生效后 3 年内会发生改善，美国的贸易条件改善程度大于中国，在此之后的 10 年，两国的贸易条件先是恶化，后连续 5 年得到改善，在 2033 年，两国的贸易条件均发生恶化，且恶化程度达到 15 年内的最大值，分别为 3.7% 和 33.4%，美国受到的影响明显大于中国；同期，欧盟 27 国、英国的贸易条件发生相似变动，先是经历了短暂的恶化，后在 2021–2026 年保持了较稳定的改善趋势，自 2027 年起到 2031 年，两大经济体与日本的贸易条件连续发生恶化，其中，各经济体在 2029 年的贸易条件分别降低 5.8%、3.6% 和 5.7%，降幅较为明显，与中国和美国的情况相反，欧盟 27 国、英国和日本的贸易条件在欧日 EPA 生效后的第 14 年和第 15 年得到明显改善，最终在 2033 年达到 15 年以来最大值，分别为 7.8%、4.7% 和 8.8%。

（二）静态 GTAP 模拟分析欧日 EPA 生效对产业发展的影响

为了进一步研究欧日 EPA 成立对制造业各部门产生的影响，按照本文对行业分类情况，用静态 GTAP 方法对各国产业部门发展情况，特别是制造业各部门的发展变化情况进行预测。

模拟结果显示，除中国外，其他经济体各产业部门进口均发生不同程度的增长，中国各产业部门的进口均发生不同程度下降，其中纺织服装制造业和电子机械设备制造业下降幅度相对明显，分别为 2.8% 和 2.17%，高技术制造业和基础工业制造业下降幅度不大。美国各产业部门进口发生不同程度的增长，其中，农林牧渔业、副食饮料制造业、基础工业制造业和高技术制造业进口的增长比较明显，增长幅度在 10% 左右；纺织服装制造业和电子机械设备制造业的进口发生小幅度增长。日本、欧盟 27 国和英国各产业部门进口均发生较大幅度增长，且涨幅接近，均稳定在 10% 左右。欧日 EPA 生效使得世界其他国家各产业部门的进口也发生较为明显的增长，且各部门进口增长的幅度较为接近，均为定在 10%。

表6　各经济体不同产业部门出口变化

%

产业部门	美国	日本	中国	欧盟 27 国	英国	其他国家
农林牧业	7.4	10.42	-17.41	10.3	10.18	10
低技术制造业：副食饮料制造业	5.58	10.76	10.17	11.68	10.15	9.18
低技术制造业：纺织服装制造业	-1.31	6.5	7.06	8.34	7.93	11.63
中低技术制造业：基础工业制造业	3.4	8.25	5.68	10.5	10.36	9.78
中高技术制造业：电子机械设备制造业	2.38	12.87	-8.45	10.12	10.78	12.3
高技术制造业：精密仪器通信设备	8.05	7.81	15.62	10.49	10.35	9.84
其他服务业	8.05	7.94	16.59	10.6	10.38	9.77

数据来源：根据 GTAP 模拟结果计算得出。

模拟结果显示，欧日 EPA 生效使得各经济体各产业部门的出口普遍增长，且增长幅度普遍较大；美国的纺织服装制造业和中国的电子机械设备制造业发生下降，分别为 -1.31% 和 -8.45%。各主要经济体中，中国各产业部门的出口增加比较明显，农林牧渔业出口增加了 17.41%，高技术制造业出口增加 15.62%，其他服务业出口增加 16.59%；日本、欧盟和英国各部门出口增加的分布较为相近，农林牧渔业、副食饮料制造业、电子机械设备制造业和高技术制造业的出口增加幅度比较明显，均在 10% 以上，日本的电子机械设备制造业出口增加达 12.87%，是日本各行业出口中增加程度最明显的部门。

表 7 各经济体产业部门增加值变化情况

%

产业部门	美国	日本	中国	欧盟 27 国	英国	其他国家
农林牧业	−0.42	−0.53	0.49	0.19	0	−0.08
低技术制造业：副食饮料制造业	−0.14	−0.68	0.75	0.41	0.01	−0.18
低技术制造业：纺织服装制造业	1	−2.28	2.99	−1.02	−1.16	−0.36
中低技术制造业：基础工业制造业	−1.06	−0.85	2.31	0.15	0.01	−0.32
中高技术制造业：电子机械设备制造业	−0.3	0.58	−2.44	−0.13	0.02	0.39
高技术制造业：精密仪器通信设备	0.09	0.03	−0.35	0.06	0.03	0.02
其他服务业	0.12	0.03	−0.2	0.06	0.04	0.02

数据来源：根据 GTAP 模拟结果计算得出。

从各经济产业增加值的角度来看，欧日 EPA 生效增加了日本和欧盟各成员国产业附加值，特别是中低技术、中高技术和高技术制造业的产业附加值得到普遍提升。传统优势部门高技术制造业增加值发生 0.09% 上升；中国各产业部门的增加值变化与日本相反，中国农林牧渔业和低技术制造业的产业增加值均发生上升，其中制造业部门产业增加值上升明显；中高技术、高技术制造业和其他服务业产业增加值均发生不同程度下降，其中，中高技术制造业中的电子机械设备制造业增加值下降 2.44%，降幅较为明显。

（三）欧日 EPA 生效的 BOTE 分析

Back-of-the-Envelope（BOTE）是建立在宏观经济学结构框架基础上的分析方法，通过对内生变量和外生变量的变化分析，推导得出在实施冲击后，各经济体的 GDP 增长率、贸易条件、贸易量、进出口价格变化趋势，从理论分析角度对 GTAP 模拟结果进行解释。

欧日 EPA 生效实际上降低了生厂商的税赋，增加了个人消费和政府购买的力度，贸易条件得到改善，在边际成本与边际收益相等的均衡条件下，欧日双方的贸易条件和社会福利增加，这与 GTAP 模拟结果一致。具体来看，假设欧日两个经济体的社会总产业符合柯布道格拉斯生产函数分布：

$$Y = AK^{\alpha}L^{1-\alpha}$$

在均衡条件下，总产出等于总收入，

$$Y = C+I+G+X\text{-}M$$

其中 *X-M* 为净出口，*C*、*I*、*G* 分别为个人消费、投资和政府购买。其中，消费和政府购买

根据本文设定，资本回报率、劳动力、技术等内生要素在短期内不变，边际收益等于边际成本，可知资本和劳动的边际产出是稳定不变的，分别为：

$$\frac{\partial Y}{\partial K} = A\alpha\left(\frac{L}{K}\right)^{1-\alpha} = \frac{Q}{P_{VA}} = \frac{Q}{P_I} \cdot \frac{P_I}{P_{gdp}} \cdot \frac{P_{gdp}}{P_{VA}}$$

$$\frac{\partial Y}{\partial L} = A\alpha\left(\frac{K}{L}\right)^{\alpha} = \frac{W}{P_{VA}} = \frac{W}{P_{gne}} \cdot \frac{P_{gne}}{P_{gdp}} \cdot \frac{P_{gdp}}{P_{VA}}$$

其中，$A\alpha\left(\frac{L}{K}\right)^{1-\alpha}$ 保持不变，由于关税下降，即 $\frac{P_{gdp}}{P_{VA}}$ 下降，资本回报率 $\frac{Q}{P_I}$ 上升，进而投资 I 增加。同理可，$A\alpha\left(\frac{K}{L}\right)^{\alpha}$ 保持不变，由于关税下降，即 $\frac{P_{gdp}}{P_{VA}}$ 下降，贸易条件改善，即 $\frac{P_{gne}}{P_{gdp}}$ 下降，则实际工资 $\frac{W}{P_{gne}}$ 上升，进而社会福利增加。上述结论与动态 GTAP 模拟结果一致。

四、结论及启示

（一）主要结论

根据 RCA 和 RELPSHR 指数分析结果，日本在精密仪器、轮船制造等少数高技术制造业中，占据绝对竞争优势；欧盟在各层次制造业中普遍具有明显优势。中国与欧盟在制造业行业，特别是中低技术制造业具有较明显的相似性，中国基础制造业产品竞争优势较为稳定，欧盟在中高技术和高技术制造业具有普遍竞争优势；日本与欧盟的优势产品具有明显的互补性，与中国的优势产品亦具有一定的互补性；中国与美国在各行业都存在明显的互补关系，中国与日本在农林牧业和低技术制造业存在明显互补关系，但在中低技术、中高技术和高技术制造业具有较为近似的集中度；中国与欧盟在农林牧业、各类制造业均存在较为明显的互补关系。

从宏观经济来看，欧日 EPA 生效后，日本和欧盟各国将在长期全面获益。从宏观经济方面来看，短期内，日本和欧盟各国的 GDP 增速和社会福利将发生下降，但在长期，特别是欧日 EPA 全面生效时，欧日的宏观经济指标将保持正向增长；中国和美国的 GDP 增速和社会福利将发生波动变化，最终在欧日 EPA 生效时，GDP 增速和社会福利持续负向增长。

从对外贸易情况来看，在欧日 EPA 生效初期，日本和欧盟各国的进出口数量和价格均下降，但长期内获得较大幅度增加；中国和美国进口数量变化与日本和欧盟的进口数量变化趋势相反，除美国外，其他经济体的出口数量在长期将发生较大幅度下降。中国、美国及日本除农产品外的其他制造业产品进出口价格均上涨，欧盟 27 国和英国的所有产品进出口价格均发生了 10%-20% 的涨幅。从长期来看，欧日 EPA 生效后，日本和欧盟的贸易条件将发生较大幅度改善，而中国和美国的贸易条件将发生恶化，美国恶化程度高于中国。

从产业部门变化来看，欧日 EPA 生效促使各经济的优势产业部门得到进一步发展，欧日共同市场的建立对中国出口产生挤出效应。研究结果显示，除中国外，其他经济体各产业部门进口均发生不同程度的增长，中国纺织服装制造业和电子机械设备制造业下降幅度相对明显；各经济体各产业部门的出口普遍增长，且增长幅度普遍较大，而美国的纺织服装制造业和中国的电子机械设备制造业发生下降；日本和欧盟各成员国产业附加值，特别是中低技术、中高技术和高技术制造业的产业附加值得到普遍提升，而中国中高技术制造业附加值降低幅度明显。

（二）对中国制造业发展的启示

欧日 EPA 的签署和生效预示着当前世界最大的自由贸易区正式成立，欧日 EPA 覆盖亚洲和欧洲两大重要贸易区域，辐射人口超过 6 亿，占据全球经济总量超过 30%，它的生效将对亚洲和欧洲市场产生重要的影响。日本和欧盟都是中国重要的对外贸易伙伴，欧日共同市场的建立将在长期内对中国对外贸易结构，特别是高中低技术层次的制造业行业调整，提出新的要求；当前，中美贸易战升级，中美双方就加征关税问题谈判进展缓慢，中国对外贸易面临严峻挑战。中国的中低技术制造业产业出口市场正在被亚洲新兴市场逐渐挤占，传统的劳动力资本优势渐失；中高技术和高技术制造业遭遇来自发达国家市场的高标准挑战，在建立 FTA 谈判过程中面临诸多困难。在全球贸易保护主义势力抬头，WTO 贸易体系陷入困境，世界经济格局重构的背景下，（1）中国需要尽快在更广范围内寻求双边贸易或者多边贸易合作伙伴，坚持推进"一带一路"倡议，不断加快 RCEP 和中日韩 FTA 谈判进程，进一步深化对外开放，在区域合作的基础上寻找新的对外贸易增长优势。（2）加快自贸区建设布局，加大科研投入力度，夯实制造业升级的技术基础，尽快适应国际技术标准，完善知识产权保护制度，在区域一体化组织谈判和对外贸易交往中建立良好的信誉，从而获得更多外贸话语权。（3）坚持全面扩大开放，始终将发展社会经济作为对外贸易交往的核心，理性面对国际经济变化，冷静处理贸易冲突，增强应对国际新秩序和新格局的抗风险能力，主动迎接更广范围更高标准的国际贸易新环境。

参考文献

[1] 刘宇, 肖敬亮, 邓祥征, 巴德里·戈帕拉克里希南（美）：全球贸易分析模型理论与实践 [M]. 社会科学文献出版社 .2018.

[2] 关兵：欧日 EPA 对欧盟、日本和中国的经济影响 [J]. 现代日本经济 . NO.3.2018. Vol.219.

[3] 宋锡祥, 张贻博：《欧盟—日本经济伙伴关系协定》透视及中国的对应之策 [J].《国际商务研究》.2019 年第 3 期 .

[4] 张季风, 王厚双, 陈新, 倪月菊, 张玉来, 姜跃春, 刘轩, 江瑞平, 贺平, 钟飞腾：关于日欧 EPA 的深度分析：内容、诉求及影响 [J].《日本学刊》. 2018 年第 5 期 .

[5] 拉尔夫·戈莫里（美），威廉·鲍莫尔（美）著, 文爽, 乔羽译：全球贸易和国际利益冲突 [M]. 中信出版社集团 .2018.

[6] 侯丹丹：中韩 FTA 对东亚的经济影响——基于 GTAP 模型的模拟分析 [J].

《国际经贸探索》. 2016 年 8 月，第 32 卷，第 8 期.

[7] 黄凌云，王丽华，刘姝：日本—欧盟 EPA 对中国、日本、欧盟的影响研究——基于 GTAP-Dyn 的一般均衡分析 [J].《世界经济研究》，2015 年第 1 期.

[8] Balassa, Bela. Trade Liberalization and Revealed Comparative Advantage[J]. Manchester School of Economic. 1965, vol(33), 99−123.

[9] Gabriel Felbermayra, Fukunari Kimurab, Toshihiro Okubo, Marina Steiningerd. Quantifying the EU−Japan Economic Partnership Agreement. Journal of the Japanese and International Economies. Volume 51, March 2019, Pages 110−128.

[10] Hatzichronoglou, T. (1997), Revision of the High−Technology Sector and Product Classification, OECD Science, Technology and Industry Working Papers, 1997/02, OECD Publishing, Paris. http://dx.doi.org/10.1787/134337307632

[11] Hutcheson Thomas. HS2002−CPI 1,1−ISIC, Rev3−GTAP Concordance[S]. GTAP. 2006.

[12] Ianchovichina, E. I., (1998): "International Capital Linkages: Theory and Applications in A Dynamic Computable General Equilibrium Model," Ph.D. Dissertation, Purdue University.

[13] Ianchovichina, E. I., R. A. McDougall, and T. W. Hertel (1999): "A Disequilibrium Model of International Capital Mobility," paper presented at the Second Annual Conference on Global Economics Analysis, Denmark, June 20−22.

[14] Inkyo Cheong, Jose Tongzon. The Economic Impact of A Rise in US Trade Protectionism on East Asia. Journal of Korea Trade. Vol. 22 No. 3, 2018, pp. 265−279.

[15] José Bernardo García, Camilo P é rez−Restrepo, María Teresa Uribe Jaramillo. Understanding the relationship between Pacific Alliance and the mega−regional agreements in Asia−Pacific: what we learned from the GTAP simulation. 21st Annual Conference on Global Economic Analysis (2018), Cartagena, Colombia.

[16] Kenichi Kawasaki. Economic Impact of Tariff Hikes—A CGE Model Analysis. National Graduate Institute for Policy Studies Discussion Paper 18−05.

[17] Sebastian Benz, Erdal Yalcin. Productivity Versus Employment: Quantifying the Economic Effects of an EU−Japan Free Trade Agreement[J]. The World Economy, 2015, 38(6):935−961.

[18] Shujiro Urata. Free Trade Agreements and Patterns of Trade in East Asia from the 1990s to 2010s. East Asian Community Rev (2018) 1:61‐73.

[19] Walmsley, T.L., B.V. Dimaranan and R.A. McDougall (2000), A Base Case Scenario for the Dynamic GTAP Model, Center for Global Trade Analysis, October (retrieved from http://www.gtap.agecon.purdue.edu/resources).

附表 1　各经济体在 HS2017 编码分类产品进口关税水平

单位: %

HS2017编码	中国	美国	日本	欧盟	产品类型	产业类型
01	5.5	0.8	0.5	1.2	牛羊马牲畜，动物制品及相关产品	
02	18.8	4.5	8.1	5.1	动物制品及相关产品，牛马羊肉,肉类制品及其它相关产品	
03	11.2	0.5	5.4	10.8	动物制品及相关产品，渔业，食物制品及其他相关产品	
04	13.5	12.3	22.2	5.3	动物制品及相关产品，乳制品，食物制品及其他相关产品	
05	11.4	0.4	0.2	0.1	牛羊马牲畜，动物制品及相关产品，渔业，食物制品及其他相关产品	
06	10.1	3.6	0.4	6.9	农作物及相关产品，林业	农林牧渔业
07	10.9	8.7	5.7	8.5	蔬菜、水果、坚果，食物制品及其他相关产品	
08	18.0	3.4	7.2	5.9	蔬菜、水果、坚果，食物制品及其他相关产品	
09	12.5	0.3	3.9	2.3	农作物及相关产品，食物制品及其他相关产品	
10	24.2	1.5	1.4	2.2	水稻，谷物及其他相关产品，加工大米	
11	26.8	3.8	16.5	12.2	食物制品及其他相关产品，饮料及烟草制品	

续　表

HS2017编码	中国	美国	日本	欧盟	产品类型	产业类型
12	9.0	12.9	1.8	1.1	油料作物，糖料作物，农作物级相关产品，渔业，动植物油脂	农林牧渔业
13	12.2	0.9	1.5	2.1	林业，食物制品及其他相关产品	
14	8.8	1.1	3.2	0.0	农作物及相关产品，林业，动植物油脂	
15	12.4	3.5	3.4	5.4	动物制品及相关产品，牛马羊肉，肉类制品及其他相关产品，动植物油脂，化学橡胶品、塑料	
16	9.9	3.2	9.5	18.0	肉类制品及其他相关产品，食物制品及其他相关产品	
17	28.7	5.8	10.3	6.8	乳制品，糖，食物制品及其他相关产品	
18	11.0	3.2	11.6	6.1	农作物及相关产品，食物制品及其他相关产品	
19	19.7	5.3	18.0	10.7	食物制品及其他相关产品	低技术制造业：副食饮料制造业
20	19.7	10.8	16.9	17.5	食物制品及其他相关产品	
21	22.4	5.4	13.1	9.2	乳制品，食物制品及其他相关产品	
22	22.8	1.8	6.5	4.3	食物制品及其他相关产品，饮料及烟草制品	
23	5.3	0.6	0.1	0.8	农作物及相关产品，肉类制品及其他相关产品，动植物油脂，食物制品及其他相关产品，饮料及烟草制品	
24	33.3	205.0	6.8	44.7	农作物及相关产品，饮料及烟草制品	
25	3.7	0.2	0.2	0.2	矿产及相关产品	中低技术制造业：基础工业制造业
26	1.4	0.1	0.0	0.0	矿产及相关产品，化学橡胶品、塑料，黑色金属，有色金属及其制品	
27	5.3	0.5	0.8	0.8	煤，天然气，矿产及相关产品石化及煤制品，化学橡胶品、塑料	
28	5.6	2.3	2.5	4.6	化学橡胶品、塑料，有色金属及其制品	
29	5.7	2.8	2.3	4.5	化学橡胶品、塑料	
30	4.5	0.2	0.2	0.0	化学橡胶品、塑料	
31	9.6	0.0	0.0	4.8	化学橡胶品、塑料	

HS2017 编码	中国	美国	日本	欧盟	产品类型	产业类型
32	7.5	3.8	3.0	5.3	化学橡胶品、塑料	中低技术制造业：基础工业制造业
33	13.0	1.5	1.4	2.4	化学橡胶品、塑料	
34	9.6	1.7	0.7	2.0	化学橡胶品、塑料，制造业其他产品	
35	10.0	1.9	4.3	4.5	乳制品，食物制品及其他相关产品，化学橡胶品、塑料	
36	8.0	2.9	4.4	6.3	化学橡胶品、塑料，制造业其他产品	
37	11.6	2.6	0.0	5.2	化学橡胶品、塑料，制造业其他产品	
38	7.3	3.3	2.2	5.5	纸制品，化学橡胶品、塑料，矿产制品及其他相关产品	
39	8.0	4.3	3.5	6.0	化学橡胶品、塑料	
40	11.7	1.6	0.2	2.6	林业，化学橡胶品、塑料	
41	10.0	2.3	9.7	2.0	动物制品及相关产品，皮革制品	低技术制造业：纺织服装制造业
42	15.7	7.7	9.8	4.6	服装，皮革制品，制造业其他产品	
43	18.0	2.1	9.4	1.2	动物制品及相关产品，服装	
44	2.9	1.1	2.2	1.7	林业，木制品，化学橡胶品、塑料	
45	5.8	0.7	0.0	2.7	林业，木制品	
46	9.0	4.1	4.3	3.0	木制品	
47	0.0	0.0	0.0	0.0	纸制品	
48	6.6	0.0	0.0	0.0	纸制品	
49	2.7	0.0	0.0	0.0	纸制品	
50	8.0	0.7	4.0	3.1	毛及丝织品，纺织品	
51	14.7	6.4	2.3	3.5	毛及丝织品，纺织品	
52	8.9	8.3	5.6	6.1	植物纤维，纺织品	
53	7.3	1.0	3.9	2.8	植物纤维，纺织品	
54	7.4	10.0	6.0	5.9	纺织品	
55	8.4	10.4	6.3	6.2	纺织品	
56	8.5	3.9	3.6	6.0	纺织品	
57	12.9	2.8	6.7	7.3	纺织品	

HS2017 编码	中国	美国	日本	欧盟	产品类型	产业类型
58	10.2	8.6	4.9	7.3	纺织品	低技术制造业：纺织服装制造业
59	9.6	3.2	3.7	6.0	纺织品，纸制品，化学橡胶品、塑料，制造业其他产品	
60	10.2	10.3	7.6	7.9	纺织品	
61	16.2	12.8	9.0	11.7	纺织品，服装	
62	15.9	10.1	9.1	11.3	服装	
63	14.7	6.8	5.8	10.1	纺织品，机械设备及其他相关产品，制造业其他产品	
64	19.3	10.5	16.3	11.1	，皮革制品	
65	17.3	2.8	4.3	2.3	服装，化学橡胶品、塑料	
66	12.0	4.6	4.1	4.3	制造业其他产品	
67	21.5	2.6	1.8	2.8	制造业其他产品	
68	12.8	1.5	1.0	1.4	矿产制品及其他相关产品	中低技术制造业：基础工业制造业
69	13.8	4.1	1.3	4.5	矿产制品及其他相关产品	
70	13.7	5.1	1.2	5.0	矿产制品及其他相关产品	
71	9.9	2.1	1.0	0.6	渔业，矿产及相关产品，化学橡胶品、塑料，有色金属及其制品，金属制品，制造业其他产品	
72	5.0	0.3	0.3	0.3	黑色金属	
73	9.8	1.2	0.5	1.7	黑色金属，金属制品，机械设备及其他相关产品	
74	6.3	1.9	1.7	3.3	有色金属及其制品，金属制品，机械设备及其他相关产品	
75	4.9	1.8	1.9	0.7	有色金属及其制品，金属制品	
76	8.8	3.5	3.8	6.4	有色金属及其制品，金属制品	
78	4.3	1.5	2.1	2.3	有色金属及其制品，金属制品	
79	4.5	2.5	1.7	3.1	有色金属及其制品，金属制品	
80	4.7	1.1	1.5	0.0	有色金属及其制品，金属制品	
81	5.2	3.4	1.2	3.2	有色金属及其制品	
82	10.8	2.8	0.8	3.1	金属制品	
83	11.1	2.4	2.0	2.5	金属制品	
84	8.0	1.2	0.0	1.8	纸制品，化学橡胶品、塑料，金属制品，机动车及零部件，交通运输设备及其他设备，电子设备，机械设备及其他相关产品	中高技术制造业：电子机械设备制造业

续　表

HS2017编码	中国	美国	日本	欧盟	产品类型	产业类型
85	8.7	1.5	0.1	2.5	化学橡胶品、塑料，矿产制品及其他相关产品，电子设备，机械设备及其他相关产品	高技术制造业：精密仪器通信设备
86	3.9	5.1	0.0	1.7	机动车及零部件，交通运输设备及其它设备	中高技术制造业：电子机械设备制造业
87	16.8	3.1	0.1	6.2	机动车及零部件，交通运输设备及其它设备，机械设备及其他相关产品，制造业其他产品	
88	1.9	0.2	0.0	3.0	交通运输设备及其它设备	高技术制造业：精密仪器通信设备
89	7.3	0.4	0.0	1.1	制船业	中高技术制造业：电子机械设备制造业
90	6.5	1.1	0.2	1.6	机械设备及其他相关产品，制造业其他产品	高技术制造业：精密仪器通信设备
91	15.8	3.7	0.2	4.2	皮革制品，机械设备及其他相关产品	高技术制造业：精密仪器通信设备
92	19.6	3.4	0.0	3.2	制造业其他产品	高技术制造业：精密仪器通信设备
93	13.0	1.1	6.9	2.2	金属制品，机械设备及其他相关产品	高技术制造业：精密仪器通信设备
94	7.0	1.6	0.6	2.4	纺织品，木制品，化学橡胶品、塑料，矿产制品及其他相关产品，金属制品，机械设备及其他相关产品	低技术制造业：副食饮料制造业
95	10.9	2.0	1.0	2.3	制造业其他产品	低技术制造业：纺织服装制造业
96	19.2	4.3	2.7	3.3	皮革制品，木制品，制造业其他产品	低技术制造业：纺织服装制造业
97	8.8	0.0	0.0	0.0	机械设备及其他相关产品，制造业其他产品	高技术制造业：精密仪器通信设备

数据来源：WTO Tariff Analysis Online，2017 年。

附表 2　欧日 EPA 生效 15 年各经济体 GDP 增速变化情况

年份	2019	2020	2021	2022	2023	2024	2025	2026	2027	2028	2029	2030	2031	2032	2033
中国	0.20%	0.50%	0.10%	-0.40%	-0.60%	-0.60%	-0.30%	0.20%	0.70%	1.10%	1.00%	0.60%	-0.10%	-0.90%	-1.60%
美国	2.60%	1.70%	-0.40%	-2.30%	-3.40%	-3.20%	-1.60%	0.90%	3.40%	5.00%	4.90%	3.00%	-0.50%	-4.60%	-8.40%
欧盟27国	-4.70%	-1.30%	0.20%	1.40%	2.20%	2.40%	1.70%	0.30%	-1.30%	-2.50%	-3.00%	-2.40%	-0.80%	1.40%	3.80%
英国	-0.90%	-0.80%	-0.10%	0.70%	1.20%	1.40%	1.00%	0.10%	-0.90%	-1.60%	-1.90%	-1.50%	-0.40%	1.00%	2.50%
日本	-4.70%	1.70%	0.80%	0.80%	0.90%	0.90%	0.60%	0.20%	-0.20%	-0.60%	-0.80%	-0.60%	-0.20%	0.50%	1.30%

数据来源：作者根据动态 GTAP 模拟结果整理所得。

附表 3　欧日 EPA 生效 15 年各经济体社会福利变化情况

单位：百万美元

年份	2019	2020	2021	2022	2023	2024	2025	2026	2027	2028	2029	2030	2031	2032	2033
中国	4.859	112.398	31.328	-56.797	-107.023	-98.203	-32.063	71.02	162.914	210.465	189.754	101.43	-38.469	-184.844	-315.094
美国	4714.969	3642.906	-55.984	-3915.547	-6573.703	-6921.047	-4488.516	344.516	5873.672	10134.656	11324.578	8474.031	1465.906	-7839.609	-17826.141
欧盟27国	-8706.125	-3102.172	-192.422	2364.016	4215.219	4695.5	3434	559.219	-2959.844	-5893.156	-7093.109	-5867.125	-2179.844	3079.422	8933.063
英国	-276.324	-353.137	-128.195	141.98	366.199	457.414	359.199	74.852	-292.527	-615.105	-766.957	-670.922	-302.246	270.316	944.215
日本	-306.484	1301.898	706.109	830.797	1027.961	1085.852	906.734	519.875	-19.43	-494.398	-728.586	-603.789	-55.773	853.25	1934.219

数据来源：作者根据动态 GTAP 模拟结果整理所得。

附表 4　欧日 EPA 生效 15 年各经济体进口产品数量变化情况

年份	2019	2020	2021	2022	2023	2024	2025	2026	2027	2028	2029	2030	2031	2032	2033
中国	0.50%	2.40%	0.50%	-1.70%	-3.10%	-3.30%	-2.10%	0.20%	2.60%	4.40%	4.80%	3.60%	0.80%	-2.80%	-6.50%
美国	15.00%	12.30%	0.80%	-11.80%	-20.90%	-23.00%	-16.10%	-1.50%	16.00%	30.00%	35.10%	28.10%	8.60%	-18.30%	-47.90%
欧盟27国	-17.30%	-5.90%	0.40%	5.40%	8.50%	8.90%	6.20%	0.80%	-5.30%	-10.00%	-11.50%	-8.80%	-2.30%	6.30%	15.20%
英国	-2.70%	-3.40%	-0.70%	2.10%	4.20%	4.70%	3.40%	0.40%	-3.10%	-5.90%	-6.80%	-5.50%	-1.80%	3.40%	9.00%
日本	-5.30%	6.00%	0.20%	1.40%	3.00%	3.40%	2.00%	-0.80%	-4.10%	-6.60%	-7.20%	-5.40%	-1.30%	4.70%	11.10%

数据来源：作者根据动态 GTAP 模拟结果整理所得。

附表 5　欧日 EPA 生效 15 年各经济体出口产品数量变化情况

年份	2019	2020	2021	2022	2023	2024	2025	2026	2027	2028	2029	2030	2031	2032	2033
中国	-0.10%	1.10%	-0.10%	-1.30%	-2.10%	-2.30%	-1.50%	0.10%	2.00%	3.40%	3.90%	3.00%	0.60%	-2.60%	-5.80%
美国	-10.90%	-7.90%	-0.90%	7.10%	13.30%	15.20%	11.30%	2.10%	-9.20%	-18.90%	-23.00%	-19.30%	-7.30%	10.10%	30.00%
欧盟27国	-1.00%	1.60%	-0.20%	-1.60%	-2.40%	-2.30%	-1.30%	0.30%	1.90%	3.00%	3.10%	2.00%	0.00%	-2.40%	-4.60%
英国	-1.20%	1.60%	0.40%	-0.90%	-1.90%	-2.00%	-1.30%	0.30%	1.90%	3.10%	3.40%	2.50%	0.40%	-2.20%	-4.90%
日本	-34.70%	-2.40%	0.90%	-1.20%	-3.10%	-3.40%	-1.60%	1.70%	5.40%	8.10%	8.50%	6.20%	1.30%	-5.50%	-12.20%

数据来源：作者根据动态 GTAP 模拟结果整理所得。

附表 6　欧日 EPA 生效 15 年各经济体各类商品进口价格变化情况

产业部门	美国	日本	中国	欧盟 27 国	英国
粮食产品	−16.60%	−22.20%	10.00%	1.70%	−16.00%
其他农产品	−0.40%	−2.70%	14.70%	14.80%	−6.20%
采矿业	11.30%	−0.80%	11.90%	7.80%	11.30%
食品制造业	6.20%	0.40%	18.60%	18.20%	3.60%
服装制造业	11.00%	6.20%	15.80%	13.90%	7.60%
基础制造业	11.20%	3.70%	18.50%	18.00%	9.30%
其他制造业	9.00%	2.00%	14.90%	12.70%	4.00%

数据来源：作者根据动态 GTAP 模拟结果整理所得。

附表 7　欧日 EPA 生效 15 年各经济体各类商品世界价格变化情况

产业部门	美国	日本	中国	欧盟 27 国	英国
粮食产品	−16.60%	−22.30%	11.10%	4.40%	−15.90%
其他农产品	−0.80%	−3.10%	15.00%	15.10%	−5.50%
采矿业	11.30%	−0.80%	11.90%	7.80%	11.30%
食品制造业	6.30%	0.00%	19.00%	18.90%	0.60%
服装制造业	11.00%	5.90%	16.00%	14.10%	4.90%
基础制造业	11.20%	3.70%	18.50%	18.10%	9.30%
其他制造业	9.00%	1.90%	15.00%	12.70%	3.80%

数据来源：作者根据动态 GTAP 模拟结果整理所得。

附表 8 欧日 EPA 生效 15 年各经济体贸易条件变化情况

年份	2019	2020	2021	2022	2023	2024	2025	2026	2027	2028	2029	2030	2031	2032	2033
中国	0.20%	1.40%	0.30%	-0.90%	-1.80%	-1.90%	-1.30%	0.00%	1.40%	2.50%	2.80%	2.20%	0.60%	-1.40%	-3.70%
美国	10.20%	8.70%	0.90%	-8.00%	-14.70%	-16.50%	-12.00%	-1.80%	10.70%	21.00%	25.20%	20.80%	7.30%	-11.90%	-33.40%
欧盟27国	-9.20%	-3.00%	0.20%	2.80%	4.30%	4.50%	3.00%	0.30%	-2.80%	-5.10%	-5.80%	-4.40%	-1.00%	3.30%	7.80%
英国	-1.60%	-1.90%	-0.50%	1.00%	2.20%	2.50%	1.80%	0.20%	-1.60%	-3.10%	-3.60%	-3.00%	-1.00%	1.70%	4.70%
日本	36.10%	3.70%	-0.50%	0.70%	2.00%	2.30%	1.30%	-0.90%	-3.40%	-5.30%	-5.70%	-4.30%	-1.00%	3.80%	8.80%

数据来源：作者根据动态 GTAP 模拟结果整理所得。

453

WTO 改革将如何影响中国经济？

郎永峰　李春顶　尹翔硕[*]

摘要：WTO 改革是维护多边贸易体制发展的必由之路，也是当前全球经济治理中的热点和难点议题。中国已经提出关于 WTO 改革的立场和相应的提案。本文构建了一个内生性贸易不平衡的全球一般均衡数值模型系统，考虑 WTO 改革方案的特征将影响机制建模到模型系统中，进而量化模拟并比较不同的 WTO 改革情景对中国的潜在经济影响。结果发现：①中国单独退出 WTO 发展中国家的"特殊和差别待遇"将对中国的社会福利和 GDP 产生负面影响，但对制造业就业和对外贸易的影响为正；②中国、巴西、印度和南非四个发展中国家同时退出"特殊和差别待遇"与中国单独退出的效应方向一致，但中国的受损下降；所有发展中国家都退出"特殊和差别待遇"则中国的受损进一步减少；③如果 WTO 改革目标全部实现并推动新一轮的全球贸易自由化，则中国的社会福利、GDP、制造业就业和对外贸易都会显著改善。

关键词：WTO 改革；中国；一般均衡数值模型；经济影响

一、引言和文献综述

当前，部分发达经济体单边主义、贸易保护主义抬头，导致国际贸易摩擦加剧，全球贸易秩序陷入严重混乱。同时，WTO 在推进新一轮多边谈判方面进展缓慢，多哈回合深陷泥潭。2017 年 7 月，美国向 WTO 递交"透明度改革"的提案，WTO 改革被正式提上议程。此后，欧盟、20 国集团、中国等成员单独或联合提出各自的改革提案，WTO 改革迅速成为当下多边贸易体制最重要的议题之一，越来越受到广泛关注。

＊作者简介：郎永峰，南京审计大学经济学院讲师；李春顶，中国农业大学经济管理学院教授；尹翔硕，复旦大学经济学院教授。

关于 WTO 改革的研究伴随着 WTO 的成立和运行不断深入。萨瑟兰等（2005）从 9 个方面详尽探讨 WTO 在过去十年运行中存在的问题，并给出改革建议。李向阳（2007）指出，WTO 的争端解决机制由于存在发展中国家参与争端解决的法律诉讼能力缺乏、获得补偿能力不足等问题而使得争端解决机制难以保障发展中国家在多边贸易体制中的平等地位，改革 WTO 争端解决机制是发展中成员的诉求之一。Baldwin（2010）认为，"单一承诺"和争端解决程序将 WTO 推入"不可能三角"中，即共识、普遍规则和严格执行不可能同时存在。尽管 WTO 本身存在诸多问题，但 WTO 成员可以选择以诸边协议或双边协议等方式在 WTO 之外寻求最大化本国利益的途径。因此，WTO 改革始终未被提上正式议程。

针对当前 WTO 改革的相关研究多集中于不同改革方案间的对比研究或阐述 WTO 改革的新进展。徐昕（2018）梳理 WTO 改革的新进展，将当前 WTO 改革的焦点内容总结为争端解决问题、贸易扭曲问题和发展问题三个方面，并提出中国的应对原则。刘敬东（2019）从新兴经济体经济实力增长对世界经济格局的影响，科技进步对全球经济产生的影响和 WTO 本身的"契约"性质等三个方面，阐述 WTO 改革的必要性，并就中国方案的价值取向、基本原则和议题设计进行分析。贺小勇和陈瑶（2019）对美国、欧盟、加拿大等提出的改革方案进行对比分析，建议中国在维护 WTO 多边贸易体制，维护自身发展模式的前提下"趋近欧加方案"。黄建忠（2019）在比较中国、美国、欧盟和加拿大等国提出的 WTO 改革方案的基础上，就中国提出的"三项原则"和"五点主张"的具体化问题进行探讨。

从已有的相关文献来看，第一类文献主要是围绕 WTO 决策机制及其与国际政治经济新发展之间的矛盾和冲突展开，主要关注 WTO 成立以来其在运行机制和制度设计方面存在的问题及解决方案。第二类文献的研究主要关注当前不同 WTO 改革方案间的比较分析、中国方案设计原则等方面的定性分析。对于当前 WTO 改革不同方案对中国经济的潜在经济影响方面系统的定量分析文献还相当缺乏，本文基于全球一般均衡数值模型的定量分析有助于弥补当前研究的不足。

当前已公布的 WTO 改革方案中，在改革议题、改革措施方面存在一定差异，而相关的改革方案或措施一旦落实，将对不同的成员产生迥然不同的经济影响。针对这一现实背景，通过构建一个全球一般均衡数值模型系统，将相应的影响机制建模到系统中，然后采用"反事实"模拟方法定量评估，并比较不同 WTO 改革方案对中国的潜在经济影响。本文的创新主要体现在以下两个方面：一是在全球一般均衡理论模型中引入关税结构和"内生性"的贸易不平衡结构，使得模拟结果更加稳定和可靠；二是系统、全面地量化分析并且比较不同 WTO 改革方案对中国的潜在经济影响，对中国积极应对 WTO 改革具有重要的政策启示。

二、WTO 改革的进展和方向

1. 背景和进展

当前 WTO 改革的背景主要有三个方面：第一，单边主义和贸易保护主义开始抬头，尤其是美国采取单边措施在全球范围内挑起"贸易战"，严重破坏以规则为基础、自由和开放的国际贸易秩序。第二，美国通过阻挠 WTO 上诉机构大法官甄选任命工作，严重影响争端解决机制的有效运行，WTO 的权威性和有效性遭到严峻挑战。第三，WTO 的谈判职能不断弱化，迫切需要通过改革来恢复 WTO 的谈判职能。

WTO 改革的相关提议、协商和行动也都在逐步推进之中。目前，WTO 成员单独或联合提出不同的方案，其中欧盟、美国、中国单独提出各自的改革方案，20 国集团（G20）联合、美国、欧盟和日本三方联合、加拿大牵头组织的 13 个国家联合提出相应的改革方案。

2. 主要改革方向

WTO 改革关乎各成员方的切身利益，从当前已公布的 WTO 改革方案来看，各方的诉求和关注的议题的共性反映各方对 WTO 改革议题的关注焦点，这些"焦点"关乎 WTO 未来具体的改革方向。现将已公布的 WTO 改革方案中各方主要关注的议题总结在表 1 中。

表 1 现有 WTO 改革方案中主要关注的议题

关注的议题	改革方案	改革措施建议
发展中国家的特殊和差别待遇问题	欧盟《WTO 现代化方案》	调整 WTO 当前对发展中国家和发达国家的区分,建议并鼓励成员逐步退出 WTO 框架下的"特殊和差别待遇",并在退出方式上兼顾时效性与灵活性。
	美国《2019 贸易政策议程及 2018 年度报告》	必须改革 WTO 对发展中国家的待遇问题,以反映当前的全球贸易现状。
	欧美日三方贸易部长联合声明	发展中国家的定位需要进一步改革并做出更多承诺。
	中国《关于世贸组织改革的建议文件》	尊重发展中成员享受特殊与差别待遇的权利。
完善争端解决机制（DSU）	美国《2019 贸易政策议程及 2018 年度报告》	WTO 争端解决必须充分尊重成员的主权政策选择。
	中国关于 WTO 改革的三个基本原则和五点主张	优先处理危及 WTO 生存的关键问题。
	中国《关于世贸组织改革的建议文件》	打破上诉机构成员遴选僵局。
	加拿大等 13 国《WTO 改革联合公报》	迫切需要取消对上诉机构成员的任命,维护和加强争端解决机制。
	欧盟《WTO 现代化方案》	推进争端解决机制（DSU）改革,健全机制并提高效率。
加强贸易政策监督,提高透明度	欧盟《WTO 现代化方案》	增加 WTO 的透明度,完善监督和审议贸易政策的职能。
	加拿大等 13 国《WTO 改革联合公报》	加强对成员国贸易政策的监督和透明度,确保 WTO 成员及时了解其他成员的政策行动。
	中国《关于世贸组织改革的建议文件》	加严对滥用国家安全例外的措施的纪律;加严对不符合 WTO 规则的单边措施的纪律;加强成员通报义务的履行。
重振谈判职能	加拿大等 13 国《WTO 改革联合公报》	重启多边谈判,加强新规则的构建,包括非市场主导政策、产业补贴和国有企业政策、强制技术转让规则等,促进各经济体公平竞争。
	中国《关于世贸组织改革的建议文件》	完成渔业补贴协议的谈判;推进电子商务议题谈判的开放、包容开展;推动新议题的多边讨论。

资料来源:作者整理。

三、情景设计和数值模拟

1. 情景设计

根据已公布的 WTO 改革方案中四个主要议题，分别在五种不同情景下模拟其对中国经济产生的潜在经济影响。这五种不同情景及其影响机制总结在表 2 中。

表 2　五种不同情景设计

设计情景	设计原因	影响机制
中国退出 WTO 发展中国家 SDT	基于当前 WTO 改革方案中美国提出"较发达发展中经济体"的概念以及欧盟提出的"毕业条款"。中国是本次 WTO 改革中被主要关注的对象。	中国不再享受发展中国家成员待遇，需要与发达国家进行互惠和对等的关税减让，将进口关税削减到发达国家的关税水平
中国、巴西、印度和南非同时退出 SDT	基于美国列出的"较发达发展中国家"名单，中国、巴西、印度和南非均属于此次 WTO 改革中被重点关注的经济体。同时，巴西总统 2019 年 3 月宣称"自愿"退出 SDT	以中国、巴西、印度和南非为代表的经济总量和发展水平相对较高的发展中成员同时退出 SDT，采用互惠和对等原则将进口关税削减到发达国家目前关税水平
WTO 取消对所有发展中国家 SDT 的影响	按照发达经济体对 WTO 改革的方案，除联合国认定的最不发达国家成员外，所有发展中国家均需要按照"具体豁免"原则进行"逐案处理"。达成一揽子协议，则所有发展中成员集体退出现有的 SDT，然后再按照"逐案处理"原则重新申请	所有发展中成员集体退出 SDT，全部采用互惠和对等原则将进口关税削减到发达国家目前关税水平
WTO 主要改革倡议全部落实的影响	现有提出的 WTO 改革方案中取消发展中国家 SDT、改善争端解决机制、加强贸易政策监督，提高透明度以及重振 WTO 谈判职能等四个方面的措施均得以落实，则对发展中成员而言既有退出 SDT 的负面冲击也有全球贸易成本下降的收益	一方面，所有发展中成员退出 SDT，使得发展中成员将其进口关税水平削减至发达国家目前的水平；另一方面，改善 WTO 争端解决机制、提高透明度有助于降低全球贸易成本
WTO 改革倡议落实并推动新一轮多边贸易自由化的影响	在四项改革方案均得以落实的情况下，多边贸易谈判取得新进展，开启了新一轮的全球贸易自由化会进一步降低贸易成本	全球贸易成本进一步降低，有助于发展中成员更好地参与国际贸易进而获得经济收益

资料来源：作者根据相关资料整理。

2. 中国退出 WTO 发展中国家"特殊和差别待遇（SDT）"的影响

首先假定中国单独退出 SDT，并假定中国的货物贸易进口关税税率下降到美国的水平。模拟结果显示，中国退出 SDT 将导致中国 GDP 变动 –1.39%，出口增长 1.57%，进口增长 5.98%，总贸易增长 3.62%，社会福利减少 –0.06%，制造业就业增加 1.50%（图 1）。从影响机制上看，中国进口关税下降会导致国内价格水平下降，这会导致名义 GDP 下降，但也促进进口贸易的增长。同时，进口关税下降在促使国内价格水平下降的同时也会引致名义收入下降，总的社会福利效应出现小幅度的下降。进口关税的下降在引致最终产品进口增加的同时也促进原材料、中间品进口价格下降，这会降低国内制造业的成本进一步促进国内制造业就业的增长。

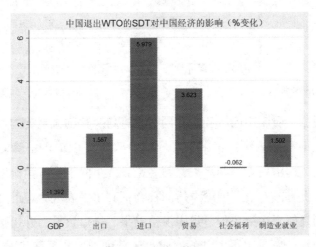

图 1　中国退出 SDT 对中国经济的影响。

数据来源：GAMS 模拟结果。

总体上看，中国退出 SDT 将使世界名义 GDP 下降 0.03%，社会福利水平上升 0.01%，制造业就业上升 0.37%，世界贸易增长 0.10%。[①]

3. 中国、巴西、印度和南非同时退出 SDT 的影响

假定中国、巴西、印度和南非同时退出 SDT，货物贸易进口关税税率都下降到美国水平。首先分析中国、巴西、印度和南非同时将货物贸易进口关税下

---

① 限于篇幅，五种情形下，对其他主要经济体的经济影响的模拟结果可向作者索取。

降到美国的水平对中国产生的影响。这将使中国名义 GDP 下降 1.26%，出口增长 2.04%，进口增长 6.07%，总贸易增长 3.92%，社会福利水平下降 0.08%，制造业就业增长 1.53%（图 2）。

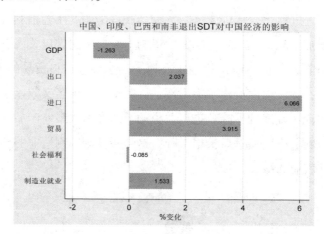

图 2　中印巴和南非退出 SDT 对中国经济的影响。

数据来源：GAMS 模拟结果。

　　从影响机制上看，中巴印和南非同时将进口关税削减至美国水平。在促进中国进口的同时，国内价格水平下降导致中国名义 GDP 的下降，价格水平下降有助于提高国内消费者福利水平，但名义收入下降也会抵消价格水平下降带来的福利水平上升的效应，中国总体的社会福利水平表现为净下降。制造业就业的影响机制类似于在第一种情景中模拟结果。进口贸易上升幅度大于出口贸易上升幅度，在总贸易水平上升的同时也改善中国贸易平衡状况。总体来看，世界社会福利、GDP、制造业就业、出口、进口和总贸易的变动均为正向影响。

　　4. WTO 取消对所有发展中国家 SDT 的影响

　　假定所有发展中国家都退出 SDT，货物贸易进口关税税率下降到美国水平。首先分析对中国产生的影响，此时中国名义 GDP 下降 0.27%，出口贸易增长 4.14%，进口贸易增长 7.39%，总贸易增长 5.66%，社会福利水平下降 0.02%，制造业就业增长 1.94%（图 3）。总体上看，世界社会福利水平、GDP、制造业就业、出口、进口和总贸易均正向变动。

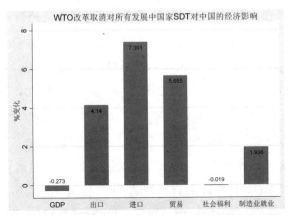

图3 WTO 取消所有发展中国家 SDT 对中国经济的影响

数据来源：GAMS 模拟结果。

5. WTO 主要改革倡议全部落实的影响

假定所有发展中国家退出 SDT，且货物贸易进口关税税率下降到美国水平，同时 WTO 改革的其他三项目标都实现，全球贸易成本下降5%。这一情形下对中国的经济影响如图4所示，中国 GDP 增长 0.19%，出口贸易增长 6.27%，进口贸易增长 9.56%，总贸易增长 7.80%，社会福利水平提升 0.24%，制造业就业增长 2.68%。若全球贸易成本下降，则贸易成本下降的效应超过进口关税下降带来的名义 GDP 下降效应和社会福利损失的效应。同时，进口贸易效应超过出口贸易效应，这有助于促进中国的对外贸易平衡状况。世界社会福利、GDP、制造业就业、出口、进口和总贸易均正向变动。

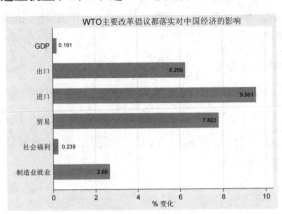

图4 WTO 主要改革倡议都落实对中国经济的影响

数据来源：GAMS 模拟结果。

6. WTO 改革倡议落实并推动新一轮多边贸易自由化的影响

假定所有发展中国家进口关税税率均下降到美国的水平，WTO 其他三个改革目标都得以实现，全球贸易成本分别下降 10%，20% 和 30%。首先分析这一情景下对中国的经济影响。如图 5 所示，中国的名义 GDP 分别变动 0.19%、1.71% 和 6.08%；中国出口贸易分别变动 6.27%、13.16% 和 15.19%；进口贸易分别变动 9.56%、16.6% 和 28.30%；总贸易分别变动 7.80%、14.77% 和 21.30%；社会福利分别变动 0.24%、1.06% 和 2.51%；制造业就业分别变动 2.68%、5.06% 和 8.44%。总体上看，推动 WTO 各项议题落实，并实现全球贸易自由化的情景下，对中国的产出、贸易、社会福利和制造业就业均具有积极的影响。全球贸易成本下降幅度越大，对中国经济的正向影响效应越大。

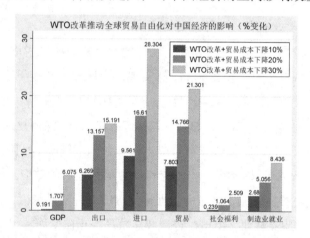

图 5　WTO 改革推动多边贸易自由化对中国经济的影响
数据来源：GAMS 模拟结果。

7. 稳健性和敏感性分析

为简化起见，仅对"中国退出 WTO 发展中国家 SDT"情形下，令中国进口关税下降到欧盟水平进行稳健性检验。分别将弹性设定为 1.5、2.5 和 3.5 进行弹性敏感性检验。稳健性检验结果和弹性敏感性分析结果显示，模拟结果具有稳健性和弹性稳定性。[①]

———————
　①限于篇幅，检验结果可向作者索取。

四、结论

当前，WTO 改革已成为一个引起高度关注的议题，不同改革方案的实施将对不同成员产生迥异的影响，量化评估 WTO 改革对中国将产生怎样的经济影响具有重要的政策参考价值。通过构建一个多国一般均衡模型框架，并在模型中引入反映内生性贸易不平衡结构的"内部货币"假设和贸易成本因素，量化分析五种不同 WTO 改革情形下对中国产生的潜在经济影响。

模拟结果显示：在仅中国退出 SDT 而不能在其他三个方面推进全球贸易自由化的情形下，中国的福利水平、产出均会遭受损失，但出口贸易、进口贸易均有上升；同时，进口增长幅度大于出口上升幅度，有利于中国贸易平衡的改善；在中国、巴西、印度和南非四个发展中大国同时退出 SDT，但 WTO 改革并未在其他三个方面获得成果的情形下，中国的福利水平和产出均会遭受损失，其中社会福利损失程度大于中国单独退出 SDT 的情形，产出损失则小于中国单独退出 SDT 的情形；同时，中国的对外贸易仍有上升；在所有发展中国家均退出 SDT 且 WTO 改革的其他三个方面都没有突破的情形下，中国的社会福利和产出都会遭受损失，产出损失较前两种情形下相比有所扩大；在所有发展中国家均退出 SDT 且全球贸易成本下降的情形下，中国的社会福利、产出、制造业就业和对外贸易状况均会改善，且获益程度会随着全球贸易成本下降幅度的扩大而增大。

根据基于全球一般均衡数值模型对不同 WTO 改革情形的模拟结果，相应的政策启示为：WTO 改革应坚持发展中国家特殊与差别待遇条款，WTO 发展中国家 SDT 条款有利于维护发展中成员的利益；WTO 的改革应致力于维护 WTO 的有效运转，推动 WTO 争端解决机制改革，加强 WTO 在贸易政策监督和提高透明度以及重振 WTO 谈判职能等方面的改革有助于推动全球贸易成本下降，有利于所有成员和世界经济。

参考文献

[1][爱尔兰] 萨瑟兰等：WTO 的未来——阐释新千年中的体制性挑战 [M]. 刘敬东等译 . 北京：中国财政经济出版社，2005.

[2] 贺小勇，陈瑶："求同存异"：WTO 改革方案评析及中国对策建议 [J].《上海对外经贸大学学报》，2019（3）：24-38.

[3] 黄建忠：WTO 改革之争——中国的原则立场与对策思路 [J].《上海对外经贸大学学报》，2019（3）：5-23.

[4] 李春顶，郭志芳，何传添：中国大型区域贸易协定谈判的潜在经济影响 [J].《经济研究》，2018（5）：132-145.

[5] 李向阳：国际经济规则的实施机制 [J].《世界经济》，2007（12）：3-12.

[6] 刘敬东：WTO 改革的必要性及其议题设计 [J].《国际经济评论》，2019（1）：34-57.

[7] 徐昕 . WTO 改革最新进展及中国应对 [J].《WTO 经济导刊》，2018（10）：58-60.

[8] Baldwin, R. Understanding The GATT's Wins And WTO's Woes[R]. CEPR Policy Insight No.49, 5 June, 2010.

[9] Betina，V. D.，R. A. McDougall，and T. W. Hetel. GTAP Version 6 Documentation：Chapter 20 "Behavioral Parameters" [R]. GTAP Discussion Paper，2006.

[10] Eaton, J. and S. Kortum. Technology, Geography, and Trade[J]. Econometrica, 2002, 70(5): 1741-1779.

[11] Li，C. and J. Whalley. China And The Trans-pacific Partnership: A Numerical Simulation Assessment of the Effects Involved[J]. World Economy, 2014, 37(2): 169-192.

[12] Novy, D. Gravity Redux: Measuring International Trade Costs with Panel Data"，Economic Inquiry, 2013, 51(1): 101-121.

[13] Shoven, J.B. and J. Whalley. Applying General Equilibrium[M]. Cambridge:

Cambridge University Press, 1992.

[14] Whalley，J.，and L. Wang. The Impact of Renminbi Appreciation on Trade Flows and Reserve Accumulation on a Monetary Trade Model[J]. Economic Modelling，2010，（28）：614-621.

[15] Whalley, J., J. Yu, et al. Trade Retaliation in A Monetary-trade Model". Global Economy Journal[J].2011, 12(1): 1-20.

WTO 争端解决机制的改革进路

——以条约解释方法为中心展开

温 融 杨小璐[*]

摘要：WTO 多边贸易体制是一个庞杂的条约体系，需要 DSB 在裁决中澄清协定项下的权利和义务。在条约解释方法上，不论是专家组还是上诉机构做出的裁决，文义解释方法处于首选地位，整体解释方法强调"上下内外"互动，目的解释方法发挥最后校正作用，法意解释方法被严格限制使用。DSB 改革是 WTO 各成员方反映最集中、讨论最激烈的焦点问题之一。各方虽未对条约解释方法直接提出改革意见，但只有优化条约解释方法，DSB 才能获得改革成功。我国支持对 WTO 进行必要改革，并积极参与改进争端解决程序的谈判。

关键词：WTO 争端解决机制；条约解释方法；实践特征；改革；优化

WTO 多边贸易体制是一个庞杂的条约体系，囊括的条约数量之多，条约与条约、条款与条款之间的内外关系非常复杂。考虑到各成员方对条约权利和义务的理解可能会出现分歧，WTO 在成立之时便将条约解释视为自足发展的重要内容。WTO 争端解决机制承担着主要的条约解释职能，在解决成员方之间贸易争端的同时，也饱受质疑并招致日益强烈的改革呼声。

一、WTO 争端解决机制中条约解释的理论逻辑

条约解释，是指条约解释主体按一定的规则和方法对一部条约具体规定的

---

* 作者简介：温融，四川外国语大学国际商学院副教授；杨小璐，西南交通大学公共管理与政法学院硕士研究生。

正确意义的剖析明白①。WTO争端解决机制的条约解释具有明确的法律依据，属于准司法性解释。DSB常常援引《维也纳条约法公约》第31条"解释之通则"以及第32条"解释之补充资料"中所提供的条约解释方法，以解决成员方之间的各种贸易争端。

（一）法律渊源

《建立世界贸易组织的马拉喀什协定》（以下简称《WTO协定》）第9条第2款明确规定，部长级会议和总理事会对本协定和多边贸易协定具有专门的解释权。部长级会议是世界贸易组织的最高权力机构，通常每两年举行一次会议。在部长级会议休会期间，其职能由总理事会行使。一项条约解释的决定必须由3/4多数成员作出。

同时，WTO还授权总理事会以争端解决机构（Dispute Settlement Body，DSB）的名义，解决成员方之间的贸易争端。《WTO协定》附件《关于争端解决规则与程序的谅解》（Understanding on Rules and Procedures Governing the Settlement of Disputes，DSU）第3条规定，DSB应依照解释国际公法的惯例澄清协定项下的权利和义务，DSB的建议和裁决不能增加或减少适用协定所规定的权利和义务。如成员方对DSB的条约解释有异议，可以通过《WTO协定》或一属诸边贸易协定的适用协定项下的决策方法，寻求对一适用协定的权威性解释（authoritative interpretation）。所谓"权威性解释"，是WTO全体成员方通过决定方式，寻求对WTO项下协定的有关规定作出的解释。②为明确专家组（Panel）与上诉机构（Appellate Body）之间的关系，DSU第17条第6款规定，上诉应限于专家组报告涉及的法律问题和专家组所作的法律解释。

（二）法律属性

"谁有权制定法律谁就有权解释法律"（*ejus est interpretari legem cujus est*

---

① 李浩培：《条约法概述》[M]. 法律出版社 1987：405

② The Results of the Uruguay Round of Multilateral Trade Negotiations: the Legal Texts, published by the GATT Secretariat, Geneva, 1994, p.11

condere）。部长级会议和总理事会对 WTO 协定的解释属于权威性、普遍性的立法解释[①]。WTO 协定是由作为国际法缔约主体的 WTO 成员方谈判达成的，缔约各方自然有权力对根据自己意志达成的协定共同做出权威性解释。[②] 其具有的立法性质，决定了解释本身可能增加或减少成员在 WTO 协定项下的权利和义务。然而，由于 WTO 要求的决策程序非常严格，迄今为止立法性解释尚未有先例。

当总理事会以 DSB 的名义进行条约解释时，其不同于部长级会议与总理事会的权威性、普遍性立法解释，而是与之相对应的[③]的"准司法性解释"（quasi-judicial interpretation）[④]。一方面，DSB 是一个由全体 WTO 成员组成的处理国际贸易争端的实体，而不是由职业法官组成的法院或法庭，组成 DSB 的全体成员代表在处理争端时，除了考虑法律因素外，还掺杂了经济、政治和外交等因素。因此，DSB 对涉案 WTO 协定作出的解释不能被视作传统意义上的"司法解释"。另一方面，作为独立的贸易争端解决机构，DSB 又具有相当程度的司法特征，如独立的裁判、规范的裁判程序和约束性的裁判结果。与立法解释效力的普遍性相比，DSB 的解释不能增加或减少成员方在 WTO 协定项下权利和义务，且仅对争端双方有关争议事项具有法律约束力。

（三）范围方法

部长级会议和总理事会的条约解释范围不同于专家组和上诉机构。前者为《WTO 协定》和多边贸易协定（即《WTO 协定》的附件 1、附件 2 和附件 3 所列协定及相关法律文件），后者为《WTO 协定》和部分多边贸易协定（即《WTO 协定》的附件 1 和附件 2）以及附件 4《诸边贸易协定》。同时，DSB 依照"国际公法解释的习惯规则"澄清现有规定，意味着《维也纳条约法公约》第 31、32 条所确立的语境材料也被纳入解释范围之中，如与争端解决有关的

[①] 赵维田：《WTO 的司法机制》[M]. 上海人民出版社，2004：79

[②] 王毅：《WTO 争端解决中的法律解释》[J]. 法学研究，2009，31(5)：62–85

[③] 赵维田：《世贸组织的法律制度》[M]. 吉林人民出版社 2000：46–47

[④] 王毅：《WTO 争端解决中的法律解释》[J]. 法学研究，2009，31(5)：62–85

国际条约与原则等。

《维也纳条约法公约》第31、32条所提供的条约解释方法，是国际条约解释习惯法的法典化，为包括WTO在内的国际社会广泛认可并采用。具体方法包括：（1）文义解释，立足于条约文本，按照条约用语的通常使用方式来阐述法律的意义内容；（2）整体解释，考虑条文在法律体系中的地位，基于条约的系统整体性对条约条款的含义予以澄清和说明；（3）目的解释，以条约的目的为根据阐释法律疑义，注重条约目的或宗旨的实现；（4）法意解释，以立法史及立法过程中之有关资料为主要依据，探求立法者或准立法者于制定法律时所作的价值判断及其欲实现的目的。

二、WTO争端解决机制有关条约解释方法的实践特征

自1995年DSB成立至今，已受理的争端数量达500多起，其中350多项争端已作出裁决。① 不论是专家组还是上诉机构做出的裁决，每一份报告都是将"国际公法解释的习惯规则"运用于争端解决的具体实践。通观众多报告，不难发现WTO争端解决机制在运用条约解释方法上呈现以下基本特征。

（一）文义解释方法处于首选地位

虽然《维也纳条约法公约》第31条表示整体解释、目的解释与文义解释一样均作为条约解释的一般强制性规则，但一般认为，条约解释的首要以及最终目的均在于确定条约用语的文本含义，游离于条约用语而考虑其他因素的做法并不可行。

实践中，DSB往往以文义解释为主，专家组和上诉机构一般会优先适用文义解释方法对相关条约加以澄清。只有当文义解释方法不足以探求条文真意时，才转而寻求其他解释方法的帮助。如在"印度、马来西亚、巴基斯坦与泰国诉美国龟虾案"中，上诉机构认为专家组违反"国际公法解释的习惯规则"的步骤，未明确审查GATT1994第20条开头语的通常含义，指出条约解释者

---

① 数据来源网址：https://www.wto.org/english/tratop_e/dispu_e/dispu_e.htm，访问时间：2019年1月10日

必须从需要解释的特定条款文本开始并聚焦于此[①]。根据《维也纳条约法公约》第 31 条第 1 款和第 4 款，文义解释又被细分为"通常意义"解释以及"特殊意义"解释。其中，又以确定"通常意义"为主要的解释过程，如果能通过考虑用语的自然、通常含义有效地解释条约，则基本上不会采纳争端当事方声称用语具有的某种特殊意义。[②]

（二）整体解释方法强调"上下内外"互动

根据《维也纳条约法公约》第 31 条规定，条约整体解释所参照的"上下文"包括一般意义上的条约上下文、[③] 嗣后协议、嗣后惯例以及相关国际法规则。专家组和上诉机构在确定条约用语通常意义时往往首先借助权威词典，但根据文义解释获得的条约用语的通常意义又不止一个。为了最终确定一个"通常意义"，需要到构成法律渊源体系的要素中去寻求具体法律意义的一致性和融贯性，以保证更为全面地解释出具体法律的恰当意义。

DSB 在运用整体解释方法时非常强调"上下内外"互动。在"欧盟诉加拿大医药产品专利保护案"中，专家组在解释"limited"一词时，通过上下文分析，将其作为短语"limited exception"的一部分使用，缩小了词语本身的含义。[④]，这正体现了国际法院反复主张的一项解释规则：除非提及用语的"上下文"，否则不能抽象地确定其自然和通常意义。[⑤] 同时，专家组和上诉机构在实践中秉持"演进性解释"，重视解释结果与外部国际规则的同步性，常常引用非 WTO 国际公约和国际文件。在"印度、马来西亚、巴基斯坦与泰国诉美国龟虾案"中，上诉机构在解释"可用竭天然资源"时便明确指出，"在一般国

---

① WT/DS58/AB/R, paras, 114–116

② Ian Sinclair. Competence of the General Assembly for the Admission of a state to the United Nations (Second Admissions cases) I.C.J. Reports(1950), The Vienna Convention on the Law of Treaties[M], Manchester University Press. 1984: 127; Arthur Watts, KCMG, QC: The International Law Commission(1949–1998)[M], Oxford University Press Inc. New York, 1999:689

③ 即直接语境意义上的上下文以及《维也纳条约法公约》第 31 条第 2 款规定的更为广泛的上下文

④ WT/DS114/R, para. 7.30

⑤ Yearbook of the ILC, 1964, vol. II, p. 56

际法原则中寻找适当材料"已作为条约解释的一项任务。

（三）目的解释方法发挥最后校正作用

文义解释方法之所有处于首选地位，原因在于尽量避免主观任意性。但是，如果一项解释与立法目的和宗旨不相符，那么其很可能是错误的。故此，需要运用目的解释方法对通过其他解释方法获得的解释结果进行最后校正。

相较于早期 GATT/WTO 条约解释的实践，在晚近的 WTO 争端解决中，专家组和上诉机构越来越倾向于"目的解释"[①]。WTO 体制下，既有框架协定目的又有具体协定目的，专家组和上诉机构在条约解释时，既会参考框架协议目的又会审查具体协议目的，在一个条款有其具体目的时，更加强调具体目的在该条款解释中的实现。[②] 在"印度、马来西亚、巴基斯坦与泰国诉美国龟虾案"中，上诉机构以《WTO 协定》序言中"可持续发展"这一目的为依据，强调环境保护在国际法律秩序中的重要性和合法性，最终将 GATT1994 第 20 条（g）项中"可用竭的自然资源"一词区别于其 50 年前的含义。在审查争端当事国涉案措施是否符合 GATT1994 的一般例外条款时，专家组和上诉机构基本上都是首先审查涉案措施是否满足第 20 条单项例外规定，在达成肯定裁决后才会进而审查涉案措施是否同样满足前言的规定，也即该条的目的与宗旨部分。

（四）法意解释方法被严格限制运用

根据《维也纳条约法公约》第 32 条，法意解释是为证实根据上述三种解释方法所得意义，或者在适用上述三种方法解释后其意义仍然不明或不合理时所使用的补充性解释。理论上，GATT 缔约方或 WTO 成员谈判的记录，谈判过程中起草的 GATT 或 WTO 草案，会议文件，甚至是与国际贸易组织（International Trade Organization，ITO）宪章相关内容等都可作为解释相关约文时的补充资料。

---

① Thomas C. Litigation Process under the GATT Dispute Settlement System–Lessons for the World Trade Organization? [J]. World Trade Review, 1996, 14(1): 1–5

② 张东平 . WTO 争端解决中的条约解释研究 [D]. 厦门大学，2003：132

然而，一直以来专家组和上诉机构都严格限制法意解释方法的运用。在"欧盟、加拿大与美国诉日本酒类饮料税案"中，专家组采纳了联合国国际法委会的评论意见，认为法意解释作为非权威性的补充方法仅能在特定情形下作为例外使用，而且这种例外必须受到严格的限制。[①] 因为在许多情形中，条约谈判的记录不太完整或具有误导性。在"印度、马来西亚、巴基斯坦与泰国诉美国龟虾案"中，上诉机构认为条约解释中引入的 TIRPS 谈判历史并不完整，有关段落甚至未提及与被解释用语相关的信息。[②] 即使部分文件可能与相关的解释问题有联系，但往往并非专门为条约最后文本中特定条款而准备。[③] 似乎只有"安提瓜与巴布达诉美国博彩案"[④]，是在其他解释方法均告失败，通过对相关资料进行严格评估之后进行"准备工作"裁决。

虽然专家组和上诉机构把文义解释方法置于首选地位，并结合整体解释方法和目的解释方法以确定最终的、唯一的合理含义。实际上，《维也纳条约法公约》第31、32条规定列明多种解释方法，也是试图对众多解释方法进行协调。其本身就存在模糊甚至内部冲突，"采用两种互不相容的解释方法就会得到两个互不相容的结果，无法折中调和"[⑤]。过度强调首选文义解释方法，可能会因排除多个解释结果而耗费大量不必要的精力和时间，也可能会因为使用不同解释方法导致解释结果冲突削减文义解释方法的使用价值。将 WTO 以外的国际条约、文件、惯例以及原则等引入整体解释方法时，由于缺少统一且确定的引入标准，可能会对 WTO 法律制度造成某些单边入侵，导致解释结果产生增设成员方义务或减少成员方权利的风险。而在目的解释中，各协定目的间的关系不明晰，使得其使用的合理性大大降低。

---

① WT/DS10/R, WT/DS11/R, footnote 87

② WT/DS58/AB/R, paras. 152–157

③ 冯寿波：《WTO 协定与条约解释——理论与实践》[M]. 知识产权出版社 2015：159–182

④ WT/DS285/AB/R, paras. 172–176

⑤ 李浩培：《条约法概论》[M]. 法律出版社，2003：358

三、WTO 争端解决机制改革中主要成员方立场及其评析

1994 年，马拉喀什部长会议上通过"关于实施和审议《关于争端解决规则和程序的谅解》的决定"。该决定要求，在 1999 年 1 月 1 日之前，部长级会议应完成对争端解决规则和程序的全面审查，并在完成该项审查之后的第一次会议上对是否继续使用、修改或终止这些争端解决的规则和程序作出决定，开启WTO 争端解决机制的改革进程。后经"多哈回合"授权，设立特别会议讨论DSB 的改进和澄清工作，因成员方提出的改革建议数量较大、内容复杂，[1] 在授权的最后期限到来之前，特别会议未能就 DSU 改革形成一个完整的文本性成果。此后，有关 DSB 改革的磋商持续进行，但进展非常缓慢。2016 年，美国特朗普总统上台以来，单边主义和保护主义抬头，WTO 多边贸易体制遭受严重冲击，改革 WTO 成为国际社会的基本共识和迫切需要，DSB 改革也成为各成员方反映最集中讨论最激烈的焦点问题之一。到目前为止，WTO 成员方共提出 55 份关于争端解决机制的改革提案[2]，难免论及 DSB 条约解释方法。

（一）主要发达成员立场

基于"保证 WTO 争端解决机制的顺利运作以及成员方利益的平衡"考虑，发达成员多以整体性视角关注 DSB 改革，对目的解释方法和整体解释方法涉及较多，以期加强 DSB 的功能和作用。

关于目的解释方法，欧盟建议强化运用空间，针对 DSU 第 4 条提议新增条款[3]，即增加磋商成员方撤回磋商请求以及磋商请求过期的规定，赋予DSB基于协定目的的积极解释能力，避免已请求磋商的案件因成员方不作为而处于停滞状态，造成DSB资源浪费。欧盟[4]、加拿大以及美国[5]还认为，专家组的条约解

---

① 截止 2003 年 5 月底，WTO 成员方共提交了 44 份提案，数据来源网址：https://www.wto.org/english/tratop_e/dispu_e/dispu_negs_e.htm，访问时间：2019 年 1 月 10 日

② 提案数量不包括对已提交的提案进行修改或澄清的文件。数据来源网址：https://www.wto.org/english/tratop_e/dispu_e/dispu_negs_e.htm，访问时间：2019 年 1 月 10 日

③ TN/DS/W/1

④ TN/DS/W/38

⑤ TN/DS/W/82

释能力有待提高，无法满足未来目的解释方法在 DSB 中的运用需要，建议进一步界定专家组的资质，保证专家组成员具有与纠纷所涉问题（国际贸易法，经济或政治，以及适用协积极推动目的解释方法在 DSB 中的运用，定的主题领域等）相关的专业知识。

关于整体解释方法，以美国为代表的发达成员从反向协商一致原则出发，指出 DSB 所通过的报告书不具有"嗣后惯例"的性质，DSB 应当拒绝以此为基础的整体解释方法的运用。因为 DSB 的裁决报告通过机制在很大程度上不受控制，仅以机械地流程赋予报告书相应的效力。在反向协商一致原则下，DSB 报告几乎是自动通过，无视部分持反对意见的当事方，也无法反映出沉默当事方的真实意图，甚至可能超出当事方意欲解决的争端范围，阻碍当事方追求解决争端的目的。为此，建议设立新机制，以提升当事方解决纠纷的灵活性以及对报告通过程序的控制力。[1] 在 2018 年 8 月 27 日日内瓦举行的 WTO 争端解决会议上，美国进一步指出[2]，上诉机构在阐述"国内法审查"的性质是法律问题还是事实问题时，多次援引其前案报告。其中，对"欧盟诉印度专利案"中相关解释的引用次数是最多的。这种援引意味着上诉机构在面对专家组以及争端当事方的反对意见时，缺乏足够法律依据，以罔若未闻之态相待。因此，不宜将 DSB 报告书等同于"嗣后惯例"并置于整体解释方法之中。

（二）主要发展中成员立场

发展中成员以其自身发展水平为出发点与衡量点，希望 DSB 改革能够对与发展中成员发展息息相关的 DSU 条款进一步澄清和修改，明确发展中成员的特殊利益需求。从发展中国家所提交的有关 DSB 改革议案来看，其对 DSB 如何运用文义解释方法和目的解释方法关注较多，主要涉及 DSU 文本用语的规范性、约文内容的可操作性与现实意义等。

关于文义解释方法，发展中成员对专家组和上诉机构在争端解决实践中存

---

① TN/DS/W/28

② Statements by the United States at the Meeting of the WTO Dispute Settlement Body Geneva, August 27, 2018

在的用语解释不统一、不明确，缺乏对文本用语真实含义的探究等问题表示不满，建议强化条约文本用语的规范性，修改 DSU 相关条款措词以获得更为规范的条约用语，根本上削弱文义解释方法所导致的被解释用语或解释结果多义性，从而确保文义解释方法在 WTO 争端解决中的首选地位。比如，古巴等联合建议，将 DSU 第 4 条第 10 款①中的"should"改为"shall"，以使该条款从建议性条款转变为义务性条款②。印度③和古巴等④建议，将 DSU 第 21 条第 2 款⑤中的"should"改为"shall"，以实现条款的强制约束力。它们还建议将 DSU 第 12 条第 10 款中 DSB 主席"决定是否延长有关期限"改为主席"决定延长有关期限"。通过删除"是否"一词，肯定延长期限结果发生的必然性，进而增强用语的确定性。

关于目的解释方法，发展中成员强调目的解释方法的广泛适用性。比如，中国⑥建议，将 DSU 第 4 条第 7 款中的磋商期限缩短，同时赋予发展中成员请求延长的权利。因为过长的磋商期限不利于利益容易受减损的发展中成员，也不符合 DSU 快速解决争端的目的。发展中成员还普遍认为，DSU 中有关发展中成员特殊利益保护的条款表述过于笼统，缺乏可操作性，应该更加突出"给予发展中国家优惠待遇，努力确保发展中成员权利与义务的平衡"这一目标和宗旨，促使条约解释朝保护发展中成员特殊利益这一方向发展。如，印度古巴等建议，在 DSU 第 4 条第 10 款内容中补充"特别注意"的方式。⑦

（三）评析

虽然所有 WTO 贸易争端都涉及条约解释，争端当事方、专家组和上诉机

---

① DSU 第 4 条第 10 款原文："在磋商中，各成员应（should）特别注意发展中国家成员的特殊问题和利益。"

② TN/DS/W/19

③ TN/DS/W/47

④ TN/DS/W/19

⑤ DSU 第 21 条第 2 款原文："对于需进行争端解决的措施，应（should）特别注意影响发展中成员利益的事项。"

⑥ TN/DS/W/51/Rev.1

⑦ TN/DS/W/47

构向来对条约解释内容、方法和结果都各执己见，但纵观上述有关条约解释方法的立场，不论是发达成员还是发展中成员，皆未对明确规定了条约解释方法的 DSU 第 3 条第 2 款直接提出修改意见。究其原因，也许是《维也纳条约法公约》在条约解释方法上的权威性令成员们望而却步。不过，没有修改意见并不意味完美无缺。DSU 第 3 条第 2 款仍需要更为具体、切合实践、与时俱进的表述。

比较发达成员和发展中成员的上述有关立场，不难发现，发达成员和发展中成员对于目的解释方法的使用均持积极支持态度，但各自的出发点不同。发展中成员是出于对其自身特殊利益的保护，而发达成员则主要是基于对 WTO 争端解决机制有效运作及其价值取向的考虑。发达成员虽然对于整体解释方法目前过于宽松、广泛的运用情况表示了不满，期望对其严格限制，但却尚未给出充分的理由和较为明确的限制措施。仅以反向协商一致原则和"嗣后惯例"的认定为切入点，论证显得单薄、片面。发展中成员坚持文义解释方法的首选地位，试图通过提高条文用语本身的规范程度以及完善条约的具体内容来避免文义解释方法造成的解释结果多义性问题，其真实目的在于，当相关的约文直接涉及到发展中成员的特殊利益时，能够提高目的解释方法在 WTO 争端解决机制中的地位。

四、WTO 争端解决机制的条约解释方法优化及我国对策

由于深刻的政治、经济原因，WTO 改革不可能一蹴而就，甚至还可能出现停顿或倒退。不可否认，作为全球经济治理体系的重要支柱之一，DSB 正面临着前所未有的挑战。只有优化条约解释方法，DSB 才能获得改革成功。只有 DSB 改革成功，才能推动 WTO 改革最终成功。

（一）WTO 争端解决机制条约解释方法的优化

从 WTO 争端解决实践以及主要成员方有关立场来看，现行的几种主要条约解释方法作用于具体约文时的先后顺序并不必进行明显的调整。坚持文义解释方法优先发挥作用，并不是有意削弱整体解释方法和目的解释方法的重要

性，只是按直观的常理以及逻辑性的排列将前者放在第一顺序，其解释结果不可避免地会受到后两者的审查与校验。在整体解释方法和目的解释方法的使用顺序上，最好以整体解释方法为先，毕竟"上下文"与条约文本更为贴近，挖掘过程所体现出的相关性会更加紧密。法意解释方法置于目的解释方法之后。虽然条约解释方法的使用顺序不变，但不同解释方法的施效范围与程度需进一步明确和限定。

首先，由于文义解释结果的多义性使得解释者往往会转向寻求其他因素而忽略文本通常含义本身的存在，甚至在某些个案中否认某个词语存在通常含义。"通常含义"是文本真意最早的，也是最直接的体现。无论什么情况下，条约用语的"通常含义"皆不可抛弃，其不仅作为解释的"起点"，而且还发挥着制约解释"终点"的作用。应在确保首先使用文义解释方法的前提下，制约对"通常含义"的挖掘，尽量缩小解释结果范围。

其次，随着全球治理体系和国际秩序变革加速推进，WTO 内部协定与外部国际规则之间的互动不可避免将更加频繁和深入，整体解释方法的答案既可能在 WTO 协定各部分之中也可能在外部国际规则之中，任何人为破坏或阻挡二者间有机联系的做法都是徒劳。使用整体解释方法时，与其担心外部国际规则的入侵与渗透，不如制定引入外部国际规则的统一标准，相对地限定"上下文"的范围。

再次，目的解释方法的最后校正作用仍将不可替代。因为目的和宗旨是一项条约或协定得以产生的源头与基石，也会作为灵魂与精神伴随该项条约或协定始终。WTO 框架协定目的是全体成员方普遍的共同追求，WTO 具体协定目的是框架协定目的在不同协定中的具体化。和整体解释方法一样，目的解释方法不可避免会被广泛使用。若将 WTO 框架协定与具体协定的关系限定为整体解释的一部分，会极大提高使用目的解释方法的合理性。

最后，《维也纳条约法公约》中所规定的条约解释方法只是最为基本的部分，其并未穷尽所有有关条约解释的方法，应当采取与时俱进的态度，将《维也纳条约法公约》第 31、32 条规定之外但实践证明行之有效的其他条约解释方法纳入 WTO 争端解决机制之中。事实上，DSB 在争端解决实践中也确认《维也纳条约法公约》第 31、32 条仅仅是 DSU 第 3 条第 2 款中"国际公法解释惯例"的一部分，而非全部内涵。① 其实，严格文本主义解释、个案分析法、限制性解释、演化解释、当代意义解释等《维也纳条约法公约》规定以外的解释方法在 DSB 争端解决中早已有所体现。

（二）我国对策

自 2001 年加入 WTO 以来，我国坚定支持多边贸易体制，全面履行加入承诺，有效维护争端解决机制法律地位。截至 2018 年底，中国在 WTO 参与的案件数量共计 227 件，直接涉诉 63 件，② 相对方主要是美国、欧盟、日本、加拿大等发达成员方，也包括部分发展中成员。

为应对单边主义、保护主义给 WTO 多边贸易体制带来的严重冲击，中方支持对 WTO 进行必要改革，并积极参与改进争端解决程序的谈判。中国政府至今一共向 DSB 提交了 4 份文件，③ 内容主要集中于 DSB 基本程序（包括磋商程序中的时限规定、专家组程序中的成立时间、执行程序中的监督等）以及 DSU 制度建设（包括第三方制度以及发展中国家特殊保护制度等）。2018 年 11 月，中国发布《中国关于世贸组织改革的立场文件》，提出关于 WTO 改革的三个基本原则和五点主张。由于有关条约解释方法的内容过于具体，我国先后提交或发布的文件并没有专门就 DSB 条约解释方法优化提出针对性建议。实际上，在一些具体案件中，不论是作为当事方还是第三方，我国多次就如何澄清和解释 WTO 相关条文提出个案意见。面对当前 WTO 改革的复杂形势，在 DSB 条约解释方法上，我国应从以下方面予以应对。

首先，加强文义解释方法的研究。这是由文义解释方法的首选地位所决定

① United States – Standards for Reformulated and Conventional Gasoline – Appellate Body Report, WT/DS2/AB/R, p. 17

② 数据来源网址：https://www.wto.org/english/tratop_e/dispu_e/find_dispu_cases_e.htm，访问时间：2019 年 1 月 10 日

③ Improving the Special and Differential Provisions in the Dispute Settlement Understanding, TN/DS/W/29; Special Amendments to the Dispute Settlement Understanding–Drafting Inputs from China, TN/DS/W/51; TN/DS/W/51/Rev.1; Responses to Questions on the Specific Input of China, TN/DS/W/57

的。研究文义解释方法，形成探寻"通常意义"和"特殊意义"的具体标准和规范化流程。探寻"通常意义"，需确保所参照字典或相关材料的权威性，严格使用语法、句法和文法规则，甄别和细化字面意思之外的具体情况。探寻"特殊意义"，需充分考虑影响"通常意义"的外部条件与内部因素。

其次，拓宽整体解释方法和目的解释方法的使用范围。整体解释方法方面，关注外部国际规则的制定主体和适用情况，将外部国际规则作为理解特定约文意义的必要参考，提高整体解释的上下一致性和内外系统性。目的解释方法方面，更好平衡保护成员方自身发展利益与保障条约有效运行二者之间的关系。因为只有条约有效运行，成员方自身发展利益才能得以实现。

再次，重视法意解释方法的未来使用。供整体解释方法与目的解释方法使用的材料范围呈愈来愈广趋势，使用不同方法仍不能获得合理结果或得出的解释结果相互冲突的可能性提高。加之，现代科学技术的发展，为条约订立时有关"准备工作"以及"缔约情况"资料的及时完整保存提供技术支持。可以预见，法意解释方法的未来使用空间将有所拓宽。

最后，尝试使用《维也纳条约法公约》之外其他解释方法。经济基础决定上层建筑，经济发展根本上超前于法律条文和法律解释方法。不能固守于《维也纳条约法公约》第31、32条之规定，坚持有效性原则，对有合理依据、不与之现行解释规则相冲突且同为"国际公法解释惯例"的解释方法，完全可以逐渐尝试使用。